철학의 헌정

인문정신의 탐구 18

철학의 헌정

5 · 18을 생각함

김상봉 지음

도서출판 길

지은이 **김상봉**은 부산에서 태어나 독일 마인츠 대학에서 철학과 고전문헌학 그리고 신학을 공부하고 이마누엘 칸트의 『최후 유작』(*Opus postumum*)에 대한 연구로 철학박사 학위를 받았다. 귀국하여 그리스도신학대 종교철학과 교수를 지냈으나 해직되었다. 그 후 민예총 문예아카데미 교장으로 일하다가 지금은 전남대 철학과 교수로 있다. 시민단체 '학벌없는사회'를 만든 산파였으며 이사장을 지냈다. 또한 민주화를위한교수협의회 공동의장과 5·18기념재단 이사를 지냈다.

저서로 『자기의식과 존재사유: 칸트철학과 근대적 주체성의 존재론』(한길사, 1998), 『호모 에티쿠스: 윤리적 인간의 탄생』(한길사, 1999), 『나르시스의 꿈: 서양정신의 극복을 위한 연습』(한길사, 2002), 『그리스 비극에 대한 편지: 김상봉 철학이야기』(한길사, 2003), 『학벌사회: 사회적 주체성에 대한 철학적 탐구』(한길사, 2004), 『도덕교육의 파시즘: 노예도덕을 넘어서』(도서출판 길, 2005), 『서로주체성의 이념: 철학의 혁신을 위한 서론』(도서출판 길, 2007), 『만남: 서경식 김상봉 대담』(공저, 돌베개, 2007), 『5·18 그리고 역사: 그들의 나라에서 우리 모두의 나라로』(공저, 도서출판 길, 2008), 『다음 국가를 말하다: 공화국을 위한 열세 가지 질문』(공저, 웅진지식하우스, 2011), 『기업은 누구의 것인가: 철학, 자본주의를 뒤집다』(꾸리에, 2012) 등이 있다.

인문정신의 탐구 18

철학의 헌정 5·18을 생각함

2015년 5월 10일 제1판 제1쇄 펴냄

2015년 6월 10일 제1판 제2쇄 찍음
2015년 6월 20일 제1판 제2쇄 펴냄

지은이 | 김상봉
펴낸이 | 박우정

기획 | 이승우
편집 | 이현숙
전산 | 한향림

펴낸곳 | 도서출판 길
주소 | 135-891 서울 강남구 신사동 564-12 우리빌딩 201호
전화 | 02)595-3153 팩스 | 02)595-3165
등록 | 1997년 6월 17일 제113호

ISBN 978-89-6445-115-1 93100

오오, 장미여,
순결하고 준엄한 아름다움이여!
수치와 모욕에 새하얗게 질려
검붉은 유치장 담벼락을
안간힘으로 타 오르던 하얀 꽃이여!

그 날카로운 가시, 심장에 박혀
나의 영혼 아직도
검붉게 피 흘리고 있도다.

머리말

1.

누군가 1980년 5월, 계엄군의 손에 살해된 아들의 시신 앞에서 통곡하는 모습을 두고 홍어 택배 운운하여 이미 못 박힌 어미의 가슴에 한 번 더 대못을 박았다는 풍설이 있었다. 웬 뒤늦은 소란일까? 대검에 찔리고 총알에 뚫려 흔적도 없이 문드러져버린 심장에 다시 대못을 박아야 할 무슨 특별한 사정이라도 있었다는 말인가? 5·18 따위는 이미 열두 번도 더 십자가에 못 박혀, 여기 광주에서조차 백골이 진토 되어 넋이라도 있고 없고가 된 지 오래인데, 그럼 누가 아직 부관참시할 뼈다귀라도 찾아내었다는 것인가? 그럴 리 없다. 망월동 묘지를 아무리 샅샅이 뒤진다 하더라도, 거기서 5·18 시신을 찾아낼 수는 없기 때문이다. 그들 모두 부활해 망월동에는 헛묘뿐인데, 없는 시신을 그들이 무슨 수로 찾을 수 있겠는가.

그렇다면 무슨 내력이 있어, 아직도 5·18을 모욕하는 소리를 들어야 하는가? 까닭은 오직 하나, 아무리 죽이고 또 죽여도 5·18은 죽지 않기 때문이다. 진리의 빛 앞에서 두려움을 느끼는 사람들은 진리를 모욕하고 다시 그 심장에 못을 박음으로써 진리를 매장하려 한다. 그러나 아무리 대검으로 찌르고, 총알로 뚫어도 진리는 죽지 않는다. 살아 있는 자들을 향해 방아쇠를 당기던 그들의 총 소리, 관 뚜껑 위에 못질하는 망치 소리가 커지면 커질수록 그것은 진리가 죽지 않는다는 것을 증명할 뿐이다. 5·18이 끝난 뒤 35년이 지난 지금에 와서 도리어 5·18을 모욕하는 소리가 더욱더 커진다는 것은 5·18이 죽지 않은 사건임을, 매장될 수 없는 진리임을 웅변하는 것이다.

하지만 어떤 의미에서 5·18은 진리가 계시된 사건이었던가? 이것은 아직 알려진 적이 없다. 이상한 일은 아니다. 전대미문의 사건이 일어났으니, 우리가 어떻게 그것의 정체를 쉽게 알아볼 수 있었겠는가? 진리의 씨앗도 싹이 나고 자라 꽃이 피고 열매를 맺으려면 한여름의 뙤약볕과 한겨울의 추위를 여러 번 견뎌내야 하는 법이다. 5·18이 가짜였더라면 35년이라는 세월이 흐르는 동안 그것은 이 땅의 굴곡진 역사의 한때의 에피소드로 잊히고 말았을 것이다. 악몽이라고밖에는 달리 표현할 말이 없는 역사, 제주에서도 남쪽 끝 모슬포 섯알오름에서 고양의 금정굴까지 전 국토가 학살터인 나라에서, 한 맺힌 역사가 어디 5·18 하나뿐이겠는가! 국민을 지키라고 있는 군대가 국민을 학살하는 것이 일상이 되어버린 이 초현실주의적인 현실에서 누가 어떻게 그 많은 죽음을 모두 애틋하게 기억할 수 있겠는가. 그런데 왜 아직 5·18인가? 게다가 하필이면 왜 모욕당하는 방식으로 기억되어야 하는가? 간단히 그 까닭을 말하자면, 그것은 5·18이야말로 악령으로부터 선량한 사람들을 지키는 방패이고 대문의 빗장이기 때문이다.

해방 후 국민의 단합된 의지에 따라 새로운 국가를 건설하지 못하고 외세에 빌붙어 나라를 둘로 쪼갠 뒤 남과 북에서 국가권력을 장악한 집단은 민중의 자발적인 지지를 얻으려고 노력하기보다는 민중을 폭력으로 협박함으로써 권력을 유지하는 길을 택했다. 그것은 처음부터 예정되어 있었던 필연이었으니, 그 까닭은 나라를 둘로 쪼개는 것이 결코 모두의 동의를 받을 수 있는 일은 아니었기 때문이다. 시민을 상대로 한 국가의 폭력은 북에서는 공화국의 적이나 미제의 간첩이라는 이름, 그리고 남에서는 종북이라는 이름을 붙이는 것으로 정당화되었다.

그 폭력의 야만적 정도는 민중의 지지와 반비례해서 강해지기도 하고 약해지기도 하였다. 그럭저럭 권력을 유지할 수 있을 만한 지지를 얻고 있는 상황이라면 국가보안법을 활용하여 간첩사건을 만들어내는 것 정도로도 충분할 수 있다. 이 단계에서는 비밀 정보기관과 사법기구를 동원하면 된다. 간첩이라고 잡아들여 보이지 않는 곳에서 고문하고 고상한 법정에서 재판하여 죽이거나 어두운 감옥에 가두어버리면, 전 국민을 향해 언제라도 종북으로 몰리면 끝이라는 것을 상기시키는 대단히 효과적인 협박이 된다. 이승만이 조봉암을 간첩으로 몰아 사형한 것이나, 박정희가 도예종·이수병·하재완·여정남·송상진·우홍선·서도원·김용원을 역시 인혁당 간첩으로 몰아 사형시킨 것, 그리고 전두환 정권에서 송 아무개 씨 일가를 간첩으로 몰아 고문하고 감옥에 가둔 것이 대표적인 사건이지만, 이건 말 그대로 대표적인 사건일 뿐, 비슷한 사건들을 모두 말하기 시작하면 가해자들의 악과 피해자들의 고통은 '하늘을 종이 삼고 바닷물을 잉크 삼아도' 다 쓸 수 없을 것이다.

그런데 그런 낮은 정도의 협박이 통하지 않을 만큼 상황이 악화되면 어떻게 하겠는가? 그때는 경찰을 동원해야 한다. 경찰버스로 차벽을 쌓아 권력을 지키고 투구를 쓰고 방패와 곤봉을 든 경찰병력을 동원해 필요하다면 데모대를 해산시켜야 하는 것이다. 하지만 그것으로도 충분하지 않을 만큼 민심이 흉흉해지면? 그때는 군대를 동원해야 한다. 대학 정문 앞에 탱크를 세우고 끄트머리에 대검을 꽂은 총을 든 군인들이 지키게 해야 한다. 그러면 철없이 날뛰던 놈들도 겁을 먹고 조용해질 것이다. 만약 아니라면? 그때는 할 수 없다. 발포하는 수밖에! 자유당 시절 이기붕이 말했듯이 총은 쏘라고 있는 것이다. 그리하여 박정희는 부마항쟁의 소용돌이 속에서, 다음에 다시 이런 일이 발생한다면 내가 직접 발포명령을 내리겠노라 호언했던 것이다.

한여름 무성하던 오동잎도 찬 바람 불고 서리가 내리면 낙엽 되어 떨어지는 것은 자연의 이치이고, 민중이 부르면 나라를 위해 헌신하고 봉사하다가도 이제 그만하고 떠나라면 미련 없이 물러나는 것은 장부의 긍지이다. 어진 임금이 어리석은 백성을 다스려야 나라가 된다고 하던 때는 지나간 역사요, 남녀노소 빈부귀천 가리지 않고 서로 어울려 자유롭고 평등하게 우리 모두를 위한 나라를 만들어야 한다는 것은 오늘의 시대정신이다. 그런데 장부의 긍지도 역사의 이치도 깨우치지 못한 물건들이 아집과 탐욕에 사로잡혀 밖으로는 외세에 기대고 안으로는 무고한 백성의 피를 흘려서라도 기어이 권력자의 자리를 차지하고 떠나지 않으려 할 때, 천하는 마귀 야차가 날뛰는 생지옥이 된다. 1948년 제주에서 1980년 광주까지 이 나라의 권력자들은 국민의 지지를 얻지 못하면 군대를 동원해 국민을 공격하고 학살하는 일을 말 그대로 밥 먹듯이 해온 자들이다. 그런데 그 미쳐 날뛰는 군대 마귀들을 이 땅에서 몰아낸 것이 5·18이었다. 5·18은 이 땅의 민중들을 군대 지옥에서 구원하고 해방한 사건이다. 또한 그것은 지금도 자기의 부모 형제자매를 향해 총을 쏠 준비가 되어 있는 이 패륜적인 군대 마귀들을 향해 이 선을 넘지 말라고 박아놓은 헤라클레스의 기둥인 것이다.

의아해할 독자를 위해 그 이치를 간단히 설명하자면 이렇다. 군대를 동원해 시민을 협박하는 것이 통하려면 시민이 그 협박에 굴복해야 한다. 제주의 모슬포, 성산포에서 학살자들이 미쳐 날뛰며 총질을 해도 죄 없는 사람들이 순한 양처럼 죽어주어야 하며, 이 대학 저 대학에 탱크를 들이밀면 데모하던 학생들이 조용히 흩어져주어야 하는 것이다. 그렇지 않고 5·18 때처럼 비상계엄을 전국으로 확대해 대학가에 군대를 진주시켰음에도 불구하고 시민들이 두려워하지 않는다면, 아니 더 나아가 저항한다면, 그때는 문제가 정말 복잡해진다. 전두환 정권은 5·18 당시 광주에서 저항하는 학생과 시민들에게 총질을 했다가 그것이 원죄가 되어 결국 몰락하고 말았다. 제 딴에는 경제도 살린다고 살려 사람들이 흥청망청 살게도 했고, 프로야구다 컬러TV다 하며 국민을 즐겁게 해주려 무던 애를 썼음에도 불구하고, 그 모든 수고가 아무런 소용이 없었던 것이다. 그러니까 그런 위험 부담 없이 안정되게 권력을 유지하기 위해서는, 군대나 경찰을 동원해서 국민을 협박하면 국민이 지레 겁을 먹어주어야 한다. 아니, 겁을 주는 것보다는 군대를 사랑하게 만들고 숭배하게 만들면 더 나을 것이다. 남녀노소 가리지 않고 군대 체험을 시키고, 시도 때도 없이 티브이에서 군대 이야기를 내보내고, 천안함 사건 같은 것으로 애도 분위기를 조성하는 것이 모두 군대를 숭배하게 만들고 사랑하게 만들기 위해 벌이는 일들인 것이다.

하지만 아무리 한국사회 전체를 병영국가로 만든다 하더라도 군대가 밥을 먹여주지는 않으니 그것이 문제이다. 내일모레 국민소득 3만 달러라고 자랑을 하는 나라에서 아이들에게는 급식할 돈이 없어 무상급식을 두고 갑론을박이고, 청년들에겐 일자리가 없으니 중동으로 나가라고 등을 떠민다. 이러다 다시 1979년 부산과 마산에서처럼 엉뚱한 일이 터지지는 않을까? 그때도 국민투표 하면 75퍼센트 지지는 너끈히 나왔지만 다른 곳도 아니고 부산에서 유신독재를 끝장내는 봉기가 터졌는데, 다시 그런 일이 일어나지 말라는 법도 없지 않은가. 물론 우리에겐 군대가 있다. 그때도 이틀 동안 부산에서만도 파출소가 수십 개 공격을 받았지만 군대를 투입하자 순식간에 조용해졌던 것이다. 그렇게 앞으로도 무슨 일이 있으면 언제라도 군대를 동원하면 된다.

그런데 광주가 있다. 1980년 광주의 역사가, 5·18이 있다. 총을 든 군인들 앞에서도 겁을 먹지 않는 사람들이 있는 것이다. 경찰의 차벽으로도 막지 못할 정도로 민심이 흉흉해지면 결국에는 군대 마귀를 동원해야 하는데, 5·18광주항쟁이라는 헤라클레스의 기둥이 버티고 서 있는 것이다. 그 기둥을 무너뜨리지 않고서는 군대 마귀를 동원할 수 없다. 그 빗장을 풀지 않고서는 이 땅을 군대 지옥으로 만들 수 없다. 그런데 이미 일어난 역사를 없앨 수는 없으니 할 수 있는 일이란 오직 왜곡하고 모욕하는 것밖에 없다. 5·18은 북한군이 벌인 소행이라거나, 홍어 택배 어쩌고 하는 소리들은 모두, 다시 군대를 동원하고 싶은 은밀한 소망을 버리지 못한 무리들이 그들을 가로막고 선 헤라클레스의 기둥 앞에서 이를 가는 소리요, 피에 굶주려 으르렁거리는 신음인 것이다.

2.

진리가 하필이면 모욕당함으로써 자기를 증명할 수밖에 없다는 것은 모든 참된 존재의 비극적 숙명에 속하는 일이다. 이를테면 예수가 빛이요 진리임을 먼저 알았던 자들은 실은 그의 제자들이 아니고 그를 십자가에 못 박은 자들이었다. 그들은 예수가 빛이라는 것을 자신의 어둠을 통해 즉각 알아차렸으니, 자신의 어둠을 지키기 위해 그 빛을 제거해야만 했던 것이다. 그에 비하면 빛과 진리의 정체가 도대체 무엇인지가 온전히 해명되는 것은 그렇게 진리가 거짓에 의해 모욕되고 부정되고 난 뒤에야 비로소 시작되는 느리고 지난한 과정이다. 그리하여 아테네 시민들은 소크라테스를 사형에 처함으로써 그의 삶을 통해 새로운 진리가 계시되었다는 것을 증명한 셈이 되었으나, 과연 그 진리의 정체가 무엇인지를 밝히는 일은 그의 제자인 플라톤에 의해 느리고 힘들게 수행되어야 했던 것이다.

5·18도 그와 같다. 그것이 진리의 사건이었다는 것은 고맙게도 5·18을 망각하지 않고 집요하게 헐뜯고 비방하는 자들이 충분히 증명해주었다. 그러나 과연 그것이 어떤 의미에서 진리인가, 다시 말해 5·18을 통해 나타난 진리의 내용이 무엇인지는 아직 밝혀진 바가 없다. 그것은 간절히 묻고, 끈기 있게 기다리고, 성실하게 생각하는 철학의 일이다. 헤겔이 프랑스혁명의 뜻을 철학적으로 해명했을 때, 비로소 그것이 무엇이었던지가 보편적으로 전달 가능한 방식으로 알려질 수 있었던 것처럼, 5·18 역시 오직 그런 정신의 노동을 통해서만 한 번 일어난 역사적 사건에서 영원히 살아 역사하는 보편적인 진리로서 부활하게 되는 것이다.

그러나 여기서 사건으로 일어난 진리를 개념적 언어 속에서 형상화하는 철학적 노동을 상투적 의미에서 사실에 대한 인식이나 설명 또는 해석과 같은 것이라고 생각하면 안 된다. 진리가 생각과 있음의 일치로서 이해되어야 하는 경우가 분명히 있다. 그러나 우리는 그런 종류의 진리는 어디까지나 파생적 진리라는 것을 잊어서는 안 된다. 근원적인 의미에서 보자면 진리는 만남 속에서 일어나는 사건이다. 5·18 자체가 만남의 사건이었듯이, 5·18에 대한 철학적 성찰도 만남으로 일어날 때에만 진리의 사건이 될 수 있는 것이다.

소크라테스의 삶을 통해 새로운 진리가 아테네인들에게 개방되었다면, 그것은 그의 삶이 새로운 만남의 길을 열었기 때문이다. 그는 폭력이 아니라 오직 이성으로 열리는 만남이 어떤 것인지를 자신의 전 존재를 걸고 증거했다. 이 점에 관해서는 예수의 삶 역시 마찬가지인데, 그는 법칙이 아니라 사랑으로 열리는 만남의 길을 열어 보였던 것이다. 이처럼 최초에 일어난 진리의 사건이 만남의 사건이었던 까닭에 그 진리의 사건을 개념적 언어로 형상화하는 철학적 성찰 역시 만남의 사건으로서 일어난 것은 너무도 당연한 일이었다. 만남이 이어지는 것이 진리가 이어지는 것이요, 만남이 확장되는 것이 진리가 넓어지는 일인 것이다. 그리하여 플라톤 철학의 비길 데 없는 생명력은 그 철학이 소크라테스와 플라톤의 만남의 기록이기 때문이요, 사도 바울로의 신학의 생동성 역시 그와 예수의 인격적 만남의 당연한 열매인 것이다.

5·18 역시 마찬가지이다. 세계사적 관점에서 보자면 그것은 소크라테스와 예수가 개방했던 만남의 진리에서 잉태된 사건이지만 그것을 넘어 새로운 만남의 지평을 열어보인 사건이다. 그런 점에서 5·18은 전대미문의 진리사건이었으니, 모든 새로운 진리의 계시가 그렇듯이 5·18은 기존의 어떤 생각의 틀로도 이해할 수 없는 사건이다. 철학은 그렇게 이해할 수 없는 사건을 이해하려 한다. 그러나 5·18은 오직 만남의 사건이었으니, 5·18이 우리에게 열어 보인 진리가 무엇인지 이해하려면 5·18과 인격적으로 만나는 수밖에 없다. 철학적 사유 자체가 역사와의 만남으로 일어나야만 하는 것이다. 그리고 이 만남 속에서 철학은 잉태되고 성숙한다.

이처럼 철학이 역사와의 만남 속에서 잉태되고 성숙하는 한에서, 모든 철학은 근원에서 보자면 역사철학이다. 데카르트처럼 철학을 나무에 비유한다면 역사는 그 나무가 뿌리박은 대지인 것이다. 사람들이 이것을 알아차리지 못하는 것은 그들이 꽃나무 앞에서 꽃의 아름다움에 감동할 뿐 굳이 그 나무가 뿌리박은 토양에 애틋한 관심을 기울이지 않기 때문이다. 그러나 오직 비옥한 땅에서 아름드리나무가 솟아오를 수 있듯이, 위대한 역사가 없다면 비범한 철학도 있을 수 없다. 소크라테스는 페르시아전쟁과 펠로폰네소스전쟁의 빛과 어둠이 낳은 정신이었다. 그와 마찬가지로 예수 또한 로마제국의 화려와 유대 사막의 비참 사이에서 잉태된 정신이 아니었던가. 그러니 플라톤의 철학도 사도 바울로의 신학도 그 시원을 거슬러 올라가면 어김없이 자유를 찾아 바닷물을 가르고 사막을 가로질렀던 모세의 해방의 역사와, 자유를 지키기 위해 자기의 모든 것을 걸고 싸웠던 마라톤 전투의 함성 소리에 가닿게 되는 것이다.

그렇듯이 철학의 위대함은 언제나 그것이 뿌리박고 있는 역사의 위대함에 빚지고 있다. 이 나라에 철학이라 부를 만한 것이 있다면 있는 대로 없다면 없는 대로 철학하는 정신의 크기는 오직 역사의 크기만큼 자랄 수 있는 것이다. 그러나 오랫동안 이 나라에 세상에 내놓을 만한 철학이 없었다면, 그것은 세상에 내놓을 만한 역사가 없었기 때문이다. 역사는 오직 자유인들이 쓰는 것이다. 자기의 세계를 스스로 형성하는 수고로운 자유보다 너그러운 주인의 지배 아래 안락한 노예상태를 선호하는 민족에게 연대기는 있어도 역사는 없는 법이다. 마찬가지로 자기 나라의 역사를 철학적 성찰의 대상으로 삼을 수 있고 삼아야 한다는 생각을 꿈에도 하지 못한 채, 남의 나라 역사를 도리어 자기의 역사인 것처럼 입에 올리고 사는 사대적 정신에게도 철학을 기대하기는 어려운 일이다. 이런 사정을 생각하면 오늘날 이 땅에 철학의 나무는 자라지 않고, 오직 남의 나라 사람들이 쓴 철학책만이 생명을 상실한 꽃병의 꽃처럼 독서인들의 책상 위에 펼쳐져 있는 것은 조금도 이상한 일이 아니다.

하지만 여기서도 5·18은 우리의 구원이다. 그것은 우리에게 질문함으로써 우리를 역사로 부르는 음성이다. '사울아, 사울아! 네가 왜 나를 핍박하느냐?' 1980년 광주가 무엇을 잘못했기에, 5·18광주는 4·19처럼, 또는 1979년의 부산과 마산처럼 그냥 잊히지 않고 아직도 모욕과 핍박을

14

받아야 하는가? 그것은 그해 5월 그 열흘이 전대미문의 진리의 빛이 계시된 사건이었기 때문이다. 이 책에 실린 글들은 그 진리와의 만남의 기록이며, 그 진리에 대한 나의 신앙고백이고, 이 땅의 가난한 민중의 눈물겨운 수난과 용감한 저항의 역사 앞에 바치는 철학적 헌사이다.

3.

생각하는 것이 감사하는 것이라면, 감사하는 것은 이어가는 것이다. 그런즉 감사 속에서 이론과 실천은 하나로 만나게 된다. 5·18을 생각하고 5·18에 감사한다는 것도 마찬가지이다. 이어가지 않는 감사는 허공에 흩어지는 말일 뿐이니, 그런 감사는 사랑하는 임에게 드릴 꽃다발을 허공에 흩뿌리는 것과 다르지 않다. 우리는 오직 5·18을 이어감으로써 그것과 온전히 만나게 되는 것이다. 하지만 과연 오늘날 5·18을 이어간다는 것은 무엇을 의미하는 것일까? 만약 이어간다는 것이 가장 소박한 의미에서 반복하고 따라체험하는 것을 의미한다면, 5·18을 반복하고 따라체험하는 것이 지금 우리 시대에 어떻게 가능한 일일까? 이렇게 물을 때, 우리는 5·18을 이어가는 것이 생각보다 간단치 않다는 것을 어렵지 않게 알아차릴 수 있다. 5·18을 따라체험하기 위해 다시 계엄령이라도 선포되어야 하는 것일까? 그래서 다시 이 대학 저 대학 정문 앞에 총을 든 군인들이 등장해야 하는 것일까?

그러나 5·18을 반복하고 따라체험하기 어려운 까닭은, 보다 근원적인 바탕에서 고찰하자면, 그것이 시작이 아니라 완성된 사건이었기 때문이다. 간단히 말해 1894년 동학농민전쟁에서 시작된 새로운 나라에 대한 동경이 오랜 저항과 항쟁의 역사 속에서 물과 불의 시련으로 정화되어 눈물의 보석으로 맺힌 사건이 바로 5·18이다. 한마디로 말하자면, 그것은 이 땅의 민중이 그리도 염원하던 하늘나라의 계시였던 것이다. 하지만 1980년 5월의 열흘에 비하면 오늘날 우리가 사는 시대는 타락하고 때 묻은 시대이다. 그러므로 지금을 사는 우리가 5·18을 쉽게 반복하고 따라체험할 수 있다고 믿는다면, 그것은 5·18을 다른 방식으로 모욕하는 일이다. 그 시간, 그 자리는 순결한 곳이었으니, 우리 자신이 먼저 정화되지 않고서는 결코 그 나라에 들어갈 수는 없는 것이다.

하지만 정화된다는 것, 순수한 상태로 돌아간다는 것은 무엇을 뜻하는가? 그것은 처음으로 돌아간다는 것을 의미한다. 5·18이 완성을 보여주는 사건이라면, 그 완성의 씨앗이 된 시원이 있었을 것이다. 완성을 꿈꾸는 사람은 시원으로 돌아가지 않으면 안 된다. 그 시원, 우리 역사에서 5·18을 낳은 시원을 역사적으로 거슬러 올라가자면 우리는 동학농민전쟁까지 거슬러 올라가야 할 것이다. 그러나 시원이 언제나 역사적인 것은 아니다. 반복 가능한 시원은 역사적 시원이 아니라 본질적 시원이다. 헤겔 식으로 말하자면 그것이야말로 무시간적 과거(die zeitlose Vergangenheit)로서, 또한 현재적일 수 있는 시원인 것이다.

그런 의미에서 5·18의 시원을 찾는다면 그것은 1979년의 부산과 마산이다. 1980년 광주가 이제 시간을 뛰어넘은 영속적인 완성의 이념이 되었다면, 1979년의 부산과 마산 역시 사건의 일회성을 초월한 무시간적 시원이다. 그리하여 우리의 항쟁의 역사 속에서 1979년 부산과 1980년 광주는 무시간적 시작과 끝으로 마주 보고 있는 것이다. 그러므로 폭력적 현실 속에서 말을 빼앗기고 아무런 행동을 할 수 없을 만큼 억눌리고 짓눌려 있었던 영혼이 안으로 안으로 퇴각하여 자기를 부끄럽게 돌아본 뒤에 다시 그 부끄러움이 힘이 되어 비겁과 공포를 떨치고 일어서는 그 최초의 순간, 곧 혁명의 시원으로 돌아가 거기서 다시 시작하고 싶다면, 우리는 1979년 부산과 마산의 젊은 대학생들과 만나야 한다.

아마도 지금의 독자들은 이 말이 무슨 뜻인지 전혀 이해하지 못할 것이다. 까닭을 말하자면, 광주는 그 이름 그대로 빛고을이다. 그리고 그 이름에 걸맞게 빛이 되었다. 그 빛을 밝히기 위해 광주는 1980년 5월에 스스로 불꽃이 되어야 했다. 그러나 다시 말하거니와 진리의 빛은 처음이 아니라 끝에 온다. 어디서나 빛이 도래하기 전에 영겁의 어둠이 먼저 있게 마련이기 때문이다. 그 어둠이 고인 곳, 그곳이 뭍이다. 그리하여 「창세기」에서는 신이 '빛이 있으라'고 말하기 전에 물이 먼저 있었다 했고, 우리의 해월(海月) 최시형(崔時亨)은 옛말을 빌려, "천지는 한 물 덩어리니라"(天地一水塊也)고 가르쳤던 것이다.

하지만 그대는 그 까닭을 아는가? 빛이 희망이라면 물은 눈물이다. 진리는 언제나 눈물 속에서 도래하는 것이다. 그리하여 우리의 시인 만해(萬海) 한용운(韓龍雲)은 "쏟아지는 눈물 속에서", "스스로의 슬픔" 속에서 당신을 보았노라고 고백했으니, 같은 생각을 함석헌의 언어로 표현하자면, "눈에 눈물이 어리면 그 눈물의 렌즈를 통해 하늘나라가 보인다"고 말할 수 있을 것이다. 그러니까 진리의 빛은 더도 덜도 아니고 눈물에서 잉태되는 것이다.

바다는 온 세상이 흘린 눈물이다. 그런즉 바다 곁에 사는 자들은 세상의 슬픔을 가까이 느끼기에 더 좋은 장소에 있다고 말해도 좋을 것이다. 굳이 비교하자면 그곳은 분노보다는 슬픔에 더 가까운 장소이다. 그래서 예루살렘 성전에서 돈 궤짝을 뒤엎는 예수가 분노의 예수였다면, 갈릴리 물가를 걷는 예수는 슬픔의 예수였던 것이다. 만약 이 차이를 이 나라 항쟁의 역사에 대입하는 것이 허락된다면, 우리는 1980년 광주의 윤상원을 분노하는 예수의 자리에 그리고 1979년 부산과 마산의 이진걸, 정인권을 슬퍼하는 예수의 자리에 놓을 수 있을 것이다. 그러나 참된 슬픔은 언제나 스스로의 슬픔, 곧 자기에 대한 슬픔이다. 1979년의 부산과 마산은 유신독재의 살인적 폭력 아래 짓눌린 젊은 영혼들이 스스로의 슬픔의 바다에 침몰하여 끝내 그 바다에 가닿은 해였다. 그러나 더 내려갈 수 없는 슬픔의 바다에 도달했을 때, 그들은 슬픔을 떨치고 일어섰으니 그것이 박정희의 죽음을 부르고 유신독재를 끝낸 부마항쟁이었던 것이다.

5·18은 그렇게 부산과 마산 앞바다에 고인 슬픔의 눈물에서 잉태된 진리의 빛이 광주에서 불꽃으로 터져 나온 사건이다. 우리 역사는 본질적으로 보자면 그렇게 부산 앞바다와 광주의 무등산 사이에서 운동한다. 부산과 마산의 눈물이 광주에서 불꽃으로 피어올랐다면, 영산강을 따라 바다로 흐른 광주의 피눈물은 다시 부산 앞바다에 고이게 마련이다. 그런즉

1979년 부산과 마산의 눈물이 1980년 광주의 불꽃이 되었듯이, 다시 그 불꽃은 다른 어떤 곳보다도 먼저 1982년 부산의 미문화원 방화사건으로 옮아붙었던 것이다. 아마도 그 역사는 지금은 고인이 된 노무현 대통령의 삶과 죽음에까지 이어진다고 말하더라도 크게 틀린 말은 아닐 것이다. 그의 삶도 부산 미문화원 방화사건의 문부식의 삶이 그렇듯이 광주의 피눈물에 적셔진 삶이 아니었던가. 어쩔 수도 없는 일이다. 세상의 모든 슬픔의 강은 바다에서 하나로 만나는 법이기 때문이다. 그러므로 1980년 광주의 빛을 꿈꾸는 자는 먼저 1979년 부산과 마산의 슬픔의 바닷가를 걸어야 한다. 이런 의미에서 이 책은 5·18에 바치는 헌사인 동시에 부마항쟁에 바치는 헌사이기도 하다.

그러나 나는 여기서 광주와 부산·마산을 물신화하고 싶은 생각은 없다. 사실 보다 본질적인 근원을 따지자면, 1980년 광주와 1979년 부산·마산의 시원은 대구이다. 왜냐하면 거기서 전태일이 태어났기 때문이다. 대구는 박정희의 도시가 아니라 실은 전태일의 도시이다. 전태일이 누구인가? 그는 슬픔의 예수와 분노의 예수, 눈물의 예수와 빛의 예수를 자기속에 하나로 구현한 영혼이었다. 대구 남산동에서 태어나 서울 평화시장에서 만난 전라도 소녀들에게 차비를 아껴 붕어빵을 사 주다가 불꽃으로 산화한 그는 스스로 빛이 된 눈물이다. 어느 누구의 삶도 눈물과 불꽃이 어떻게 하나인지를 전태일의 삶처럼 그렇게 처절하게 보여주지는 못할 것이다. 1979년 10월의 부산과 마산 그리고 1980년의 광주는 1970년 11월 불꽃이 되어 작열한 전태일의 눈물이 여기 그리고 저기에서 펼쳐지고 부활한 사건에 다름 아니다.

그러니 어디인들 광주가 아니고 부산·마산이 아니랴. 경상도는 최제우의 고향이요, 전라도는 전봉준의 고향이고 충청도는 한용운의 고향이며 황해도는 안중근의 고향이고 평안도는 함석헌의 고향이며, 함경도는 김교신의 고향이 아니었던가? 아, 그리고 제주도는 이재수의 고향이 아닌가? 그러니 이제 우리 모두 각자의 슬픔의 고향으로 돌아가자. 거기서 슬픔의 바다를 만나자. 그리고 그 바다에 가라앉은 우리의 세월호를, 절망의 시대를 슬퍼하자. 그리고 온 세상 눈물이 고인 그 바닷가에서 아무것도 하지 못하는 우리 자신을 부끄러워하자. 그 부끄러움이 밑 모를 슬픔의 바다 끝에 이르러 끝내 시대를 바꾸는 함성으로 다시 떠오를 때까지.

2015년 4월
김상봉

차례

제1장 응답으로서의 역사[1]
__5·18을 생각함

　5·18을 생각한다는 것은 생각하기 어려운 것, 어쩌면 생각할 수 없는 일을 생각하는 것입니다. 그것은 5·18이 생각이 생각할 수 있는 한계를 뛰어넘어버린 사건이기 때문입니다. 생각은 생각되는 모든 것을 자기의 한계 속에 불러들이고 자기에게 동화시키며 자기에게 익숙한 방식으로 규정하려 합니다. 그러나 5·18은 그런 익숙하고 편리한 규정을 허락하지 않습니다. 우리가 5·18을 무엇이라 이름 붙이든 그것은 그 사건의 한 가

1　이 글은 원래 2006년 5월 20일, 전남대 철학과 학생회가 주최한 5·18 26주년 기념 세미나에서 발표한 글이다. 지금까지 5·18에 대한 역사적·사회과학적 연구는 많았으나 철학적 연구는 거의 없었다. 전남대 철학과의 이중표 교수가 2004년 5월 18일 광주 무각사에서 발표한 「5·18정신의 승화와 불교」라는 논문과 역시 같은 대학 철학과의 박구용 교수가 2004년 6월 10일 이라크파병반대 광주전남비상국민행동이 주최한 토론회에서 발표한 「이라크 파병과 광주정신」이 철학계에서 나온 유일한 5·18 관련 논문이었다. 그러나 이 두 논문은 아직 정식으로 활자화되지는 않았다. 그런 한에서 5·18에 대해 공식적으로 발표된 철학 논문은 없는 셈이다 (2006년 현재). 나는 이 글에서 의도적으로 높임말을 사용했다. 이는 이 글이 발제문으로 쓰였기 때문이 아니다. 그것은 5·18에 대한 철학적 사유가 사물화된 대상에 대한 규정도 아니고 자기 혼자만의 독백도 아니며, 만남과 더불어 생각함으로써 발생해야 한다는 뜻에 따른 것이며, 더 나아가 이 글이 단순한 논문이 아니라 5·18에 대한 철학적 헌사(獻詞)가 되기를 바랐기 때문이다. 그러나 이 글의 내용 자체에 대해서 보자면, 우리는 엄격한 학문적 탐구의 원리에 따라 5·18의 뜻을 철학적으로 드러내려 했다.

지 측면일 뿐입니다. 그리하여 5·18은 이름을 거부하는 현전(現前)입니다. 도리어 그 앞에서 이름 불리는 자들은 우리입니다. 5·18 앞에 설 때 우리는 그것으로부터 부름을 받습니다. 그 부름 앞에서 생각은 다만 대답할 수 있을 뿐입니다. 하지만 우리는 생각의 응답이 수동적인 일이라 생각해서는 안 됩니다. 왜냐하면 우리의 활동이 맹목적이지도 않고 타율적이지도 않으며, 참된 의미에서 자유롭고 자발적인 것이 되는 순간은 바로 우리가 부름에 응답할 때이기 때문입니다. 5·18 자체가 바로 응답의 사건이었던 것처럼.

생각이 이름 부르지 않고 도리어 응답한다는 것이 생각을 멈추는 것을 뜻하지는 않습니다. 응답은 만남입니다. 생각이 응답한다는 것은 생각이 부름에로 나아간다는 것을 의미합니다. 그것은 자기가 품을 수 없는 것을 향해 자기를 넓히는 것이요, 자기가 맞먹을 수 없는 것을 향해 치솟아오르는 것이며, 자기가 따라잡을 수 없는 것을 향해 달리는 것입니다. 그것은 가장 치열한 활동성입니다. 그 치열함 속에서 생각은 넓어지고 상승하며 전진합니다. 우리를 부르는 목소리가 크면 클수록 생각은 커지고, 우리를 부르는 아우성이 깊으면 깊을수록 우리의 생각도 깊어집니다. 5·18이 생각할 수 없을 만큼 크고 깊다는 것은, 생각이 그와 만나기 위해서는 그 앞에서 그처럼 크고 깊어지기 위해 애쓰지 않으면 안 된다는 것을 뜻합니다.

하지만 만남은 발견이 아닙니다.[2] 역사와 만난다는 것은 지나간 시간 속에서 일어난 사건을 인식하는 일이 아닙니다. 한갓 사건은 사물적인 대상일 뿐입니다. 그러나 만남은 오직 인격적 주체들 사이에서만 일어나는 일입니다. 생각이 5·18을 만난다는 것은 그것이 하나의 사건이 아니라 인격으로서 우리 앞에 마주 선다는 뜻입니다. 5·18을 생각하는 것이 어려운 또 다른 이유가 바로 여기에 있습니다.

---

2 사유와 인식의 영역에서 발견과 만남의 차이에 대해서는 김상봉, 「자기의식의 길: 발견의 길과 만남의 길」, 『연세철학』, 제9호, 1999 참조.

그러나 아무리 어려운 일이라도 이것은 피할 수 없는 일입니다. 우리는 사물적 인식의 관성을 쉽게 떨쳐버리지 못하는 까닭에 모든 것을 구별 없이 사물적 대상으로 만들어버리는 버릇이 있습니다. 역사도 마찬가지입니다. 대개 역사학자가 역사 속에서 사건이나 행위를 볼 뿐 행위자를 보지 않는다면, 철학자 역시 그 행위의 뜻을 볼 뿐 행위하는 인격적 주체를 보려 하지는 않습니다. 그러나 역사가 있는 것은 단지 사건이나 행위가 있기 때문이 아니라 사건을 일으키고 행위하는 인격적 주체가 있기 때문입니다.

자연사가 아니라 인간의 역사가 문제인 한에서, 역사는 오로지 삶입니다. 그것은 개인의 삶이 아니라 집단의 삶인 것입니다. 그런데 모든 삶은 능동적인 행위를 통해 발생하는 것이지만, 그 행위는 언제나 행위하는 주체를 통해 발생합니다. 인간의 역사가 집단의 삶이라면, 그것 또한 삶을 사는 주체가 있을 때 온전히 존재할 수 있습니다. 그 주체는 홀로주체로서의 개인이 아니라 집단적 주체 또는 공동주체입니다.

집단적 주체의 진리를 가리켜 우리는 서로주체성이라 부릅니다.[3] 물론 모든 진리가 그렇듯이, 서로주체성도 역사 속에서 그 완전한 현실태를 찾을 수 없는 하나의 이념입니다. 그러나 모든 집단적 주체란 아무리 불완

---

3 서로주체성이란 홀로주체성의 대립개념으로서 주체가 고립된 나의 자기관계가 아니라 나와 너의 만남 속에서만 발생한다는 것을 표현하기 위해 도입된 개념이다(김상봉, 『자기의식과 존재사유: 칸트철학과 근대적 주체성의 존재론』, 한길사, 1998). '나는 나'라는 자기동일성의 의식은 '나와 너는 우리'라는 만남의 흔적인 것이다. 그러나 서로주체성이란 맹목적인 집단귀속성을 의미하는 것은 아니다. 내가 나의 주체성을 상실하고 집단의 속성으로 전락하게 될 때, 그것은 서로주체성이 아니고 확장된 홀로주체성에 지나지 않는다. 하나의 홀로주체가 다른 모든 주체 위에 군림하는 것이 아니라 모든 주체가 대등한 자발성과 능동성으로 결합하여 우리를 형성할 때, 그것만이 참된 서로주체성의 생성인 것이다. 서로주체성 개념의 다양한 변주에 대해서는 김상봉, 『자기의식과 존재사유: 칸트철학과 근대적 주체성의 존재론』, 한길사, 1998;『나르시스의 꿈: 서양정신의 극복을 위한 연습』, 한길사, 2002;『그리스 비극에 대한 편지』, 한길사, 2003;『학벌사회: 사회적 주체성에 대한 철학적 탐구』, 한길사, 2004 등을 참조.

전하다 하더라도 많게든 적게든 서로주체성에 의해 매개되어 있으며, 역사를 이끌어가는 집단적 주체가 서로주체성의 현실태에 가까워질수록 그것은 더 온전한 역사적 주체가 되는 것입니다. 생각하면, 이런 의미에서 서로주체성이 이념인 것처럼 역사 역시 우리 자신에 의해 이루어져야 할 과제요 이념입니다. 같은 땅에서 비슷한 사람들이 모여 산다고 해서 자동적으로 역사가 발생하는 것은 아닙니다. 오로지 사람들이 더불어 서로주체성 속에서 공동의 주체를 형성할 때, 비로소 온전한 의미에서 역사라는 것이 일어날 수 있는 것입니다.[4]

　사람들이 흔히 말하는 역사적 사건이란 바로 그런 공동주체성 또는 서로주체성 속에서 역사적 주체가 두드러지게 분출한 사건을 말합니다. 행위는 행위하는 주체를 전제하지만 거꾸로 주체 역시 오로지 행위 속에서만 주체로서 발생하고 정립될 수 있습니다. 주체는 사물적으로 주어진 것이 아니라 오직 행위와 활동 속에서만 주체로서 정립되는 것인바,[5] 이는

4　우리는 사회적 존재(social entitiy)를 서로주체성의 현실태로 이해했던 것처럼(김상봉,『학벌사회: 사회적 주체성에 대한 철학적 탐구』, 한길사, 2004, 34쪽 이하), 역사를 서로주체성의 시간적 전개로서 이해하려 한다. 자기들을 우리라고 부르는 사람들이 모여 그 모임이 일정한 외연과 지속성을 가지고 하나의 공동체를 형성할 때 한 사회가 발생하는 것처럼, ‘우리’라는 자기의식 속에서 서로주체성을 형성한 사람들의 모임이 시간 속에서 공동의 삶을 살아나갈 때 비로소 역사가 발생한다. 여기서 우리라는 공동주체의 자기의식이 과연 얼마나 온전한 서로주체성의 발로이냐에 따라 역사는 그것의 이념에 가까워진다. 그런즉 우리는 역사의 가능근거를 땅이나 정치권력에서 찾지 않고 오로지 서로주체성의 발생 또는 구체적으로 말하자면 공동의 자기의식의 형성에서 찾는다.

5　거슬러 올라가자면, 데카르트의 “나는 생각한다, 그러므로 나는 존재한다”라는 명제 속에서 주체와 행위의 공속성이 명확히 정식화되었다고 할 수 있다(르네 데카르트, 이현복 옮김,『성찰』, 문예출판사, 1997a;『방법서설』, 1997b). 여기서 나는 주체이다. 하지만 나는 오직 내가 생각하는 한에서만 존재한다. 이는 주체의 존재가 생각이라는 활동에 근거하고 있음을 의미한다. 하지만 데카르트는 주체가 생각을 일면적으로 근거 짓는다고 생각한 것은 아니다. 왜냐하면 생각의 활동이 활동의 주체로서 나 없이 가능한 것이 아니기 때문이다. 그런 한에서 나의 있음과 나의 생각은 둘이 아니라 하나로 공속한다. 나중에 셸링(Friedrich W. Schelling)은 나와 생각의 활동의 공속성을 보다 명확하게 표현하여 “자아는 그것이 오직 자기 자신

역사를 이끌어가는 주체의 경우에도 마찬가지입니다. 그것은 자연적으로 주어진 실체가 아니라 역사적 행위 속에서 형성되고 정립되는 주체인 것입니다. 역사적 사건이란 한마디로 말하자면 역사적 주체를 정립한 행위입니다. 그런데 지금 우리가 생각하려는 5·18이야말로 가장 전형적이고 두드러진 의미에서 역사적 사건이라 할 수 있습니다. 그것은 단순히 엄청난 사건이었다거나 충격적인 사건이었다는 뜻이 아니라 서로주체성의 집약된 표현이고 실현이었다는 의미에서 역사적 주체가 자기를 정립한 사건입니다. 비교해서 말하자면, 한국전쟁은 5·18에 비해 시간적·공간적인 범위에서 훨씬 더 포괄적인 사건이었으며, 그 집단적 행위의 강도나 밀집도 그리고 영향력에서 역시 5·18을 능가하는 사건이었다고 할 수 있습니다. 하지만 아무리 그렇다 하더라도 한국전쟁이 서로주체성의 비범한 분출이었다고 말하기는 어려운 일입니다. 너무나 많은 사람들에게 그것은 맹목적인 행위가 아니면 무의미한 수난이었던 것입니다. 그런 한에서 이 사건은 역사적 사건의 모범은 아니었습니다. 이에 비해 5·18은 우리 역사에서 드물게 보는 서로주체성의 현실태였습니다. 그것은 역사에서 놀랄 만큼 치열한 활동성의 표현이었으나, 그 활동성은 맹목적인 것도 강제된 것도 아니었습니다. 마찬가지로 그것은 소수의 사람들에 의해 주도되고 다수가 동조하는 것도 아니었습니다. 주체가 따로 있고 객체가 따로 있는 것이 아니라 원칙적으로 모두가 더불어 자기들을 주체로 정립한 사건이 5·18인 것입니다. 처음 불을 댕긴 학생들은 물론 계엄군을 몰아내는 데 결정적인 공을 세운 택시기사들, 그들에게 밥을 먹인 시장의 상인들, 헌혈하기 위해 팔을 걷어붙인 술집 여인들, 그들의 팔에서 피를 뽑은 의사와 간호사 등 누구 하나 객체가 아니었습니다.[6] 우리는

을 생각하기 때문에 있고, 그것이 있기 때문에 자기 자신을 생각한다"(프리드리히 셸링, 한자경 옮김, 『철학의 원리로서의 자아』, 서광사, 1999, 35쪽)고 말했다.

6 5·18의 진행과정에서 시민들의 구체적인 참여상을 보기 위해서는 특히 다음의 글들을 참조. 황석영 기록, 전남사회운동협의회 엮음, 『죽음을 넘어 시대의 어둠을 넘어』, 풀빛, 1985; 광주광역시 5·18사료편찬위원회, 『5·18광주민중항쟁』, 광주

그 속에서 역사적 주체가 자기를 정립하는 것을 보며, 그와 함께 역사적 주체의 삶으로서 역사가 일어나는 것을 봅니다. 이런 의미에서 5·18은 역사적 사건인 것입니다.

그러나 5·18이 아무리 두드러진 서로주체성의 분출이었다 하더라도, 그 자체만으로는 아직 역사적 사건이 될 수 없습니다. 역사는 오직 이어질 때 역사가 됩니다. 역사가 이어지는 것은 우리가 역사에 응답할 때입니다. 그런즉 오직 우리가 5·18에 응답하는 한에서 그것은 온전한 의미에서 역사적 사건이 되는 것입니다. 그렇지 않을 때 5·18은 아무것도 아닙니다. 같은 시대를 사는 사람들이 서로주체성 속에서 만날 때 역사가 이루어지는 것처럼, 다른 시대의 사람들이 서로 만남으로써 역사가 이어지고 보존됩니다. 앞시대와 뒷시대가 서로 부르고 대답할 때, 그 만남 속에서 역사가 이어지는 것입니다. 5·18을 생각한다는 것은 이 과제를 떠맡는 것을 뜻합니다. 그것은 우리의 현대사에서 가장 역사적인 사건과 만나고 그 부름에 응답함으로써 그 역사를 보존하고 이어가는 작업인 것입니다.

하지만 여기서 우리는 다시 역사를 이어간다는 말을 무슨 새끼줄을 계속 꼬아가는 일처럼 어떤 사물적 대상을 보존하고 늘여가는 일이라 생각하지 않도록 조심해야 합니다. 문제는 오로지 하나, 만남과 응답입니다. 이런 의미에서 사람들이 흔히 말하는 '역사의 기억' 또한 조심스럽게 제한되어야 할 것입니다. 기억은 사물적 대상에 대해서도 적용될 수 있는 말입니다. 그리하여 역사의 기억이란 말은 너무 자주 사건의 기억과 같은 뜻으로 쓰입니다. 하지만 사건은 아직 인격적 주체는 아닙니다. 물론 5·18

광역시, 1997; 나의갑, 「5·18의 전개과정」, 광주광역시 5·18사료편찬위원회, 『5·18민중항쟁사』, 도서출판 고령, 2001; 최정기, 「광주민중항쟁의 지역적 확산과정과 주민참여기제」, 나간채 엮음, 『광주민중항쟁과 5월운동 연구』, 전남대학교 5·18연구소, 1997; 강현아, 「5·18항쟁과 여성주체의 경험: 참여와 배제」, 나간채·강현아 엮음, 『5·18항쟁의 이해』, 광주광역시, 2002; 장하진, 「5·18과 여성」, 광주광역시 5·18사료편찬위원회, 『5·18민중항쟁사』, 도서출판 고령, 2001.

을 기억하는 것은 아예 기억조차 하지 못하는 것에 비하면 나은 일이지만, 우리가 5·18을 하나의 사건으로서 기억할 뿐이라면 이를 통해 역사와 온전히 만날 수는 없습니다. 인격적 만남이란 부름에 대답하는 것입니다. 그런즉 오직 우리가 5·18의 부름에 응답할 때, 비로소 우리는 그것과 인격적으로 만날 수 있게 되는 것입니다.

마찬가지로 우리가 5·18의 이념이나 뜻을 해석하고 규정하려고만 할 때에도 우리는 그것과 온전히 만나지 못합니다. 뜻이나 이념은 언제나 보편적인 사태입니다. 반면에 모든 역사적 사건은 개별적이고 일회적인 사태로서 어떤 경우에도 보편적인 뜻이나 이념 그 자체의 현실태일 수는 없습니다. 따라서 5·18에서 오로지 뜻이나 이념만을 찾아내려 하는 사람은 사실은 5·18과 만나고 있는 것이 아니라 원칙적으로 어디서나 나타날 수 있는 추상적인 이념과 뜻을 생각하고 있을 뿐인 까닭에, 마지막에는 역사를 추상적 이념과 맞바꾸어 역사적 사건 그 자체를 잃어버릴 위험에 빠지게 됩니다. 뜻이 문제라면 우리는 굳이 5·18이 아니더라도 다른 사건에서 뜻의 비슷한 표현을 찾을 수 있을 것이기 때문입니다.[7]

물론 이것이 5·18이 사건으로서 탐구되고 기억되어서는 안 된다거나 5·18의 뜻이 무엇이었는지를 묻는 것 자체가 부당하다는 말은 아닙니다. 5·18이 하나의 사건이었고 뜻을 가진 사건이었다는 것은 아무도 부인할 수 없습니다. 그리고 5·18의 가치가 그 역사적 행위로서 발생한 사건에 있고 그것이 추구한 뜻에 있다는 것도 분명한 일입니다. 그럼에도 불구하고 우리가 5·18을 생각하면서 사건의 인과관계나 의식적·무의식적으로 사건을 이끌었던 이념만을 생각한다면, 우리는 그것과 인격적으로 만날

---

7 이런 의미에서 역사에서 이념과 뜻만을 찾으려 할 때, 우리는 역사를 화석화할 위험에 빠지게 된다. 이런 사정은 5·18의 경우에도 마찬가지이다. 화석화된 이념은 한갓 구호로만 남게 되고 현실 역사 속에서 아무런 힘을 행사하지 못한다. 물론 이념과 뜻 없는 역사는 없다. 하지만 그것이 추상화될 때, 이념과 뜻은 생명을 잃게 된다. 그런 까닭에 역사와의 만남에서 중요한 것은 뜻과 이념을 그 생동성 속에서 만나는 일이다.

수 없습니다. 행위나 사건 속에서 인격적 주체가 자기를 표현하고 실현하는 것은 분명하지만, 그것이 인격적 주체 그 자신이 아니라는 것도 마찬가지로 분명한 일이기 때문입니다.

그렇다면 언제 우리는 5·18과 인격적으로 만나게 되는 것입니까? 그것은 오직 하나, 우리가 5·18의 고통에 참여할 때입니다. 사건은 객관적 사실입니다. 우리는 굳이 사건의 주체와 인격적으로 만나지 않고서도 사건의 경과를 인식할 수 있습니다. 마찬가지로 우리는 5·18의 뜻과 이념역시 그 자체로서 이해할 수 있습니다. 하지만 우리는 인격적 만남 없이타인의 고통을 이해할 수는 없습니다. 모든 이해는 따라체험을 수반합니다. 사건의 이해도 이념의 이해도 이 점에서는 같습니다. 그러나 우리가사건이나 이념을 이해할 때, 우리는 사건을 수행하고 이념을 추구하는 사람의 자리에 나를 세울 필요는 없습니다. 사건도 이념도 주체를 요구하겠지만, 그 주체는 익명의 주체일 수 있습니다. 주체가 누구든 간에 그것은대개 사건이나 이념의 이해를 위해서는 아무래도 좋은 것입니다. 이를테면 4·19혁명이 학생들이 일으킨 사건이었다고 말할 때, 우리가 그 학생이 누구였느냐 하는 것까지를 알 필요는 없습니다. 하지만 고통의 경우에는 사정이 다릅니다. 역사 속에서 일어나는 사건은 여럿이서 같이 일으키는 일이지만, 고통은 언제나 한 사람 한 사람이 겪는 일입니다. 일반화된고통은 고통이 아닙니다. 개별성과 주체성은 고통의 본질적 계기에 속하는 일입니다. 남에게 양도할 수 없는 것이 고통인 것입니다. 그리하여 모든 이해가 따라체험이라 하더라도, 고통의 이해는 고통받는 인격의 따라체험일 수밖에 없습니다. 고통을 이해한다는 것은 그 고통을 겪는 사람의자리에 자기를 세우고 비록 상상 속에서나마 그 고통을 따라서 겪지 못하는 한 불가능한 일인 것입니다. 이를 거꾸로 말하자면, 우리는 어떤 사람의 고통을 이해하고 그에 참여하려 할 경우에만 비로소 그 사람과 인격적 만남에 들어갈 수 있습니다.

5·18과의 만남 역시 마찬가지입니다. 5·18이라는 사건 자체나 그것이 추구한 이념이 아니라 그에 참여한 사람들의 고통을 생각할 때, 비로

소 우리는 그것과 인격적으로 만날 수 있게 됩니다. 고통에 귀 기울이는 것, 그 아우성, 그 부름에 응답하는 것이야말로 역사와의 인격적 만남의 출발인 것입니다. 그리고 이런 인격적 만남 속에서만 역사는 과거의 일로 끝나지 않고 이어지고 보존됩니다. 게다가 5·18의 상처는 아직도 진행 중입니다. 그 끔찍한 상처를 기억하고 그것을 또한 지금 우리의 것으로 받아들일 때, 5·18은 지나간 역사적 사건이 아니라 오늘에도 살아 있는 역사로 보존되고 이어지는 것입니다. 그러므로 5·18을 생각한다는 것은 다른 무엇보다 그것의 고통을 기억하고 따라체험하는 데서 시작되어야 합니다. 직접적인 고통과 그 고통이 주는 좌절과 절망 그리고 미칠 것 같은 분노를 따라체험하지 못하는 한 우리는 결코 5·18과 인격적으로 만날 수 없을 것입니다. 그러나 타인의 고통을 자기 것으로 따라체험한다는 것, 그것은 얼마나 어려운 일입니까? 다른 것이 문제라면, 생각은 모든 사물과 사건을 생각의 객관적 규정들 속에서 해체하고 분해할 수 있을 것입니다. 하지만 고통을 이해하기 위해서는 나는 나를 뛰어넘지 않으면 안 됩니다. 그것은 나를 내가 선 자리에서 들어 올려 타자의 자리에 옮겨놓을 때에만 가능한 일입니다. 고통을 이해하는 것이 어려운 까닭은 그것이 생각이 제자리에 머물러 수행할 수 있는 일이 아니기 때문입니다. 남의 고통이 크면 클수록 남의 자리에 나를 두는 것이 어려워집니다. 그리하여 게으른 정신에게 남의 고통이란 제 편한 대로 해석된 관념적인 기호로 남기 십상입니다.

5·18을 생각하는 것이 어려운 까닭은 바로 이것입니다. 그것은 우리가 따라체험하기에는 너무도 큰 고통이요 수난이었습니다. 게다가 그것은 그 자체로서도 엄청난 고통이었지만, 그 인과관계를 따라체험할 수 없다는 점에서도 생각이 따라잡기 어려운 고통입니다. 왜냐하면 고통을 유발한 가해자의 악마성이 생각이 따라체험할 수 있는 가능성을 초월하기 때문입니다. 이를테면 아직 시민들이 무장항쟁에 돌입하기 전인 항쟁 이틀째, 부상자를 싣고 병원으로 달리던 택시기사가 부상자를 내려놓으라는 명령을 따르지 않는다고 그 기사를 대검으로 살해한 공수부대원의 잔인

함은 생각이 그 인과성을 설명할 수 없는 악마성입니다.[8] 그런데 1980년 광주의 5월은 바로 이런 폭력이 일상화되어버린 장소였습니다. 그러니 우리가 어떻게 그 고통을 이해할 수 있겠습니까?

하지만 우리가 5·18을 생각하기 어려운 까닭은 그 수난과 고통의 크기 때문만은 아닙니다. 더욱 놀라운 것은 1980년 5월 광주 시민들이 그 야만적인 폭력에 고분고분 굴종하지 않았다는 것입니다. 그해 5월 18일 0시에 비상계엄령이 선포되었을 때, 이른바 '서울의 봄'은 순식간에 겨울이 되어버렸습니다.[9] 살인자들이 예상했던 대로 시위는 멎었습니다. 시위를 주도했던 학생들의 지도부가 모두 피신한 뒤에 모든 저항은 정지되었습니다. 그것이 이 나라의 오랜 공식이었습니다. 바로 전해에 이른바 부마항쟁 역시 군대가 출동하고 위수령이 발동되었을 때 잦아들었던 것입니다.[10] 그런데 5·18은 정부가 비상계엄령을 전국으로 확대한다고 발표한 바로 그날부터 시작되었습니다.[11] 그것은 역사의 부름에 대한 응답이

---

8 황석영, 앞의 책, 72쪽.

9 최석우, 「아, 통한의 5·15회군(回軍)」, 『월간 사회평론 길』, 1996년 1월호, 사회평론, 1996, 123쪽.

10 임현진, 「민주화의 전주곡으로서 부마항쟁: 유신체제의 지연된 붕괴」, 한국정치학회, 『한국의 정치변동과 민주주의: 기획학술회의 자료집』, 2000, 3쪽.

11 정확하게 말하자면 확대비상계엄령은 5월 17일 24시 또는 5월 18일 0시를 기해 내려졌다. 그 두 시간 후에 전남대와 조선대 캠퍼스에 공수특전단이 진주했다. 이런 사정은 전국의 다른 지역 다른 대학들의 경우도 마찬가지였다. 그리고 이를 통해 신군부세력은 학생들의 저항의지를 일단 잠재울 수 있었다. 그러나 오직 한 군데 예외가 있었으니 그것이 광주였다. 5월 18일 오전 10시경, 전남대 정문 앞에 모인 고작 100여 명 남짓한 학생들은 정문을 지키고 있던 공수부대의 해산명령에 응하지 않고, 도리어 정문 앞 다리 부근에 앉아 연좌농성을 시작했다. 이어서 노래와 구호가 터져나왔다. 이들을 계엄군이 살상용 특수곤봉으로 공격함으로써 이른바 5·18이 촉발되었다. 박정희 정권이 수립된 이래 계엄군이 대학 캠퍼스에 진주했을 때 비무장의 학생이나 시민 들이 무장한 군대에 맞선 것은 이것이 유일한 경우로서, 그것은 죽음을 무릅쓴 용기가 없으면 가능한 일이 아니었을 것이다. 5·18의 최초 발단에 대해서는 황석영, 앞의 책, 33~36쪽; 광주광역시 5·18사료편찬위원회, 앞의 책, 100~03쪽; 안종철, 「광주민중항쟁의 배경과 전개과정」, 나간채 엮음, 『광주민중항쟁과 5월운동 연구』, 전남대학교 5·18연구소, 1997,

었습니다. 역사는 고통스러운 아우성을 통해 우리를 부릅니다. 그런즉 고통이 없는 곳에는 역사도 없습니다. 오직 역사의 고통에 응답할 때, 역사는 죽지 않고 살아 이어지는 것입니다. 역사의 고통이 남의 일만이 아니라는 것, 그것이 동시에 나의 일이며 지금 당장 그것이 내 고통이 아니더라도 곧 나 자신의 고통이 될 수도 있다는 깨달음 속에서, 우리는 역사의 고통에 응답하고 그에 참여하게 됩니다. 1980년 광주의 5월항쟁도 바로 그런 응답이었습니다. 그리하여 5·18은 비극적 수난이었으나 그 비극은 노예의 비극이 아니라 자유인의 비극이었으며, 일방적인 당함의 비극이 아니라 가장 능동적인 행함의 비극이었습니다. 5월항쟁의 비할 나위 없는 숭고가 바로 여기에 있습니다. 하지만 그 숭고는 오이디푸스적 숭고와 같으면서도 다릅니다. 그것은 죽음의 공포를 뛰어넘어 자기의 존엄성을 지킨다는 점에서 그리스 비극의 숭고와 같지만, 역사의 고통에 응답하기 위해 죽음의 공포를 초월한다는 점에서 그리스 비극의 숭고를 넘어서는 것입니다.[12]

　　그런데 1980년 5월에 광주에서 일어났던 역사에 대한 응답이 순수한 자발성에서 비롯되었다는 것은 5·18을 참된 의미에서 역사적 사건으로 자리매김하는 결정적 징표입니다. 그것은 이 응답이 타자의 강제에 의해 동원된 주체들이 아니라 역사의 부름과 고통받는 타인의 절규 앞에서 스스로 결단함으로써 자신을 주체로서 정립한 사람들이 보여준 자발성의 표현이기 때문입니다. 서울에서 그랬듯이 광주에서도 5·18이 일어나기 직전에 그전까지 활동했던 학생운동의 지도부는 검거되거나[13] 임박

　　30~33쪽; 나의갑, 앞의 글, 221~22쪽 참조.

12　그리스 비극의 본질적 이념은 자유이다. 오이디푸스가 전형적으로 형상화했듯이, 그리스 비극의 주인공은 자신의 자유를 지키기 위해 운명에 저항한다. 그리고 이것이 비극적 숭고를 낳는다. 그러나 그리스 비극은 타인의 고통에 대한 응답과는 아무런 상관이 없다. 그리스 비극의 숭고에 대해서는 김상봉, 『그리스 비극의 편지』 참조.

13　나의갑, 앞의 글, 226쪽.

한 검거를 피해 피신했고, 조직적으로 항쟁을 지도할 기존의 항쟁주체가 아무도 남아 있지 않은 상태였습니다.[14] 그런데 확대비상계엄령이 선포된 바로 그날, 한 사람 두 사람 전남대 정문 앞에 학생들이 모여들어 학교를 지키고 있었던 군인들 앞에서 두려움 없이 계엄군은 물러가라고 외치기 시작했습니다.[15] 그들의 수는 고작 50명, 많아야 100명이었습니다. 그것은 계산하는 생각의 눈에는 어리석은 만용이었을 것입니다. 그런데 그들을 지켜보던 몇백 명의 또 다른 학생들이 같이 구호를 외치기 시작했습니다. 군대는 그들을 위협함으로써 침묵시키고 해산하려 했으나, 그것은 그들을 자극하여 그 함성을 더욱 크게 만들 뿐이었습니다. 그들이 침묵했더라면 비극은 없었을 것입니다. 하지만 그들은 비굴하게 침묵하지 않았습니다. 그 용기가 모든 일의 시작이었으니, 그것은 아무도 강제하지 않고 아무도 미리 조직하지 않은 자발성의 표현이었습니다. 생각하면 그것은 생각이 이해하기 어려운 서로주체성의 출현이었습니다. 항쟁을 촉발하고 견인할 전위가 없는 상태에서 모두가 항쟁의 주체가 되어 싸우기 시작했을 때, 우리 역사에서 보기 드문 역사적 사건이 일어났습니다. 학생들의 저항에서 시작된 저항이 급속하게 모든 시민의 항쟁으로 확장되어갔던 것입니다. 그것은 아무도 강요하지 않고 아무도 조직하지 않은 자발적이고도 주체적인 행위였으니[16] 참된 의미에서 서로주체성의 표현이요, 역사적 사건이었습니다.

그것을 가능하게 했던 것은 응답하려는 결단이었습니다. 계엄군의 잔

---

14 황석영, 앞의 책, 30쪽.

15 당시 석공이었던 김태찬의 증언에 따르면, 비슷한 시간에 조선대 정문 앞에서도 비슷한 상황이 벌어졌다고 한다. 김태찬, 「자기보다는 우리라는 개념이 먼저였다」, 나간채·이명규 엮음, 『5·18항쟁 증언자료집 II: 시민군들의 구술』, 전남대학교 출판부, 2003, 185쪽.

16 5·18이 조직된 동원이 아니라 자연발생적인 참여에 의해 일어나고 진행되었다는 것은 일반적으로 인정되고 있는 사실이다. 그러나 미세한 연구에 들어가면 항쟁의 주체에 대해 다양한 관점의 주장들이 전개되어왔다. 이에 대한 간단한 개관은 강현아, 앞의 글, 137~41쪽 참조.

인한 폭력 앞에서 학생들과 시민들이 무차별하게 구타당하기 시작했을 때, 광주 시민들은 그것을 그냥 방관하지 않고 개입했습니다. 처음에 그들은 폭력을 만류했습니다. 그러나 만류하는 노인들에게까지 계엄군이 철심이 박힌 곤봉을 휘두르고,[17] 건물 안에서 숨죽여 그 광경을 바라보던 학원 수강생들에게까지 무차별한 폭력을 행사했을 때, 그리고 그렇게 다친 부상자들을 병원으로 옮기던 택시기사의 배에 대검을 쑤셔박았을 때,[18] 광주 시민들은 이웃의 고통과 수난 앞에서 죽음의 공포를 잊어버렸습니다. 그것은 목숨을 건 응답이요, 비할 나위 없는 능동성이었습니다.

5·18을 우리 역사에서 두드러지게 했던 무장투쟁은 이 능동성의 정점이었습니다. 3·1운동이 그 비폭력의 이상으로 정신의 용기와 숭고를 보였다면, 5·18은 죽음을 무릅쓰고 무기를 들고 싸움으로써 3·1운동의 평화주의가 무기력과 비겁함에서 비롯된 것이 아님을 증명해 보였습니다. 비폭력주의는 자기를 향한 악마적인 폭력 앞에서 폭력적으로 싸우려는 용기가 없을 때에는 어리석음이거나 비겁함일 뿐입니다. 모든 악은 방관과 굴종 속에서 창궐합니다. 악행을 멈추는 것은 도덕적 의무입니다. 국가권력이 무장하지 않은 시민을 향해 군사적 폭력을 사용하는 순간, 국가권력의 정당성은 정지됩니다. 그때 국가권력은 한갓 조직폭력배들의 집단에 지나지 않으며, 그들의 폭력을 같은 방법으로 저지하는 것은 시민의 정당한 권리와 의무에 속하는 것입니다. 이 점에서 5·18의 무장항쟁은 최고의 시민적 용기[19]와 주체성의 표현입니다.[20]

---

17 황석영, 앞의 책, 49~50쪽.

18 같은 책, 72쪽.

19 시민적 용기(andreia politike)의 의미와 가치를 처음 학문적으로 규정한 사람은 아리스토텔레스였다. 그는 『니코마코스 윤리학』 제3권 제8장에서 덕목들을 구체적으로 논하면서 용기를 첫째가는 덕목으로 제시한다. 그런 다음에 그는 용기를 다섯 가지 유형으로 나누어 설명하는데, 그 가운데 최고의 것이 바로 시민적 용기이다. 아리스토텔레스, 최명관 옮김, 『니코마코스 윤리학』, 서광사, 1984, 100쪽.

해방된 광주에서 실현된 이른바 '절대적 공동체'[21]는 바로 이런 시민적 용기에 바탕을 둔 서로주체성의 현실태로서 너무나 당연하고 자연스러운 결과였습니다. 5·18의 절대적 공동체란 무차별한 동일성이나 획일성 속에서 개별성이 지양되어 형성된 공동체가 아닙니다. 사실상 우리는 자유를 향한 오랜 투쟁의 역사에서 인간의 자발성과 주체성이 투쟁하는 공동체의 대의 아래 종종 억압되었던 것을 알고 있습니다. 그러나 해방된 광주에서 실현되었던 공동체는 개인들 사이의 이견이 없는 절대적 동일성과 획일성 때문에 절대적 공동체였던 것이 아닙니다. 해방된 광주에서도 서로 부딪치는 다양한 목소리들이 있었고 때로는 항쟁의 방향에 대해 심각한 의견 차이도 있었습니다.[22] 그럼에도 불구하고 그 공동체가 절대적이라는 명예로운 헌사를 받을 자격이 있는 것은 그것이 나와 너 사이의 모든 차이에도 불구하고 자기의 생명을 걸고 타인의 고통에 응답하고 연대하려는 최고의 자발성에 기초한 공동체였던 까닭입니다. 한마디로 말해, 그것은 차이와 자발성을 보존하면서 만남 속에서 그것을 넘어서는 절대적 서로주체성의 현실태였던 것입니다.

그리하여 해방된 광주에서 실현되었던 그 절대적 공동체는 우리가 지향해야 할 영원한 꿈이 되었습니다. 생각하면, 그것은 공자(孔子)가 꿈꾸었던 주(周)나라도, 기원전 5세기의 아테네도, 18세기의 파리도, 20세기의 모스크바도 아니었습니다. 5·18이 보여준 절대적 공동체는 권리나 법, 정의나 평등 또는 봉건적 예의범절 위에 기초한 공동체도 아니고 오

---

20 무장항쟁의 전개과정에 대해서는 황석영, 앞의 책, 106쪽 아래; 김창진, 「시민의 저항과 무장항쟁」, 광주광역시 5·18사료편찬위원회, 『5·18민중항쟁사』, 도서출판 고령, 2001, 302~16쪽 참조.

21 최정운, 『오월의 사회과학』, 풀빛, 1999; 「절대공동체의 형성과 해체」, 광주광역시 5·18사료편찬위원회, 『5·18민중항쟁사』, 도서출판 고령, 2001; 「시민공동체의 형성과 변화」, 나간채·강현아 엮음, 『5·18항쟁의 이해』, 광주광역시, 2002.

22 황석영, 앞의 책, 146쪽 아래, 160쪽 아래, 178쪽 아래, 186쪽 아래, 206쪽 아래; 나의갑, 앞의 글, 249~51쪽.

늘날 사람들이 말하는 배려나 보살핌에 기초한 공동체도 아니었습니다. 그것은 오로지 타인의 고통에 목숨을 걸고 응답하려는 용기 위에 기초한 공동체였던 것입니다. 응답하려는 용기는 권리나 법 또는 예의와 보살핌을 부정하지는 않습니다. 하지만 이들 가운데 그 어떤 가치도 응답하려는 용기를 대신할 수는 없으니, 응답하려는 용기는 그 모든 것을 초월하는 것입니다.[23] 해방된 광주에서 실현된 절대적 공동체는 바로 이런 용기와 자발성에 기초해서만 가능한 공동체였습니다. 그러나 죽음을 무릅쓰고 타인의 고통에 응답하려는 용기는 얼마나 어려운 일이며, 그런 용기를 통해서만 도달할 수 있는 절대적 공동체를 역사 속에서 실현한다는 것은 또 얼마나 불가능한 꿈입니까? 그럼에도 불구하고 5·18을 생각한다는 것은 그 어려운 요구 앞에 마주 서는 것이며, 그 불가능한 꿈을 꿈꾸는 일입니다.

사실상 모든 절대적인 것은 오직 순간적인 계시로서만 우리에게 나타날 수 있습니다. 절대적인 것이 지속적 현실태로서 역사 속에 현전하는 것은 불가능한 일입니다. 모든 순수한 것, 모든 절대적인 것은 그 순수성과 절대성으로 말미암아 몰락해야 합니다. 광주 시민들이 스스로 무장하고 시민군으로 거듭났을 때, 몰락은 피할 수 없는 것이 되었습니다.[24] 무

---

23 여러 사람이 5·18과 다른 혁명적 사건들을 비교·연구함으로써 5·18의 의미와 가치를 밝히려 하였다. 그중 한 사람인 조지 카치아피카스(George Katsiaficas)는 5·18을 1871년 파리코뮌과 비교하면서 두 사건의 유사성과 영향관계를 밝히려 하였다(조지 카치아피카스, 「역사 속의 광주항쟁」, 『민주주의와 인권』, 제2권 제2호, 2002). 역사상의 혁명적 사건들 사이에 유사성이 있다는 것은 어쩌면 당연한 일이다. 그러나 우리는 5·18이 다른 모든 이념이나 주관적 권리주장에 앞서 타인의 고통에 목숨을 걸고 응답하려는 용기에서 비롯되었다는 점에서, 그 이전까지의 혁명적 사건 및 운동과 구별된다고 생각한다.

24 최정운은 앞의 글, 2002, 102~03쪽에서 무장항쟁이 절대공동체의 정점인 동시에 와해의 시작일 수밖에 없었던 까닭을 세 가지로 설득력 있게 서술하였다. 그에 따르면 무장항쟁의 결과 시민군의 등장으로 무장한 시민군과 무장하지 않은 시민이 분리되었으며, 계급이 다시 등장하게 되었고 마지막으로 가족이 다시 등장하게 됨으로써 절대공동체가 해체의 길을 걷지 않을 수 없었다는 것이다.

장항쟁은 최고의 자발성과 용기의 표현이었으나 무기를 들었던 시민군은 모든 최고의 것에게 예정된 몰락을 기꺼이 받아들이지 않으면 안 되었습니다. 이것은 모든 숭고한 것들에 깃든 비극성입니다. 치솟은 것은 무너집니다. 그것이 높으면 높을수록 몰락과 파멸은 더 급속하고 더 강렬하며 더욱더 비극적입니다. 5·18광주의 절대적 공동체 역시 그 비극으로부터 벗어날 수는 없었습니다. 대적할 수 없는 무장을 갖춘 적들이 잠시 동안 해방되었던 광주를 다시 침입해왔을 때, 광주는 마지막 선택 앞에 서게 되었습니다. 생각하면 그것은 선택지가 하나밖에 없는 선택이었습니다. 왜냐하면 탱크와 헬기 앞에서 구식 소총으로 무장한 시민군이 할 수 있는 일은 아무것도 없었기 때문입니다. 광주 시민들은 그들의 꿈을 미래의 역사에 넘겨주어야 한다는 것을 깨달았습니다. 그러나 이것은 그들이 이제 아무 일도 할 수 없고 하지 않으려 했다는 뜻이 아닙니다. 왜냐하면 누구도 아무 일도 하지 않으면서 미래의 세대를 향해 손 내밀고 그들을 역사 속으로 부를 수는 없기 때문입니다.

극복할 수 없는 불의한 폭력 앞에서 광주 시민들은 그 폭력의 현실적인 극복을 후세의 몫으로 남겨두지 않으면 안 되었습니다. 그러나 이 임박한 불의를 저지하고, 악마적인 폭력과 싸우라고 아무도 후세를 향해 외쳐 부르지 않는다면 누가 응답하겠습니까? 하지만 자기 자신이 싸우지 않으면서 남을 향해 싸우라고 외친다면, 또 누가 그 외침에 귀를 기울이겠습니까? 오직 자기가 목숨을 걸고 불의와 맞서는 용기를 보이는 한에서 그의 부름에 응답하는 사람들이 나타날 수 있는 것입니다. 1980년 5월 27일 새벽, 전남도청을 지키며 계엄군과 싸우다 죽어갔던 사람들은 살아남은 우리를 역사로 부르기 위해 자기를 버린 사람들이었습니다. 패배와 죽음이 확정된 순간에 무기를 버리지 않고 밀려오는 적들 앞에 마주 선 것은 맹목이나 만용이 아니었습니다. 그것은 5월 18일에 전남대 정문 앞 다리 위에 앉아 두려움을 이기고 비상계엄을 해제하라는 구호를 처음 외쳤던 학생들이 5·18을 가능하게 했던 것처럼, 후세를 향해 아니 동시대의 모든 시민과 모든 인류를 향해 악마적인 폭력에 더불어 저항하자고 내미는 손길이었으며 절박한 부름이었습니다. 그것은 폭력에 수동적으로 내맡겨진 약자가 도움을 청하는 가련한 손길도 아니었고 자기를 학대하는 자에게 동정을 구하는 얼굴도 아니었습니다. 그것은 폭력 앞에서 목숨을 걸고 싸우면서 그 싸움에 동참할 것을 호소하는 부름이었습니다. 마지막으로 도청을 지키다 죽어간 전사들은 자기를 버림으로써 우리 모두를 끝나지 않은 투쟁의 역사로 불렀던 것입니다.

5·18을 생각한다는 것은 그 부름에 응답한다는 것을 의미합니다. 우리가 잘 알고 있듯이, 실제로 1980년 이후 한국의 역사는 5·18에 대한 응답이었습니다.[25] 1980년대 내내 투쟁의 현장에 내걸렸던 "광주를 기억하라"는 구호는 바로 광주가 남긴 부름에 응답하라는 요구였던바, 광주의 영웅적 희생이 없었더라면 그 이후의 역사가 오늘 같지는 않았을 것입니다. 목숨을 건 부름이 있었던 까닭에 마찬가지로 죽음을 두려워하지 않는 응답이 있었으며, 그 부름과 응답이 세계에서 유례를 찾기 어려운 한국 민주화의 역사를 가능하게 했던 것입니다.

하지만 그 부름은 아직 끝나지 않았습니다. 국가의 이름으로, 자본의 이름으로 그리고 모든 종류의 찬탈된 권력의 이름으로 인간에게 폭력을 행사하는 역사가 끝나지 않는 한, 그 부름은 그칠 수 없는 것입니다. 그리하여 5·18을 생각한다는 것은 다시 또다시 목숨을 걸고 달려나가면서 외치는 부름에 응답하는 것을 의미합니다. 5·18을 생각하는 것이 어렵고

---

25 5·18이 1980년대 민주화운동에 끼친 직간접적인 영향은 무수히 많은 연구를 통해 입증되었다. 여기서는 그 가운데 조희연, 「5·18과 80년대 사회운동」, 광주광역시 5·18사료편찬위원회, 『5·18민중항쟁사』, 도서출판 고령, 2001; 김동춘, 「5·18, 6월항쟁 그리고 정치적 민주화」, 광주광역시 5·18사료편찬위원회, 『5·18민중항쟁사』, 도서출판 고령, 2001의 연구를 대표적 성과로서 언급하려 한다. 특히 김동춘은 5·18과 1987년 6월항쟁을 비교하면서 6월항쟁이 어떤 의미에서 5·18을 계승했는가를 설득력 있게 보여준다. 그러면서도 그는 전자를 실패한 성공으로 후자를 성공한 실패로 날카롭게 대비하는데, 이것은 오늘날 사람들이 말하는 이른바 '87년 체제'의 한계가 어디에 있는가를 다시 생각하게 해준다는 점에서 진지하게 돌이켜볼 필요가 있는 구별이다.

거의 불가능한 일인 까닭은 그 부름에 응답하기 위해 나 역시 나의 모든 것을 걸고 폭력에 내맡겨진 사람들에게 손을 내밀어 응답할 용기를 보이지 않으면 안 되기 때문입니다. 그것은 두려운 일입니다. 그러나 응답하는 용기 속에서 역사는 일어나고 또 이어지며, 우리의 자유는 그 용기 속에서만 자라는 것입니다.

제2장 그들의 나라에서 우리 모두의 나라로[1]
__두 개의 나라 사이에 있는 5·18

1. 이정표로서의 5·18

1) 뜻으로 이어지는 역사

역사는 기억됨으로써 역사가 된다. 역사는 기억된 것이다. 기억됨으로써 역사는 이어진다. 이어짐이란 머무름이다. 그 이어짐과 머무름이 바로 존재이다. 모든 있음은 이어짐과 머무름인 것이다. 그런즉 우리는 기억함으로써 존재를 보존한다. 만약 우리가 아무것도 기억하지 않는다면 아무것도 없을 것이다. 그런 한에서 기억은 존재의 본질에 속하는 일이다. 하지만 우리가 모든 사건을 기억하는 것도 아니고, 기억할 수 있는 것도 아니며, 기억해야 되는 것도 아니다. 우리는 기억해야 할 것만 기억한다. 또는 그보다 우리는 기억하고 싶은 것만 기억한다. 기억하고 싶은 것은 우리가 이어가고 싶은 것이다. 우리가 역사를 기억하는 까닭은 그것을 이어가고 싶기 때문이다. 그 욕구 속에서 우리는 하나의 세계를 지향하고 형성한다.

우리가 5·18을 기억하는 것도 마찬가지이다. 우리가 그것을 기억하고

---

1 이 글은 전남대 학생들을 대상으로 한 5·18에 대한 강의를 위해 5·18기념재단과 전남대 5·18연구소가 기획한 5·18교과서의 한 꼭지로 쓰인 것이다. 이 기획에 초대해준 전남대 철학과 박구용 교수께 감사드린다.

기념하는 까닭은 그것을 이어가고 싶기 때문이다. 우리가 5·18을 기억할 때 그것은 한갓 지나가버린 사건이 아니라 지금 우리 곁에 머무르는 현실이 된다. 그때 역사는 죽은 시간이 아니라 살아 움직이는 생명으로 부활한다. 그러나 역사가 부활한다는 것은 단순히 한 사건이 우리의 의식 속에서 반복된다는 것을 뜻하지 않는다. 역사가 사건의 일회성과 개별성을 넘어 어떤 보편성을 획득할 때, 비로소 그것은 참된 의미에서 부활하는 것이다. 5·18은 1980년 5월에 광주에서 한 번 일어난 사건이었다. 하지만 우리는 그것을 기억하고 기념함으로써 그것을 그때의 일회성에서 해방하여 지금의 일로 만들고 또 앞으로의 일로 만든다. 그리고 동시에 그것을 광주라는 공간적 한계에서 해방하여 한국에서 그리고 세계 어디에서나 의미를 갖는 보편적인 사건으로 만드는 것이다. 그렇게 일회적 사건이 보편성을 얻을 때, 사건은 역사가 된다. 사람들이 흔히 말하는 역사적 사건이란 그렇게 보편성 속에서 개별성을 초월한 사건인 것이다.

하지만 어떻게 사건이 역사가 되는가? 어떻게 하나의 사건이 일회성과 개별성을 넘어 보편성으로 고양되는가? 그것은 단순한 기억을 통해서 이루어지지는 않는다. 기억이란 그 자체로서는 개별적 사건을 의식 속에서 단순히 반복하고 반추하는 것으로서, 이런 일회성의 기계적 반복만으로는 한 사건이 개별성을 뛰어넘어 보편성을 획득하게 되는 것은 아니다. 마찬가지로 지나간 사건을 기념하는 건물이나 다른 어떤 기념물을 세우는 것 역시 그 사건을 보편화하는 것과는 본질적으로 아무런 상관이 없는 일이다. 기념을 위한 건물이나 기념탑이나 기념비 같은 다른 종류의 기념물은 물질성 속에 사로잡힌 기억이다. 그러나 물질성이란 개별성의 다른 이름이다. 그런 까닭에 도리어 그런 물질화된 기억이란 역사를 박제로 만드는 것으로서 대개 망각을 감추기 위해 조작된 알리바이에 지나지 않는다.

그렇다면 언제 역사는 일회적 사건의 틀을 벗고 보편성을 획득하게 되는가? 그것은 역사가 뜻으로 이어지고 머무를 때다. 오직 정신적인 것만이 보편적일 수 있으니 뜻이란 보편화되고 객관화된 정신의 활동이다.

하지만 우리가 여기서 상투적으로 이념이라는 말을 쓰지 않고 뜻이라고 표현한 까닭은 이념이라는 낱말이 지니는 몰주체성과 일면적 객관성을 피하기 위해서이다. 무릇 개념이란 한 가지 방식으로 규정된 정신이다. 그런 한에서 그것은 주체의 활동성이 추상된 정신이니, 이런 정신을 가리 켜 우리는 관념이라 부른다. 그런데 이념 역시 하나의 개념이다. 개념으 로서 이념은 생동하는 정신의 활동 그 자체가 아니라 정신의 고정된 형 상으로서 관념에 지나지 않는 것이다. 개념이란 본질적으로 대상을 정신 적인 방식으로 형상화한 관념이다. 그런즉 개념을 통해 정신은 대상과 관 계 맺고 대상을 규정하는 것이다. 이런 사정은 이념의 경우에도 마찬가지 이다. 비록 이념이 사물적 대상을 지시하는 개념이 아니라 정신이 표상하 는 이론적 및 실천적 대상을 가리킨다고 해서 상황이 달라지는 것은 아 니다. 이념이란 정신이 파악하거나 욕구하는 대상의 표상인 것이다.

그리하여 우리가 한 역사적 사건 속에서 그 사건을 특징짓는 이념을 찾 아내려 할 때, 우리는 자칫하면 우리에게 익숙한 기존의 개념들을 통해 그 역사를 대상적으로 규정하는 잘못을 범하게 된다. 그때 그 사건은 우 리가 알고 있는 어떤 보편적 이념의 개별적 사례에 지나지 않는 것이 된 다. 이럴 경우 역사적 사건의 고유성은 단순히 한 보편개념 아래 포섭되 는 개별자들이 놓여 있는 시공간적 위치의 차이 정도로 치부되고 만다. 이런 위험은 우리가 5·18을 기억할 경우에도 마찬가지이다. 그러나 우 리가 5·18을 기억하고 기념하는 까닭은 그것이 기존의 이념들 아래 포 섭되는 일반적 특성을 보여줄 뿐만 아니라 그것을 넘어서 어떤 독보적인 탁월함을 계시하고 있기 때문이다. 5·18은 어디에서나 일어날 수 있는 사건이 아니다. 그것은 세계사에서 달리 유례를 찾기 어려운 하나의 극단 이다. 하지만 그 극단성이 남이 굳이 흉내 낼 필요 없는 의외성이나 기괴 함이 아니라 모두에게 의미를 가질 수 있는 전범이 될 수 있는 한에서 그 것은 독보적인 동시에 보편적인 것이 될 수 있다. 5·18을 기억한다는 것 은 바로 그런 뜻과 만난다는 것을 의미한다.

뜻은 대상이 아니라 인격적 주체성이 보편적으로 전달 가능한 방식으로 나타난 것을 의미한다. 보편적으로 전달 가능하다는 의미에서 뜻 역시 객관화되고 일반화된 정신이다. 그런 한에서 뜻은 개념이나 이념과 다르지 않다. 그러나 뜻은 일반화된 대상의 관념, 곧 개념이라는 의미에서가 아니라 인격적 주체성의 객관적 표현이자 실현이라는 의미에서 객관화된 정신이다. 그런 한에서 **뜻은 단순히 정신의 객관적 내실만을 나타내는 것이 아니라 주관적 활동성을 드러내는 것이다.** 뜻은 인격적 주체가 꿈꾸고 지향하는 이념을 표현하기도 하겠지만 동시에 인격적 주체의 주관적 열정과 태도를 표현하는 말이기도 하다.[2] 따라서 우리가 어떤 사건을 뜻으로 기억하고 이어간다는 것은 단순히 그 사건이 전형적으로 표상하는 어떤 개념으로서의 이념을 반추하는 것이 아니라 그 사건 속에서 자기를 표현한 인격적 주체와 만난다는 것을 의미한다. 그리고 이 만남 속에서 비로소 역사적 사건은 온전한 의미에서 뜻을 가지게 된다. 역사적 사건의 뜻이란 일차적으로는 대상적으로 규정된 개념이 아니라 역사를 이룬 정신적 주체성의 표현이지만, 이 뜻은 오늘을 살고 있는 우리 자신과 만날 때 비로소 현실적인 의미를 얻는 것이요, 온전한 의미에서 살아 있는 뜻이 되는 것이다. 역사적 사건을 기억한다는 것은 이렇게 어떤 역사적 사건 속에서 자기를 표현하고 실현한 인격적 주체와의 만남을 의미하는바, 이 만남 속에서 역사적 사건은 일회성과 개별성의 껍질을 벗고 보편적으로 전달 가능한 뜻으로서 우리 앞에 서는 것이며, 이를 통해 역사는 보편적 뜻으로서 이어지게 된다. 보편성이란 언제나 만남 속에서 생성되는 것이니 역사적 사건의 뜻 역시 어제의 주체와 오늘의 주체의 인격적 만남 속에서 보편성을 얻는 것이다. 이런 사정은 5·18의 경우에도 마찬가지이다. 5·18을 뜻으로서 생각한다는 것은 5·18이라는 사건 속에서 자기를 표현한

---

2 이런 의미에서 역사의 뜻을 (내가 아는 한) 처음으로 말했던 이는 함석헌이다. 그리고 이 글에서 내가 뜻에 대해 말할 때, 나는 다만 함석헌의 정신을 따르려 했을 뿐이다. 함석헌과 역사의 뜻에 대해서는 무엇보다 다음을 참조. 함석헌, 『뜻으로 본 한국역사』, 한길사, 1996; 김상봉, 「함석헌과 씨올철학의 이념」, 『철학연구』, 제109집, 대한철학회, 2009.

어떤 인격적 주체성과 만난다는 것을 의미한다. 그리고 이 만남 속에서 비로소 그 사건은 일회적 사건이 아니라 보편적 뜻으로 이어지는 것이다.

2) 국가와 씨올들 사이의 전쟁상태

그러나 역사적 사건의 뜻은 만남 속에서 생성되는 보편성에 있는 것만큼 또한 그 사건 고유의 특이성에 있는 것이기도 하다. 이것은 주체성이 언제나 보편성과 개별성을 같이 지니고 있는 것과 마찬가지이다. 역사가 주체의 일인 한에서 역사의 뜻 역시 보편성과 개별성의 두 계기를 같이 지니게 된다. 그러므로 우리가 한 역사적 사건과 만난다는 것은 특별히 그 사건 속에서 고유하게 표현되고 실현된 뜻과 만난다는 것을 의미하는 것이기도 하다.

하지만 역사적 사건의 고유성이란 고립된 개별성의 추상적 독자성이 아니라 어디까지나 만남의 고유성이다. 그 까닭은 모든 역사적 사건은 일회적 사건이지만 동시에 그 자체로서 만남의 사건이기 때문이다. 모든 주체성은 만남 속에서 생성되는 것이니 역사가 집단적 주체성의 표현이자 실현이라면 모든 역사적 사건은 그 자체로서 통시적 및 공시적 만남 속에서 일어나는 것이다. 여기서 공시적 만남이 동시대인들과의 만남을 의미한다면 통시적 만남이란 역사와의 만남을 의미한다. 따라서 하나의 역사적 사건의 뜻을 온전히 이해하기 위해서는 그 사건 속에서 두드러지게 실현된 공시적 및 통시적 만남의 고유한 뜻을 이해하지 않으면 안 된다.

이 두 계기들 가운데서 굳이 순서를 정하자면 통시적 만남을 서술하는 것이 먼저일 것이다. 모든 역사적 사건은 지나간 역사와의 만남으로서 발생한다. 5·18 역시 마찬가지이다. 그것은 지나간 역사로부터 일어난 사건이며 역사에 응답한 사건인 것이다. 그런 한에서 5·18의 고유성을 이해하기 위해서 우리는 먼저 그 사건 속에서 일어난 지나간 역사와의 만남의 고유성을 이해하지 않으면 안 된다. 이런 의미에서 우리는 흔히 역사학자들이 역사적 배경이라 부르는 것을 먼저 정확하게 이해할 필요가 있다. 물론 역사적 배경이란 표현이 역사의 본질적 진리로서 주체성을 걸러내고 실증적 사실들의 집합을 남겨놓은 것에 지나지 않는다면, 그것을 이해하는 것이 온전한 역사이해를 보장해주는 것은 아니다. 하지만 역사적 배경이 역사가 생성되어온 만남의 지평을 의미하는 것이라면, 역사적 배경을 이해하는 것은 어떤 역사적 사건의 온전한 이해를 위해 반드시 요구되는 일일 것이다. 이런 의미에서 우리는 5·18을 이해하기 위해 먼저 그 사건의 역사적 배경을 살펴보아야 한다.

5·18의 고유성은 그 사건을 낳은 한국의 역사와 뗄 수 없이 결합해 있다. 그런 까닭에 5·18의 고유성을 생각한다는 것은 우리 역사의 고유성을 생각한다는 것과 같다. 가장 일반적인 의미에서 보자면 5·18은 하나의 항쟁이었다. 항쟁은 충돌이다. 5·18의 경우에도 크게 두 가지 힘이 충돌했는데, 잘 알려진 대로 그것은 국가의 폭력과 민중의 생명력이 충돌한 사건이었다. 5·18의 고유성은 이 충돌의 고유성에 있다. 물론 민중 또는 씨올이 국가기구에 저항하거나 항쟁하는 것은 어디서나 일어날 수 있는 일이요, 그 자체가 특별하다고 말할 수 있는 것은 아니다. 그런 의미에서 보자면 5·18 역시 어디서나 있을 수 있는 씨올과 국가기구의 충돌이었다고 말할 수도 있을 것이다. 그러나 5·18에서 발생한 씨올과 국가기구의 충돌이 이 나라에서는 일회적인 사건이 아니었으며, 도리어 그런 식의 폭력적 충돌이 이 나라에서는 근현대사를 관통하는 역사의 기본 성격이었고, 5·18 역시 그런 역사의 흐름 속에서 발생한 사건이었다는 것을 회상한다면, 우리는 5·18을 낳은 역사가 어디서나 일어나고 있고 또 일어날 수 있는 평균적 역사가 아니라는 것을 깨닫게 된다.

아무리 짧게 잡는다 하더라도 최근 200년 동안 이 나라는 본질적으로 내란 또는 내전상태에 있었다. 정조(正祖)가 사망한 1800년 이후 이 땅의 모든 국가기구는 씨올의 나라가 아니라 거꾸로 씨올을 잠재적인 적으로 삼은 기구였다. 그 까닭은 두말할 필요도 없이 이 땅에서 군림했던 국가기구라는 것이 우리 모두의 나라였던 적이 없었기 때문이다. 조선 후기 이른바 벌열(閥閱) 가문에 의해 국가기구가 사유화되기 시작한 이래, 식민지 지배를 거쳐 해방 이후 정부가 수립되고 1980년 5월 광주항쟁이 일어날 때까지 이 나라에서 국가기구란 일관되게 민중으로부터 소외된 권력이었다. 하지만 씨올로부터 소외된 국가권력은 그 권력의 정당성을 씨올에게서 구할 수 없으니, 어쩔 수 없이 씨올에 대하여 현실적인 권력을 행사함으로써 권력의 현실성 그 자체를 권력의 정당성의 근거로 삼으려하게 된다. 그리하여 국가기구가 씨올로부터 소외될수록 그런 국가기구는 더욱 강한 현실적 권력을 통해 자기의 존재를 과시하게 되는데, 이 과정에서 씨올의 동의를 얻지 못한 권력이 폭력이 되는 것은 거의 필연적인 귀결이라 할 수 있다.

그렇게 국가기구가 정당한 권력이 아니라 폭력의 주체로 전락하면, 씨올과 국가기구 사이의 암묵적 계약관계 또는 신뢰관계는— 한 나라의 안정성은 바로 이 신뢰관계에 존립한다— 해체되어버리는데, 그 신뢰가 깨지고 나면 국가기구와 씨올은 잠재적인 전쟁상태에 놓이게 되는 것이다. 물론 어떤 경우에도 시민이 자기가 속한 나라가 행하는 모든 일에 대해 동의할 수는 없을 것이다. 그리하여 아무리 이상적인 나라라 할지라도 나라와 시민 사이에는 다양한 방식의 대립과 긴장이 존재할 수밖에 없다. 그럼에도 불구하고 시민들이 나라를 자신의 자유와 주체성의 현실태로 인정하는 한, 나랏일에 대한 시민들의 모든 이견(異見)의 표현은 정상적인 정치적 행위에 머무르게 된다. 즉 시민의 정치적 행위란 국가의 테두리 내에서 일어나는 모든 종류의 의사소통 행위인 것이다.

하지만 국가가 더 이상 시민의 자유와 주체성의 현실태가 아니라 도리어 자유와 주체성의 억압기구로 작동할 때, 그때 시민과 국가 사이의 신뢰와 계약관계는 소멸하고, 둘 사이에는 화해할 수 없는 대립이 형성된다. 이런 상황은 다른 무엇보다 헌법과 법률 자체가 자유의 표현과 실현이 아니라 한갓 억압의 체계로 나타나는 경우에 조성된다. 이런 경우 국가는 아무리 외적 형태에서 나라의 외관을 띠고 있다 하더라도 더 이상 온전한 의미의 나라일 수 없다. 왜냐하면 나라는 씨올들의 서로주체성의 현실태일 때에만 참된 의미의 나라일 수 있기 때문이다. 그리하여 이 경우 국가기구 자체가 씨올들에 의해 부정의 대상이 될 수밖에 없다. 국가의 특정한 정책이나 법률을 두고 벌이는 다툼이 정치적 대립이라면, 여기서 한 걸음 더 나아가 국가기구 그 자체가 부정과 극복의 대상이 될 때 우리는 이런 상황을 가리켜 국가와 씨올들 사이의 전쟁상태라고 말할 수 있다. 물론 여기서 국가는 한 나라 안에서 어떤 특정한 집단에 의해 전유된 국가기구로서, 엄밀하게 말하자면 국가기구와 시민의 대립이란 국가기구를 전유한 집단과 그로부터 소외되고 억압받는 씨올들 사이의 대립과 투쟁이기도 하다. 그런데 지난 한두 세기 동안 이 땅에서 수립된 국가는 조선왕조와 식민지국가 그리고 해방 이후 독재정권이 최종적으로 타도될 때까지 한 번도 씨올들의 나라였던 적이 없었으며 도리어 씨올들을 잠재적 적으로 삼은 국가에 지나지 않았다. 그런 한에서 국가와 씨올들 사이에는 본질적으로 전쟁상태가 지속되었던바, 이 씨올과 국가기구 사이의 잠재적 전쟁상태야말로 근대 이후 5·18에 이르기까지, 아니 어쩌면 바로 오늘까지도 한국의 역사를 고유하게 규정하는 본질적 성격이다. 5·18은 바로 이런 역사적 배경으로부터 일어난 사건이었으니, 5·18의 고유성은 다른 무엇보다 이런 역사적 배경의 고유성에서 비롯된다.

생각하면, 5·18에서 극단적인 형태로 표출된 시민에 대한 국가폭력과 그에 저항하여 마찬가지로 폭력적인 방식으로 전개된 항쟁은 한국사를 규정하는 본질적 내전상태를 고려할 때에만 온전히 이해될 수 있다.[3] 한편에서 5·18 당시 국가가 무장하지 않은 시민들을 향해 그렇게도 잔인하고 맹목적인 폭력을 행사했던 것은 그 사건만을 두고 상식에 입각하여

---

3 최정운은 광주항쟁을 유발한 국가폭력의 일반화되기 어려운 고유성을 강조해서 이렇게 말했다. "이런 종류의 국가폭력을 전체적으로 근대국가 또는 세계자본주의 체제의 구조적 결과로 볼 근거는 없다. 세계에는 수많은 자본주의사회와 근대국가가 있지만 이런 종류의 폭력을 국민에게 행사한 예는 별로 없을 것이다. 또한 이런 종류의 국가폭력은 비민주적 독재권력의 보편적인 속성으로 이해할 수도 없다. 결국 5·18에서 보여준 우리나라의 국가폭력은 독특한 경우로 이해해야 할 것이다." 최정운, 『오월의 사회과학』, 풀빛, 1999, 264쪽 이하.

생각하자면 우리의 이해력을 뛰어넘는 일이지만, 한국의 역사를 길게 놓고 보자면 그런 종류의 국가폭력이란 너무도 일상적인 것이어서 조금도 놀라운 일이 아니다. 해방 이후 역사만 놓고 본다 하더라도 이 나라는 제주도 4·3사건에서 보듯 양민학살의 피바다 위에 건국된 나라이다.[4] 한국전쟁 때 숨진 민간인이 무려 남북한을 통틀어 260만 명을 헤아리는데, 이들이 오고 가는 피난길에 우연히 사고로 사망한 것이 아니라 대개는 군경에 의해 조직적으로 학살되었다는 것은 이제는 더 이상 새삼스러운 사실이 아니다.[5] 마찬가지로 그 학살의 잔인성에 대해 생각한다 하더라도, 광주항쟁에서 군대가 보였던 야만성이나 잔인성은 건국기나 한국전쟁기 그리고 베트남전쟁기를 거치면서 일관되게 이어져온 이 나라 군대의 잔인성으로서 광주항쟁에서 처음 나타난 현상이 아니었다. 그것은 나라 안팎의 전쟁 경험을 통해 갈고닦인 잔인성으로서 기회가 주어지기만 하면 언제라도 다시 표출될 수밖에 없는 야만성이었던 것이다.

생각하면, 국가기구가 이처럼 씨올들을 적대시하는 나라에서 씨올들 역시 국가기구의 폭력에 저항해서 싸우는 법을 배워야만 했다는 것은 조금도 이상한 일이 아니다. 그리하여 이 나라에서 최근 수백 년의 역사는 한편에서는 국가기구에 의한 억압과 수탈의 역사였던 것만큼, 마찬가지로 그에 저항하는 씨올들의 항쟁의 역사이기도 했다. 처음 국가기구의 수탈 아래서 유리걸식하던 이들은 더러 도둑의 무리가 되어 처음으로 사회에 적대적 세력으로 자기를 맞세우게 된다. 그것은 어쩌면 씨올들이 보여줄 수 있는 최초의 자발성과 능동성의 표현이라고 할 수 있겠으나, 현실적으로 도둑의 무리가 새로운 사회의 씨앗이 되기는 어려운 일이었다. 소설 속에서 이상화된 도둑인 홍길동에게서 볼 수 있듯이 도둑의 무리가

---

4 이른바 4·3사건에서 학살당한 사람의 수는 3만여 명에 이른다. 이 사건은 잘 알려진 대로 제주 도민들이 1948년 5월 10일로 예정된 남한만의 단독정부 수립을 위한 선거에 반발한 데서 비롯되었다.

5 김영범, 「한국전쟁과 양민학살」, 동아시아평화인권한국위원회, 『동아시아와 근대의 폭력 2: 국가폭력과 트라우마』, 삼인, 2000.

아무리 의적을 자부한다 하더라도, 그들에겐 아직 기존의 질서를 대신할 수 있는 새로운 시대의 전망은 없었던 것이다.[6]

그러나 폭력적인 방식으로 국가기구에 저항하는 무리가 현실 속에서 등장하고 또 그것이 문학적으로 이상화되기도 했다는 것은 이 나라의 씨을들이 소외된 권력으로서의 국가기구에 저항해서 싸우기 시작했다는 것을 의미한다. 그 이후 이 저항은 지속적으로 진화·발전하게 되는데, 여기서 발전이란 한편에서 저항이 점차 국가기구를 전면적으로 부정하는 형태를 띠게 되고, 다른 한편에서는 저항이 민중적 지지 속에서 보편적인 봉기의 형태를 띠게 된다는 것을 의미한다. 우리는 그렇게 진화한 저항의 모습을 1811~12년 서북지방을 뒤흔들었던 평안도 농민전쟁에서 처음 보게 된다. 이른바 홍경래(洪景來)의 난이라고 알려진 이 봉기의 목표는 국가기구를 전복하는 것이었다는 점에서[7] 단순한 도둑의 일어남과는 확연히 구분되는 사건이었다. 또한 이 사건은 소수의 무리가 아니라 서북지방 주민들의 광범위한 참여와 지지를 업고 전개되었다는 점에서도 이 나라 민중봉기의 새로운 발전상을 보여준다. 하지만 이 봉기의 지도자였던 홍경래는 아직 민중적 관점에서 나라를 근본적으로 변혁할 수 있는 구상을 가지고 있었던 것은 아니었다.[8] 그런 까닭에 그는 서북인들의 차별상을 내세워 한동안 주민의 지지를 얻어낼 수는 있었으나, 기층농민의 지속적인 지지를 이끌어내지 못하고 결국 관군과의 싸움에서 패배하고 말았던 것이다.

하지만 홍경래 난의 한계는 동학농민전쟁으로 극복된다. 전봉준(全琫準)의 폐정개혁안에서 확인할 수 있는 것처럼 동학농민전쟁의 근본정신은 일관된 반제·반봉건사상이었다.[9] 동학농민군의 봉기는 더 이상 소수

6 황패강·정진형, 『홍길동전』, 시인사, 1996, 26쪽.
7 한길사 엮음, 『한국사 10』, 한길사, 1994, 81쪽 이하.
8 같은 책, 89쪽.
9 한길사 엮음, 『한국사 12』, 177쪽 이하.

의 야심이 아니라 새로운 시대에 대한 민중의 열망을 대변하고 있었던 까닭에 그토록 짧은 기간 동안에 그토록 광범위하고도 열정적인 민중의 지지를 얻어낼 수 있었던 것이다. 그런데 동학은 한편에서 봉건적 사회질 서 자체를 부정하고 나섰다는 점에서 홍경래 난과는 비교할 수 없는 급 진성을 보여주지만, 더 나아가 그런 혁명적인 구상을 집강소(執綱所) 통치 를 통하여 비록 짧은 기간 동안이나마 현실적으로 실현했다는 점에서도 이 나라 민중봉기의 역사에서 비약적인 발전을 이룩한 사건이었다. 전라 도 53주에서 집강소를 설치했을 때 실시한 폐정개혁안 12개조 안에는 탐 관오리와 불량한 양반의 징벌에 대한 조항은 물론이거니와 노비문서를 태우고 천민의 신분을 개선하며 청춘과부의 재혼을 허락하고 지나간 채 무를 무효로 하며 토지를 평균으로 분작하게 하는 등 사회 전반에 걸친 개혁안이 담겨 있었다.[10] 여기서 우리는 동학농민전쟁이 국가기구에 대 한 조직적 항쟁의 차원에서도 두드러진 것이었지만, 단순한 부정과 항쟁 을 넘어 새로운 사회의 형성에서도 놀랄 만한 실천적 역량을 보여주었 음을 알 수 있다. 동학농민전쟁과 더불어 이 나라의 민중항쟁은 기존의 국가기구와 사회질서를 단순히 부정하는 데서 머무르지 않고 새로운 사 회를 적극적으로 형성하는 데로 나아갔던 것이다. 그것은 다른 무엇보 다 동학농민전쟁이 동학이라는 새로운 세계관과 결합했기 때문에 가능 해진 일이었는데, 이로써 민중은 수동적인 통치 대상의 자리에서 벗어 나 처음으로 능동적인 역사형성의 주체로서 자기를 정립하기에 이르렀 던 것이다.

하지만 이 나라의 지배계급은 씨울이 자기들과 같은 나라의 주인이 되 는 것을 용납하려 하지 않았다. 그들은 씨울들과 더불어 이 나라 안에서 서로주체로서 살기보다는 어떤 수단과 방법을 통해서든 홀로주체로서 군림하려 하였다. 타자를 서로주체로서 대접하지 않으면서 그를 오직 지 배의 객체로서 만들려 할 때, 그것을 가능하게 해주는 것은 폭력밖에 없

---

10 같은 곳.

다. 그런 까닭에 폭력은 홀로주체성의 본질적 계기인 것이다. 하지만 자기들만의 폭력으로 그 홀로주체성을 관철할 수 없게 되었을 때, 그들이 선택한 방법은 외세의 폭력을 빌려 같은 민족을 억압하는 것이었다. 이 점에서 동학농민전쟁의 패배는 그 이후 한국 역사에서 국가기구와 민중 사이의 대립구도를 본질적으로 규정한 사건이라 할 수 있다. 즉 그 이후 이 나라에서 국가기구가 외세에 기대어 자기 나라의 씨울을 적으로 돌리는 것은 하나의 국가적 전통이 되었던 것이다. 하지만 그런 기생권력에 대항하여 자기를 참된 주체로서 이 나라의 주인으로서 정립하려는 씨울들의 항쟁 역시 그칠 줄 모르고 이어지는 또 다른 역사적 전통이 되었다. 앞의 것이 외세에 기생하는 대가로 이 땅에서 자기만 홀로주체로 군림하려는 욕망에 기초한 것이라면, 뒤의 것은 우리 모두 서로주체로서 자기를 정립하려는 열망에 기초한 행위라 할 수 있다. 그리고 앞의 활동의 주체가 식민지 시대 친일파로부터 해방 이후 이 나라의 지배계급으로 이어져 왔다면, 뒤의 활동은 의병전쟁과 3·1운동, 광주학생운동이나 4·19혁명 같은 민중봉기 및 항쟁을 통해 이어져왔던 것이다.

　5·18은 이런 역사적 배경 위에서 가능했던 사건이다. 그것은 지속적 국가폭력에 저항하여 마찬가지로 끈질기게 이어져온 저항의 전통으로부터 분출한 사건이다. 한 나라의 군대가 자기 나라의 시민들에게 그렇게도 잔인하게 폭력을 행사할 수 있었던 것도, 그런 야만적 폭력 앞에서 광주 시민들이 비굴하게 굴복하지 않고 죽음을 무릅쓰고 저항하고 마침내 무장항쟁으로 맞설 수 있었던 것도 모두 이 나라 근현대사를 관통하고 있는 지속적 국가폭력에 대한 지속적 항쟁의 전통이 없었다면 가능한 일이 아니었을 것이다. 특히 멀리는 동학농민전쟁과 의병항쟁으로부터 가까이는 빨치산 투쟁에 이르기까지 호남지방은 특히 무장항쟁에 관한 한 다른 어떤 지역보다도 선구적인 역사를 가지고 있는 지역이었다.[11] 특히 빨

11　이 점에 대해서는 특히 Bruce Cummings, "The Kwangju Uprising and the Korean American Relationship, in The May 18 Uprising and Democracy", 『5·18민중항쟁

치산 투쟁에 대한 기억이 호남지방에서는 다른 지역과는 달리 지극히 일상적인 것이었다는 점은 5·18의 무장항쟁의 배경을 이해하기 위해 우리가 반드시 기억해야 할 부분이다. 오늘날 우리가 한 세대 전의 5·18을 생생하게 기억하듯이, 5·18 당시 광주 시민들에게도 역시 30년 전의 빨치산 투쟁은 비록 억압된 역사이기는 했으나 결코 잊힌 역사가 아니었다. 그런 무장항쟁의 전통을 물려받은 민중이 국가기구의 야만적 폭력 앞에서 스스로 무장하고 싸운 것은 그 전통에 비추어 볼 때 너무도 자연스러운 일이었다.[12] 요컨대 5·18 당시에 광주 시민들이 보여준 놀랄 만큼 치열한 항쟁의 양상은 지속적인 국가폭력 앞에서 마찬가지로 끈질기게 저항해왔던 이 나라 그리고 특히 이 지역 씨올들의 항쟁의 전통으로부터 가능했던 일이며, 5·18을 촉발한 직접적인 계기가 무엇이었든지 간에 분명한 것은 이것이 국가기구와 씨올들 사이의 오랜 본질적 전쟁상태로부터 분출된 사건이었다는 점이다.

3) 두 개의 나라 사이에 있는 5·18

우리가 5·18을 기억한다는 것은 이 땅에서 아직도 종식되지 않은 국가기구와 씨올들 사이의 본질적 대립을 기억한다는 것을 의미한다. 교육과 언론을 거의 독점적으로 관리하고 있는 국가기구는 국가는 신성한 것이며 결코 거역해서는 안 되는 절대적 권위라고 씨올들을 세뇌한다. 또

제27주년 기념 국제학술대회 자료집』, 2007, 9쪽 이하 참조.

12 이런 점에서 5·18 당시 민중의 무장항쟁을 지나치게 예외적인 일로 보는 관점은 옳지 않다. 이를테면 김창진은 "1980년 5월의 민중항쟁이, 당시까지는 완전히 금기의 영역으로 여겨져왔던 무장투쟁의 형태로 전화되어나간 것은 어느 누구의 예측도 뛰어넘는 파격적인 역사 전개의 한 단면이었다"(김창진, 「광주민중항쟁의 발전구조: 무장투쟁과 민중권력」, 정해구 외, 『광주민중항쟁연구』, 사계절, 1990, 207쪽)고 주장한다. 그러나 오늘날 우리가 5·18무장항쟁을 기억하듯이, 5·18 당시 광주 시민들에게 한 세대 전 빨치산 투쟁 역시 결코 망각되지 않았으리라는 것을 고려하면, 5·18의 무장항쟁이 그렇게 돌발적인 역사 전개라고 말할 수는 없는 일이다.

한 국가는 인간 삶의 불가피한 전제로서 우리가 원하든 원치 않든 간에 받아들일 수밖에 없는 자명한 전제와도 같은 것이라고 우리를 설득한다. 그러면서 국가기구는 그것에 대한 씨올들의 자발적인 충성과 동의를 강요한다. 이런 강요된 국가주의는 역설적이게도 이 나라의 현존하는 국가기구가 씨올들로부터 소외되면 소외될수록 더욱 강해진다. 그리하여 민중을 등진 국가기구는 국가주의—또는 국가주의적으로 채색된 민족주의—이데올로기를 통해 국가기구와 민중 사이의 본질적 대립을 은폐하려 한다. 그러나 5·18은 이런 국가에 대한 신화가 거짓된 것임을 다른 어떤 논리와 사건보다 명확하게 증거한다. 국가는 결코 신성불가침의 존재가 아니며 민중을 보호하는 자애로운 부모 같은 존재도 아니고, 도리어 시민들이 깨어서 감시하지 않고 무관심하게 방치할 경우 언제라도 민중을 적으로 삼는 폭력기구로 전락할 수 있다는 것을 5·18만큼 극명하게 보여주는 사건도 없다. 5·18을 기억한다는 것은 국가의 위선을 기억하는 것이며, 씨올과 국가 사이의 은폐된 대립을 회상하는 것이고, 아직 끝나지 않은 국가기구와 씨올의 잠재적 전쟁상태를 폭로하는 것이다.

이것을 기억하고 폭로하는 것이 중요한 까닭은 국가기구와 씨올의 대립이 아직도 완전히 끝난 것이 아니기 때문이다. 이 땅에서 국가기구는 아직도 우리 모두의 것이 아니다. 이른바 형식적이고 절차적인 민주주의의 발전에도 불구하고 그 내용에서 보자면 이 나라에서 국가기구는 여전히 씨올에게 소외된 권력으로 머물러 있다. 그런 한에서 5·18 당시 군대에 의한 폭력은 언제라도 다시 일어날 수 있는 일이며, 국가기구와 민중 사이의 전쟁상태 역시 현실적으로 분출될 수 있는 일이다. 오직 우리가 이 나라를 참된 의미에서 씨올들이 더불어 주체가 되고 주인이 되는 나라로 만들 때에만 그 잠재적 전쟁상태는 종결될 수 있는 것이다. 이 대립의 최종적 종결이 쉽게 달성될 수 있는 것이 아니라면—어쩌면 이것은 역사 속에서 완벽하게 실현될 수 없는 이념일 수도 있다—적어도 그런 전쟁상태가 다시 현실적으로 분출하는 것을 막기 위해서라도 우리는 이 땅에서 씨올과 국가기구 사이의 대립과 충돌이 현실적으로 일어났던 일이며 다시 반복될 수도 있는 일이라는 것을 기억할 필요가 있다. 그 충돌의 기억 속에서 우리가 국가기구에 대한 감시를 게을리하지 않을 때에만 우리는 그것이 민중을 향해 다시 야만의 총끝을 들이미는 사태를 방지할 수 있는 것이다.

5·18을 기억한다는 것은 바로 이 엄연한 뜻을 회상한다는 것을 의미한다. 국가기구는 결코 자명한 선(善)이 아니다. 도리어 그것은 언제라도 폭력적 압제와 수탈기구로 변모할 수 있다. 그러므로 우리의 일은 한편으로는 지금의 국가기구가 그렇게 수탈기구로 전락하지 않도록 감시하는 것이며, 다른 한편으로는 여기서 더 나아가 이 나라가 참된 의미에서 우리 모두의 나라가 되고 우리 모두가 이 나라에서 더불어서 서로주체로 살 수 있도록 만들어나가는 것이다. 그리고 바로 여기에 5·18을 기억하고 이어가는 뜻이 있다.

하지만 국가기구는 지금도 5·18이 지닌 이런 뜻을 감추고 그것을 단지 국가기구의 틀 안에서 일어난 일로서 전유하려 한다. 국가는 무엇보다 5·18을 자기가 나서서 기념하는 모양을 취함으로써 5·18을 씨올의 역사가 아니라 국가의 역사로 만들려 한다. 물론 5·18의 의의와 가치가 국가에 의해 인정받는 것 자체를 무조건 나쁘다고 부정할 수는 없다. 그러나 5·18이 국가에 의해 기념되는 것이 국가가 과거의 잘못을 뉘우치고 민중적이 되기 위해 자기를 끊임없이 쇄신하는 계기가 되지 못하고 도리어 5·18의 민중적 의의를 국가주의의 주술 속에서 마비시키는 결과를 낳게 된다면, 이런 국가적 기념은 바람직한 것이라 할 수 없다. 실제로 국가기구는 한편에서는 스스로 5·18을 기념하는 시늉을 하면서, 다른 한편에서는 5·18을 국가기구와 민중의 충돌이 아니라 국가 내부의 집단과 집단 사이의 충돌로 규정함으로써 5·18의 혁명적 의의를 은폐하려 한다. 이런 의도에 따라 5·18은 항쟁이 아니라 운동이 되어야만 한다.[13] 여기

---

13 최근 교육부는 각 시도 교육청을 통해 5·18 관련 계기수업 때 교사들이 5·18을 민중항쟁이라 부르지 말고 민주화운동이라 부르도록 지도하도록 요구했다고 한

에는 항쟁이란 국가기구를 상대로 펼쳐지는 일이지만 운동이란 국가기
구의 테두리 내에서 일어나는 일이라는 시각이 은연중에 전제되어 있는
바, 5·18이 항쟁이 아니라 운동이라는 것은 그것이 결코 국가기구에 저
항하여 일어난 일이 아니며, 국가는 그렇게 민중의 항쟁 대상이 될 수 없
고 되어서도 안 된다는 국가주의적 믿음이 전제되어 있는 것이다.

하지만 이처럼 5·18에 대한 기억이 변질될 위험은 국가기구에만 해당
되는 일은 아니다. 기억의 변질은 광주 시민공동체 자체 내에서도 일어날
수 있다. 그리하여 한편에서는 5·18을 광주의 상징으로 보존하면서도 다
른 한편으로는 5·18의 혁명적 의의를 제거하거나 희석하려는 경향이 나
타나기도 하는데, 이런 경우 5·18은 고유의 생명력을 잃어버리고 정치
적 흥정의 담보물로 이용되거나 아니면 문화산업의 캐릭터나 아이콘으
로 전락할 운명에 놓이게 된다.[14] 그때 우리는 아무런 물음 없이 5·18을
기념하면서 그것을 의식 속에서 반복할 뿐이다.

하지만 기억한다는 것은 묻는다는 것을 뜻한다. 기억의 성실함은 생각
의 성실함에 있고 생각의 성실함은 물음의 성실함에 있기 때문이다. 따라
서 5·18을 기억할 때 우리는 그 일이 무엇이었으며 왜 일어났는지를 진
지하게 묻게 된다. 그것은 국가기구와 씨올의 충돌이며, 국가기구에 대
한 민중의 항쟁이었다. 그렇다면 그 일은 왜 일어났는가? 그렇게 물을 때
우리는 이 땅에서 국가기구가 과연 무엇이며 무엇이어야 하는지를 묻지
않을 수 없게 된다. 오늘날 국가기구에 의한 폭력은 끝났는가? 그리하여
국가기구와 민중의 본질적 대립이 이 땅에서 종식되었다고 믿어도 좋은
가? 그리하여 5·18이라는 역사는 그야말로 역사 속의 사건으로 종결되
었다고 믿어도 좋은가? 그것은 아니다. 이 나라는 더 이상 박정희나 전두
환 같은 독재자의 나라는 아니지만, 그렇다고 해서 이 나라가 우리 모두

<hr>

다. 『연합뉴스』, 2007년 5월 15일 자.

14 최근 문화전당의 설계를 놓고 벌어지고 있는 과도한 논란은 이런 우려가 근거 없
는 것이 아님을 증명하는 한 사례이다.

의 나라라고 말할 수도 없는 일이기 때문이다. 노예상태에서 벗어난다는 것은 소극적인 의미의 자유를 의미하는 것이기는 하지만 그것만으로 적극적인 의미의 자유가 실현되었다고 말할 수 없는 것처럼, 독재권력을 무너뜨리는 것이 그 자체로서 국가를 참된 의미의 나라로 만들어주는 것도 아니다. 씨올을 주체로서 대접하지 않고 한갓 지배의 객체로서 억압하려는 관성은 이 나라의 역사 속에서는 너무도 끈질긴 것이어서 군사독재가 끝났다고 해서 국가에 의한 모든 억압과 폭력의 역사가 이 나라에서 끝났다고 믿는 것은 너무도 순진하고 위험한 생각인 것이다. 실제로 현재 한국사회는 독재권력에 의한 억압을 대신해 자본에 의한 억압이 점점 더 전면화되어가는 추세에 있다. 그렇게 국가기구가 자본에 의한 착취와 억압의 대리자가 될 때, 그것은 씨올의 서로주체성의 현실태가 아니라 거꾸로 씨올들을 억압하고 노예화하는 폭력기구로 전락할 위험에 처하게 된다. 씨올과 국가기구의 이런 대립은 국가가 참된 의미에서 우리 모두의 나라가 될 때에만 끝날 것이다. 그렇다면 언제 이 나라는 모두를 위한 나라가 될 수 있는가? 5·18은 우리를 바로 이 물음 앞에 마주 세운다. 이런 의미에서 5·18은 여전히 끝나지 않은 그들의 나라와 아직 오지 않은 참된 우리 나라 사이에 세워진 이정표이다. 그 이정표 앞에서 우리는 우리가 아직 끝나지 않은 길 위에 있음을 엄숙하게 기억하게 되고, 이 길고도 위험한 길이 어디로 가야 끝날 것인지를 묻게 된다. 국가와 씨올의 전쟁상태는 언제 끝나는가? 언제 이 나라는 우리 모두의 나라가 되는가? 우리를 그런 물음 앞에 세우는 것에 5·18을 기억하고 기념하는 뜻이 있다.

그러나 5·18의 가치는 아직 끝나지 않은 그들의 나라와 오지 않은 우리의 나라 사이에서 길을 묻게 하는 데만 있는 것은 아니다. 그것은 또한 우리가 어디로 가야 우리 모두의 나라에 도달할 수 있는지 그 길을 가리켜주기도 하는데, 이 점에서 5·18은 진정한 의미에서 역사의 이정표인 것이다. 5·18은 국가기구와 씨올의 충돌이었다. 이 충돌은 표면적 현상에서 보자면 국가기구를 전유한 당시의 이른바 신군부와 광주 시민의 충돌이었지만, 그 보이지 않는 본질에서 보자면 두 개의 공동체 또는 같은 말이지만 두 개의 나라의 충돌이기도 했다. 광주항쟁이 현존하는 국가기구에 대한 항쟁이었다는 것은 그것이 현존하는 국가기구가 표현하고 또 실현하고 있는 공동체에 대한 항쟁이었다는 것을 뜻한다. 만약 현존하는 국가기구가 참된 국가공동체로서 온전한 나라를 실현하고 있었더라면 항쟁이 일어날 일은 없었을 것이다. 하지만 5·18 자체가 이 땅에서 현존하는 국가기구가 아직 온전한 국가공동체가 아니라는 것에 대한 가장 확고한 증명이었다. 이를테면 5월 21일 시민들을 향해 공수부대가 집단발포를 시작했을 때, 그 신호가 된 것이 애국가였다.[15] 애국가가 비무장 시민에 대한 학살의 전주곡이었다는 것은 한편에서는 애국가를 통해 상징되는 국가가 결코 온전한 나라가 아니라는 것을 모자람 없이 증명하는 것이지만, 다른 한편에서는 애국가로 상징되는 나라가 학살자들에 의해 전유되어 있었다는 것을 보여주는 것이기도 하다.

광주항쟁은 그런 타락한 국가에 대한 항쟁이었다. 하지만 이것은 광주 시민들이 단순히 국가의 타자로서 자기들을 반정립했다는 것을 의미하지 않는다. 애국가의 리듬이 발포명령이 되어 일제 사격이 시작되었을 때, 그에 대항해서 광주 시민들이 불렀던 노래 역시 애국가였다는[16] 사실은 광주 시민들이 자기들을 광주 시민으로 또는 전라도 도민으로 자리매김한 것이 아니라 어디까지나 대한민국이라는 한 나라의 국민으로서 자기를 정립했다는 것을 의미한다. 비록 고립되어 있었으나 그들은 자기를 참된 의미에서 대한민국의 시민으로 의식했던 것이다. 이런 의미에서 5·18은 물리적 공간에서 보자면 한 지역에서 일어난 일이지만, 그 뜻에서 보자면 지역의 일이 아니라 온 나라의 일이었다. 하지만 광주 시민들이 대변한 나라는 신군부가 전유하고 있었던 나라는 아니었다. 신군

---

15 황석영·정동년·전남사회운동협의회·한국현대사사료연구소 공저, 『5·18 그 삶과 죽음의 기록』, 풀빛, 1996, 20쪽. "도청 옥상에 네 방향으로 설치된 스피커를 통해 애국가의 리듬이 장중하게 울려퍼지기 시작했다. 그러나 그 애국가에 때를 맞춘 듯 따따따, 따따따 요란한 총성이 일제히 터져나왔다."
16 같은 책, 21일, 21쪽.

부의 편에서 볼 때, 그들에게 저항하는 광주 시민들은 시민이 아니라 '폭도'였던 것이다. 폭도란 법질서를 넘어버린 자로서, 국가의 기틀이 법에 존립하는 것이라면 또한 국가의 울타리를 넘어가버린 자를 뜻한다. 항쟁하는 광주 시민이 폭도라는 것은 그들이 전두환 일당이 다스리는 나라에 속하지 않는다는 것을 의미하는 것이다. 하지만 광주 시민의 입장에서 보자면 정작 폭도는 전두환 일당이었으니 이들이야말로 광주 시민들이 꿈꾸는 나라를 파괴한 폭도였던 것이다. 그리하여 광주항쟁 내내 두 개의 나라의 이상이 충돌했는데 하나는 전두환 집단의 나라였고, 다른 하나는 광주 시민들의 나라였다. 신군부 일당의 나라가 현실의 나라였다면 광주 시민의 나라는 이념의 나라였다. 5·18은 현실의 나라와 이념의 나라가 충돌한 사건이었던 것이다.

하지만 정확하게 말하자면 여기서 이념이란 한갓 관념적으로 표상된 이념이 아니라 역사적으로 계시된 이념이다. 5·18의 특별한 의미는 광주 시민들이 자기들이 대변했던 그 이념의 나라를 단순히 관념의 영역에 남겨두지 않고 비록 아주 짧은 기간 동안이나마 현실 속에서 실현했다는 데 있다. 5월 22일 군부대가 광주시에서 철수하여 광주시가 일종의 자치도시가 된 뒤에는 말할 것도 없고 5월 18일 항쟁의 시초에서부터 5월 27일 도청의 진압작전을 끝으로 광주항쟁이 막을 내릴 때까지, 광주 시민들은 우리가 보면 볼수록 경탄하지 않을 수 없는 하나의 씨울공동체를 보여주었다. 그리하여 항쟁은 단순한 부정이 아니라 형성이고 계시였으니, 5·18 기간의 광주는 이 나라의 씨울들이 추구할 수 있고 또 실현할 수 있는 최고의 공동체가 무엇인지를 추상적 관념이 아니라 현실의 항쟁 속에서 보여주었던 것이다. 5·18이 그들의 나라와 우리 모두의 나라 사이의 이정표 구실을 할 수 있는 까닭은 이처럼 그것이 비록 짧은 기간 동안이기는 했으나 우리가 상상할 수 있는 가장 이상적인 공동체를 역사 속에서 계시해주었기 때문이다. 우리가 5·18을 회상하고 기억하는 까닭은 거기서 계시된 새로운 공동체를 우리 시대에 온전히 실현하기 위함이다. 하지만 모든 계시는 하나의 신탁으로서 진리를 드러내는 동시에 또한 감추게 마련이다. 특히 5·18에서 계시된 새로운 공동체는 너무 짧은 기간에 폐쇄된 공간 속에서 일어난 일인 까닭에 그 사건 자체가 알려진 외연에서 볼 때 여전히 대다수 인류에게 감추어져 있으며, 게다가 그 자체로서 너무 눈부신 것이었기 때문에 그 의미와 가치를 똑바로 보고 인식하기 어렵다는 점에서도 여전히 감추어져 있다. 그런즉 계시된 것을 이어가고 실현하기 위해서는 그것을 먼저 해석해야 하는바, 바로 이 작업이 5·18의 철학적 해석의 핵심인 것이다.

2. 절대적 공동체와 참된 만남

1) '절대공동체'

돌이켜 보면 비록 그 의미가 충분히 해명된 것은 아니라 할지라도 5·18이 무언가 인간의 일반적 상상을 넘어선 어떤 새로운 공동체의 가능성을 계시해준 사건이라는 것은 편견 없는 관찰자의 눈에는 처음부터 분명한 일이었다. 항쟁 당시 신군부가 광주 시민들을 폭도로 본 것은 말할 것도 없고 학살자의 관점에서 광주항쟁을 보도한 (또는 전혀 보도하지 않은) 이 나라 언론의 거짓 선전으로 인해 오랫동안 많은 사람들에게 광주항쟁은 단순한 "소요사태"나 "무정부상태"로 치부되어왔다.[17] 그러나 현장에서 역사를 직접 목격했던 외신기자들이 한목소리로 증언하듯이, 광주항쟁이 폭동이라면 그것은 시민이 아니라 "군인들에 의한 폭동"[18]이었다. 학살의 잔혹상은 상상을 초월하는 것이어서 외신기자들 가운데 베트남전쟁에 종군했던 경험이 있는 사람들은 광주의 참상이 베트남전쟁보다 더 참혹하다고 술회했다.[19] 그럼에도 불구하고 시민들 편에서는 "사건 기

---

17 송정민, 「5·18항쟁에 대한 언론의 왜곡보도」, 나간채·강현아 엮음, 『5·18항쟁의 이해』, 전남대학교 출판부, 2002, 129~30쪽. 앞의 표현은 『동아일보』에서, 뒤의 표현은 『조선일보』 김대중 (당시) 사회부장의 글에서 인용한 것임.

18 테리 앤더슨, 「날아오는 총알을 피하며」, 한국기자협회 외 엮음, 『5·18 특파원 리포트』, 풀빛, 1997, 24쪽.

사를 만들 만한 일은 털끝만큼도 일어나지 않았다".[20] 당시의 신군부와 그에 영합한 언론이 악선전한 것과는 달리, "광주는 무질서와 폭력이 난무하는 곳이 아니었다".[21] 사람들이 폭동과 무정부상태에서 일반적으로 예상하는 것은 약탈과 폭력이다. 하지만 광주항쟁 당시 그렇게 많은 총기가 아무런 통제 없이 기층민중과 젊은 학생들의 손에 쥐어 있었음에도 불구하고 총기에 의한 범죄는 일어나지 않았다. 이것만으로도 광주항쟁은 하나의 기적이었다. 우리는 한 개인이 인간의 숭고를 보여주는 경우는 얼마든지 찾아볼 수 있다. 그러나 수십만 명의 시민들이 집단적으로 그렇게 처절한 존재상황에서 그토록 놀라운 질서와 도덕성을 증명한 것은 역사에 유례가 없는 일이었다. 그들은 자기에게 절제했으며, 서로에 대해 헌신적이었고, 타자에 대해 친절했으며, 적에 대해 용감했으니,[22] 인류 역사에서 국가기구의 공권력이 완벽하게 정지된 곳에서 이런 일이 가능했던 곳이 5·18광주 이외에 어디 있었는지 우리는 알지 못한다.

이런 경탄이 우리로 하여금 광주항쟁 당시 시민공동체의 성격을 반복해서 되묻지 않을 수 없도록 하지만, 기이하게도 광주항쟁을 연구한 학자들 사이에서 이 물음은 오랫동안 정면으로 사유되지 않은 채로 남아 있었다. 생각하면, 그 까닭은 다른 무엇보다 초창기 연구단계에서 학자들이 광주항쟁의 발생 원인과 항쟁의 전개과정 자체를 그 자체로서 사유하지 못하고 마르크스주의적 또는 종속이론적 사회과학의 개념틀을 빌려 설명하려 했던 것에 기인한다고 말할 수 있을 것이다. 이를테면 김홍명은

---

19 심재훈, 「광주사건은 폭동이 아니라 봉기였다」, 같은 책, 67쪽. "내가 취재했던 월남전 야전병원보다 훨씬 잔혹한 상황들이었다." 위르겐 힌츠페터, 「카메라에 담은 5·18 광주 현장」, 같은 책, 127쪽. "내 생애에서 한 번도 이런 비슷한 상황을 목격한 적이 없었다. 심지어 베트남전쟁에서 종군기자로 활동할 때도 이렇듯 비참한 광경을 본 적이 없었다."
20 헨리 스콧 스톡스, 「기자 사명과 외교 요청의 갈등 속에서」, 같은 책, 39쪽.
21 심재훈, 같은 책, 66쪽.
22 취재차 광주를 방문했던 외신기자들은 한결같이 광주 시민들이 자기들을 환대해 주었다고 술회한다. 이에 대해서는 같은 책, 98, 126쪽 등을 보라.

1990년 광주항쟁 10주년 기념 전국 학술대회에서 발표한 논문에서 "광주민중항쟁은 자본주의의 제 모순 속에서 그 질곡을 딛고 일어서려는 민중의 욕구가 그 원인으로 작용하였다"[23]고 주장하였는데, 이런 견해는 초창기 광주항쟁의 연구자들 사이에서는 일반적으로 받아들여지고 있었던 관점이라고 말할 수 있다.[24]

그러나 계급적 모순을 통해 광주항쟁을 설명하는 것이 전적으로 쓸모없는 것은 아니지만 이것만으로는 광주항쟁 당시 씨올공동체의 성격을 설명하기 어렵다. 계급적 모순은 본질적으로 상이한 계급 사이의 이익 및 권리의 충돌에서 비롯된 것으로서 이 모순이 유발한 항쟁이나 그 과정에서 형성된 공동체 역시 이익과 권리의 이념 이상으로 나아갈 수 없다. 그러나 이익이나 권리의 이념과 그에 입각한 정의의 개념만으로 광주항쟁 당시 시민공동체가 보여주었던 놀라운 도덕성과 자발적 헌신이 모두 설명되는 것은 아니다. 이익과 권리가 문제라면 그 당시 광주 시민들이 보여주었던 행위는 너무도 자주 자기의 이익에 반하는 것이어서 결코 합리적으로 이해될 수 있는 것이 아니었기 때문이다. 자본주의든 사회주의든 이익과 권리의 개념에 기초를 두고 있는 이념은 본질적으로 공리주의적이다. 이 점에서는 밀(John Stuart Mill)과 마르크스(Karl Marx) 사이에 아무런 차이도 없다. 그러나 공리주의가 아무리 사회성을 강조한다 하더라도,[25] 그것은 어떤 경우에도 개인의 자발적인 헌신을 강요하지도 못하고, 이미 일어난 그런 현상을 설명하지도 못한다. 광주항쟁을 통해 출현한 공동체는 공리적 계산으로는 도저히 이해할 수도 설명할 수도 없는 공동체였으니, 이 공동체의 비할 나위 없는 가치도 바로 여기에

23 김홍명, 「광주5월민중항쟁의 전개과정과 성격」, 한국현대사사료연구소 엮음, 『광주5월민중항쟁』, 풀빛, 1990, 129쪽.

24 이에 대해서는 무엇보다 앞의 책과 다음의 책을 참조. 정해구 외 지음, 『광주민중항쟁연구』, 사계절, 1990.

25 밀은 공리주의가 행복주의이기는 하되 사회적 행복주의라고 주장했다(존 스튜어트 밀, 이을상 외 옮김, 『공리주의』, 2002, 42쪽).

존립하는 것이다.

이런 사정을 처음으로 명확히 인식한 학자가 최정운이었다. 그는 5·18의 공동체를 절대공동체라고 이름했다. 절대적이라는 수식어는 인간적인 것이 아니라 신적인 것 또는 상대적이고 유한한 것이 아니라 무한하고 초월적인 것에 대해 우리가 붙이는 명예로운 헌사이다. 최정운은 절대공동체라는 이름을 통해 이 공동체가 역사 속에서 현현한 어떤 초역사적인 계시였음을 분명히 했다. 오직 실증적 현상에만 주목하는 과학은 이 계시의 의미를 설명할 수 없다. 이런 사정을 표현하기 위해 그는 과감하게도, "유물론(materialism)은 결코 5·18이 이루어낸 절대공동체의 정신에 접근할 수 없다"[26]고 주장했다. 이를 통해 그는 광주항쟁의 연구에서 새로운 지평을 열었다고 말할 수 있는데, 유물론적 설명을 거부한다는 것은 광주항쟁을 단순히 물질적 원인이나 사회경제적인 원인으로 환원하여 설명하지 않겠다는 것을 의미할 뿐만 아니라 일반적으로 말해 이 불가사의하고 경이로운 사건을 외적 인과관계로 환원하지 않겠다는 것을 의미한다. 인간의 역사를 단순히 외적 인과성을 통해 실증적으로 설명하는 일은 결국에는 인간의 행위를 외적 필연성을 통해 설명한다는 것을 의미한다. 외적 필연성은 강요된 필연성으로서, 만약 인간의 행위가 오직 이런 필연성에 의해서만 발생한다면, 그것은 주어진 원인이 강요하는 행위를 넘어갈 수 없으며 결과적으로 아무런 새로운 것도 놀라운 것도 이룰 수 없다. 하지만 우리가 광주항쟁을 가리켜 절대적 공동체의 현현이라 부르는 것은 그 사건이 이런 외적 인과성과 필연성으로 환원되지 않는 어떤 요소에 의해 추동되었기 때문이다. 절대적(absolutus)이란 말은 그 어원에서 볼 때 묶여 있지 않고 풀려나 있음을 의미하거니와,[27] 광주항쟁이

---

26 최정운, 앞의 책, 163쪽.

27 원래 'absolutus'란 낱말은 라틴어의 동사 'absolvere'의 현재완료 수동태의 분사형인데, 이 동사는 근원적으로 묶인 것을 푼다는 것을 의미한다. 이런 의미에서 법적으로 해방한다는 의미를 지니게 되고 마지막으로 (불완전성에서 해방한다는 의미에서) 완성한다는 뜻을 지니게 되었다. 자세한 것은 Oxford Latin Dictionary

절대적 공동체의 현현이라는 것은 다른 무엇보다 외적 필연성으로부터 벗어난 공동체 또는 비슷한 말이지만 외적 인과성이 낳지 않은 공동체라는 의미에서 붙일 수 있는 이름인 것이다. 구체적으로 말하자면 자본주의 체제가 낳은 계급적 모순이나, 호남 지역에 대한 극심한 차별이나, 김대중의 구속 그리고 더 나아가 공수부대가 시위 진압과정에서 보여준 극단적 잔인함조차도 광주항쟁의 발생 배경이 될 수는 있지만 항쟁을 통해 생성된 시민공동체의 놀라운 도덕성과 연대성을 설명해주지는 않는다. 이런 의미에서 그 공동체는 외적 인과성으로부터 풀려나 있으니, 절대적 공동체라고 말할 수밖에 없는 것이다.

이처럼 광주항쟁이 이룩한 공동체를 외적 인과성으로 모두 환원할 수 없다면 무엇을 통해 그것을 이해할 수 있겠는가? 우리가 아예 초자연적인 원인에 호소하지 않는다면 우리에게 남은 것은 외적 원인이 아닌 내면적 원인 또는 외적 필연성이 아닌 내적 필연성뿐이다. 한마디로 말하자면 정신의 자발성과 주체성으로부터 광주항쟁을 이해하려 할 때, 다시 말해 우리가 앞에서 말했듯이 광주항쟁을 하나의 인격적 주체성이 표현되고 실현된 사건으로 보고 그것과 인격적으로 만날 수 있을 때 비로소 우리는 그것의 뜻을 온전히 이해할 수 있는 것이다. 생각하면 최정운이 광주항쟁을 유물론적으로 설명하는 것을 거부했을 때, 그가 말하려 한 것도 이와 다른 것이 아니었으니, 그를 통해 처음으로 광주항쟁을 정신의 내면성을 통해 다시 말해 어떤 정신적 주체성을 통해 이해하는 길이 열렸던 것이다.

하지만 절대적 공동체의 성립이 외적 필연성으로 환원되지 않는다는 것은 아직 아무런 적극적 규정도 아니다. 마찬가지로 그것이 어떤 정신적 공동체요 내면적 주체성의 현실태라는 말 역시 아직 아무런 내용을 담고 있지 않다. 왜냐하면 인간의 정신적 활동의 자발성과 주체성이 외적 인과성으로 환원되지 않는 한에서 절대적이라 부르는 것은 소극적인 의미

의 해당 항목을 참조.

에서 절대적이라는 말을 사용한 것이지만, 우리가 광주항쟁기의 공동체를 절대적 공동체라 부를 때 그것은 단순히 그런 소극적 의미에서 붙인 이름이 아니라 광주항쟁이 보여준 어떤 완전성을 적극적 의미에서 지시하기 위해 사용하는 이름이기도 하기 때문이다. 이런 적극적인 의미에서 보자면 모든 정신적 활동이 절대적인 것은 아니다. 도리어 인간의 정신적 활동 가운데는 비천하고 무가치한 일들이 얼마든지 있으며, 굳이 그런 경우와 대비하지 않는다 하더라도 우리는 오직 예외적인 완전함에 대해서만 절대적이라는 술어를 부여하는 것이다. 이런 경우 우리는 절대적이란 말을 인간적인 것이 아니라 초인간적인 것 또는 신적인 것을 지시하기 위해 사용하는데 광주항쟁기의 시민공동체를 절대적 공동체라 부르는 것도 바로 이런 의미에서인 것이다. 최정운은 이 점을 분명히 하기 위해 절대공동체가 "성령의 계시처럼 이루어진 내면적 과정"이었으며, "성스러운 초자연적 체험이었다"[28]고 주장하기도 하고, 절대공동체의 정신을 온전히 이해하기 위해서는 "니체의 초인의 철학의 의미를 다시 음미해야 할지 모른다"[29]고 말하기까지 하는데, 이런 비과학적인 표현들은 모두 광주항쟁기 시민공동체의 어떤 초월적 완전성을 지시하기 위해서 끌어오지 않을 수 없었던 것이라 해야 할 것이다.

요컨대 5·18공동체를 절대공동체라 부르는 것은 그 공동체가 유물론적 인과성으로 환원되지도 않을 뿐만 아니라 인간적 척도로도 설명할 수 없다는 뜻을 담고 있다. 그런 한에서 그것은 적극적 규정이 아니라 부정적이고 소극적인 진술이다. 이런 의미에서 보자면 아마도 우리는 5·18 당시 해방광주를 가리켜 이 이름만큼 적절한 이름이면서도 동시에 쓸모없는 이름을 찾을 수는 없을 것이다. 무릇 절대적이라는 낱말은 신적인 존재에게만 어울리는 명예로운 수식어이다. 그러나 모든 신적인 것은 인간적인 척도를 뛰어넘는 것이니, 절대적이라는 수식어는 다른 무엇보다

---

28 최정운, 앞의 책, 157쪽.
29 같은 책, 163쪽.

인간의 유한한 이성이 무한하고 신적인 것 앞에서 느끼는 당혹감의 표현이다. 그런즉 그것은 우리에게 절대적인 대상에 대해 아무것도 설명해주는 것이 없다. 도리어, 설명할 수 없다는 것, 우리가 마주하고 있는 것이 인간의 모든 설명 가능성을 뛰어넘는다는 것, 그 무능력을 에둘러 고백하기 위해 우리가 대신 쓰는 말이 절대적이라는 말인 것이다.

그렇다면 5·18광주를 가리켜 절대적 공동체라 부르는 것은 얼마나 적절하며, 또 얼마나 명예로운 이름인가? 진실로 그것은 사람의 언어로 형언할 수 없는 어떤 절대적인 것의 현현이요, 우리가 꿈꿀 수 있는 가장 완전한 공동체에 대한 계시였으니 그런 명예로운 이름을 얻기에 모자람이 없을 것이다. 하지만 그 이름에는 아무런 내용도 들어 있지 않다. 그 이름이 표현하는 것은 이름 불리는 대상의 객관적 특성이라기보다는 도리어 그 이름을 부르는 우리 자신의 주관적 경탄과 놀라움을 표현하는 말이기 때문이다. 그런 까닭에 우리가 이 이름을 남발하기 시작하면 우리는 그 이름을 통해 5·18에서 계시된 새로운 공동체의 뜻을 드러내지 못하면서 그 이름을 상투어로 만들어 결과적으로 5·18에 대한 우리의 경탄까지 상투적인 것으로 만들 위험을 초래하게 된다. 그런 위험을 피하기 위해서는 이제 5·18을 통해 우리에게 계시된 그 절대적 공동체가 과연 무엇이었던지를 상대적인 언어로 밝혀내지 않으면 안 된다. 그것이 바로 해석의 과제이다.

이 작업을 처음 시도한 사람은 5·18광주를 처음으로 절대공동체라고 이름했던 최정운 교수 자신이었다. 그의 설명에 따르면 5·18광주의 시민공동체가 절대공동체라 불릴 수 있는 까닭은 매우 다양하게 제시될 수 있지만, 가장 본질적인 이유를 들자면 "이곳에서는 광주 시민들의 개인은 완전히 융해되어버렸기 때문이다".[30] 이를 더욱 명확하게 표현하여 그는 "공동체의 극단적인 형태로서의 절대공동체의 기본개념은 개인이 완

30 최정운, 「절대공동체의 형성과 해체」, 광주광역시 5·18사료편찬위원회, 『5·18 민중항쟁사』, 도서출판 고령, 2001, 324쪽.

전히 의식에서 사라진 상태를 말한다"[31]고 주장한다. 여기서 개인의 부정과 지양을 긍정적인 표현으로 바꾼다면, 그것은 "모두가 인간으로 하나됨"[32]이라고 할 수 있다. 그런 하나됨 속에서 광주 시민들은 "위대한 인간들의 공동체의 일부가 된"[33] 느낌을 받았다. 그런데 그 하나됨은 단순히 보이지 않는 내면에서 "한마음"[34]으로 머무르지 않고 "국가의 권위"[35]를 요구하고 또 실행에 옮겼다고 한다. 이를테면 사유재산을 징발하고 시민들을 징병하기까지 했으니,[36] 이것은 절대공동체가 자신을 국가로 정립한 것과 같다는 것이다.

그렇다면 이런 절대공동체가 어떻게 가능했던가? 다시 최정운의 설명에 따르면, 그것은 "절대전(absolute war)의 상황에서 이루어진"[37] 것이었다. 다시 말해 "이 절대공동체는 절대적 적(敵)에게 증오심을 모으고 사랑만으로 이루어진 공동체였다."[38] 그러니까 적에 대한 증오와 전우에 대한 사랑은 절대공동체를 지탱하는 주관적 힘이었다고 할 수 있다.

5·18의 진행과정에 대해 조금이라도 지식을 가지고 있는 사람이라면, 최정운의 설명이 결코 설득력이 없는 것이 아니라는 것을 인정할 것이다. 다른 무엇보다 그의 절대공동체론은 상투적인 서양식 사회과학이론을 5·18에 투사하지 않고 가능한 한 항쟁을 '사태 자체'(Sache selbst)로부터 해명하려 했다는 점에서 5·18에 대한 그 이전의 어떤 연구와 해석보다

31 같은 곳.
32 최정운, 『오월의 사회과학』, 풀빛, 1999, 141쪽.
33 최정운, 「시민공동체의 형성과 변화」, 나간채·강현아 엮음, 『5·18항쟁의 이해』, 광주광역시, 2002, 99쪽.
34 같은 곳.
35 최정운, 「절대공동체의 형성과 해체」, 광주광역시 5·18사료편찬위원회, 『5·18민중항쟁사』, 도서출판 고령, 2001, 325쪽; 「폭력과 사랑의 변증법」, 조정관·최영태 엮음, 『5·18민중항쟁과 정치·역사·사회』, 5·18기념재단, 2007, 267쪽.
36 같은 곳.
37 최정운, 『오월의 사회과학』, 풀빛, 1999, 165쪽.
38 같은 곳.

진전된 성과를 보여준다. 더 나아가 앞에서도 말했듯이, 광주항쟁을 실증적 인과성을 통해 설명하는 것이 아니라 내면적 주체성과 정신적 활동성을 통해 이해하려 했다는 점에서 5·18 연구의 역사에서 새로운 지평을 열었다고 평가할 수 있다. 하지만 이런 모든 미덕에도 불구하고, 그의 절대공동체론이 갖는 한계 역시 간과할 수 없을 만큼 분명하다.

다른 무엇보다 그의 절대공동체 개념은 5·18을 전체로서 해명해주지 못한다. 즉 그의 주장에 따르면, 절대공동체는 엄밀하게 말하면 눈앞에 적이 존재하는 한에서만 그 적과 더불어 존립할 수 있는 까닭에 적이 사라지고 나면 와해될 수밖에 없는 것이다. 그러므로 공수부대가 도청에서 철수한 뒤에 절대공동체는 해체되지 않을 수 없었다. 따라서 이 이론은 이른바 해방된 광주를 다만 절대공동체의 그림자로나 규정할 수 있을 뿐 그것이 어떤 공동체인지 어떤 긍정적 의미를 지니는지를 해명하지 못한다. 결과적으로 이 이론은 광주항쟁의 한 계기, 곧 시민군에 의한 도청 함락까지 항쟁 전반기의 전투적 계기만을 설명하는 데 쓰일 수는 있으나 5·18의 뜻을 총체적으로 드러내지는 못한다. 또한 그것은 같은 전투라도 5월 27일 새벽의 도청전투의 뜻을 해명해주지는 않는다. 이미 혁명의 열기는 시들고 패배의 운명만이 온 도시를 무겁게 짓누르고 있는 상황에서 도피하지 않고 도청을 지키다가 죽어간 시민군들의 공동체를 절대공동체라고 부를 수는 없을 것이다(실제로 최정운은 마지막 항쟁과 패배를 더 이상 절대공동체 개념으로 설명하지 않는다).

더 나아가 그가 말하는 절대공동체는 개인의 부정이라는 의미에서 자칫하면 전체주의적 공동체로 전락할 위험을 안고 있다. 물론 그는 개인의 부정이 강요된 것이 아니라 자발적인 것이었음을 강조한다.[39] 그럼에도 불구하고 하나됨에 대한 일면적 강조는 절대공동체의 획일성만을 부각하여 5·18항쟁 기간에 존재했던 내부의 차이들을 설명하기 어렵게 만든다. 더 나아가 아무리 자발적인 자기포기라고 하더라도 결과적으로 절대

---

39 같은 책, 140, 276쪽.

적 적 앞에서 일사불란하게 싸우는 전투의 대열에 자기를 전적으로 포기하고 결속한다는 의미에서 절대공동체가 형성되는 것이라면, 이것은 경우에 따라서는 파시즘에 대한 대중의 열광과 구별되기 어렵다. 실제로 최정운은 절대공동체가 2002년 붉은 악마의 응원 열기 속에서 재현되었다고 말하기까지 하는데[40] 이런 방식으로 월드컵 응원 열기와 광주항쟁의 열정이 절대공동체라는 이름 아래 하나로 묶일 수 있는 것이라면, 군이 광주항쟁의 고통스러운 기억으로부터 새로운 공동체의 뜻을 읽어내야만 할 까닭도 없는 일일 것이다.

하지만 2002년 월드컵 당시의 응원 열기는 광주항쟁 당시의 절대공동체와 완전히 같은 것이라 말하기는 어려운데, 그 까닭은 월드컵은 경쟁일 뿐이지만 광주항쟁은 목숨을 건 전쟁상태였기 때문이다. 최정운이 말하는 절대공동체란 개인의 개별성과 개체성이 절대적으로 지양되어버렸다는 의미에서 절대적인 공동체인데, 그의 입장에 따르면 광주항쟁 초기에 이처럼 개인의 개별성이 완전히 지양될 수 있었던 것은 그것이 전쟁상태였기 때문이다. 전쟁터에서 같이 싸우는 사람들 사이에서 볼 수 있는 전우애가 개인의 이기심을 초월한 절대적 유대감을 낳는다는 것은 누구라도 이해할 수 있는 일이다. 하지만 사람이 전쟁에 나간다고 해서 모두가 자동적으로 용감해지는 것도 아니고 참된 전우애를 느끼게 되는 것도 아니다. 아무리 전쟁터라고 하더라도 인간은 이기심의 노예가 될 수 있으며, 개인의 이기심을 초월한 결속의 감정은 사실은 그곳에서도 하나의 과제인 것이다. 따라서 단순히 전쟁상태라는 외적 조건을 통해 절대적 결속의 감정을 설명하려는 것은 광주항쟁기의 시민공동체를 설명하는 데 중요한 배경을 제공하는 의미는 있지만, 시민공동체를 지탱했던 내적 결속력을 해명해주지는 못한다.

게다가 최정운이 말하는 것처럼 절대공동체가 전쟁상태, 그것도 절대

---

40 최정운, 「시민공동체의 형성과 변화」, 나간채·강현아 엮음, 『5·18항쟁의 이해』, 광주광역시, 2002, 105쪽.

적 전쟁상태에서만 가능한 것이라면, 그것을 가리켜 우리가 추구하는 온전한 공동체의 계시라고 말하기도 어려울 뿐만 아니라 이로부터 새로운 공동체의 이상을 이끌어낼 수도 없다. 실제로 광주항쟁기의 광주가 전쟁상태였던 것은 분명한 일이지만, 그렇다고 해서 광주항쟁기의 광주 시민공동체가 전쟁공동체였기 때문에 이상적 공동체요 절대적 공동체였던 것은 아니다. 그것이 전쟁공동체였기 때문이 아니라면, 과연 어떤 의미에서 5·18광주 시민공동체는 우리가 꿈꿀 수 있는 가장 이상적인 공동체의 전범을 보여주는가? 더 나아가 이 공동체가 단순한 가족공동체가 아니라 이상적인 나라의 전범을 보여주는 것이라면, 어떤 의미에서 그러한가? 이것은 여전히 설명되지 않은 과제이다.

2) 공동체와 서로주체성

이 물음에 대답하기 위해 이제 우리는 원래 우리의 논의로 돌아가 참된 의미의 공동체가 무엇이며 나라가 어떤 의미에서 참된 공동체의 현실태인지를 먼저 살펴보아야 한다. 그리고 그 척도에 따라 5·18공동체가 어떤 의미에서 온전한 공동체, 참된 나라의 전범을 계시했는지를 말할 수 있을 것이다.

일반적으로 말해 공동체란 여럿이 모여 하나를 이룬 단체를 의미한다. 여럿이 모여 하나를 이루는 것은 사물이나 물질의 영역에서도 일어난다. 하지만 우리는 물질이 모여 단체를 이룬 것을 합성체라 부르지 공동체라 부르지는 않는다. 왜냐하면 합성체는 합성된 물체(corpus compositum)이지만, 공동체는 공동의 주체(subjectum commune)이기 때문이다. 그런데 우리가 공동체를 가리켜서 마치 물질이 모여 하나의 합성체를 이루는 것과 같다고 생각하지 않는 까닭은 사람들이 같이 모여 하나의 단체를 이루더라도 자기의 자기됨을 포기할 수는 없기 때문이다. 모든 인간은 하나의 세계이다. 이것은 한 인간이 아무리 공동체에 헌신한다 하더라도 달라지지 않는다. 의식은 그만의 것이며 고통 역시 그만의 것이고 마지막으로 죽음 또한 누구와도 나눌 수 없는 자기 자신만의 일인 것이다.

공동체는 그렇게 자기를 버릴 수 없는 사람들이 모여서 만드는 단체이다. 자기를 버리지 못한다는 것은 자기가 자기에게 언제나 의식되고 있고 문제가 되고 있다는 것을 의미한다. 그렇게 자기가 자기에게 의식되고 있고 문제 되고 있는 존재를 가리켜 우리는 주체라 부른다. 여기서 자기가 의식되고 문제 되고 있다는 것은 단순히 의식의 대상으로서 자기가 자기에게 주어져 있다는 것에서 그치지 않고 자기가 자기에게 형성의 과제로서 주어져 있다는 것을 의미한다. 즉 주체는 언제나 의식의 주체인 동시에 능동적 자기형성의 주체이다. 이처럼 자기를 스스로 형성한다는 것이야말로 주체의 자유와 자발성이거니와, 이런 능동성과 자발성은 주체를 주체 되게 만들어주는 가장 본질적인 진리인 것이다.

공동체는 이런 주체들이 모여서 이룬 단체 또는 집단이다. 모든 단체는 개별자들을 서로 결속하게 만들어주는 어떤 결속력을 필요로 한다. 물체가 모여 합성체를 이루기 위해 필요한 힘은 물리적 힘이다. 그 힘에 의해 물체들은 단지 서로 결합될 뿐이다. 합성된 물체는 물질이 결합됨으로써 이루어지는데, 물리적 결합은 타율적 힘에 의해 일어나는 수동적 결과이다. 이에 반해 주체들의 모임인 공동체의 경우에는 물리적 힘이 아니라 정신적 욕구 또는 비슷한 말이지만 자발적 의지가 주체들의 지속적 모임과 결속을 가능하게 만들어주는 결속력이다. 주체들은 자발적 의지에 의해 서로 만남으로써 하나의 모임을 형성하게 되는 것이다. 그런데 공동체가 이처럼 개별적 주체들의 자발적인 만남에 의해 생성되는 모임인 한에서 모든 참된 공동체는 개별적 주체의 주체성을 보존한다. 그러면서도 참된 만남은 언제나 고립된 개인의 개별성을 초월하고 지양한다는 점에서 개인의 단순한 집합으로 환원되지 않는 새로운 존재의 지평을 개방한다. 하지만 그 새로운 지평이 지양하는 것은 개별성이지 주체성이 아니다. 만남이란 개인의 자유로운 자발성에 기초하면서 개인의 개별성을 넘어가는 것이며, 개인의 개별성을 넘어가면서도 모두의 주체성을 보존하는 것이다. 그리하여 개별적 주체는 만남 속에서 자신의 개별성을 지양하여 보다 확장된 주체성에 도달하게 되는데 그렇게 만남 속에서 생성되는 공동의 주체성을 가리켜 우리는 서로주체성이라 부른다.

여기서 우리가 서로주체성을 공동주체성과 구별하는 까닭은, 모든 공동체가 개별적 주체들의 모임인 한에서 어떤 방식으로든 개별적 주체성을 지양한 공동의 주체성을 실현하고 있기는 하지만, 그것이 언제나 참된 의미에서 공동의 주체성을 실현하고 있는 것은 아니기 때문이다. 개별적 주체성의 이름이 '나'라면 공동의 주체성의 이름은 '우리'이다. 그러나 대다수 공동주체는 이름에서만 우리일 뿐 실제로는 우리라는 이름 아래 개별적 주체들의 주체성이 억압되거나 유보되는 집단적 주체인 경우가 대부분이다. 참된 의미에서 공동의 주체성은 내가 홀로 정립하는 주체성이 아니고 나와 네가 서로 정립하는 주체성이며 함께 정립하는 주체성이다. 그 속에서 나와 너는 자기를 잃지 않으면서도 자기를 초월하여 우리가 된다. 하지만 여기서 '우리'는 나와 네가 만남 속에서 산출하고 보존하는 것인 까닭에 나와 너 위에 군림하는 초자아 같은 것이 아니다. 그러면서도 나와 너는 우리 속에서 자기의 개별성을 지양하는 까닭에 우리는 나와 너의 산술적 합이 아니라 나와 네가 만남 속에서 개방하는 새로운 존재의 지평인바, 이런 주체성만이 참된 의미에서의 공동주체성이다. 서로주체성이란 바로 이런 공동주체성의 진리를 가리키는 이름인 것이다.

이처럼 공동체가 합성체와 달리 주체의 공동체인 까닭에 공동체의 형성원리는 언제나 만남이다. 공동체란 공동의 주체요, 공동의 주체는 여러 주체들이 서로 만남으로써 이루어진다. 공동체는 여러 주체들이 다양한 방식으로 만나면서도, 그 많은 만남들이 또한 하나의 형상 속에서 매개되고 지속할 때 그 만남의 총체적 현실태를 가리키는 이름이다. 이처럼 공동체가 본질적으로 주체들의 만남을 통해 생성되는 것인 까닭에 한 공동체의 온전함은 오로지 만남의 온전함에 존립한다. 그런데 만남이 실체가 아니라 주체의 일인 한에서, 만남의 온전함이란 만남을 통해 생성되는 주체성의 온전함과 같다. 그리하여 참된 공동체에서는 만남이 따로 있고 주체성이 따로 있는 것이 아니니, 만남은 주체성을 통해서 발생하고 주체성은 만남을 통해 실현된다. 그리하여 모든 참된 만남은 주체적인 만남, 곧 자발적인 만남인 것이다. 하지만 만남과 결속이 자발적인 것은 만남 속에서 자발성과 주체성이 지속적으로 보존되고 증대되는 한에서만 가능한 일이다. 만남 자체가 개별적 주체성의 지양인 동시에 확장일 때, 그리하여 개별적 주체들이 타자적 주체와의 만남 속에서 주체성의 침해와 위축을 경험하는 것이 아니라 정반대로 자기의 주체성이 타자와의 만남 속에서 확장되고 고양되는 것을 경험할 때, 개별적 주체들은 더욱 자발적으로 만남을 추구하게 되고 그런 가운데 공동체는 자발적인 결속력을 얻게 된다. 그리하여 개별적 주체는 주체성을 통해 만남에 이르고 만남을 통해 더욱 고양된 주체성에 이르게 되는데, 이처럼 만남과 주체성이 공속하는 곳에서만 참된 공동체는 가능한 것이다.

이런 사정은 나라의 경우에도 마찬가지이다. 나라가 하나의 공동체인 한에서, 그것의 형성원리는 만남이며 그것의 온전함 역시 만남의 온전함에 존립한다. 온전한 만남 속에서 주체들은 서로주체성 속에서 결속하게 되는데, 이런 결속이야말로 참된 공동체의 가능근거인 것이다. 그러므로 만약 5·18이 이상적 공동체로서의 온전한 나라의 계시라면 그 까닭은 그것이 다른 무엇보다 온전한 만남의 모습을 보여주었기 때문이다. 이런 관점에서 보자면 최정운이 말하는 절대공동체는 참된 의미에서 절대적 공동체라 할 수 없다. 그는 절대공동체의 첫째가는 의미를 개인의 소멸에서 찾았다. 하지만 5·18이 절대적 공동체의 계시였던 까닭은 최정운이 말하는 것처럼 항쟁의 공동체 속에서 "개인이 완전히 의식에서 사라진 상태"에 도달했기 때문이 아니다. 다시 말해 광주항쟁기에 시민들이 개별적 주체성을 공동체를 위해 일면적으로 양도하거나 부정했기 때문에 그들이 절대적 공동체를 이룰 수 있었던 것이 아닌 것이다. 공동체는 언제나 공동주체이다. 하지만 공동주체는 주체들의 공동체로서 개별적 주체들의 만남에 존립하는 것이지 개별적 주체성의 일면적 지양에 존립하는 것이 결코 아니다.

만남은 주체성의 일면적 부정이나 양도가 아니라 도리어 정립이며 확장이다. 오랫동안 주체성은 고립된 개별자의 홀로주체성과 같은 것이라 생각되어왔다. 그러나 참된 주체성은 언제나 만남 속에서만 생성된다. 나는 고립된 개별자로 머무는 한 참된 의미에서 '내'가 되지도 못한다. 오직 내가 너와 만나 우리가 될 때, 나는 또한 온전한 의미에서 내가 될 수도 있는 것이다. 그러므로 만남은 주체성의 부정이 아니라 정립이니, 참된 공동체는 만남 속에서 진정한 주체성을 보존하고 확장한다. 이런 의미에서 5·18이 절대적 공동체의 계시였던 까닭 역시 그 속에서 다른 모든 것에 앞서 참된 만남이 계시되었다는 데 있다. 그러므로 우리가 5·18 속에서 계시된 절대적 공동체의 진리를 해명하려 한다면, 이제 우리는 그 속에서 표현되고 실현된 만남의 구체적 계기들을 살펴보지 않으면 안 된다.

3. 만남의 범주들

1) 과제의 제시

만남의 구체적 계기들이 우연적인 것이 아니라 참된 만남을 위해 본질적인 것일 때, 우리는 그것을 가리켜 만남의 범주라고 부를 수 있다. 아리스토텔레스가 존재의 범주를 말한 뒤에 철학자들은 범주를 나름대로 변주해왔다. 이를테면 칸트(Immanuel Kant)는 인식의 범주를 말했으며 하이데거(Martin Heidegger)는 실존의 범주를 말했던 것이다. 그러나 이 모든 것은 홀로주체성의 사유지평 속에서 전개된 것들이었다. 이에 반해 만남의 범주는 서로주체성의 범주이다. 그것은 만남 속에서 생성되고 정립되는 서로주체성의 가능성의 구체적 근거들인 것이다.

그런데 만남은 여러 가지 층위에서 다양한 방식으로 발생한다. 예를 들어 가족 구성원들 사이의 만남과 기업 구성원들의 만남은 같을 수 없다. 마찬가지로 한 나라의 구성원들 사이의 만남 역시 앞의 두 경우와 똑같을 수는 없을 것이다. 광주항쟁을 통해 계시된 절대적 공동체가 이상적 가족이나 회사가 아니라 참된 나라인 한에서, 지금 우리의 과제는 모든 층위에서 발생하는 모든 만남의 범주들을 상세히 분석하는 것이 아니라 함석헌이 "나라를 한다"고 표현했던 활동, 곧 정치적 삶의 지평에서 발생하는 만남의 범주들을 분석하는 것이다.

만약 5·18이 절대적 공동체의 계시라는 말이 한갓 아첨의 말이 아니라면, 우리는 틀림없이 그 속에서 정치적 만남의 본질적 계기들이 온전한 방식으로 표현되고 실현된 것을 명확하게 인식할 수 있어야 할 것이다. 하지만 그렇다고 하더라도 그것은 아직은 숨겨진 비밀이다. 그런즉 우리의 과제는 5·18 속에서 표현되고 실현된 참된 만남의 범주들을 순서에 따라 펼쳐내는 것이다. 그 순서는 1980년 5월 18일부터 일어난 사건의 순서에 대응한다. 하지만 그것은 동시에 참된 만남과 서로주체성의 생성을 위한 선험론적(transcendental) 순서이기도 하다.

2) 용기

5·18은 1980년 5월 18일 전남대 정문 앞에서 시작되었다. 그날은 학교도 쉬고 회사도 쉬는 일요일이었다. 그 조용한 날 0시를 기해 당시 정부는 비상계엄령을 전국으로 확대하면서 각 대학에 군대를 진주시켰다. 전남대와 조선대에도 계엄령 확대 이후 두 시간 뒤에 공수특전단이 진주했다. 군인들은 학교 내에 머물고 있었던 학생들을 닥치는 대로 체포하고 폭행했다. 학생운동의 지도부는 이미 도피한 뒤였고 저항의 거점이었다고 할 수 있는 대학은 완전히 군인들에 의해 점령되었다. 이런 사정은 비단 광주뿐만 아니라 전국적으로 마찬가지였는데, 군대의 진주는 광주 이외의 모든 지역에서 계엄당국의 의도대로 그 당시 끓어오르고 있었던 학생소요의 열기를 일거에 얼어붙게 만드는 결과를 낳았다.

그런데 5·18은 바로 그날 아침 전남대 정문 앞에서 시작되었다. 군인들의 총칼 앞에서 모든 저항이 일순간에 멎어버린 바로 그 시점에 광주에서는 세계사에서 유례가 없는 항쟁이 시작되었던 것이다. 오전 9시에서 10시 사이 전남대 정문 앞에는 군인들이 지키고 있었고 일찍 등교하다 붙잡힌 학생들 몇몇은 영문도 모른채 붙잡혀 팬티 바람으로 무릎을 꿇고 있었다. 그런데 이런 상황에서 정문 앞에 모였던 학생들은 돌아가지도 않았고 흩어지지도 않았다. 오전 10시 경 약 50명의 학생들이 정문 앞

다리 위에 앉아 농성을 시작했다. 뒤에는 이제 100~200명으로 불어난 학생들이 웅성거리고 있었다. 정문을 지키던 군인들은 학생들을 위협하고 해산할 것을 요구하였으나 도리어 학생들은 "계엄철폐"와 "전두환 물러가라"라는 구호로 응수했다.

군대는 토론하기 위해 만든 집단이 아니다. 그것은 그 자체로서 폭력기구이며 그의 타자는 오로지 적일 뿐이다. 그런 군대가 외부의 적이 아니라 내부의 시민들 앞에서 총을 들고 마주 서 있었다는 것 자체가 있어서는 안 될 일이었으나, 이 나라의 역사에서 그것은 또한 익숙하게 반복되어 온 일이기도 했다. 양보를 모르는 군대 앞에서 시민이 굴복하고 양보하는 것만이 충돌을 피하는 길이었으며, 이것이 또한 대학에 군대를 진주시킬 때 타락한 국가기구가 시민들에게 암묵적으로 요구한 것이기도 했다. 그리고 박정희 정권 시절에 이 요구는 예외 없이 관철되었다. 아무리 극심한 소요라도 일단 군대가 진주하면 그것으로 끝이었던 것이다. 한일회담 반대시위도, 3선개헌 반대도, 유신헌법에 대한 저항도 모두 군대를 동원하면 끝이었다. 그 마지막 단계가 1979년의 부마항쟁이었다. 그 이전의 시위와 달리 부산과 마산 시민들의 광범위한 지지 아래 전개된 부마항쟁 역시 군대가 투입됨으로써 일거에 잦아들었던 것이다. 1980년 5월 18일 비상계엄령이 전국으로 확대되고 각 대학에 군대가 진주했을 때에도 이 공식은 예외 없이 관철되는 것처럼 보였다. 생각하면 그것은 너무도 당연한 일인바, 총칼을 든 군대 앞에서 굴복하고 침묵하지 않는다는 것은 곧 죽음을 의미하는 것이기 때문이다. 그런데 5월 18일 전남대 정문 앞에 모인 학생들은 바로 이 굴종의 공식을 깨뜨려버렸다. 그것은 그 이전에는 상상할 수 없었던 용기였다. 그리고 이 용기가 절대적 공동체의 시원이었다.

정치적 만남의 첫 번째 범주는 용기이다. 나라는 자유로운 주체들의 공동체이다. 그러나 자유는 사물적으로 주어지거나 현전하는 것이 아니다. 그것은 오직 결단과 행위를 통해서만 생성되는 활동이다. 그런데 자유를 향한 결단은 언제나 용기를 전제한다. 아니 자유를 위한 결단 그 자체가 바로 용기의 표현과 실현인 것이다.

자유란 다른 무엇보다 압제로부터의 해방, 모든 폭력으로부터의 해방에 존립한다. 보다 근원적인 바탕에서 보자면 자유는 또한 외적 강제 또는 같은 말이지만 외적 필연성으로부터의 해방이기도 하다. 하지만 해방은 그냥 주어지는 것은 아니며, 설령 역사 속에서 거저 주어지는 해방이 있다 하더라도 그것은 필연적으로 왜곡되기 마련이다. 오직 스스로 결단하고 행위하여 얻은 해방만이 참된 해방인 것이다. 그렇게 자유를 향하여 결단하는 것, 외적 필연성에 저항하여 행위하는 것, 그것이 바로 용기의 표현과 실현이다. 용기는 외적 필연성에 항거하는 의지의 결단을 의미한다.

이렇게 외적 필연성에 항거함으로써 우리는 비로소 자기를 보존하고 지키게 된다. 자기 또는 주체는 사물적으로 주어지는 것이 아니라 스스로의 활동에 의해서만 정립되고 생성되는 것이다. 그리고 자기를 정립하는 모든 활동은 언제나 외적 강제 및 필연성과 대립하지 않을 수 없다. 자아는 이런 강제에 저항함으로써 자기를 정립하는바, 이 저항에는 언제나 용기가 요구된다. 그러므로 자기를 주체로서 정립하는 것은 언제나 근원적인 용기의 산물이다.

그러나 이것만으로 용기가 다 설명되는 것은 아니다. 우리가 외적 필연성에 저항하는 것은 언제나 자기를 걸어야만 가능한 일이다. 자기를 건다는 것, 경우에 따라서는 자기의 목숨을 걸고 저항한다는 것은 자기보존의 관성 또는 논리적으로 표현하자면 자기동일성에의 집착을 벗어나지 못하는 한 불가능한 일이다. 그러므로 외적 강제에 맞서 자유로이 자기를 실현하려는 용기는 정반대로 자기를 스스로 부정할 수 있을 때 가능한 일이다. 이런 의미에서 보자면 용기는 본질적으로 자기를 스스로 부정할 수 있는 능력이기도 하다. 하지만 자기를 부정하는 것은 너무도 어려운 일인바, 우리가 용기 있는 행위에 대해 느끼는 존경의 감정은 바로 이자기부정의 어려움에 기인하는 것이다.

그러니까 용기는 한편에서는 외적 강제에 항거한다는 의미에서 자기보존과 자기긍정의 능력이지만, 이를 위해 자기를 걸고 싸울 것을 결단한다는 의미에서는 자기부정의 능력이다. 이처럼 용기 속에 자기긍정과 자기부정이 공속한다는 것은 용기를 욕망으로부터 구별하는 기준이 되는 것이기도 하다. 욕망은 오로지 자기보존과 자기긍정만을 추구한다. 그러나 외적 강제가 장애물로 나타날 때, 일반적으로 욕망은 그에 순응한다. 이것은 욕망이 본질적으로 자기에게 집착할 줄 알 뿐 자기를 부정할 줄은 모르기 때문이다. 하지만 용기는 바로 그런 장애물 앞에서도 굽히지 않는데, 그 까닭은 용기는 자기를 부정할 줄 알기 때문이다.

이 자기부정의 능력 때문에 용기는 정치적 삶의 지평에서 서로주체성의 가능근거가 된다. 서로주체성이 가능하기 위해서는 타자를 위해 자기를 제한하고 부정할 수 있어야만 한다. 그러나 일면적인 자기긍정이나 자기부정은 이런 서로주체성을 낳지 못한다. 욕망은 일면적 자기긍정일 뿐이요 굴종은 일면적 자기부정이니, 어느 쪽도 참된 만남을 가능케 하지 않는 것이다. 오직 자기를 보존하면서도 부정할 줄 아는 용기만이 정치적 삶의 지평에서 서로주체성을 가능하게 하는 근거가 되는 것이다.

이 차이는 욕망과 용기가 지향하는 것이 다르기 때문이다. 욕망은 사사로운 지향이다. 그것은 자기를 욕구하는 것이며 자기에게 좋은 것을 욕구하는 것이다. 그것은 철저히 홀로주체의 자기지향인 것이다. 그런 까닭에 욕망하는 주체는 자기를 보존하기 위해 필요할 경우에는 아무런 부끄러움도 없이 외적 강제와 폭력에 굴종한다. 이런 의미에서 욕망과 비굴함은 언제나 공속하는 것이다. 그러나 용기는 보편적 가치와 모두를 위해 좋음을 지향하는 의지이다. 용기가 자기를 부정할 수 있는 까닭도 이처럼 그것이 사사로운 가치가 아니라 보편적 가치에 의해 규정되기 때문이다. 그 보편적 가치의 표상이 이념인 한에서, 용기는 언제나 어떤 이념에 의해 규정되는 의지이다. 마찬가지로 용기와 만용의 차이도 의지가 이념에 의해 규정되느냐 아니냐에 달려 있다. 만용은 단순히 자기의 힘과 타자의 힘을 객관적으로 판단할 줄 모르는 데서 비롯되는 과도함이 아니라 의지가 참된 의미의 이념에 의해 규정되지 않는 데서 비롯되는 과도함인 것이다. 오직 참된 용기만이 이념에 기초하여 자기를 긍정하기도 하고 부정할 수도 있거니와 5·18은 우리 역사 속에서 아니 세계사를 통틀어 가장 빛나는 용기의 표현이자 실현이었다.

3) 약속

그렇다면 그들의 용기는 어디서 온 것인가? 5·18의 시원은 학생들이 전남대 정문 앞에 모였다는 데 있다. 학생들이 군인들을 본 적이 없어서 그들을 구경하기 위해 거기 모인 것은 결코 아니었으니, 항쟁은 사실상 그들이 전남대 정문 앞에 모인 것에서부터 이미 시작되었다고 할 수 있다. 그런데 이것부터가 일반적인 예상을 벗어나는 일이었다. 우리는 1980년 5월 18일 한국의 어느 대학 정문 앞에 학생들이 자발적으로 모였는지 알지 못한다. 군인들이 총칼로 지키는 대학의 정문 앞에 모인다는 것은 얼마나 부질없는 일인가? 학생운동의 지도부에 속한 사람이라면 그 것은 자기를 잡아가라고 내주는 것이요, 그렇지 않은 일반학생들의 경우에는 인도자 없는 군중의 일원에 지나지 않으니 학교 정문 앞에 모인다한들 할 수 있는 일도 없을 것이기 때문이다. 이런 사정은 광주의 경우에도 마찬가지였다. 학생운동의 지도부는 검거되지 않았으면 모두 피신한 상태였다. 그리하여 5월 18일 아침 전남대 정문 앞에 모인 학생들 가운데 특별히 이름을 들 만한 사람은 아무도 없었다.[41] 그런데 무슨 까닭으로 학생들은 그 자리에 모여든 것일까? 최정운이 말했듯이, 이 경우에도 유물론적인 설명은 아무런 쓸모가 없다. 정신의 현실성은 오직 정신적인 원인을 통해서만 설명될 수 있을 뿐이다. 그렇다면 어떤 정신적인 원인이 그들을 그 자리에 불러 모았던가?

---

41 이를테면 전남대 총학생회장이었던 박관현은 그날 아침 전남대 정문 앞의 상황을 살펴본 뒤에 그곳을 떠나 윤상원을 만났으며 곧 도피의 길에 올랐다(박호재·임낙평, 『윤상원 평전』, 풀빛, 2007, 276쪽). 하지만 그가 정문 앞에 모인 학생들 틈에 같이 있지는 않았음이 분명하다. 만약 그가 학생들에게 자기를 보였다면 그는 처음부터 항쟁에 연루되었거나 아니면 그 자리에서 체포되었을 것이다.

그것은 약속이었다. 광주에서는 5월 14일부터 시작된 대규모 시위와 집회가 5월 16일까지 계속되었다. 그런데 그 집회를 끝내면서 당시 전남대 총학생회장 박관현은 이렇게 말을 맺었다고 전한다. "만약의 경우 휴교령이 내려질 때는 이미 약속한 바와 같이 오전 10시 각 대학 정문 앞에 모여서 투쟁하고, 12시 정오엔 이곳 도청 앞으로 다시 집결하여 오늘과 같이 투쟁할 것을 재차 약속합니다."[42] 5월 18일 오전 10시에 학생들을 전남대 정문 앞에 부른 것은 바로 이 약속이었다. 그들은 그 약속을 지키기 위해 그 자리에 나왔던 것이다. 그러니까 그들이 보여준 용기는 단순히 추상적인 이념이 아니라 약속을 지키기 위한 의지에서 비롯된 것이라고 말할 수 있다. 그리고 바로 여기에 5·18의 비할 나위 없는 깊이가 있다.

정치적 용기 또는 같은 말이지만 아리스토텔레스(Aristoteles)가 말했던 시민적 용기는 이념에 의해 규정되는 의지이다. 나라는 언제나 어떤 보편적 이념의 현실태일 때에만 소수에 의해 전유된 한갓 당파적인 국가기구로 전락하지 않을 수 있다. 그러므로 보편적 이념에 의해 규정되는 의지로서 용기는 나라의 정립을 위한 첫째가는 만남의 범주이다. 그런데 이념은 그 자체로서는 인격적 주체성의 현실태도 아니고 인격적 만남의 현실태도 아니다. 그것은 인격적 주체성을 추상해버린 보편적 의지의 내용을 표상하는 추상적 보편자일 뿐이다. 이처럼 이념이 인격적 주체성 자체의 현실태가 아닌 까닭에, 그것은 추상적인 보편성에서 벗어나지 못할 경우, 주체성을 억압하는 타율적 당위 또는 소외된 보편자로 전락할 수도 있다. 그런 경우에 우리의 의지가 아무리 보편적 이념에 의해 규정된다 하더라도, 그 의지가 참된 용기인지 아니면 맹목적인 만용인지 구별하는 것은 쉬운 일이 아니다.

이념이 그 추상적 보편성에서 벗어나 인격적인 주체성과 만남의 원리가 되는 것은 그것이 약속에 의해 매개될 때이다. 약속이란 나와 너 사이

---

42 같은 책, 262쪽.

에서 이루어지는 일이니 그 자체로서 개별성을 넘어가는 행위로서, 보편성이 인격적 만남 속에서 생성될 수 있는 그릇이다. 약속은 자기에 대해서는 다짐하고 결단하는 것이며, 남에 대해서는 초대하는 것이다. 그런즉 약속의 말은 본질적으로 우리 같이 이렇게 하자는 청유형(請誘形)이니, 타인을 인격적 만남으로 부르는 가장 전형적인 서로주체성의 언어이다. 하지만 약속이 이념과 매개되지 않을 경우 그것을 통해 생성되는 만남은 당파성을 벗어날 수 없다. 오직 이념과 결합함으로써만 약속은 보편적 가치를 얻게 되고, 거꾸로 오직 약속에 의해 매개됨으로써만 이념은 인격성을 얻게 된다.

참된 용기는 이처럼 약속과 이념의 결합 속에서 생성되는 것이다. 약속과 이념의 결합 속에서 이념은 인격적이 되고 약속은 보편적이 된다. 그렇게 보편적 이념과 매개된 약속을 지키기 위해 결단할 때, 비로소 의지는 추상성에도 빠지지 않고 당파성에도 빠지지 않는 참된 용기를 보여주게 되는 것이다. 한 나라가 참된 의미에서 서로주체성의 현실태가 되기 위해서 가장 경계해야 할 것은 시민을 객체화하는 일이다. 그런데 이런 일은 언제나 소외된 이념이 시민들을 규정함으로써 시작된다. 왜냐하면 국가는 아무리 거짓된 것이라 할지라도 이념 없이는 지탱될 수 없기 때문이다. 이념이 시민을 대상화하지 않도록 하기 위해서는 그것이 언제나 약속의 언어가 되지 않으면 안 된다. 이런 의미에서 약속은 만남의 범주인 것이다.

4) 타인의 고통에 대한 상상력

플라톤(Platon) 이래 국가의 기초를 하나의 가상적인 계약에서 찾는 것은 서양적 국가이론의 오래된 전통이었다. 계약의 이념이 시대에 따라 어떻게 변해왔든지 간에 그것이 일종의 약속이라는 것은 분명하다. 그렇다면 5·18의 시원에 있었던 약속도 일종의 계약인가? 그렇지는 않다. 계약은 순수히 권리의 관념 또는 이익의 관념에 기초한다. 나의 권리와 너의 권리의 균형을 이루는 것, 그것이 계약인 것이다. 하지만 광주항쟁의 공동체는 그렇게 권리와 이익의 균형 위에서 형성된 공동체도 아니었고 단지 그런 균형을 지향해서 생성된 공동체도 아니었다. 이것은 광주항쟁이 권리의 균형을 부정했다는 말이 아니다. 생각하면, 반독재투쟁 자체가 불평등과 차별에 대한 저항이었으니 권리의 균형에 대한 요구가 항쟁의 근저에 있었다는 것은 너무도 분명한 일이다. 하지만 광주항쟁은 계약의 이념에서 머무르지 않는다.

광주항쟁은 약속에서 시작된 항쟁이었으니, 항쟁의 공동체는 약속의 공동체였다. 약속은 인격적 만남의 언어이다. 그것은 부름이요 응답이다. 그 부름과 응답 속에서 하나의 이념이 일깨워지고 그 이념 속에서 약속은 개별성과 당파성을 뛰어넘는다. 하지만 이념이 약속에 의해 매개된다 하더라도, 이것이 온전한 만남으로 이어지는 것은 아니다. 이념이 약속에 의해 매개된다는 것은 이념이 발생하는 형식에서 인격적 만남의 형식을 띤다는 것을 의미하는 것이기는 하지만, 이것만으로 이념의 내용까지 인격적 만남의 실현이라고 말할 수 있는 것은 아니기 때문이다. 이념이든 약속이든 그 모든 것이 참된 의미의 인격적 만남을 가능하게 하기 위해서는, 그 속에 인격적 만남이 단순한 형식이 아니라 내용 그 자체로서 담겨야만 한다. 하지만 이것은 어떻게 가능한가? 이 물음에 대답하기 위해 우리는 광주항쟁의 전개과정을 좀더 깊이 들여다보지 않으면 안 된다.

처음에 광주항쟁은 학생들의 저항에서 촉발되었다. 그러나 그것이 단순히 학생들의 시위에서 머물렀다면 지금 우리가 알고 있는 광주항쟁이란 존재하지 않았을 것이다. 광주항쟁의 두드러진 점은 그것이 시민들의 전폭적인 참여에 의해 넓어지고 깊어졌다는 데 있다. 항쟁이 전 시민적 항쟁이었기에 그것은 참된 의미에서 정치적 공동체일 수 있었으며, 온전한 나라의 계시일 수도 있었던 것이다. 여기서 우리가 말하는 시민들이란 말 그대로 익명의 평범한 시민들을 의미한다. 다시 말해 특별히 조직되지도 않았고 동원되지도 않았으며 이른바 운동권에 속하지도 않았던 평범한 시민들이 합세함으로써 광주항쟁은 폭발적으로 확대되었던 것이다. 당시 광주에 거주하면서 항쟁의 과정을 처음부터 끝까지 목격하고 기록했던 미국인 선교사 아놀드 A. 피터슨 목사의 증언에 따르면, 항쟁 셋째 날인 5월 20일에는 적게는 15만 명에서 많게는 40만 명의 인파가 시위에 참여했다고 한다.[43] 당시 광주의 인구가 80만 명 정도였던 것을 생각하면, 우리는 거의 모든 시민이 항쟁에 참여했다고 말해도 좋을 것이다.

　시민들의 참여는 항쟁 첫째 날부터 뒤로 갈수록 양적으로나 질적으로 확장되고 심화되었는데, 다시 피터슨 목사의 증언에 따르면 항쟁 둘째 날이었던 5월 19일 11시 50분경 그는 "처음으로 장년들과 젊은 여성들이 공수부대원들에 의해 끌려가는 청년들을 돕기 위해 오는 것을 보았다"[44]라고 한다. 그러니까 평범한 시민들이 항쟁에 참여하게 된 것은 처음에는 공수부대원들에게 폭행당하는 청년들과 학생들을 돕기 위해서였던 것이다. 그러나 곤경에 처한 사람을 돕는다는 것, 그것도 다른 곤경이 아니라 국가폭력에 의해 수난받는 사람을 돕는다는 것은 많은 경우 자기 자신도 같은 방식으로 고통받을 수 있는 위험을 안고 있는 일이다. 특히 당시 공수부대의 상상을 초월하는 잔인성을 생각할 때 남을 돕기 위해 달려온다는 것은 비상한 용기가 필요한 일이었던 것이다. 그런 까닭에 많은 사람들이 공수부대원들에게 잔인하게 폭행당하는 사람들을 도우려고 했던 것만큼 또한 많은 사람들은 눈앞에서 죄 없는 사람들이 잔혹하게 고통받고 있는 것을 보면서도 속수무책으로 방관할 수밖에 없었다.[45] 하지만 더

43　아놀드 A. 피터슨, 『5·18광주사태』, 풀빛, 1995, 88쪽.

44　같은 책, 64쪽.

45　그렇게 타인의 고통을 방관할 수밖에 없었던 비통한 심정을 고백한 것으로는 특히 당시 가톨릭교회 광주대교구장이었던 윤공희 대주교의 증언이 잘 알려져 있다. "내가 그 광경을 보고 난 후 옆길을 보니까 어떤 젊은이가 두 군인에게 붙들려 수없이 두들겨 맞고 있었어요. 머리는 무엇으로 찍어버렸는지 모르지만 피가 낭자했어요. 내가 보기에 그대로 놔두면 죽게 될지도 모른다는 생각이 들었어요. 그러나 나 자신 무서움이 들어 감히 쫓아 내려가 만류하지 못했어요. 그 뒤 그 사람의 생사가 궁금했지만 왜 내가 내려가 만류하지 못했을까. 성직자로서 지금도 가슴 아프고 또 두고두고 가슴이 메이게 하는 광경이었지요. 나는 그때의 일을 두고 수없이 참회하고 하느님께 용서를 빌었습니다"(한국현대사사료연구소 엮음, 『광주5월민중항쟁』, 풀빛, 1990, 386쪽).

많은 사람들이 두려움을 이기고 고통받는 타인과 적극적으로 연대했으니 그것이 광주항쟁을 가능하게 했던 것이다.

타인의 고통에 대한 이런 적극적 동참과 응답은 처음에는 많은 경우에 가족적 유대에서 비롯된 일이었을 수도 있다.[46] 그러나 단순히 가족적 유대는 결코 정치적 공동체를 이루지 못한다. 우리는 오직 혈연을 넘어 타인과 연대하는 법을 배울 때에만, 다시 말해 나와 아무런 가족관계도 아닌 사람들의 고통에 적극적으로 응답하는 법을 배울 때에만 그들과 더불어 참된 의미에서 나라를 만들 수 있는 것이다. 5·18광주도 마찬가지였으니, 어떤 여인은 "내 자식도 어디 가서 저렇게 맞고 다닐 것이라고 하면서 칼에 찔린 청년들을 노상에서 치료해주려고"[47] 하였다고 한다. 이 행위는 (당연하게도) 군인들에 의해 저지되었다. 하지만 그 여인이 남의 자식을 자기 자식처럼 대했을 때, 그는 한 가족의 일원으로 존재하는 자연인이 아니라 한 나라의 시민으로서 존재하는 씨올이 되었다.

많은 학자들이 시민들의 광범위한 참여의 원인을 계엄군의 잔인한 폭력에서 찾는다. 계엄군의 도발이 없었으면 광주항쟁이 없었으리라는 점에서 이런 설명은 너무도 당연한 설명이다. 하지만 당연하다는 것이 충분하다는 것을 뜻하지는 않는다. 아우슈비츠에서 숨겨간 사람들이 저항하지 않았던 것이 나치의 잔인함이 충분하지 않았기 때문이 아니듯이, 1980년 5월 광주에서 계엄군이 자행한 폭력이 과도했기 때문에 시민들이 마치 파블로프의 개처럼 그것에 조건반사적으로 저항한 것도 아니었

---

46 다시 피터슨 목사의 증언에 따르면, "이 특별한 상황 속에서 한 젊은이가 두 명의 무장 공수부대원들과 맞닥뜨리게 되었다. 그 청년의 가족 중 일원인 것 같은 사람들이 그를 위해 개입하고자 했다. 어머니로 보이는 사람과 자매들로 보이는 두 명의 젊은 여성들이 공수부대원들의 팔을 굳게 잡고는 공수부대원들과 젊은이 사이에 몸을 들이대고자 하였다. 공수부대원들에게 저항하고 간청하는 동안 그들은 공수부대원들이 젊은이를 때리지 않기를 빌었다"(아놀드 A. 피터슨, 앞의 책, 64쪽).

47 황석영·정동년·전남사회운동협의회·한국현대사사료연구소 공저, 앞의 책, 361쪽.

84

다. 타인의 고통에 대한 동참과 응답이 그렇게도 광범위하게 확산된 것은 단순한 가족적 유대나 조건반사적인 분노로 환원해서는 설명할 수 없다. 타인의 고통에 응답하기 위해 죽음을 뛰어넘는 용기를 보이는 것은 외부적 자극에 대한 수동적인 반응의 결과가 아니라 언제나 최고의 능동성과 자발성의 표현이기 때문이다.[48]

이런 자발성을 가장 잘 보여주는 하나의 증거가 광주 외부로부터의 시민의 참여이다. 항쟁이 일어난 뒤 많은 사람들이 위험을 피해 광주를 빠져나가기도 했으나 마찬가지로 수많은 사람들이 항쟁에 참여하기 위해 광주로 들어왔다.[49] 특히 전라남도 지역에서는 거의 모든 지역〔郡〕에서 사람들이 같이 싸우기 위해 광주로 왔던 것이다. 광주항쟁의 실상이 아무것도 보도되지 않고 있던 때, 아무것도 직접 보지 못한 상태에서 현장에서 떨어져 있던 그들을 움직인 것이 무엇이었겠는가? 그것은 적어도 직접적 감각일 수는 없으니, 그들이 조건반사적으로 항쟁에 참여한 것이 아님은 분명하다. 그렇다면 무엇이 그들을 타인의 고통에 동참하도록 이끌었겠는가? 5월 21일 영암군 신북면에서 광주로 들어왔던 강덕진은 당시를 이렇게 회상한다.

나는 그들의 고함소리를 뒤로하고 삼거리로부터 2백~3백 미터 떨어져 있는 신북 시외버스 공용터미널 쪽으로 걸어갔다. 시외버스 공용터미널에 도착하니 어떤 여학생이 도착하여 핸드마이크를 들고 주변에 모인 1백~2백 명가량의 주민들에게 "광주 시민이 계엄군에 의해 다 죽어가고 있습니다. 전

---

48 니체 식으로 말하자면, 그것은 'Reaktion'이 아니라 'Aktion'이다.
49 "우리가 남평 마을을 향해 짧은 거리를 지나면서 우리는 표어와 막대기를 쥐고 있는 사람들을 나르는 여러 대의 버스, 트럭, 이러저런 차량들을 보았다. 그들은 싸움에 가담하기 위해 광주로 가고 있었다"(아놀드 A. 피터슨, 앞의 책, 101쪽. 5월 21일의 회상). "일행들을 열차에 태운 후 …… 나는 광주로 되돌아가기 시작했다. 돌아가는 길에 우리는 많은 학생들이 걷거나 자전거를 타고 광주로 가는 것을 보았다"(같은 책, 117쪽. 5월 22일의 회상).

남 도민이 다 일어나서 광주 시민을 도웁시다"라고 아주 애절하게 호소했다. 그 여학생의 호소를 들으니 가슴이 찡해오고 고개가 절로 숙여지며 울분과 함께 뭔가 해야겠다는 사명감이 느껴졌다. …… 그 여학생이 영암 방면으로 떠나자 그냥 있을 수 없다는 생각에 신북 청년들의 행방을 수소문했다. …… 40여 명의 신북 청년들이 망월사 부근에서 놀고 있었다. 나는 그들에게 광주의 소식을 전해주며 "우리가 가서 도와줘야 되지 않겠느냐"고 했다. 청년들은 내 말을 듣더니 울분에 차서 "광주 시민을 도우러 가자"고 했다. 이때 "경상도 군인들이 전라도 사람들을 다 죽여버리려고 왔다"는 말이 특히 격분을 느끼게 했는데, 그 말도 시위대가 전해준 것이었다.[50]

당시 강덕진은 중학교를 졸업한 후 특별히 하는 일 없이 지내다가 그즈음 트럭 조수 노릇을 하며 운전도 배우고 약간의 돈을 벌고 있었던 23살의 청년이었다. 망월사에서 놀고 있었다는 신북 청년들 역시 그와 처지가 크게 다르지는 않았을 것이다. 그런데 이들 가운데 대다수가 항쟁에 동참하기 위해 강덕진과 함께 광주로 갔다. 강덕진의 경우가 그렇지만 이들이 특별히 두드러진 정치적 의식을 가진 사람들이 아니었음은 분명하다. 그렇다면 무엇이 이들을 광주로 가게 했던가? 그것은 말이었다. 로고스, 곧 말의 힘이 그를 광주로 떠밀었던 것이다. 그 말은 본질적으로 보자면 두 마디였는데, 첫째 마디는 사람이 죽어가고 있다는 증언이고 둘째 마디는 도움을 청하는 호소였다.

여학생의 증언과 호소가 "경상도 군인들이 전라도 사람들을 다 죽여버리려고 왔다"라는 말에 의해 더 큰 반향을 불러일으켰다는 것은 조금도 놀라운 일이 아니다. 그것은 의정부에서 미선·효순 양이 미군이 모는 장갑차에 치여 숨졌을 때 수많은 한국인들이 분노해서 촛불을 들었던 것과 같은 감정의 분출로서, 사람은 누구라도 자기와 같은 처지에 있는 사람들의 고통에 대해 더 예민하게 반응하게 마련인 것이다. 만약 칸트 식으로

---

50 한국현대사사료연구소 엮음, 『광주오월민중항쟁사료전집』, 풀빛, 1990, 1068쪽.

감정을 범주화할 수 있다면, 이것은 감정의 양상(Modalität)에 속하는 것이라 할 수 있다. 즉 감정의 분량, 성질, 관계가 감정적 판단의 내용, 다시 말해 우리가 감정을 느끼는 대상 그 자체를 규정하는 것이라면 양상은 그 대상이 주체와 맺는 관계를 규정한다 하겠는데, 우리는 타인의 똑같은 고통에 대해서도 그가 나 자신과 어떤 관계에 있는지에 따라 더 큰 공감을 느끼기도 하고 오히려 냉담해지기도 하는 것이다. 이런 의미에서 전라도 사람들이 경상도 군인들에 의해 죽어가고 있는 같은 전라도 사람들의 고통에 더 큰 공감을 느꼈으리라는 것은 어렵지 않게 짐작할 수 있는 일이다.

하지만 여기서도 우리는 너무 쉽게 지역감정을 통해 모든 것을 설명하려는 유혹에 빠지지 말아야 한다. 그것은 미선·효순 양의 사망에 항의하는 촛불집회를 맹목적인 민족감정의 발로라고 매도하는 것이 부적절한 것과 마찬가지이다. 실제로 의정부 사건 당시 많은 사람들이 자기들 역시 한국인이었음에도 불구하고 촛불집회에 대해 반감을 가지고 있었다. 당시 『한겨레』 기자였던 소설가 김훈은 "한갓 우발적 사고임이 틀림없는 그 사건을 사람들이 교묘히 반미감정으로 몰아가는 것에 환멸을 느끼고 신문사에 사표를 내었다"[51]고 회상했다. 이 얼마나 놀라운 이성인가. 5·18 당시 전라도 사람들인들 왜 그런 이성이 없었겠는가? 그들 역시 광주의 일을 우발적 사고로 치부할 수도 있었을 것이다. 게다가 광주에서 벌어지고 있는 일은 너무도 잔혹한 일인 까닭에 도리어 믿기 어려운 일이었다. 사실 지금도 많은 한국인들이 당시 계엄군의 잔혹한 만행을 믿지 않으려 하면서 애써 광주 시민들의 과격함이 상황을 악화시켰다고 생각하듯이,[52] 그때나 지금이나 5·18 당시 계엄군의 만행은 보통 사람의 상

---

51 『한겨레』, 홍세화·김훈 대담, 2007년 5월 16일 자.
52 이를테면 영화 「화려한 휴가」의 공식 홈페이지 게시판에 있는 글들을 보라. 많은 사람들이 감동을 표현하고 있지만 적지 않은 사람들이 5·18에 대해 험담을 늘어 놓는 것을 볼 수 있다.

상력을 훨씬 뛰어넘는 것이었다. 오죽하면 처음에는 광주 시민들조차 눈 앞에 대한민국의 군복을 입은 사람들이 같은 나라의 국민을 살상하는 것을 도저히 믿을 수 없어 북한에서 무장공비들이 내려온 것이라 생각하기까지 했겠는가. 그러므로 아무런 정치적 의식도 없었던 트럭 조수가 처음 보는 여학생의 애절한 호소에 가슴이 찡해오고 고개가 절로 숙여지고 뭔가 해야겠다는 사명감까지 느끼게 된 까닭을 모두 지역감정으로 돌리는 것은 성급한 일반화에 지나지 않는다.

감정의 양상에서 고통받는 타인에 대해 내가 아무리 큰 동질감을 느낀다고 하더라도 그의 고통에 적극적으로 응답하는 것은 별개의 문제이다. 동질감이란 나에게 주어져 있는 객관적 조건의 확인일 뿐이다. 하지만 타인의 고통에 적극적으로 응답하기 위해서는 그 동질감을 넘어가는 보다 능동적인 정신의 활동이 요구되는데, 그것이 바로 상상력이다. 타인의 증언을 듣고 남의 고통에 대해 같이 아파하고, 그에 적극적으로 응답하기 위해서 필요한 것이 한 가지는 아니다. 그러나 고통받는 타인의 (또는 타인에 대한) 증언과 호소를 들었을 때, 그것에 응답하기 위해 나에게 가장 처음 필요한 것은 타인의 고통을 상상하고 나를 고통받는 타인의 자리에 놓아보는 상상력이다. 그런 상상력이 없다면 증언과 호소의 말은 나에게 아무런 의미도 가질 수 없다. 오직 내가 능동적으로 상상하는 한에서 말은 의미를 가지는 것이다. 하지만 여기서 상상한다는 것은 무엇을 의미하는가? 그것은 내가 생각 속에서 나 자신을 고통당하는 수동성의 자리에 놓는다는 것을 의미한다. 이처럼 나를 수동성에 놓는 것 자체가 바로 상상력의 능동성에 속하는 일이다. 그런즉 타인의 고통을 상상하는 것은 능동적인 수동성이며 수동적인 능동성이니, 이것이야말로 서로주체성의 범주이다. 내가 너와 함께 서로주체성 속에 들어간다는 것은 언제나 나와 네가 능동성과 수동성을 같이 나눌 때에만 가능한 일이기 때문이다.[53]

---

53 김상봉, 『서로주체성의 이념: 철학의 혁신을 위한 서론』, 도서출판 길, 2007, 297쪽 이하.

강덕진을 광주로 불렀던 것은 추상적 이념도, 약속도 아니었다. 그는 고상한 정치적 이념에 대해 아는 바 없었으며, 광주로 가기로 누구와 약속을 한 것도 아니었다. 그럼에도 불구하고 그는 사람들을 모아 광주로 갔다. 그에게 일어난 일은 다만 광주에서 내려온 여학생의 말을 들은 것뿐이다. 그녀의 증언과 호소는 그에게 애절하고도 절박한 부름이었다. 그러나 부름은 응답하지 않는 한 아무런 의미도 없다. 부르는 것은 타인이지만 응답하는 것은 자기이다. 그러나 타인의 고통에 응답하기 위해서는 먼저 그것을 상상할 수 있어야 한다. 그렇게 타인의 고통을 생동적으로 상상할 때, 비로소 나는 타인과 참된 의미에서 인격적으로 만날 수 있다. 고통을 공유한다는 것은 수동성을 공유한다는 것을 의미한다. 만약 내가 타인과 수동성을 공유하지 않으려 한다면 나는 그 앞에서 언제나 능동적 주체로만 있으려 하는 것이요, 이 경우 타인은 나의 인식과 욕망의 대상일 뿐 결코 인격적 만남의 상대일 수는 없다.

이런 위험은 타인의 고통에 대한 감수성이 결여된 이념이나 약속의 경우에도 마찬가지로 일어난다. 이념과 약속은 아직 온전한 인격적 만남의 현실태가 아니다. 인간은 고통의 주체이다. 고통받지 않는 자는 현실 속에 존재하는 구체적 인간이라 할 수 없다. 그런 한에서 우리가 인간을 만난다는 것은 고통을 만난다는 것을 의미한다. 우리는 오직 타인의 고통 앞에 마주 서고 그 고통을 같이 나눌 줄 알 때, 타인과 참된 인격적 만남 속에 들어가게 되는 것이다. 그러나 타인의 고통을 같이 느낄 수 있기 위해서는 그것이 아무리 눈앞에서 벌어지는 일이라 하더라도 상상력의 발휘를 필요로 한다. 왜냐하면 인간의 고통은 마지막에는 언제나 내면적 의식의 일이기 때문이다. 육체에서 일어나는 고통은 엄밀하게 말하자면 고통의 외적 원인일 뿐 고통 그 자체가 아니다. 고통을 당하고 느끼는 참된 주체는 언제나 정신인 것이다. 하지만 고통받는 타인의 정신은 눈에 보이는 것이 아니다. 그런 까닭에 타인의 정신의 고통을 같이 느낄 수 있기 위해서는 눈앞에 보이는 고통스러운 현실로부터 눈에 보이지 않는 고통의 주체, 정확하게 말하자면 고통받는 자가 내적으로 느끼는 고통 그 자체를 상상하지 않으면 안 된다. 그리고 여기서 한 걸음 더 나아가 그런 상상력을 통해 고통받는 타자적 주체의 자리에 나 자신을 위치시키고 그와 나를 상상력 속에서 일치시킬 때에만 비로소 나는 그의 고통과 만나게 되며, 이를 통해 그를 온전히 인격적으로 만날 수 있는 것이다.

앞에서 우리가 말했던 용기와 이념 그리고 약속은 이런 고통의 공유를 통해서만 온전한 의미와 가치를 얻게 된다. 타인의 고통에 대한 깊은 공감은 모든 참된 시민적 용기의 전제가 되어야 한다. 그렇지 않고 용기가 추상적 이념에만 입각하고 있을 때, 그것은 언제라도 인간에 대한 폭력으로 돌변할 수 있다. 그러므로 시민들 사이에서 타인의 고통에 대한 깊은 공감이 하나의 지속적 성격(ethos)이나 문화로 자리 잡지 않은 사회에서는 결코 참된 의미의 나라가 세워질 수 없다. 참된 나라는 오직 고통의 연대를 통해서만 생성된다. 5·18은 바로 이 점에서 비할 나위 없는 모범이었던 까닭에 또한 참된 나라의 계시일 수 있었던 것이다.

5) 피와 밥 그리고 수류탄: 성육신한 사랑

고통의 연대는 처음에는 정신적 차원에서 발생한다. 먼저 타인의 고통을 상상하는 것이 연대의 출발인 것이다. 그러나 정신적 연대는 다시 현실적 연대로 전환되어야 한다. 내가 타인의 고통을 상상할 줄 모른다면 타인의 고통을 느낄 수 없으니, 나는 눈에 보이는 현실로부터 보이지 않는 타인의 정신으로 나아가야 한다. 그러나 참된 만남은 내가 고통받는 타인에게 느끼는 고통의 일체감을 고통받는 타인이 확인하고 느낄 수 있을 때에만 일어난다. 그렇지 않을 경우 내가 아무리 타인의 고통에 일체감을 느끼고 타인과 같은 고통을 느낀다고 하더라도 그것은 나 혼자만의 일이요, 고통받는 타인과는 아무런 상관도 없는 것으로 끝나고 말 것이며, 결과적으로 나와 그 사람 사이에 참된 만남이 일어난다고 말할 수도 없을 것이다.

이런 일면성을 극복하기 위해서는 이번에는 거꾸로 내가 타인의 고통에 대해 느끼는 공감이 그가 느끼고 인지할 수 있는 방식으로 외적으로 표현되지 않으면 안 된다. 나의 공감이 외적으로 표현될 경우에만 타인은 그 표현으로부터 다시 나의 내면적 의식 속에서 발생하는 그의 고통에 대한 공감을 미루어 상상할 수 있을 것이며, 이를 통해 나와 그는 고통을 나누고 있다는 것을 서로 확인할 수 있을 것이기 때문이다.

광주항쟁에서 그런 공감을 표현한 사례들은 무수히 많겠지만 그 가운데에서도 가장 전형적인 것은 아마도 헌혈일 것이다. 광주항쟁 당시 인간이 고통받는다는 것은 다른 무엇보다 피를 흘린다는 것을 의미했다. 곤봉과 대검 그리고 마지막에는 총에 의해 피를 흘린 것이야말로 그 당시 광주 시민들의 고통과 수난이었던 것이다. 그런데 5월 21일 도청 앞에서 계엄군이 시민들을 향해 사격을 가했을 때, 광주 시민들은 피 흘려 쓰러진 이웃을 위해 곧바로 자기들의 피를 뽑았다. 적십자병원 헌혈차를 몰고 처음 헌혈운동을 하러 시내를 돌았던 정무근은 당시를 이렇게 회상한다.

우리는 처음으로 양림동 오거리에서 헌혈을 받았다. '헌혈'차가 도착하자마자 여기저기서 시민들이 모여들었다. 시민들이 줄지어 섰으므로 헌혈하는 동안은 방송을 하지 않아도 되었다. 시민들 중에는 술집 아가씨들도 많은 것 같았다. 나는 몰려든 사람들을 선별해내는 일을 했다. 빈혈이 생기는 등 몸이 너무 허약하거나 비대한 분들은 이상이 생길 염려가 있었기 때문에 양해를 구하고 되돌려보냈다.

사람이 많아 손이 부족하였으나 젊은 여자들이 차 위로 올라와 많이 거들어주었다.

헌혈을 시작하고 얼마 지나자 방림동에 사시는 아주머니들이 김밥과 콜라를 가져왔다. 우리들이 먹을 만큼만 놔두고 나머지는 지나가는 시민군 차량에 나누어주었다.

오후 3시가 넘자 지원동 쪽에서 시민군이 탄 트럭 한 대가 오더니 우리 차에 수류탄 몇 개를 실어주려 하였다. 우리들은 그런 것은 필요 없다며 사양하였으나 기어이 받아야 한다며 몇 개를 건네주고는 바삐 차를 몰고 시내로 들어갔다.[54]

여기서 우리는 당시 광주 시민들이 타인의 피 흘리는 고통에 대해 얼마나 즉각적으로 그리고 얼마나 적극적으로 동참했는지 그 분위기를 짐작할 수 있다. 그런데 우리가 주목해야 할 것은 단순히 총상을 당한 사람들을 위해 헌혈을 했다는 사실 그 자체만이 아니라 헌혈이 이루어진 방식이다. 처음으로 가두 헌혈을 주도했던 정무근은 의사도 간호사도 아닌 자영업자였다. 하지만 이웃이 피를 흘리는 것을 보았을 때, 그는 가두 헌혈에 뛰어들었다. 그가 거리를 돌며 시민들에게 헌혈을 호소하자 시민들 역시 그 부름에 열렬히 호응했으니, 모여든 시민들의 행렬 자체가 광고가 되어 헌혈을 하는 동안에는 헌혈을 호소하는 방송을 할 필요가 없을 정도였다. 지나가던 젊은 여자들은 기꺼이 간호조무사 노릇을 했으며, 인근의 아주머니들은 먹을 것을 날랐다. 우리는 여기서 모든 사람이 — 단지 헌혈을 통해서뿐만 아니라 — 각자의 방식으로 타인의 고통에 대한 공감을 적극적으로 표현하는 것을 볼 수 있다. 그런 고통에의 응답 속에서 참된 시민적 사랑이 뿌리내리는 것이다. 하나의 나라가 온전히 세워지기 위해서는 이처럼 타인의 고통에 대한 동참과 연대가 구체적인 방식으로 표현되어야만 한다. 5·18은 이 점에서 역사에 나타났던 다른 어떤 공동체보다 이상적인 공동체의 전범을 보여준다.

그런데 정무근의 회상을 찬찬히 살펴보면, 우리는 광주항쟁에서 표현된 참된 만남이 사물적으로 외화된 세 가지 매개물을 볼 수 있는데, 그 첫째가 피요, 둘째가 밥이며, 셋째가 수류탄이다. 정신의 존재는 외적으로 표현될 때 확증된다. 만남의 현실성 역시 마찬가지이다. 외화되지 않는 만남은 추상적이고 공허한 만남이다. 국가가 참된 만남의 공동체가 되려면, 씨올들 사이의 사랑이 추상적 구호에서 그치거나 아니면 선의의 기도(祈禱)에 머물러서는 안 된다. 그것은 반드시 구체적인 행위로서 표현되어야 하는데, 여기서 구체적인 행위란 사물성에 매개된 행위를 의미한다. 사랑은 사물이 됨으로써 살아 있는 몸을 얻게 된다. 그런즉 피와 밥 그리

---

54 한국현대사사료연구소 엮음, 앞의 책, 828쪽.

고 수류탄은 **성육신한 사랑**(amor incarnatus)인 것이다.

앞서 말한 대로 피는 타인의 고통에 대한 참여의 사물적 외화이다. 우리는 피를 나눔으로써 타인과 수동성을 공유하게 되며, 이웃을 죽음의 고통에서 구해낸다. 이 공유된 수동성 속에서 나는 너를 살리고 이제 나와 너는 같이 살게 된다. **만남은 같이삶**인 것이다. 그러나 같이 산다는 것은 단순히 죽음으로부터 벗어나는 것만으로는 충분하지 않다. 같이 산다는 것은 같이 삶을 이어간다는 것인바, 이런 의미에서 같이 산다는 것은 같이 먹는다는 것이다. 항쟁 당시 광주 시민들은 이 점을 정확하게 그리고 즉각적으로 통찰했다. 정무근의 회상에서 보듯이, 피를 나누는 것은 또한 밥을 나누는 것과 더불어 있었던 것이다.

오늘날 광주항쟁을 특징짓는 상징의 하나가 된 주먹밥은 바로 이런 시민적 사랑과 연대의 상징이다. 삶과 죽음이 교차하는 비상상황에서 주먹밥을 같이 먹음으로써 항쟁 당시 광주 시민들은 참된 만남 속에서 하나의 공동체를 이룰 수 있었던 것이다. 하지만 만남이 고통을 나누는 것뿐만 아니라 밥을 나누는 것이라는 이치는 단순히 광주항쟁이라는 비상상황에서만 해당되는 것이 아니다. 한 나라가 유지·보존되기 위해서는 씨올들이 같이 삶을 이어갈 수 있어야 한다. 그렇게 같이 사는 활동이 바로 경제이다. 고대 그리스인들은 경제는 나라의 문제가 아니라 가정의 문제라는 믿음을 가지고 있었다. 잘 알려져 있듯이 경제(oikonomia)라는 말의 본뜻이 가정관리였던 것이다. 생각하면, 이것은 자기기만이었다. 그런데 우리 시대에 만연한 절대적 자본주의는 경제문제를 또다시 나라의 문제가 아니라 개인이나 가족의 문제로 환원해버렸다. 그리하여 한 나라 안에서 먹는 집은 먹고 굶는 집은 굶는데, 국가는 고작해야 먹는 집이 더 잘 먹게 되면 굶는 집이 동냥해서 입에 풀칠은 할 수 있으리라는 식으로 태평하게 방관하는 것이 지금 한국사회의 현실이다. 하지만 한 나라 안에서 누구는 먹고 누구는 굶고 있는데, 나라가 아무 일도 하지 않고, 동료 시민들이 그것을 방관한다면, 그것은 더 이상 나라가 아니다. 왜냐하면 참된 나라는 오직 참된 만남의 공동체인데, 먹는 자와 굶는 자가 같이 만나고 같이 산다는 것은 가능한 일이 아니기 때문이다. 이런 의미에서 참된 나라는 언제나 같이 밥을 나누는 데 존립하는바, 우리가 같이 나누는 밥이야말로 육화된 사랑인 것이다.

그런데 앞에서 본 정무근의 회상에서는 우리가 아직 논의하지 않은 사랑의 육화된 현실태가 하나 더 있으니 그것이 수류탄이다. 그의 회상에 따르면, 사람들이 피를 흘리며 죽어가는 절박한 상황에서 헌혈차를 몰고 시내를 누비며 피를 모으고 있는데 지나가던 시민군 트럭이 다가와 헌혈차에 수류탄을 주고 갔다고 한다. 하지만 헌혈차가 원하는 것은 피지 수류탄이 아니었다. 그런 까닭에 정무근은 시민군이 건네는 수류탄을 받지 않으려고 했다. 하지만 시민군은 거절하는 그에게 한사코 수류탄을 떠안기고 떠났다는 것이다. 마치 김밥을 먹으면서 같이 먹으라고 친절하게 사과라도 건네듯이.

생각하면, 피와 김밥 옆에 수류탄이 같이 있는 탁자는 얼마나 초현실주의적인 정물인가. 하지만 그 정물 앞에서 우리가 겸허한 마음으로 조금만 더 머물러 깊이 생각하면, 이 그림 속에는 얼마나 심오한 통찰이 담겨 있는가. 사랑은 피를 나누는 것이며, 밥을 같이 먹는 것이다. 그러나 시민들 사이의 참된 사랑과 연대를 위해서는 이것만으로는 부족하다. 왜냐하면 사랑은 마지막에는 같이 싸우는 것이기 때문이다. 물론 모든 시민이 똑같은 방식으로 싸울 수는 없다. 수류탄을 건넸던 시민군이 헌혈을 하는 사람들에게 자기들과 똑같은 방식으로 싸울 것을 요구했다면 수류탄이 아니라 총을 주었을 것이다. 그러나 자기들은 총을 들고 싸우던 시민군이 헌혈차에는 총이 아니라 수류탄을 주고 갔다는 것은 그들이 헌혈하는 사람들에게 자기들과 똑같은 방식으로 싸우라고 강요하지는 않았다는 것을 의미한다. 하지만 그럼에도 불구하고 필요 없다면서 받지 않으려는 사람에게 굳이 수류탄을 강요하듯이 떠안기고 갔다는 것은 똑같은 방식으로가 아니라 하더라도 모든 시민이 같이 싸우지 않으면 안 된다는 요청이었을 것이다.

만남은 한마디로 말하자면 사랑을 나누는 것이다. 하지만 사랑은 같이 기쁨을 나누는 것에만 존립하는 것이 아니다. 기쁨은 언제나 만남의 마지막 결과이다. 사랑의 기쁨에 도달하기 위해 우리는 언제나 같이 나누는 고통의 터널을 지나지 않으면 안 된다. 고통은 수동성이다. 하지만 내가 타인과 고통을 나눌 때 나는 자발적으로 타인의 고통에 동참하는 것이요, 그런 한에서 고통을 나누는 것은 그 자체로서 능동적인 행위이다. 그런데 고통을 나눈다는 것은 고통 속에 하릴없이 같이 머무르는 것을 의미하지는 않는다. 모든 고통은 본질적으로 그것의 부정을 지향한다. 고통의 주체로 하여금 고통을 부정하게 만들지 않는 고통은 더 이상 고통이 아닌 것이다. 그런 한에서 고통을 나눈다는 것은 고통을 같이 부정한다는 것, 다시 말해 아픔을 극복하기 위해 같이 행위한다는 것을 의미한다. 그리고 그 고통의 원인이 외부의 적대적 타자인 한에서 고통을 극복하기 위해 같이 행위한다는 것은 같이 싸운다는 것을 의미한다. 그런 한에서 사랑은 같이 아파하는 것뿐만 아니라 같이 싸우는 것, 자기의 전 존재를 걸고 같이 위험에 맞서는 것이다. 그런 까닭에 피와 밥 곁에 수류탄이 놓일 때, 사랑의 성찬은 완성되는 것이다.

4. 에필로그

지금까지 우리는 한 나라를 세우기 위해 필요한 만남의 범주들을 살펴보았다. 그것은 물론 만남의 가능한 모든 범주가 아니라 그 일부에 지나지 않는다. 특히 우리가 분석한 만남의 범주들은 원칙적으로 감정과 의지의 영역에 속하는 범주들이었다. 하지만 나라를 세우기 위해서는 감정과 의지를 통한 만남만으로는 충분하지 않다. 감정과 의지는 개별적인 씨올들을 나라라는 공동체 속에서 결속하게 만드는 가장 근원적인 결합의 원리이다. 그러나 결합의 원리만으로 나라가 서는 것은 아니다. 단순한 결합의 원리는 아직 형상의 원리가 아니다. 그러나 공동체는 무규정적이고 무차별한 결합이 아니라 조화롭게 규정된 형상 속에서 존립한다. 그런 까닭에 비단 나라가 아니더라도 모든 공동체는 결합의 원리에 더하여 규정된 형상의 원리를 가지지 않으면 안 된다.

5·18광주 역시 단순히 결합의 원리만으로 생성된 공동체는 아니었다. 하지만 여기서 우리는 5·18을 통해서 계시된 절대적 공동체의 형상적 원리를 다룰 수는 없다. 이 원리를 해명하는 작업은 지금까지의 만남의 범주에 이어지는 새로운 탐구의 과제일 것이다.

제3장 항쟁공동체와 지양된 국가[1]
_5·18공동체론을 위한 철학적 시도

1. 5·18민중항쟁과 5·18공동체

5·18민중항쟁은 저항과 부정에서 독보적 사건이었지만, 동시에 형성에서도 비길 데 없는 사건이었다. 그것은 한편에서는 국가폭력에 대한 영웅적인 저항으로서 역사에 우뚝 솟아 있지만, 더 나아가 우리가 이루어야 할 세상의 모범이 될 만한 공동체를 형성해 보여주었다는 점에서 영속적 의미를 갖는 사건이다. 생각하면, 역사에 특별한 의미를 갖는 항쟁들은 단순히 현존하는 국가체제에 대한 부정으로 끝나지 않고 언제나 새로운 세상에 대한 형성의 계기를 같이 지니고 있었다. 이를테면 동학혁명이 폐정개혁안 12개조를 제시하고 집강소 통치를 통해 이를 구체적으로 실천하였다거나 3·1운동이 대한민국 임시정부의 수립으로 이어진 것에서 볼 수 있듯이, 현존하는 국가체제에 대한 부정은 언제나 새로운 이상의 긍정과 그것의 실현을 위한 노력과 결합되어 있다.

이 점에서는 5·18민중항쟁도 마찬가지이다. 헤겔(G. W. F. Hegel)이 모

---

1 이 글은 5·18기념재단이 주최한 2010년 '5·18민중항쟁 30주년 기념 국제학술대회'에서 처음 발표되었다. 내게 주어진 주제는 '5·18공동체의 재검토: 대안적 공동체로서의 의의, 한계, 가능성'이었다. 토론자로 참여해준 국내외 학자들, 특히 손호철 교수와 조돈문 교수에게 감사한다.

든 부정은 규정적 부정이라 말했듯이,[2] 한편의 부정은 반드시 다른 한편의 긍정을 수반하게 마련이기 때문이다. 하지만 5·18민중항쟁은 으레 그렇다는 의미에서가 아니라 보다 특별한 의미에서 긍정과 형성의 사건이었다. 그것은 새로운 세상을 위한 지향이었던 데 그치지 않고 그것이 지향하는 새로운 세상을 열흘이라는 짧은 기간 동안 하나의 공동체 속에서 스스로 형성해 보여주었다는 점에서, 다른 모든 혁명적 봉기 및 항쟁과 구별된다. 이런 의미에서 5·18민중항쟁은 단지 항쟁일 뿐만 아니라 그 자체로서 공동체이다. 이 점에 대해 동학혁명에서부터 6월항쟁에 이르기까지 5·18민중항쟁에 비길 수 있는 항쟁은 없다. 우리는 4·19를 가리켜 4월혁명이라 부를 수는 있지만 4월공동체라 부를 수는 없다. 이런 사정은 6월항쟁의 경우에도 마찬가지이다. 그것을 6월공동체라 부를 수는 없기 때문이다. 오직 5·18에 대해서만 우리는 그것을 5·18항쟁이라 부르는 동시에 5·18공동체라 부를 수 있다. 그리고 바로 여기에 5·18민중항쟁의 비길 데 없는 가치가 있다.

항쟁이 형성 없는 저항으로 그친다면, 설령 외적으로 성공한다 하더라도 언제나 절반의 성공일 수밖에 없다. 이 점에서 4·19혁명과 부마항쟁 그리고 6월항쟁이 마찬가지였다. 이들은 모두 기존의 지배체제를 종식시켰다는 의미에서 성공적인 항쟁이라고 말할 수 있지만, 새로운 국가형성의 원리를 제시하지는 못했다. 그런 까닭에 그것은 기존의 지배체제를 무너뜨릴 수는 있었으나, 정말로 새로운 나라를 건설하지는 못했다. 그리하여 항쟁은 절차적 민주주의를 회복하는 데 머물거나, 더 나쁜 경우에는 군부독재로 퇴행하는 결과를 빚었다. 하지만 5·18민중항쟁은 다르다. 그것은 결과적으로 처절하게 패배한 항쟁이지만, 미래의 씨앗이 되었다는 점에서 1980년 5월에 종결된 사건은 아니다. 이것은 단지 5·18민중항쟁이 6월항쟁까지 이어지는 새로운 지속적 항쟁의 시작이 되었다는 뜻이 아니라, 항쟁과정에서 형성된 공동체 속에서 우리 모두가 꿈꾸어온 새

---

2 G. W. F. Hegel, *Wissenschaft der Logik*, Bd. 1, Suhrkamp Verlag, 1986, p. 49.

로운 나라의 어떤 이념을 계시해주었다는 점에서 훨씬 더 근본적인 의미에서의 미래를 향해 열린 사건임을 의미한다. 그것이 언제이든 간에 이상적인 나라를 꿈꾸는 사람은 다시 5·18공동체로부터 우리가 이루어야 할 나라의 원형을 발견할 수 있다. 이런 의미에서 5·18민중항쟁은 무시간적 미래 또는 같은 말이지만 영원한 미래이다.

2. 5·18공동체에 대한 이전의 연구들과 그 한계

생각하면, 5·18민중항쟁의 비길 데 없는 가치가 5·18공동체에 있다는 것은 새삼스럽게 강조할 일은 아니다. 5·18민중항쟁이 일어난 직후부터 항쟁이 형성해 보여준 공동체는 편견 없는 관찰자에게는 언제나 경이로운 전설이었다.[3] 5·18민중항쟁 열흘 동안 광주 시민들이 보여준 놀라운 도덕성과 질서 그리고 연대성은 항쟁을 폭도들의 무법천지라고 매도했던 신군부의 거짓 선전을 일거에 반박하기에 부족함이 없는 공동체적 요소였다.

하지만 이런 요소들을 나열하는 것과 5·18공동체의 정체를 해명하는 것은 별개의 문제이다. 그리하여 여전히 우리는 그것이 무엇이었는지 알지 못한다. 분명한 것은 5·18공동체가 5·18민중항쟁을 통해 생성된 공동체인 한에서, 그것이 항쟁공동체라는 사실이다. 그러므로 5·18공동체가 무엇인지를 해명하기 위해서는 그 공동체의 존재를 항쟁과의 관계에서 해명할 수 있어야만 한다. 하지만 항쟁과 공동체 사이에 어떤 내적 연관성이 있는지는 아직 명확히 탐구되거나 알려진 것이 없다. 아니 그런 연관성에 대한 탐구는 차치하더라도, 5·18공동체를 그 자체로서 탐구한 연구성과 역시 그렇게 충분한 것이 아니다. 항쟁으로서의 5·18민중항쟁에 대해 지금까지 쌓여온 연구성과에 비하면, 공동체로서의 5·18민중

---

3 조대엽, 「광주항쟁과 80년대의 사회운동문화」, 이홍길 펴냄, 『5·18민중항쟁과 정치·역사·사회 5』, 5·18기념재단, 2007, 170쪽.

항쟁에 대한 연구와 해명은 상대적으로 늦게 시작되었으며 그 성과 역시 아직 빈약하다.

공동체로서 5·18민중항쟁을 고찰한다는 것은 그것을 하나의 전체상 속에서 해명하는 작업을 수반하는 것이므로 단순한 실증적 연구만으로는 불가능하며, 항쟁을 일종의 총체성 속에서 파악하는 어떤 철학적 해석을 동반하지 않을 수 없다. 왜냐하면 우리가 5·18민중항쟁을 참된 의미에서 하나의 공동체로 해명하기 위해서는 광주 시민들을 하나의 공동체라고 부를 수 있을 만한 전체로 결속하게 만든 어떤 내적 형성원리가 무엇인지를 파악할 수 있어야만 하기 때문이다. 공동체의 내적 형성원리는 현상으로 나타난 공동체의 보이지 않는 이면이니, 실증적 관찰이 아니라 철학적 반성의 대상이다. 5·18공동체가 무엇이냐 하는 물음은 오직 그 원리에 입각해서만 온전히 대답될 수 있는 것이다.

하지만 5·18공동체를 가능하게 했던 그 내적 원리가 무엇인지는 아직 온전히 해명된 적이 없다. 이를테면 공동체가 의식적 주체들의 모임인 한에서, 공동체를 가능하게 하는 내적 원리는 명시적이든 암시적이든 어떤 이념 또는 이상(理想)을 통해 가장 분명히 표상될 수 있다. (물론 공동체의 형성원리가 이것으로 다 환원되는 것은 결코 아니다.) 엄밀한 철학적 구분을 도외시하고 일반적 의미에서 말한다면, 여기서 이념이나 이상이란 간단히 말해 보편적 선(善)의 표상이다. 단순히 자기만을 위해 좋은 것을 지향하는 것이 사사로운 욕망이라면, 자기뿐만 아니라 모두를 위해 좋은 것을 욕구할 때 그 보편적 좋음의 표상이 바로 이념이나 이상인 것이다. 그것이 단지 나만을 위해서가 아니라 너와 나 모두를 위해 좋은 것을 표상하는 까닭에 이념은 서로 다른 사람들을 하나로 결속하게 만드는 원리가 될 수 있다.

그렇다면 과연 무엇이 5·18광주를 하나의 공동체로 묶어준 이상이었던가? 5·18민중항쟁을 공동체로 해명하는 일의 어려움은 다른 무엇보다 이 물음에 대해 간단히 대답할 수 없다는 데 있다. 이 점에 대해 최정운의 의견은 경청할 가치가 있다. 그에 따르면,

절대공동체에는 인권도 있었고, 자유도, 평등도, 국가도, 민주주의도, 모든 이상이 거기에 있었다. 문제는 이러한 단어들을 하나씩 떼어서 서양사상에서 이상을 대표하는 개념으로 5·18을 논하면 그 순간 그 개념들은 5·18의 정신, 특히 절대공동체의 정신을 배신하게 된다는 것이다. 절대공동체에는 그러한 이상들이 모두 얼크러져 하나의 이름 모를 느낌으로 존재했다.[4]

여기서 최정운은 그가 절대공동체라고 처음 부른 5·18공동체를 이룬 이상이 서양의 어떤 특정한 이상으로 환원될 수 없는 "이름 모를 느낌"으로 존재했다고 말한다. 5·18민중항쟁을 공동체로서 해명하는 과제가 지닌 특별한 어려움은 항쟁이 최정운이 이름했듯이, '절대'공동체라 부를 수 있을 만큼 독보적인 공동체성을 보여줌에도 불구하고 그것을 가능하게 했던 내적 원리가 무엇인지가 분명치 않다는 데 있다. 그 까닭을 다시 최정운에 기대어 말하자면, 5·18민중항쟁이 "서양의 이념들이 보여주지 못했던 전혀 새로운 현실"[5]이었기 때문이다. 그러나 그것이 아무리 어려운 일이라 하더라도, 바로 그 모호함 속에 5·18민중항쟁의 새로움과 고유성이 숨어 있다는 것은 분명하다. 우리의 과제는 그 새로움의 정체를 해명하는 일이다.

생각하면, 5·18공동체에 대한 연구과정에서 최정운의 특별한 공헌은 5·18공동체를 절대공동체라고 이름 붙인 데 있다기보다는 5·18민중항쟁이 도리어 뭐라 이름을 붙일 수 없는 공동체라는 바로 그 곤경을 정면으로 직시하고 명확하게 드러낸 데 있다. 하지만 그 곤경이 아무리 큰 것이라 하더라도, 그것은 5·18민중항쟁의 독보적인 고유성과 새로움에 기인하는 것인 만큼 우리는 항쟁을 그 자체로서 파악하고 해명하려는 시도를 포기하지 않아야 할 것이다. 하지만 그 이후 학자들의 연구들을 보면, 최정운이 지적했던 5·18공동체의 고유성은 거의 주목을 끌지 못한 것으

---

4 최정운, 『오월의 사회과학』, 풀빛, 1999, 163쪽.
5 같은 책, 166쪽.

로 보인다. 그리하여 사람들은 다시 이런저런 서양의 역사나 이론에 기대어 5·18공동체를 규정해왔는데, 이를테면 카치아피카스가 5·18민중항쟁을 파리코뮌과 비교한 것이 대표적 사례이다. 그는 "민주적 의사결정을 하는 대중조직의 자발적 출현"과 "아래로부터 무장된 저항의 출현", "도시 범죄행위의 감소", "시민들 간의 진정한 연대와 협력", "계급, 권력 그리고 지위와 같은 위계의 부재" 마지막으로 "참여자들 간의 내적 역할 분담의 등장"이라는 점에서 파리코뮌과 5·18민중항쟁이 유사하다고 주장한다.[6] 이런 비교가 비판을 받아야 할 까닭은 없다. 도리어 그것은 경우에 따라서는 5·18민중항쟁의 고유성을 드러내기 위해 필요한 일일 수도 있다. 하지만 카치아피카스는 이런 비교를 통해 5·18민중항쟁의 고유성과 새로움을 드러내는 데 기여하지는 못했다. 그는 "자유를 위한 본능적인 요구"[7] 정도를 5·18민중항쟁을 공동체로 만들었던 내적 원리로 제시했는데, 이것만으로는 그 고유성이 전혀 설명되지 않는다는 것은 두말할 필요도 없다. 그럼에도 불구하고 그는 5·18민중항쟁을 파리코뮌과 같이 분류함으로써 결과적으로 단지 코뮌이라는 낯선 이름을 5·18민중항쟁과 결합시키고 그것을 파리코뮌의 아류로 만들어 5·18민중항쟁의 고유함과 새로움을 탈색시키는 데 지대하게 기여했다.[8]

---

6 조지 카치아피카스, 「역사 속의 광주항쟁」, 조희연·정호기 엮음, 『5·18민중항쟁에 대한 새로운 성찰적 시선』, 한울, 2009, 319쪽.

7 같은 글, 336쪽.

8 카치아피카스의 이 논문은 원래 『민주주의와 인권』, 제2권 제2호(2002)에 실렸던 것이다. 하지만 그는 이 글에서 영문으로 번역된 나간채의 논문 한 편을 제외하고는 5·18민중항쟁에 대한 한국인들의 연구성과를 전혀 참고하지 않은 채, 5·18민중항쟁을 파리코뮌과 결합시켰다. 한국 학자들의 다른 연구성과는 도외시한다 하더라도 최정운의 책은 1999년에 출판되었고 그 이전에 이미 절대공동체에 대한 논문들이 발표되었으나, 카치아피카스의 글에는 그것들을 읽은 흔적이 보이지 않는다. '절대적 공동체'라는 낱말이 따옴표 속에서 한 번 등장하는 것을 보면, 최정운의 '절대공동체'를 들어보기는 한 것처럼 보이지만 그 낱말이 어디서 왔는지 전거가 표시되어 있지 않으며, 내용적으로도 그것에 대해 단지 이름 외에는 아무것도 모르는 것처럼 보인다.

그 후 5·18민중항쟁을 코뮌이라는 일반명사나 파리코뮌이라는 역사적 사건과 결합시켜 설명하는 것은 드물지 않게 보는 일이 되었는데, 정근식의 「5·18의 경험과 코뮌적 상상력」(정근식, 2003)이나 조희연의 「급진 민주주의의 관점에서 본 광주 5·18」(조희연, 2009)이 대표적인 경우이다. 특히 조희연은 카치아피카스에게 적극적인 공감을 표시하면서 "1980년 광주에서는 정치와 사회의 괴리를 전제로 한 '정치의 국가화 대 정치의 사회화'의 각축을 뛰어넘어 마르크스가 파리코뮌에서 발견했던 코뮌적 형상이 실현되었다"[9]고 말한다. 그러면서 그는 5·18민중항쟁의 경우 "정치가 실종된 절대폭력 상황에서 민주주의의 원형이라고 할 수 있는 민중의 정치적 자치가 순수하게 출현했다"는 점에서 "광주코뮌은 19세기 파리코뮌의 20세기적 모습"[10]이라고 주장하는 데까지 나아갔다. 이런 결론은 5·18민중항쟁의 고유성을 암묵적으로 부정하는 것과 같다. 물론 5·18민중항쟁이 근원적인 새로움도 고유성도 없으며, 파리코뮌의 복제에 지나지 않는 것일 수도 있다. 하지만 과연 그런지 아닌지를 판단하기 위해서는 먼저 5·18공동체가 무엇인지를 알아야 하며, 이를 위해서는 그것의 내적 생성원리를 엄밀하게 탐구해야 할 것이다. 하지만 조희연은 그 작업을 생략한 채 몇 가지 표면적인 유사성에 기대어 5·18민중항쟁을 파리코뮌의 20세기적 반복과 복제라고 규정한다.

이진경과 조원광은 "코뮌주의의 관점에서"[11] 5·18민중항쟁을 해석하면서 그것을 "집합적 신체"[12]라거나 "흐름의 구성체",[13] "집합적 구성체"[14] 같은 특이한 이름을 붙여주었다. 더불어 그들은 5·18민중항쟁

---

9 조희연, 「급진 민주주의의 관점에서 본 광주 5·18」, 조희연·정호기 엮음, 『5·18
   민중항쟁에 대한 새로운 성찰적 시선』, 한울, 2009, 226쪽.
10 같은 글, 227쪽.
11 이진경·조원광, 「단절의 혁명, 무명의 혁명: 코뮌주의의 관점에서」, 조희연·정호
   기 엮음, 『5·18민중항쟁에 대한 새로운 성찰적 시선』, 한울, 2009, 131쪽.
12 같은 글, 134쪽.
13 같은 곳.

을 가리켜 "하나의 중심을 가지고 지위에 따라 역할이 부여된 유기적 공동체가 아니라, 특이점들의 분포가 집단의 성격을 규정하는 특이적 구성체"라는 설명도 덧붙였다. 여기서 그들이 5·18민중항쟁을 공동체라고 부르기보다 구성체라고 부른 것은 언급할 만한 가치가 있다. 그들은 최정운의 절대공동체 개념을 비판적으로 언급하면서 5·18민중항쟁을 공동체라고 부르기 어려운 까닭을 이렇게 설명한다.

> 좀더 난감한 것은 서로가 서로를 위해 자신이 가진 능력이나 소유물을 아낌없이 내주고 나누던 것이 사실이지만, 공수부대를 내쫓는다는 직접적인 목표 말고는 공유된 어떤 목적도 없었고, 지속가능한 어떤 안정적 형태나 조직은커녕 어떠한 정체성도 외연적 경계도 없었으며 너무도 이질적인 요소들이 이질적인 채 그대로 연결되며 확장되고 끊임없이 변해가는 이것을 공동체라고 명명하는 것은 적지 않은 오해의 여지를 남겨두는 것처럼 보인다. 그것은 아마도 개인들 간의 구별이 사라지면서 개인들이 대중이라는 하나의 거대한 흐름 속에 동화되면서, 분리되어도 만나는 즉시 다시 결합하는 일종의 집합적 신체가 구성되었던 것이라고 해야 할 것 같다.[15]

여기서 이진경과 조원광은 지속가능한 안정적 형태나 조직, 정체성이나 외연적 경계가 없었다는 까닭을 들어 5·18민중항쟁을 공동체로 규정하기보다 일종의 (집합적) 신체로 규정하려 한다. 하지만 그런 이유에서 5·18민중항쟁이 공동체가 아니라면, 형태도 조직도 외연적 경계도 없는 것이 (아무리 비유라 하더라도) 어떤 의미에서 신체일 수 있는가? 더 나아가 앞에서 보았듯이, 5·18민중항쟁이 유기적 공동체가 아니라는 말과 (집합적) 신체라는 말은 또 어떻게 양립할 수 있는가? 신체는 일반적으로 가장 탁월한 의미에서 유기체로 간주되기 때문이다. 이런 것을 생각하면,

---

14 같은 글, 143쪽.
15 같은 글, 134쪽.

이진경 등의 5·18민중항쟁에 대한 해석은 그 뜻을 그 자체로서 치열하게 묻지 않고 특이점이니, 흐름이니, 집합적 신체니 하는 현대 철학자들의 개념들을 끌어와 5·18민중항쟁에 덧씌웠다는 혐의를 피하기 어렵다. 그러니까 그들 역시 5·18민중항쟁의 고유성에 대해서는 아무런 통찰도 없었다고 할 수밖에 없다.

그들이 이른바 코뮌주의적 관점에서 5·18민중항쟁을 해석하는 것과 달리, 조정환은 "자율주의적 관점에서" 그것을 해석한다. 그는 한편에서는 5·18공동체를 "정치적 자치공동체"로 해석하면서 다른 한편 "초인들의 공동체"라고 부른다.

> 항쟁의 후기에 조직된, 살아남을 가망성이 거의 없었던 기동타격대는 더욱더 이들 가난한 사람들을 중심으로 꾸려진 잡색부대였다. 이들의 등장으로 인하여 지역공동체는 다른 유형의 공동체로, 현존하는 주권질서와 화해할 수 없는 공동체로, 요컨대 정치적 자치공동체로 변신하기 시작했다. 이제 시위와 항쟁은 자신의 존엄을 선언하기 위해 모인 다중들의 봉기(蜂起)로 변모한다. 존엄을 선언하는 투쟁에서 각자는 직업이나 신분을 벗어나며, 어떠한 이해관계에서도 자유로운 전인(全人)으로 태어난다. 혁명은 부르주아 사회가 강요하는 정체성을 지키는 행동이 아니라 그 주어진 경계들을 넘어서면서 공통됨을 구축하는 행동이었던 것이다. 이 순간에 각자는 바로 자신의 지도자이자 모든 사람에 대한 지도자이다. 이 순간에 각자는 법적 인간의 권리로서의 인권을 달성하는 데 머무르지 않고 초인을 달성한다. 이것이 만인들의 만인들에 대한 자기지배로서의 절대적 민주주의이자 초인들의 공동체이다. 초인들의 공동체는 특이성들의 절대적 협동체로서의 사랑에 의해 조직된다.[16]

여기서 그가 하는 말을 정확히 이해하기는 쉽지 않다. 하지만 이 글에

---

16 조정환, 『공통도시: 광주민중항쟁과 제헌권력』, 갈무리, 2010, 76쪽 이하.

서 우리가 부딪히는 어려움은 5·18이라는 사태 자체라기보다는 그가 동원하는 개념과 이론이 어떻게 5·18민중항쟁과 연결되는가를 이해하는 일이다. 조정환은 여기서 잡색부대나 다중, 전인(全人) 그리고 절대적 민주주의나 초인들의 공동체 등의 개념을 마치 자명하고 자연스러운 일인 듯이 5·18에 적용하고 있으나 엄밀한 근거를 제시하지는 않는다. 이를테면 어떤 의미에서 5·18시민군이 잡색부대요, 전인이며 동시에 초인인지 우리가 이해하기는 쉬운 일이 아니다. 그것들 하나하나가 엄밀한 검토를 필요로 하는 일인 데다가, 또한 이 개념들은 모두 유래가 다른 개념이어서 그렇게 간단히 뒤섞을 수 있는 것들이 아니기 때문이다.

지금까지 우리가 살펴본 것처럼, 5·18민중항쟁을 공동체의 관점에서 해명하는 시도들은 전반적으로 두 가지 공통된 오류를 보여준다. 첫째로 그들은 모두 5·18민중항쟁을 공동체로 만들어준 내적 형성원리를 묻지 않고 표면적으로 드러난 공동체의 현상들에만 주목한다. 둘째로 최정운을 제외하면, (첫 번째 오류의 결과로서) 그들은 5·18민중항쟁의 고유성을 그 자체로서 묻기보다는 다른 사건이나 서양 현대 철학자들의 이론들을 준거로 삼아 해명하려 한다.

3. 항쟁공동체와 지양된 국가

공동체로서 5·18민중항쟁의 뜻을 밝히기 위해 가장 먼저 우리는 그 공동체가 속하는 유개념을 확정해야 한다. 이는 토마토가 무엇인지 알기 위해 그것이 채소인지 과일인지 또는 곡류인지를 먼저 규정해야 하는 것과 같다. 5·18공동체를 둘러싼 모든 논란도 이것이 불확실하기 때문에 야기된다. 그래서 누구는 그것을 구성체라 하고(이진경), 다른 이는 공동체라 하며(최정운), 또 어떤 이는 입법과 사법의 기능까지 갖춘 제헌권력이라고 말하기도 한다(조정환). 그렇다면 5·18공동체는 어떤 무리[類] 또는 어떤 범주에 속하는 공동체인가? 사실 이것은 그 자체로서는 분명치 않다. 그리고 그 모호함 때문에 우리는 5·18공동체가 무엇인지를 다시 물을 수밖에 없는 것이다.

그러나 모든 것이 불확실한 것은 아니다. 분명한 것은 5·18이 항쟁이었다는 역사적 사실이다. 5·18공동체는 그 항쟁 속에서 생성된 공동체이다. 5·18공동체가 항쟁공동체였던 까닭에 그것은 5·18민중항쟁을 통해 이해되고 규정될 수밖에 없다. 하지만 항쟁을 통해 공동체가 생성되었다는 그 사실 자체는 항쟁과 공동체의 필연적 연관성을 아직 아무것도 말해주지 않는다. 그러므로 이 연관성을 분명히 하고 5·18민중항쟁으로부터 5·18공동체를 해명하고 규정하기 위해서는 먼저 항쟁이 무엇인지 그리고 그것이 공동체와 무슨 상관이 있는지를 물어야 한다.[17]

그렇다면 항쟁이란 무엇인가? 그것은 민중이 국가권력에 맞서 싸우는 것을 의미한다. 그렇게 싸울 때 민중의 편에서 보자면 국가권력의 정당성은 부정되고, 경우에 따라서는 현실적 효력 역시 정지된다. 5·18민중항쟁의 경우에는 이 두 가지가 모두 해당된다. 그 열흘 동안 기존의 국가기구와 권력은 항쟁이 일어난 광주에서는 효력이 정지된 상태에 있었다. 그런데 일반적으로 국가기구가 효력이 정지된 상태에 들어가는 것을 가리켜 사람들은 폭동이라 부른다. 그렇다면 항쟁은 폭동과 어떻게 다른가? 우리가 이렇게 묻는 까닭은 5·18민중항쟁 당시 신군부가 그것을 폭도들의 난동이라고 악선전했기 때문만이 아니다. 5·18민중항쟁을 영어로는 'May 18 Uprising'이라고 번역한다. 그런데 영한사전을 보면 'uprising'은 반란, 폭동, 봉기 등으로 풀이되어 있다. 그러니까 미국이나 영국인의

---

17 이것은 아직 철학적으로 철저히 탐구된 적이 없다. 왜냐하면 어떤 나라에서도 항쟁이 이 땅에서처럼 정치적 삶의 전통으로 굳어진 곳이 없기 때문이다. 그러므로 남의 철학을 아무리 뒤진다 하더라도 사람들은 항쟁이 무엇인지 알 수 없을 것이다. 오직 수백 년 동안 항쟁으로 점철된 이 나라의 피 묻은 역사 앞에 마주 설 때, 비로소 우리는 항쟁이 과연 무엇인지 그것이 어떤 종류의 부정이며 어떤 종류의 대립인지 묻고 생각하는 법을 배울 수 있는 것이다. 이런 의미에서 5·18민중항쟁은 물론 이 나라의 민중항쟁사 전체가 이 땅의 철학에는 이른바 '십자가의 시험' (exemplum crucis)과도 같다.

관점에서 보자면, 국가권력의 효력이 정지된 상태는 폭동일 뿐이며 폭동과 구별되는 항쟁이 과연 무엇인지는 분명치 않다. 한영사전을 보면 항쟁은 'resistence'로 번역되어 있는데, 이것은 너무 광범위한 표현이어서 5·18민중항쟁 같은 항쟁을 표현하기에 적합한 말이라 하기 어렵다. (또한 이것이 항쟁을 'uprising'으로 번역하는 까닭일 것이다.) 이것은 서양의 나라들에 우리와 같은 항쟁의 전통이 없기 때문에 생기는 어긋남으로서 좋게 말하자면 한국의 민중항쟁의 고유성을 말해주는 것이지만, 그렇다고 해서 그 고유성이 항쟁과 폭동의 차이를 말해주는 것은 아니다. 그러므로 국가권력과 법질서의 효력이 정지상태를 수반한다면, 항쟁이 폭동과 어떻게 다른가 하는 물음은 여전히 남는다.

하지만 한국의 민중항쟁사를 전체적으로 살펴보면, 우리는 이 물음에 대해 항쟁은 국가기구를 부정한다는 점에서는 폭동과 다르지 않지만 반드시 공동체를 지향하거나 형성한다는 점에서 폭동과 다르다는 것을 어렵지 않게 알 수 있다. 폭동은 국가의 주권과 법질서를 일면적으로 부정할 뿐이다. 더 나아가 폭동은 현존하는 국가권력을 부정할 뿐만 아니라 다른 모든 공동체와 질서도 부정한다. 폭동은 공동체를 지향하지도 않고 형성하지도 않는다. 이런 의미에서 폭동은 단순한 야만으로서의 '자연상태'를 드러낼 뿐이다. 하지만 엄밀하게 말하자면, 공동체를 전적으로 결여한 그런 자연상태는 존재하지 않는다. 그러므로 정확하게 말하자면, 폭동은 참된 의미에서 순수한 자연상태가 아니라 국가라는 문명상태가 드리우는 그림자로서 국가가 없으면 있을 수 없는 자연상태이다. 그것은 이런 의미에서 문명화된 자연상태이다. 하지만 국가의 그림자가 국가의 기초를 뒤흔들 수는 없는 일이니, 폭동은 국가의 본질적 진리를 계시하지도 못하고 국가를 지양하지도 못한다.

하지만 항쟁은 다르다. 항쟁은 폭동이 아니다. 마찬가지로 항쟁의 전사들도 폭도들이 아니다. 공동체를 무차별하게 부정할 뿐 새로운 공동체를 낳지 못하는 폭동과 달리, 항쟁은 본질적으로 항쟁공동체로서 일어난다. 그것이 기존의 국가를 부정하는 까닭은 공동체를 부정하기 때문이 아니라 기존의 국가가 거짓된 공동체이기 때문이다. 그런 까닭에 항쟁은 언제나 참된 공동체를 위하여 일어난다. 그 공동체는 국가공동체이다. 항쟁이 현존하는 국가를 부정하고 그 효력을 정지시키는 것은 국가공동체 자체를 거부하기 때문이 아니라 새로운 국가를 욕구하기 때문이다. 5·18민중항쟁 당시 광주 시민들이 애국가와 태극기를 포기하지 않았던 까닭도 바로 여기 있다. 이런 의미에서 5·18항쟁공동체를 입법과 사법 기능을 갖춘 제헌권력으로 규정하는 것이 과도한 것처럼 아나키즘을 투사하는 것도 마찬가지로 부적절한 일이다.[18] 광주 시민들이 원했던 것은 국가 없는 세상이 아니라 새로운 국가였기 때문이다. 그러므로 항쟁은 일면적 부정이 아니라 형성이었던 것이다.

이런 점에서 항쟁과 공동체는 본질적으로 공속한다. 둘 사이의 관계를 구체적으로 규정하여 항쟁이 항쟁공동체의 존재근거(ratio essendi)라면, 공동체는 항쟁의 인식근거(ratio cognoscendi)라고 말할 수 있다. 항쟁공동체는 항쟁을 통해 존재하게 되므로 항쟁이 항쟁공동체의 존재근거라고 한다면, 항쟁이 폭동이 아니라 항쟁으로 인식되고 승인되는 까닭이 다름 아닌 공동체의 지향 및 형성 여부에 있으므로 공동체가 항쟁의 인식근거라 하는 것이다. 항쟁이 없으면 항쟁공동체가 생겨날 수 없지만, 공동체가 추구되지도 형성되지도 않는다면 항쟁은 한갓 폭동일 뿐 항쟁일 수 없다. 그런 까닭에 항쟁과 공동체는 본질적으로 결합되어 있다. 항쟁이 항쟁공동체를 형성하게 되는 까닭이 바로 여기에 있다.

이런 이치를 생각하면, 5·18민중항쟁이 무장항쟁의 단계까지 이르렀다는 점에서 가장 치열한 항쟁이었음에도 불구하고 어떻게 공동체가 와해된 무질서로 치닫지 않고 도리어 일찍이 보지 못했던 하늘나라와도 같은 공동체를 형성할 수 있었는지 그 까닭을 비로소 이해할 수 있다. 폭동이 공동체에 대한 일면적 부정인 까닭에 폭동이 과열되면 과열될수록 사

---

18 김성국, 「아나키스트적 시각에서 본 5·18」, 조희연·정호기 엮음, 『5·18민중항쟁에 대한 새로운 성찰적 시선』, 한울, 2009.

회가 폭력과 무질서의 늪에 더 깊이 빠져들겠지만, 이에 반해 항쟁과 공동체는 본질적으로 공속하기 때문에 항쟁이 치열하면 치열할수록 항쟁하는 씨울들의 공동체에 대한 열망도 강렬하게 분출할 수밖에 없다. 현존하는 국가권력에 대한 적개심이 강하면 강할수록 참된 나라에 대한 간절하고도 강렬한 동경에 의해 항쟁이 추동되는 것이기 때문이다. 바로 이것이 5·18민중항쟁 당시 그 많은 총기와 무기가 거의 아무런 통제 없이 광주 시내에 널려 있을 때에도 질서과 평화가 유지될 수 있었던 까닭이다.

그러나 항쟁이 공동체적 요소 때문에 폭동과 구별되어야 한다고 하더라도, 이것만으로는 항쟁공동체가 어떤 종류의 공동체인지가 아직 다 밝혀지는 것은 아니다. 항쟁공동체는 현존하는 국가에 적대적으로 맞서는 공동체이다. 국가는 항쟁공동체를 인정하지 않고 폭력적으로 제거하려 하며, 항쟁하는 씨울들 역시 국가권력의 정당성을 더 이상 인정하지 않기 때문이다. 여기서 항쟁공동체와 국가공동체는 적대적 상호부정의 관계에 있다. 하나는 다른 하나와 공존할 수 없다. 국가기구가 부정되든지 아니면 항쟁공동체가 부정되든지 둘 중 하나는 반드시 부정되어야 한다. 이런 의미에서 항쟁공동체와 현실국가는 상호모순적으로 대립하는 관계에 있다고 말할 수도 있다. 그러나 이런 상호대립과 상호부정이 항쟁공동체의 정체를 우리에게 더 잘 알려주는가?

앞서 말했듯이, 항쟁공동체가 현존하는 국가기구를 부정하는 까닭은 모든 종류의 국가 자체를 부정하고 배척하기 때문이 아니라 현존하는 국가가 타락한 국가, 곧 거짓된 국가이기 때문이다. 그런 한에서 항쟁공동체는 항쟁이 참된 국가를 지향하여 생성되는 공동체이다. 이런 의미에서 보자면, 항쟁공동체는 막연하게 규정되지 않은 공동체가 아니라 본질적으로 국가와 동일한 존재론적 의미를 지닌 공동체이다. 생각하면, 공동체에도 가족공동체부터 기업공동체와 종교공동체까지 다양한 종류가 있다. 항쟁공동체는 가족공동체도 기업공동체도 종교공동체도 아니다. 그렇다고 해서 그것이 가족에 대립하는 공동체도 기업이나 종교에 대립하는 공동체도 아니다. 그런 한에서 긍정적으로나 부정적으로나 가족이나 기업 또는 종교의 층위에서 생성된 공동체가 아니다. 그것은 오직 국가공동체에 정면으로 대항하여 생성된 공동체였으니, 우리는 항쟁공동체의 존재론적인 지위를 표시하기 위해 그것을 다만 부정된 국가라고 부를 수 있을 것이다. 항쟁공동체는 국가의 부정을 통해서 생성된 공동체이기 때문이다.

여기서 항쟁 속에서 국가가 부정된다 할 때, 그 부정의 의미는 무엇인가? 항쟁공동체의 의미를 규정하기 위해 우리는 그 부정의 의미를 보다 정확히 규정해야 한다. 항쟁공동체와 국가가 서로 양립할 수 없이 상호배척하는 관계에 있다면, 둘은 서로 모순대립의 관계에 있다고 말할 수 있다. 그런데 모순적으로 대립하는 것은 반드시 동일한 제3의 것과 관계하게 마련이다. 다시 말해 논리적으로 말하자면, 모순은 S=P와 S=~P가 동시적으로 정립될 때 일어난다. 여기서 서로 모순적으로 대립하는 것은 P와 ~P이다. 그런데 이 둘이 모순을 일으키는 까닭은 그것들이 모두 같은 S와 동일성의 관계 속에 있으려 하기 때문이다. 다시 말해 만약 A=P이고 B=~P라면, P와 ~P 사이에 모순대립이 일어날 일은 없다. 이 둘이 같은 S와 동일성의 관계 속에 있으려 하기 때문에 모순이 생기는 것이다.

국가(P)와 항쟁공동체(~P)가 모순적으로 충돌할 경우에도 마찬가지이다. 그 둘이 모순을 일으키는 까닭은 그것들이 모두 같은 어떤 것(S)과 자기가 동일하다고 주장하기 때문이다. 그렇다면 이 같은 것(S)이 과연 무엇이겠는가? 그것은 국가의 본질적 진리 또는 같은 말이지만 참된 나라이다. 우리는 국가의 본질적 진리 또는 진리로서의 국가를 한갓 폭력기구로 전락한 현실국가와 구별하기 위하여 나라라고 부를 수 있다.[19] 우리는

---

19 한국어에서 '국가'와 '나라'라는 두 낱말은 이처럼 정치적 공동체를 본질과 현상으로 나누어 지시하라고 마치 예비되어 있었던 것처럼 보일 만큼 이상적인 켤레 개념이다. 국가는 언제나 현실의 주권국가로서 정립된 나라의 현실태이다. 반대

여기서 본질적 진리란 말을 플라톤의 이데아처럼 현실적 사물에 앞서 존재해야만 하는 어떤 전제가 아니라 도리어 궁극적으로 실현되어야 할 과제로서 이해한다. 이런 의미에서 본질은 아리스토텔레스부터 헤겔까지 전통적 형이상학자들이 생각했던 것처럼 "무시간적 과거존재"(das zeitlos vergangene Sein)[20]가 아니라 거꾸로 영원한 미래이다. 하지만 우리가 국가의 본질적 진리인 나라를 국가의 전제로 이해하든 과제로 이해하든 간에 현실에서 문제되는 것은 그것이 아니다. 중요한 것은 현실의 국가기구는 그것의 본질적 진리로서 나라를 충실하게 표현하고 실현하는 한에서, 그 정당성을 얻게 된다는 사실이다. 다시 말해 국가는 참된 나라인 한에서 그 정당성을 얻는 것이다.

이에 반해 현실국가가 참된 나라의 이념을 정면으로 부정할 때, 국가는 자기 자신의 본질과 대립하게 된다. 하지만 그 대립이 언제나 현실적인 충돌로서 발생하는 것은 아니다. 아니 원칙적으로 모든 본질적 진리는 이념인 까닭에 그것 자체가 현실적 사태로 사물화되어 나타날 수 없다. 국가의 진리 또는 국가의 본질로서 나라 역시 마찬가지이다. 그런 까닭에 어떤 경우든 간에 국가의 본질적 진리인 나라와 국가 자체가 동등한 존재의 지평에서 사물적으로 대립하거나 충돌할 수는 없다. 왜냐하면 본질과 현상은 같은 지평에서 두 개의 사물로 현전할 수 없기 때문이다.

하지만 현존하는 국가가 급진적으로 부정되고 지양되어 국가의 본질적 진리가 드러나는 예외상태가 있는데 그것이 바로 민중항쟁이다. 민중항쟁이란 주권자로서의 민중이 그들이 속한 국가기구와 정치적 상태가 아니라 본질적 전쟁상태에 진입하는 것을 의미한다. 여기서 전쟁이란 주권국가들 사이의 무력충돌을 뜻하는 것이 아니며, 국가기구와 민중 사이

로 우리가 고구려나 백제, 신라에서부터 고려, 조선을 거쳐 현재의 남한과 북한을 모두 통틀어 우리나라 또는 우리나라의 역사라고 말할 때, 그때 지시되는 나라는 어떤 현실국가도 아니라는 점에서 사물이 아닌 이념 속에서만 파악되는 국가의 본질이다.

20 G. W. F. 헤겔, 임석진 옮김, 『대논리학 II: 본질론』, 지학사, 1989, 17쪽.

에 양립 불가능한 적대적 대립이 발생하고, 그 결과 오직 폭력만이 그 대립을 해소하는 수단이 된다는 것이다. 그런 한에서 우리는 항쟁을 국가와 민중 사이의 본질적 전쟁상태의 표출이라 부를 수 있다. 그러나 항쟁에서 폭력이 반드시 민중의 무장항쟁으로 나타나는 폭력만을 의미하는 것은 아니다. 도리어 항쟁을 항쟁이 되게 만드는 본질적 폭력은 국가폭력이다. 국가와 국민 사이에 정치적 상태가 종식되고 전쟁상태가 조성되는 결정적 이유는 국가가 국민을 적으로 삼아 폭력을 행사하기 때문이다. 따라서 항쟁에서 민중이 동학농민전쟁에서처럼 무기를 들든 3·1운동에서처럼 평화적으로 시위를 하든 간에 그 차이는 부차적이다. 민중은 언제나 처음에는 평화적으로 요구한다. 그런 한에서 정치적 상태가 이어진다. 하지만 그 평화적 요구를 국가가 적대시하여 폭력적으로 억압할 때, 비로소 항쟁이 시작되고 정치적 상태는 전쟁상태로 전환되는 것이다. 따라서 항쟁이라 부르는 모든 사건에는 국가폭력이 전제되어 있다.

국가가 국민과 국가 사이에 일종의 상호보호와 존중의 약속과 (물론 이 약속이란 현실적인 계약이 아니라 규제적 이념에 지나지 않는다) 신뢰에 존립하는 것이라면, 국가와 국민이 전쟁상태에 돌입하는 항쟁은 분명히 예외상태이다. 그런데 국가의 본질적 진리로서 나라는 오직 바로 이런 예외상태를 통해서만 계시될 수 있다. 왜냐하면 정상상태에서는 오직 국가들만이 서로 이행하거나 대립할 뿐 결코 국가와 그것의 본질인 나라가 같은 차원에서 양립할 수도 대립할 수도 없기 때문이다. 현실에서 존재하는 것은 오직 국가뿐이다. 따라서 현실에서 국가가 부정되는 것은 시간적으로 하나의 국가가 다른 국가로 이행하는 것을 통해서 일어나거나 아니면 남한과 북한의 동시적 대립처럼 현실적 주권국가와 또 다른 주권국가가 동시적으로 대립하는 것을 통해 일어날 수 있을 뿐이다.

하지만 항쟁은 국가와 국가가 대립하는 것이 아니고 국가와 국민이 적대적으로 대립하는 상태이다. 현존하는 국가와의 적대적 대립 속에서 항쟁이 일어나면, 그것은 반드시 그 국가를 넘어 새로운 공동체를 지향하게 되고 더 나아가 그 공동체를 스스로 형성하게 된다. 왜냐하면 거짓을 부정한다는 것은 규정된 부정, 긍정을 전제한 부정으로서, 참된 것에 대한 자각과 지향 때문에 일어나는 부정이기 때문이다. 그러므로 항쟁은 단순하고 무차별한 현실국가의 부정으로 끝나지 않고 언제나 보다 참된 나라의 현실태를 적극적으로 욕구하고 지향하게 된다. 이것이 이른바 항쟁공동체이니, 국가의 본질적 진리인 참된 나라는 항쟁공동체 속에서 지시되고 계시된다. 항쟁공동체와 현존하는 국가가 모순적으로 충돌하는 까닭이 바로 여기에 있다. 간단히 말하자면, 국가도 자기가 진짜 국가라고 주장하고 항쟁공동체도 자신이 국가의 본질적 진리의 수호자라고 자처하기 때문에 모순적인 대립과 충돌이 발생하는 것이다.

그러나 여기서 우리는 이 항쟁공동체가 부정된 국가이기는 하지만 적극적인 의미에서 또 하나의 현실국가는 아니라는 것을 기억하지 않으면 안 된다. 항쟁이 할 수 있는 일은 현존하는 국가의 효력을 정지시키는 부정적 기능이다. 항쟁이 지속되는 한 이런 사정은 변하지 않는다. 그런 한에서 항쟁공동체의 역할은 그 속에서 참된 나라를 계시함으로써 현존하는 국가의 정당성을 부정하는 데 있다. 항쟁을 통해 국가기구와 씨을들이 서로 적대적으로 대립할 때 그 대립은 참된 것과 거짓된 것의 대립이지만, 여기서 참된 것과 거짓된 것은 동등한 현실로서 대립하지 않고 도리어 현실적인 것과 가능적인 것으로서 대립하게 된다. 즉 여기서는 거짓된 것만이 현실로서 정립되고, 참된 것은 오직 그 현실적인 것에 대한 대립과 항쟁 속에서 오직 가능적인 것으로서만 계시되는 것이다. 거기서 한 걸음 더 나아가 새로운 국가가 현실적으로 정립되는 것은 오직 항쟁이 종식된 뒤의 일이다. 그러므로 항쟁이 현존하는 국가기구에 대한 부정이라 해서 항쟁을 통해 생성된 공동체, 곧 부정된 국가가 현실의 또 다른 국가라고 말한다면 이는 옳지 않다. 항쟁은 다만 현존하는 국가의 효력을 정지시켜 국가 이전의 상태 또는 국가 이후의 상태로 되돌려놓는 예외상태이다.

이런 의미에서 조정환처럼 5·18공동체를 가리켜 입법과 사법의 기능을 지닌 제헌권력이라 운운하는 것은 과도한 수사(修辭)이다. 하지만 그렇다고 해서 항쟁하는 씨올들의 무리가 국가보다 존재론적으로 열등하다는 의미에서 국가 이전의 상태에 있다고 말해도 안 된다. 바로 그 씨올들의 무리가 국민으로서 국가주권의 원천이자 주권의 정당성의 최종심급이라 한다면, 그들은 국가 아래에 있는 것이 아니라 도리어 국가 위에 있다는 의미에서 국가와 구별되기 때문이다. 게다가 항쟁하는 씨올들이 항쟁공동체 속에서 참된 나라를 계시하고 있다면 그것이 아무리 현실적이 아니라 가능적인 국가에 지나지 않는다 하더라도, 그것은 현실의 국가보다 더 참되다는 의미에서 더 우월한 공동체라는 것은 분명하다.

하지만 이런 사정이 항쟁공동체가 현실국가는 아니라는 사실을 바꾸지는 못한다. 그러므로 항쟁은 폭동이 아닌 것처럼 전쟁도 아니다. 전쟁은 하나의 국가와 또 다른 국가 사이에서 일어나는 적대적 충돌이기 때문이다. 항쟁은 국가와 국가 사이의 대립이 아니라 국가와 국민 사이의 대립으로부터 일어난다. 이처럼 국가와 국민 사이의 충돌이 항쟁인 한에서, 그것은 마찬가지로 국민의 일부와 다른 일부가 대립하는 내전과도 구별되어야 한다. 내전은 율리우스 카이사르(Julius Caesar)와 마르쿠스 카토(Marcus Cato)가 로마의 권력을 두고 서로 무력으로 다툴 때처럼, 동일한 국가 내부에서 국민이 분열하여 국가권력을 쟁취하기 위해 싸울 때 발생한다. 이와는 달리 항쟁에서 적대적으로 대립하는 것은 일부든 전부든 간에 국민과 국가기구이다. 이런 의미에서 항쟁은 내전과는 전혀 다른 종류의 대립이다.

그럼에도 항쟁은 국가를 부정하면서 필연적으로 공동체를 지향하거나 형성하게 마련이므로 그것은 단순히 국가와 아닌-국가의 대립이 아니라 보다 적극적인 의미에서 국가에 대등하게 맞서는 항쟁공동체와 국가의 대립이다. 하지만 항쟁공동체가 국가에 대등하게 맞서면서도 또 다른 현실국가가 아니라면, 그것은 과연 어떤 공동체라 할 수 있겠는가? 5·18항쟁공동체가 출현하기 전까지 우리는 이 물음에 확고하게 대답할 수 있을 만한 현실적 준거를 가지지 못했다. 왜냐하면 어떤 항쟁도 5·18민중항쟁처럼 항쟁공동체를 명확하게 형성해 보이지 못했기 때문이다.

민중이 항쟁 속에서 현존하는 국가를 부정하고 참된 나라를 지향할 때, 그들이 그 나라에 어울리는 공동체를 욕구하고 가능하면 실현하려 하는 것은 조금도 이상한 일이 아니다. 그리하여 항쟁하는 민중은 객관적 상황에 따라 다양한 방식으로 그들이 꿈꾸는 이상적 공동체를 현실 속에서 실제로 실현해 보이게 되는데, 동학혁명 시기의 집강소 자치나 3·1운동 직후 창립된 대한민국 임시정부는 대표적인 사례라고 할 수 있다. 하지만 이 두 공동체는 그 밀집도와 완결성에서 5·18항쟁공동체에 필적할 수 없다. 그런 까닭에 5·18민중항쟁이 출현하기 전까지 누구도 동학혁명과 3·1운동을 공동체의 관점에서 고찰하지 않았던 것은 지극히 당연하고 자연스러운 일이다.

그런데 역설적인 일이지만 항쟁이 성공적일 경우에도 항쟁공동체는 실제로 출현하지 않는다. 왜냐하면 항쟁이 성공하게 되면 즉시 새로운 현실국가가 낡은 국가를 대신하게 되므로 항쟁을 통해 국가로부터 국가로의 이행이 일어날 뿐, 항쟁 속에서 국가와 대립하는 어떤 본질적 공동체가 출현할 기회가 없기 때문이다. 4·19혁명이나 6월항쟁이 바로 그런 경우라고 할 수 있는데, 이 두 항쟁은 상대적으로 빠른 시일 안에 결실을 맺어 새로운 국가체제가 수립되었던 까닭에 현실국가에 대립하는 항쟁공동체가 성립될 여지가 없었다.

이런 의미에서 5·18항쟁공동체는 비극이었지만 또한 기적이었다. 그것은 현실적으로는 패배한 항쟁이었지만, 후대를 위해 참된 나라가 어떤 것인지를 확고하게 계시해준 항쟁공동체를 형성할 수 있었기 때문이다. 완벽하게 고립된 열흘 동안 광주 시민들은 아마도 역사상 가장 폭력적인 국가에 대해 마찬가지로 역사상 가장 용감하게 저항했다. 이런 사정을 생각하면, 현존하는 국가에 대한 부정이 가장 급진적으로 표출된 열흘 동안 그 영웅적 항쟁으로부터 오랫동안 이 땅의 민중이 꿈꿔왔던 참된 나라의 모습이 가장 온전한 공동체로 현현한 것은 조금도 이상한 일이 아니다. 대립이 극단적일수록 대비도 극단적이다. 국가의 악이 극단으로 치달을 때 시민의 경이로운 용기와 덕성이 정반대의 극단을 향해 치솟았는데,

그 두 극단 사이에 열린 공간에서 우리가 일찍이 본 적 없는 나라가 계시되었던 것이다. 이 나라는 피어린 항쟁 속에서 현존하는 국가를 부정함으로써 계시된 국가의 본질적 진리이니, 그렇게 항쟁 속에서 지양된 국가가 바로 5·18항쟁공동체이다.

4. 지양된 자유로서의 만남

요약하자면, 5·18항쟁공동체는 모든 공동체가 부정되는 폭동상태도 아니고 국가권력이 부재하는 아나키적 상태도 아니지만 현실적 주권권력 상태도 아닌 공간에서 생성된 공동체이다. 그것은 단순히 부정된 국가가 아니라 지양된 국가이다. 지양된 국가는 또 다른 국가가 아니라 참된 국가이다. 하지만 엄밀하게 말하자면, 참된 국가 또는 국가의 진리는 현실에서 그대로 실현되지 못하는 이념이다. 이런 사정은 5·18항쟁공동체의 경우에도 마찬가지이다. 그것은 참된 국가가 현실에서 그대로 실현된 것이 아니라 국가의 본질적 진리로서 참된 나라의 이념을 계시해준 매개체이다. 그리하여 지양된 국가로서 항쟁공동체를 통해 또 다른 국가가 창설되는 것이 아니라 다만 국가의 본질적 진리가 계시되는 것이다. 여기서 나타나는 것은 새로운 주권체가 아니라 감추어져 있던 주권의 진리이며, 새로운 권력이 아니라 권력의 진리이다. 마찬가지로 시민적 권리 그 자체가 아니라 권리의 본질이 그 공동체에서 드러났던 것이다. 이런 의미에서 항쟁공동체는 국가 이전인 동시에 국가 이후를 드러내는 공동체이다. 다시 말해 그것은 국가의 기초와 전제가 무엇인지를 드러내는 동시에 국가의 궁극적 목적이 무엇인지를 드러내는 공동체였던 것이다.

그렇다면 그 항쟁공동체에서 계시된 국가의 진리는 무엇인가? 이 물음은 5·18항쟁공동체를 가능하게 했던 내적 형성원리가 무엇이냐는 물음과도 같다. 앞서 인용한 대로 최정운은 5·18항쟁공동체에 자유와 평등, 민주주의 같은 이상이 작용하고 있었지만, 그 어느 것도 항쟁공동체의 근본적인 성격을 하나로 규정해주지 못한다고 주장한다. 그 까닭은 5·18

항쟁공동체가 "서양의 이념들이 보여주지 못했던 전혀 새로운 현실"[21]이었기 때문이다. 이에 반해 카치아피카스는 앞서 인용한 대로 "자유를 위한 본능적인 요구"[22]를 항쟁공동체의 생성원리로서 제시했다.

최정운이 5·18공동체를 가능하게 했던 내적 형성원리가 "이름 모를 느낌"으로만 존재했다고 고백한 까닭은 크게 두 가지이다. 하나는 5·18공동체의 새로움이고, 다른 하나는 어떤 근원성이다. 그것의 새로움을 최정운은 앞서 인용한 대로 "서양의 이념들이 보여주지 못했던 전혀 새로운 현실"이라고 표현했다. 그런데 그 새로움은 최정운에 따르면, 어떤 새로운 이념이 아니라 도리어 어떤 이념에도 구속되지 않는 순수성에 존립한다. "말하자면 5·18이 이러한 '인간'으로서의 투쟁, 이념이 결여된 순수한 항쟁이었기에 5·18은 우리의 위대한 역사인 것이다."[23] 이런 입장을 최정운은 다음과 같이 좀더 상세히 설명한다.

> 광주 시민들의 투쟁 동기는 결코 민주주의라는 근대의 정치이념이나 제도에 대한 요구로 귀착되지는 않는다. 인류와 공동체의 존재에 대한 가치는 동서고금의 인간의 가장 근본적인 것으로 굳이 글로 써서 알릴 필요도 없는 인간본성 차원에 있는 것이다. 5·18은 민주화 요구에서 비롯되었다. …… 그러나 인류와 공동체의 근본적 가치는 민주주의로 흡수되지 않으며 민주주의라는 정치제도가 해결할 수 없다.[24]

이렇게 말할 때 5·18민중항쟁의 투쟁 동기는 구체적 이념 이전의 순수한 인간본성의 발로이다. 그러나 이 해석을 일관되게 추구한다면 우리는 5·18민중항쟁을 국가폭력에 대한 단순한 반작용으로서 항쟁으로 이

---

21 최정운, 앞의 책, 166쪽.
22 조지 카치아피카스, 앞의 글, 336쪽.
23 최정운, 앞의 책, 271쪽.
24 같은 책, 93쪽 이하.

해할 수는 있겠지만, 그것이 어떤 의미에서 항쟁공동체를 능동적으로 형성한 사건이었는지를 항쟁 그 자체로부터 설명할 수는 없다. 어떤 공동체가 적극적인 형성원리가 되는 아무런 의식적 지향이나 동기도 없다면, 그것은 외부의 작용에 의해 형성되었다고 할 수밖에 없을 것이다. 이 경우 5·18민중항쟁이 형성했던 그토록 경이로운 항쟁공동체는 이미 항쟁 이전부터 존재하고 있었던 (가족공동체와 유사한) 전통적 공동체가 외부로부터의 폭력적 공격에 저항하는 과정에서 공고화되고 절대화되었다고 설명하는 것 외에는 달리 다른 설명이 있을 수 없다. 실제로 최정운은 종종 이런 방식으로 자신이 이름했던 절대공동체를 설명한다.

하지만 만약 뒤떨어진 산업화의 결과로 여전히 온존하고 있었던 유사(類似) 농촌공동체적 사회 속에서 살던 광주 시민들이 외부의 공격 앞에서 오로지 인간의 원초적 방어본능에 입각하여 전쟁상태라는 극한상황에 떠밀려 형성한 공동체가 5·18항쟁공동체라면, 그런 공동체로부터 과연 우리가 오늘날 계승하고 이어갈 어떤 가치를 발견할 수 있겠는가? 이런 경우라면, 그런 공동체를 가리켜 지양된 국가로서 국가의 본질적 진리가 계시되었다는 우리의 해석은 한갓 허세에 지나지 않을 것이다.

위의 인용문에서 최정운이 말하는 "인간의 가장 근본적인 것"이 아무런 이념도 지니지 않은 이념 이전의 순수한 인간본성을 의미한다면, 이는 다른 무엇보다 사실 자체와 부합하지 않는다. 5·18민중항쟁은 머릿속에 아무런 이념도 정치의식도 없는 야생의 자연인들이 외부의 폭력에 조건반사적으로 저항해서 일어난 항쟁이 결코 아니다. 5·18민중항쟁은 공동체의 관점에서 보자면 5월 18일에 시작되었다고 할 수 있지만, 항쟁의 관점에서 보자면 그 이전에 이미 예비된 사건이었다. 그것은 그때나 지금이나 남한사회에서 정치적으로 가장 각성된 지역이라 할 수 있는 광주의 시민들이 부마항쟁 이후 신군부 독재권력의 등장에 능동적으로 대처하면서 당시 한국의 정치상황을 앞에서 자기 나름으로는 선구적으로 이끌어가던 과정에서 일어난 사건인 것이다. 물론 5월 18일 이전까지 그런 운동의 흐름을 주도했던 세력들은 항쟁이 시작되었을 때 거의 아무도 광주에 없었다. 하지만 운동의 지도부 몇 사람이 도피했다고 해서 5·18민중항쟁 이전 광주의 다양한 정치적 흐름들이 5·18민중항쟁 이후에 단절되고 광주항쟁이 무전제의 상태에서 자연발생적으로 일어난 저항이었다고 믿는다면, 이는 사실을 심각하게 왜곡하는 것이다. 다른 무엇보다도 5월 18일 오전에 전남대 정문 앞에서의 충돌 자체가 그날 우발적으로 일어난 사건이 아니라 5월 16일에 있었던 햇불집회 마지막 약속의 실현이었던 것을 우리는 기억해야 한다. 잘 알려진 대로 전남대 총학생회장 박관현은 5월 16일 집회를 끝내면서 5월 17일 하루 휴식을 취한 뒤에 5월 18일 시위를 계속하도록 하되, 만약 그 사이에 특별한 상황의 변화가 있을 경우 5월 18일 오전 전남대 정문 앞에서 모여 저항할 것을 요청했고 학생들은 그 부름에 응답했다. 5월 18일 오전 전남대 정문 앞에서의 최초 충돌은 학생들이 5월 16일의 약속을 지켜 전남대 앞에 모였던 것이며, 그 약속에 따라 그냥 흩어지지 않고 저항함으로써 시작되었던 것이다. 마찬가지로 검거 대상이 되었던 학생운동의 지도부가 모두 도피했다고 해서 당시 처음 저항을 이끌었던 학생들이 모두 운동과 무관한 자연인들이었다고 가정하는 것 역시 잘못이다. 도피할 필요가 없었던 학생들이나 시민사회단체의 활동가들 역시 충분히 각성되고 훈련된 사람들로서, 이는 그 이후 들불야학과 녹두서점을 비롯하여 YWCA 같은 다양한 사회단체의 활동가들이 항쟁과정에서 얼마나 중요한 역할을 했던가를 생각하면 쉽게 알 수 있다. 그러므로 5·18민중항쟁은 시간적으로는 부마항쟁 이후 이어져 온 민주화운동의 전체적 흐름으로부터 생성된 것이며, 공간적으로는 당시 가장 선진적이고 각성된 광주의 정치적 역량이 위기상황에서 극대화되어 표출된 것이지 결코 무전제의 상태에서 인간의 원초적 본능에 따라 (그 본능이 무엇이든지 간에) 항쟁이 촉발되고 공동체가 형성된 것은 결코 아니다. 이런 의미에서 최정운이 말하는 "근본적인 것"이 이념 이전의 백지상태를 뜻하는 것이라면, 이는 5·18민중항쟁에 대한 부당한 폄하이다. 도리어 5·18공동체의 참된 새로움은 (최정운 역시 다른 구절에서는 전혀 다르게 말하고 있듯이) 그것이 기존의 이념에서 시작하여 기존의 모든 이념을 넘어간 것이라고 할 때에만 온전히 이해할 수 있다. 이렇게 생각하면, 5·18공동체가 기존의 어떤 이념과도 합치하지 않는 까닭은 그것이 이념 이전이나 이하(以下)의 상태에 머물러 있었기 때문이 아니라 기존의 모든 정치적 이념을 지양하여 이념 이상(以上)의 지평을 개방하고 스스로 나아갔기 때문이다.

최정운이 "현재 우리 사회에서 5·18의 첫째 정신으로 합의되어 있는 민주주의는 그들이 요구한 최저선에 불과한 것"[25]이라고 말하는 것은 이런 의미에서 이해해야 할 것이다. 5·18민중항쟁 당시 광주는 한국에서 가장 높은 수준의 정치의식을 지닌 도시였으니, 그것이 자유이든 아니면 민주주의이든 간에 정치의식이 결핍되었다고 말할 수는 없었다. 하지만 5·18공동체의 독보적인 가치는 민주주의가 그들이 요구했던 최저선에 불과한 것이라고 판단해도 좋을 만큼 기존의 정치적 이념들을 초월하여 이념의 피안의 지평을 열어 보였다는 데 있다. 그렇다면 그 이념 너머의 지평이란 과연 무엇인가? 그것은 한마디로 말하자면, 자유의 피안 또는 지양된 자유이다.

지난 200년 간의 한국의 민중항쟁사야말로 역사상 어디서도 찾아보기 어려울 정도로 지속적이고도 치열했던 항쟁의 역사였다. 그것은 한마디로 말해 자유를 위한 투쟁의 역사였다. 여기서 자유란 모든 노예상태에 대한 부정을 의미하며 자기형성과 자기주인됨에 대한 욕구로서 모든 특수한 이념에 앞서는 근원적 이념이라 할 수 있다. 이런 의미에서 헤겔이 세계사를 자유의 확대를 향한 진보의 과정이라 보았다는 것은 잘 알려진 일이지만, 우리의 민중항쟁사에 대해서도 그것이 다른 모든 구체적인 이념에 앞서 자유의 이념에 의해 추동되어왔다는 것을 남민전의 전사였던 김남주는 「자유를 위하여」라는 시에서 이렇게 간결하게 표현했다. "오 자유여 봉기의 창끝에서 빛나는 별이여."[26] 자유가 봉기의 창끝에서

---

25 최정운, 앞의 책, 91쪽 이하.
26 김남주, 『나와 함께 모든 노래가 사라진다면』, 창비, 2004, 31쪽.

빛나는 별이라는 말은 봉기를 이끌었던 이념이 다름 아닌 자유라는 것을 의미한다. 이런 의미에서 카치아피카스가 5·18공동체를 가리켜 "자유를 위한 본능적 요구"에 의해 추동되었다고 본 것은 잘못이 아니다. 5·18공동체 역시 항쟁공동체였던 한에서, 명시적이든 암시적이든 간에 자유를 향한 동경에 의해 추동되었음은 의심할 여지가 없다. 만약 5·18민중항쟁 당시 광주 시민들이 폭력적 억압 아래서 노예상태를 받아들였더라면, 희생은 있었을지 모르나 항쟁은 없었을 것이다. 항쟁은 억압적 노예상태에 대한 반발에서 출발하는 것이니, 자유를 향한 열망에 의해 추동되는 것이다.

서양의 철학자들이 이런 자유를 국가의 이념적 기초로 삼았다는 것은 잘 알려진 일이다. 스피노자(Baruch Spinoza)는 『신학-정치론』에서 "국가의 목적은 진실로 자유"(Finis ergo reipublicae revera libertas est)[27]라고 말했으며, 헤겔은 『법철학』에서 "국가는 구체적인 자유의 현실태"[28]라고 말했다. 마르크스 역시 그가 생각한 공산주의적 사회를 즐겨 "자유의 나라"[29]라고 불렀다. 국가에 대한 구체적인 견해 차이에도 불구하고 자유를 인간의 정치적 삶의 최고 단계로 설정한 것에서 서양의 정치이론은 큰 차이를 보여주지 않는다. 그런데 5·18공동체가 기존의 모든 정치적 이념을 넘어갔다는 것은 한마디로 말하자면, 자유의 이념을 넘어갔다는 것을 의미한다. 여기서 넘어갔다는 것은 자유의 이념을 버렸다는 것을 뜻하지 않는다. 그것은 도리어 자유를 위한 목숨을 건 항쟁이 자유의 본질적 진리를 드러냈다는 것을 의미한다. 그렇다면 자유의 본질적 진리이지만 자유를 넘어 있는 그 지평이 과연 무엇인가? 이 물음에 대답하기 위해 우리는 서양철학에서 자유의 이념이 근본에서 어떻게 이해되고 있는지

---

27 B. Spinoza, *Tractatus Theologico-Politicus*, Wissenschaftliche Buchgesellschaft Darmstadt, 1979, p. 604.

28 G. W. F. 헤겔, 임석진 옮김, 『법철학』, 지식산업사, 1990, 394쪽.

29 강신준, 『그들의 경제 우리들의 경제학: 마르크스 『자본』의 재구성』, 도서출판 길, 2010, 231쪽.

잠깐 살펴볼 필요가 있다. 모든 서양적 자유론에서 자유의 주체는 언제나 고립된 홀로주체로서의 개인이다. 거기서 자유는 형식적으로 보자면 홀로주체의 자기관계로 이해되며, 내용적으로는 그런 홀로주체의 자족성(autarkeia)으로 이해된다. 그러니까 자유는 홀로주체가 누구의 침해도 받지 않고 자족성을 실현하는 것에 존립한다. 자유에 대한 다양한 정의와 규정에도 불구하고 이 두 가지 계기는 자유의 본질적 규정으로 남아 있다.

그런데 자유가 고립된 홀로주체의 자족성과 자기실현이라는 것을 부정적으로 표현하자면, 우리는 이렇게 말할 수 있다. 즉 나의 자유를 실현하기 위해 너와의 만남을 필요로 하는 것은 아니다. 최정운으로 하여금 5·18공동체를 "서양의 이념들이 보여주지 못했던 전혀 새로운 현실"이라고 인정하지 않을 수 없게 만들었던 결정적인 어려움이 바로 이것이다. 왜냐하면 그것은 적어도 "고독한 개인으로부터 출발하여 만들어진 것은 아니었"[30]기 때문이다. 항쟁공동체는 고립된 홀로주체들의 공동체가 아니었다.[31] 그러므로 자유가 홀로주체의 자기관계요 자기실현이라 한다면, 5·18공동체를 가리켜 자유의 표현과 실현이라고 말하는 것은 심히 부적절한 언사가 되어버린다. 왜냐하면 그것은 공동체성이 개인의 자의식을 지양해버린 것처럼 보일 정도로 모든 이기심과 개인의 권리주장을 초월한 공동체였기 때문이다. 이 점에서는 최정운이 구분하는 절대공동체와 해방광주의 기간 사이에는 근본적인 차이가 없다.

하지만 최정운처럼 정반대의 극단으로 치달아 항쟁공동체가 처음부터 "공동체의 그물망과 의무에서 벗어나지 못하는 개인으로부터 가능했던 것"[32]이라고 말한다면, 이는 정반대의 극단에서 항쟁공동체를 왜곡하는

---

30 최정운, 앞의 책, 164쪽.
31 그리고 이런 의미에서 우리는 그것을 초인들의 공동체라고 말해서도 안 된다. 초인이란 가장 극단적인 홀로주체로서 개인을 표상하기 때문이다.
32 같은 책, 164쪽 이하.

일이다. 왜냐하면 이렇게 말할 때 항쟁공동체는 집단 속에서 자아를 아직 확립하지 못한 개인들, 즉 아직 자신의 주체성을 확립하지 못한 사람들의 획일적 결속에 지나지 않게 되기 때문이다. 하지만 항쟁공동체에서 아무리 개인들 사이에 이기적 자의식이 공동체적 합일의 의식 속에서 사라졌다 하더라도, 이것을 주체성 이전의 단계 또는 자유 이전의 단계로 해석하는 것은 논리적으로도 일종의 비약일 뿐만 아니라 사실과도 합치하지 않는다. 우리가 항쟁공동체를 단 하루의 예외적 흥분상태로 보지 않고 열흘 동안 이어진 항쟁과정 전체로 본다면, 그것은 충분히 명석한 개인의 자의식과 주체성 그리고 이런 의미에서 자유로운 결단에 의해 유지된 공동체였다고 판단할 수밖에 없다. 그것은 다른 무엇보다 항쟁공동체가 죽음에 직면한 공동체였기 때문이다.[33] 죽음 앞에서 우리가 평소에 지니고 있었던 도덕은 간단히 해체되어버린다. 마찬가지로 죽음이 집단적으로 한 사회를 엄습하면, 이전까지 견고하게 유지되던 공동체 역시 와해되어 버린다. 전통적 공동체의 위계나 도덕 따위는 삶과 죽음의 기로에 선 사람들에겐 아무런 구속력도 가질 수 없다. 한국전쟁이 이 땅의 전통적 공동체와 그 도덕을 얼마나 철저히 파괴하고 우리의 의식을 동물적 욕망의 단계로 끌어내렸는지를 회상해보면, 이는 너무도 분명한 일이다. 죽음은 자기만의 일이다. 그러므로 죽음 앞에서 우리 모두는 좋은 의미로든 나쁜 의미로든 간에 고립된 자기에게 돌아가게 된다.

1980년 5월의 광주도 마찬가지였다. 그곳은 증언자들이 말하듯이, 한국전쟁보다 더한 죽음의 도시이자 학살의 도시였다. 그런데 어떻게 그곳에서 전통적 공동체가 와해되지 않고 거꾸로 일찍이 우리가 보지 못했던 공동체가 출현할 수 있었던가? 공동체 속에서 개인들이 자기를 잊었다고

---

33 하지만 그렇다고 해서 그 공동체를 단순한 전쟁공동체요, 맹목적인 적개심과 전우애에 의해 형성되고 지속된 공동체라 이해한다면 이는 잘못이다. 왜냐하면 그것을 일종의 전쟁이라 하더라도 모든 개인에게 그 전쟁은 피할 수 있는 전쟁이요, 결코 필연적으로 연루될 필요는 없는 전쟁이었기 때문이다.

말하는 것은 전혀 설명이 아니다. 죽음 앞에서는 누구도 자기를 잊을 수 없기 때문이다. 개인은 도리어 죽음 앞에서 잊고 있었던 자기를 가장 선명하게 의식하고 누구와도 무엇과도 바꿀 수 없는 자기 자신에게로 되돌아가게 된다. (수많은 사람들이 광주에서 싸우다 죽어갔지만, 또 얼마나 많은 사람들이 더러는 숨고 더러는 광주를 떠났는지 생각해보라.) 죽음은 사람들을 공동체로부터 자유롭게 풀어내어 오로지 자기 자신과 마주하게 만드는 것이다. 그리하여 죽음은 우리 모두를 절대적인 고독 속에서 자유로운 상태로 풀어준다.

그런데 어떻게 그렇게 죽음 앞에서 모두가 고독한 자기와 직면할 수밖에 없었던 그 상황에서 상상할 수 없는 공동체가 출현했던가? 광주의 신비를 해명하는 것은 오로지 이 물음에 어떻게 대답하느냐 하는 것에 달려 있다. 여기서 우리는 이 물음에 답할 수 없다. 그러나 하나의 방향은 분명히 제시할 수 있을 것이다. 그것은 주체가 가장 지극한 주체성의 극한에서 주체성을 초월하고 자유가 그 지극한 극단에 도달했을 때, 자유를 넘어갔다는 것이다. 죽음 앞에서 자기 자신으로 퇴각한 자아의 의식이 가장 깊은 내면성 속으로 돌아갔을 때, 자아는 오로지 자기 곁에 있다. 그렇게 자기 곁에 있음(Bei-sich-sein)이 자아의 진리요, 또 자유이다. 그런데 그 순수자아의 지평에 도달한 의식이 깨달은 자아의 진리는 과연 무엇인가? 죽음의 공포에 사로잡혀 고독한 자기에게 돌아간 자아가 타인의 부름에 목숨을 걸고 응답하고, 가장 선구적이며 급진적으로 표출된 자유와 권리에 대한 의식이 이기적 개인들의 외적 연대를 넘어 자기를 초월한 공동체적 만남을 낳은 이 기적을 우리는 어떻게 이해하고 설명해야 하겠는가?

그것이 설명 불가능한 불가사의로 남지 않으려면 가능한 답은 하나밖에 없다. 나는 고립된 나의 자기동일성이 아니라 너와 나의 만남 속에서 내가 되고 나로서 존재하게 되며, 자유는 홀로주체의 자기결정이나 자기형성이 아니라 너와 나의 만남 속에서 우리가 되는 데 있으므로(이것을 가리켜 우리는 서로주체성의 진리라 불러왔다), 자아의 의식이 죽음의 터널을 통해 가장 정직하게 자기 자신의 진실 앞에 마주 서야 했을 때 고립된 자아의 한계를 초월하여 너의 부름에 응답하는 일이 일어날 수 있지 않았겠는가? 5·18항쟁공동체는 그렇게 자유의 극한으로 치달은 자아의 의식이 자유의 본질적 진리가 고립된 자기의 권리주장이 아니라 타자와의 만남에 있음을 증명한 사건이 아니었던가?

항쟁 마지막 날 저녁에 더 이상 아무런 일도 할 수 없음을 절감한 조비오 신부가 흐르는 눈물을 주체하지 못하고 도청에서 빠져나올 때, 시민수습위원회 위원장이었던 이종기 변호사는 몸을 씻고 옷을 갈아입은 후 도리어 도청으로 들어왔다. 자기가 위원장으로서 제 역할을 다하지 못해 이제 젊은이들이 죽게 되었으니 그들 곁에서 같이 마지막을 맞겠다면서![34] 그는 결코 죽을 때까지 무력으로 계엄군과 맞서 싸워야 한다고 주장하던 강경파는 아니었으니, 그들과 운명을 같이해야 할 아무런 합리적 이유도 없는 사람이었다. 그런데 왜 그 죽음의 자리로 스스로 찾아들어왔는가? 항쟁공동체의 모든 신비는 이 물음에 담겨 있다.

5. "너도 나라"

이 작은 에피소드가 감추고 있는 신비, 비길 데 없는 의미를 이해하기 위해서는 먼저 이 작은 사건이 얼마나 학문적 상식에 어긋나는 사건인지를 생각할 필요가 있다. 비단 5·18민중항쟁뿐만 아니라 한국의 민중항쟁사를 연구하는 학자들이 어떤 항쟁을 탐구할 때 반드시 묻는 물음이 하나 있다. 그것은 그 항쟁의 주체가 누구였느냐 하는 것이다. 소박하게 말하자면, 우리가 어떤 사건을 두고 육하원칙(六何原則)에 따라 질문할 때 누가 그 사건을 일으켰느냐 하는 것이 가장 먼저 물어야 할 물음이니 항쟁의 주체를 묻는 것도 당연한 일이겠지만, 단지 그 때문에 학자들이 항

---

34 한국현대사사료연구소 엮음, 『광주오월민중항쟁사료전집』, 풀빛, 1990, 208, 217쪽.

쟁의 주체를 묻는 것만은 아니다. 학자들이 항쟁의 주체가 누구인지를 특별히 세심하게 묻는 까닭은 항쟁의 주체가 누구냐에 따라 항쟁 자체의 성격이 본질적으로 달라진다고 생각하기 때문이다. 즉 어떤 항쟁의 주체가 부르주아 계급에 속하는 시민들이라면 그 항쟁의 성격도 부르주아적 혁명의 성격을 띠게 마련이고, 그렇지 않고 항쟁의 주체가 프롤레타리아 계급에 속하는 기층민중이라면 항쟁의 성격도 프롤레타리아 혁명의 성격을 띠게 마련이라는 전제 위에서 학자들은 과연 항쟁의 주체가 누구였느냐를 묻는다. 경우에 따라서는 항쟁의 주체가 누구냐에 따라 항쟁의 가치가 달리 매겨지기도 하는데, 이를테면 시민계급에 의한 민주화운동이면 아직 충분히 진보적인 항쟁이 아니지만 기층민중에 의한 계급투쟁이면 보다 진보적인 항쟁이라는 잣대로 항쟁을 평가하는 것이다. 5·18을 민주화운동으로 부르느냐 민중항쟁으로 부르느냐 하는 이름의 문제도 이와 무관하지 않다. 그리하여 각자의 자리에 따라 5·18의 항쟁주체들을 나름의 방식으로 규정하고 그에 따라 다른 이름을 붙이며 항쟁을 그 이름에 따라 규격화하게 된다.

그런데 이처럼 항쟁의 주체에 따라 항쟁의 성격을 규정할 수 있다는 학문적 믿음의 근저에는 아직 증명되지 않은 (하지만 증명할 필요도 없이 자명하다고 생각되는) 하나의 미신이 가로놓여 있다. 그것은 인간의 사회적 행위는 계급적 이해관계에 의해 추동된다는 미신이다. 특히 5·18민중항쟁처럼 개인이 아니라 집단적으로 수행된 사회적 행위의 경우에는 그 항쟁을 주도적으로 이끈 집단적 주체가 자기 자신의 계급적 이익을 관철하기 위해 행동했으리라는 것이 항쟁의 주체에 대한 물음의 이면에 가로놓여 있는 확신이다. 이 확신은 인간의 객관적인 존재상황이 인간의 의식과 행위를 규정한다는 학문적 통념에 의해 강화된다. 프롤레타리아 기층민중은 기층민중의 이익을 위해 그리고 부르주아 시민은 시민의 이익을 위해 움직이며, 그 외의 행위 현상들은 모두 어떤 예외로 처리될 뿐이다.

이런 가설에 따르면, 참된 나라 또는 같은 말이지만 참된 정치적 공동체는 오직 존재기반이 동일한 사람들로 이루어져 있을 경우에만 실현 가능하다. 왜냐하면 그렇지 않을 경우에 공동체 구성원들의 계급적 이익이 끊임없이 충돌할 것이므로 상호 간에 계급투쟁이 끊이지 않을 것이기 때문이다. 그런데 여기서 계급의 구분이란 다렌도르프(Ralf Dahrendorf) 이후 사회과학에서 상식이 된 것을 굳이 끌어오지 않는다 하더라도, 마르크스류의 고전적 사회과학이 생각했던 경제적 계급들만의 분화로 그치지 않는다. 다시 말해 인간의 존재상황이란 단순히 경제적 계급만이 아니라 다른 기준과 조건에 따라서도 얼마든지 차별화되고 상호대립할 수 있다. 그리하여 한 국가 내에서 경제적 계급에 따른 대립만이 아니라 성별과 인종 등 갖가지 상이한 존재의 조건에 따라 사람들은 자기의 이익을 관철하려 할 것인데, 만약 존재상황이 의식과 행위를 지배한다는 가설을 받아들이고 나면 우리는 사실 그렇게 서로 다른 계급적 기반을 가진 사람들이 모여 어떻게 하나의 조화로운 공동체로서 나라를 이룰 수 있는지 그 가능성을 도무지 알 길이 없다.

　5·18항쟁공동체가 우리에게 참된 나라의 가능성을 계시하는 것은 바로 이런 곤경을 넘어설 수 있는 가능성을 열어 보이기 때문이다. 5·18민중항쟁은 항쟁주체를 규정함으로써 그 항쟁의 성격을 규정하려는 학자들의 의도를 충족시켜주지 않고 좌절시킨다. 5·18민중항쟁의 항쟁주체는 누구라고 말할 수 없다. 어떤 특정한 계급이나 집단을 앞세워 한 가지 방식으로 항쟁주체를 규정하려는 시도는 결코 성공할 수 없다. 왜냐하면 5·18민중항쟁은 당시 광주 시내에 거주하던 시민들 거의 모두가 그 계급이나 성별 또는 사회적 지위에 관계없이 각자의 방식으로 참여했던 사건이기 때문이다. 그리하여 우리는 그 가운데 어떤 특정한 집단을 강조하여 항쟁주체라고 내세울 수 없으며, 이를 통해 그 항쟁의 성격을 한 가지 방식으로 규정할 수도 없다. 간단히 말해 학생들이 봉기의 시발점이 되었다고 해서 학생들이 주체라고 말할 수 없으며, 무장항쟁에 참여하여 사망한 시민군들 가운데 기층민중이 상대적으로 많다 하여 그들이 항쟁을 이끈 주체라고 말할 수도 없다. 마찬가지로 남자들이 거리에서 싸우고 여자들은 뒤에서 주먹밥을 만들었다 해서 여자가 아니라 남자들이 주체였다

고 말할 수도 없으며, 끝까지 항쟁을 주장했던 사람들만이 주체였고 온건하게 수습을 주장했던 사람들이 객체였다고 말할 수도 없다. 학교에서 공부하던 학생들부터 죽어가는 자들을 위해 헌혈을 했던 거리의 여자들까지 그리고 기름밥 먹는 택시기사들부터 고상한 종교인들까지 당시 광주 시민들은 각자의 자리에서 각자의 방식으로 항쟁에 주체적으로 참여했다. 그 다양한 참여주체들 가운데 누구는 부각하고 누구는 배제하여 항쟁의 성격을 한 가지 방식으로 규정하는 것은 한마디로 불가능한 시도이다. 한 가지로 규정할 수 없는 참여주체의 다양성이야말로 5·18민중항쟁의 고유성에 속한다. 5·18민중항쟁이 참된 나라의 진리를 계시한다고 말할 수 있는 까닭이 바로 여기에 있다. 그 공동체에서는 누구도 자신의 존재기반 때문에 객체화되거나 주변화되지 않았기 때문이다. 모두가 그 공동체의 주인이요, 주체일 수 있었던 공동체가 바로 5·18공동체이다. 그런 한에서 그것은 우리가 추구하는 가장 이상적인 국가의 진리를 계시한다.

하지만 그처럼 서로 다른 계급과 존재기반을 지닌 상이한 주체들이 항쟁에 같이 참여하여 하나의 공동체를 이루는 것이 어떻게 가능했는가? 5·18공동체의 뜻을 온전히 이해하기 위해 여기서 우리는 그렇게 다양한 주체들이 항쟁에 참여할 수 있었던 까닭을 물어야 한다. 분명한 것은 학자들이 상정하듯이 각 주체가 자기가 속한 계급적 기반이나 각종 존재기반을 벗어나지 못한 채 자기의 권리를 주장한 것이 5·18민중항쟁이었더라면, 그렇게 다양한 주체들이 모여 서로 하나의 공동체를 이루는 것은 불가능했으리라는 사실이다. 왜냐하면 상이한 계급적 존재기반을 가진 다양한 주체들이 서로 자기주장만을 내세울 경우에는 그들이 모두 모래알처럼 고립된 홀로주체로 머물러 하나의 조화로운 전체를 이루는 것은 불가능한 일이기 때문이다. 그러므로 5·18공동체는 의식의 존재구속성 또는 행위의 계급구속성이란 고전적 원칙에 입각해서는 전혀 설명되지 않는다. 이런 사정은 비단 5·18민중항쟁뿐만 아니라 부마항쟁의 경우에도 마찬가지이다. 어떻게 서로 다른 계급에 속한 주체들이 사회적 집단행위의 공동주체가 될 수 있었는지가 설명되지 않는 것이다. 하지만 의식의 존재구속성이라는 가설을 포기할 생각이 없는 학자들은 그 가능성을 설명하기 위해 부마항쟁이나 5·18민중항쟁에서 나타나는 계급적 존재기반과 사회적 행위의 불일치를 일종의 탈구(脫臼) 현상이라고 설명하기도 하고 아직 계급의식이 충분히 성숙하지 않은 까닭에 일어난 어떤 한계로 간주하기도 한다. 그러나 이처럼 5·18민중항쟁이 이상적 기준에서의 일탈이나 결핍을 보여줄 뿐이라면, 그로부터 우리가 하나의 이상적 공동체의 계시를 이끌어내는 것은 한갓 허세에 지나지 않는 것이다. 한계와 결핍과 비본래성이란 이상적 완전성과는 거리가 먼 것이니, 어떻게 그런 공동체를 두고 절대공동체 운운할 수 있겠는가?

하지만 우리는 이런 해석의 곤경이 이론의 곤경일 뿐 사실 그 자체와는 아무런 상관도 없음을 잘 알고 있다. 이론이 무엇이라 말하든 간에 우리는 5·18공동체에서 우리가 상상할 수 있는 가장 이상적인 공동체로서 나라가 계시된 것을 보기 때문이다. 그렇다면 이론이 설명하지 못한 그 공동체의 진리는 어디에 있는가? 이종기 변호사의 사례는 그 진리를 가장 또렷하게 보여준다. 그것은 한마디로 말하자면, 자기가 속한 계급이나 자기가 속한 존재상황으로부터 자기의 권리를 주장하는 주체, 다시 말해 자기동일성 속에서 자기를 확장하려는 주체가 아니라 정반대로 자기를 부정하고 자기와 다른 타자로 초월하는 주체를 보여준다. 이렇게 자기를 부정하고 초월하는 까닭은 바로 그 속에서만 너와 나의 참된 만남이 가능하기 때문이다. 그리고 바로 이런 만남 속에서 우리는 국가의 참된 본질을 발견한다.

일반적으로 국가는 가족공동체의 지양으로 성립한다고 말해진다. 가족공동체는 자연적 관계에 의해 결속된 공동체이다. 가족이 핏줄의 연속성에 의해 형성된 공동체인 한에서, 가족공동체는 자연적 동질성에 입각한 공동체라고 말할 수 있다. 국가가 가족공동체의 지양을 통해 형성된다는 것은 바로 그런 동질성이 지양된다는 것을 의미한다. 그런 한에서 국가는 타자성의 총체이다. 그런데 이것은 단순히 핏줄에서만 타자적이라는 것을 뜻하지 않는다. 국가는 다른 모든 사회적 존재의 조건에서도 서로 타자적인 개인과 집단이 모여서 이룬 공동체이다. 이런 점에서 국가는 본질적으로 이질적 공동체이다. 하지만 그렇게 이질적이고 타자적인 주체들이 서로 결합하여 하나의 공동체를 이루기 위해서는 그들을 서로 결속해주는 원리가 있어야만 한다. 국가의 역사는 거시적으로 보자면 그런 결속의 원리로서 국가이념의 역사이기도 했다.

여기서 그런 국가이념의 역사를 비판하는 것이 우리의 과제는 아니다. 그러나 분명한 것은 국가를 이루는 타자적 주체들이 (개인이든 집단이든 간에) 자기동일성을 지양하고 타자성 속에서 자기존재의 의미를 발견하고 긍정하지 못한다면, 국가란 참된 의미로는 성립 불가능한 공동체라는 사실이다. 그럴 경우 국가는 아예 존재하지 못하거나 아니면 참된 의미에서 타자성의 총체가 아니라 어떤 특정한 주체에 의해 도구적으로 장악된 권력기구에 지나지 않을 것이다. 이런 의미에서 보자면, 현실국가를 한갓 부르주아적 지배를 위한 도구로 인식했던 마르크스주의적 국가관이 마냥 잘못되었다고 할 수도 없을 것이다. 마르크스주의는 현실국가 속에서 계급투쟁이 끊이지 않는 것을 정확히 인식했고, 앞으로도 그런 타자적 주체들이 하나로 결속할 수 있으리라는 기대를 할 수 없었으므로 더 이상 어떤 타자성도 존재하지 않는 동질적 공동체, 곧 동일한 하나의 계급만이 존재하는 사회를 꿈꾸었다. 그러나 설령 계급적 타자성이 해소된다 하더라도 인간의 삶의 세계가 타자성으로부터 벗어나는 것이 아니라는 것을 고려하지 않았다는 점에서, 마르크스주의는 가족주의적 홀로주체성으로의 퇴행이었다. 역사가 그렇게 퇴행하지 않으면서 국가의 이상을 온전히 실현하기 위해서는 오직 타자적 주체들이 그 타자성을 유지하고 보존하면서도 서로를 억압하거나 배제하지 않고 결속할 수 있는 원리가 요구된다. 과연 그것이 무엇인가? 엄밀하게 말하자면, 아직 인류는 그 물음에 대한 답을 찾지 못했다.

5·18민중항쟁의 비길 데 없는 가치는 우리가 아직 찾지 못한 국가의 이상적인 결속의 원리를 가장 순수한 형태로 계시해주었다는 데 있다. 이종기 변호사의 사례에서 전형적으로 나타나는 그 결속의 원리를 함석헌

의 표현에 기대어 추상적으로 표현하자면, '너도 나'라고 할 수 있다. 함석헌은 나라의 본질적 진리를 한마디로 표현해 "너도 나라"고 말한 적이 있다. 나는 나이고 너는 너가 아니라, 너도 나라고 할 때 비로소 나라가 가능하다는 것이다.

> 나라는 너 나 생각이 없고 너도 '나'라 하는 데 있다. 모든 것을 '나'라 하는 것이 나라요, 나라 하는 생각이다.[35]

이 말이 너도 없고 나도 없는 무차별적 상태를 의미하는 것은 아니다. 다시 말해 나라가 자기도, 타자도, 아무런 주체도 없는 획일적 공동체일 수는 없다. 함석헌에 따르면, 도리어 나라는 "모든 '나'들이 내로라, 사람 얼굴 들기 위해, 할 것을 하고 알 것을 알자 힘씀이 짜여서 하나로 된 것"[36]이다. 이런 의미에서 나라는 어디까지나 남이 아닌 '나'들 속에 있다. "내〔自我〕가 곧 나라"[37]인 것이다. 그렇게 내가 나라가 되고 그 속에서 내가 사람 얼굴 드는 것이 곧 자유일 것이다. 그런데 함석헌에 따르면, 그렇게 내가 나라 속에서 내로라하고 사람 얼굴을 들기 위해서는 반드시 "내가 네가 되고 네가 내가 돼야 한다. 그것은 나도 너도 아닌 동시에 또 나며 너다."[38] 그렇게 나도 너도 아닌 동시에 또 나이며 너인 것이 바로 나라이다. 그 속에서 나는 네가 되고 너는 내가 된다. 이 지극한 만남의 공동체가 나라인 것이다.

내가 나일 뿐이고 너는 또 너일 뿐일 때, 우리 모두는 고립된 홀로주체로서 모래알처럼 흩어져 있을 뿐이다. 그때도 너와 내가 연대할 수는 있겠지만, 그런 연대는 오직 나의 권리와 이익을 확장해주는 한에서만 유지

---

35 함석헌, 『인간혁명의 철학』(함석헌 전집 제2권), 한길사, 1993, 60쪽.
36 함석헌, 『두려워 말고 외치라』(함석헌 전집 제11권), 한길사, 1993, 337쪽.
37 함석헌, 『인간혁명의 철학』, 79쪽.
38 같은 책, 65쪽.

되는 한갓 도구적 연대에 지나지 않는다. 그렇게 만남이 도구화된 곳에서 참된 나라는 불가능하다. 함석헌이 말했듯이, 참된 나라는 오직 '너도 나'라고 우리가 서로에게 고백할 수 있을 때만 가능하다. 보다 정확하게 말하자면, 모든 계급적 차이와 존재기반의 차이에도 불구하고 '너도 나'라고 말할 때 비로소 참된 나라는 일어나게 된다. 이종기 변호사의 사례는 바로 그런 만남의 눈부신 모범이다. 그가 자기와 계급이나 존재기반이 다르고 생각도 다른 젊은이들을 찾아 패배와 죽음이 예정된 순간에 자진하여 도청으로 돌아갈 수 있었던 것은 그곳에서 죽어갈 젊은이들이 그 모든 차이에도 불구하고 그와 상관없는 남이 아니라 '너도 나'라고 말할 수 있는 존재였기 때문이다.

5·18공동체는 바로 그런 만남이 다만 이 사례 하나만이 아니라 어디서나 일어난 결과 형성된 공동체이다. 하지만 그때 그곳에서 어떻게 나는 네가 되고 너는 내가 될 수 있었는가? 그것은 그들이 서로 타인의 부름에 응답했기 때문이다. 학생의 부름에 시민이 응답하고 시민의 부름에 기층 민중이 응답하며, 광주 시민의 부름에 주위의 전남 도민이 응답하며, 남자들의 부름에 여자들이 응답하고 여자들의 부름에 다시 남자들이 응답했을 때, 그들은 서로에 대해 네가 내가 되고 내가 네가 되는 공동체를 이룰 수 있었다. 내가 타인의 고통스러운 부르짖음에 응답할 때, 타인의 고통은 나의 고통이며 타인의 기쁨은 나의 기쁨이 된다. 1980년 5월의 광주는 바로 그런 응답하는 주체들의 공동체였다. 부르는 주체는 선구적으로 저항하는 주체인 동시에 그 저항으로 인해 고통받는 주체이다. 그 부름에 응답할 때 부르는 주체와 응답하는 주체는 자기의 존재상황을 초월하여 참된 만남 속에서 서로주체가 된다. 그때 나는 너를 통해서 내가 된다. 나의 존재의미는 너 속에 있으며, 나의 자유는 너를 통해 비로소 완성된다. 이런 자유야말로 만남 속에서 일어나는 참된 자유인 것이다.

제4장 계시로서의 역사[1]
_5·18민중항쟁에 대한 종교적 해석의 시도

1. 5·18민중항쟁과 계시의 문제

다시 5·18민중항쟁을 맞는 이 엄숙한 날, 과연 우리는 무엇 때문에 그 날을 기억하고 증언해야 하는지 묻는다면 무엇이라 대답해야 하겠습니까? 그 까닭은 5·18민중항쟁을 통하여 우리에게 진리가 빛 가운데 계시되었기 때문입니다. 그 진리는 1+1=2라거나 한라산이 무등산보다 높다

---

1 이 글은 2010년 5월 17일, 천주교 광주 대교구 정의평화위원회와 광주가톨릭대 신학연구소에서 주최한 '5·18민중항쟁 30주년 기념 학술발표회'에서 발표한 논문이다. 그 뒤 같은 대학에서 출판된 『신학전망』(2010년 여름호)에 이 글이 실렸을 때, 학술지의 편집자는 이 글에 대해 "이 논문에서 시도되고 있는 그리스도교의 근본개념과 사상에 대한 해석(특히 계시의 개념, 하늘나라, 예수 그리스도)은 그 해석의 도발성 때문이 아니라 해석의 토대가 제한적이고 불명료하여 그대로 수용하기에는 곤란하다는 점을 밝혀둔다. 그러나 이 논문이 5·18민중항쟁에 대하여 처음으로 시도되는 철학적·종교적 해석인 만큼 향후 이에 대한 보다 풍부한 학문적 논의의 장이 열리기를 기대해본다"고 각주를 달아놓았다. 여기서 나는 이 글에서 내가 5·18을 하늘나라의 계시라고 주장한 것은 그리스도교의 신앙고백과는 아무런 상관이 없다는 것을 분명히 해두려 한다. 그런 까닭에 이 글은 5·18에 대한 그리스도교 신학적 해석이 아니라 『신학전망』의 편집자가 정확히 표현했듯이 5·18에 대한 철학적·종교적 해석의 시도이다. 원래 높임말로 썼던 글을 『신학전망』에서는 보통말로 바꾸어 실었으나 여기서는 원래대로 바로잡아 높임말로 수록한다. 받아들이기 어려운 주장임에도 불구하고 발표의 기회를 주시고 이 발표문을 관대히 받아들여 게재해준 『신학전망』 편집인께 깊은 감사의 뜻을 표한다.

는 것처럼, 우리의 이성이 아무 어려움 없이 이해할 수 있는 그런 논리적 진리나 사실적 진리가 아닙니다. 여기서 진리란 존재의 완전성을 뜻하는 것이니, 불완전한 인간의 삶 속에 그와 전혀 어울리지 않는 완전한 삶의 진리가 드러났으므로 계시라는 것입니다. 모든 완전한 것은 초월적인 것이요, 현세적 인과관계로 환원될 수 없는 까닭에 우리는 그것을 불가사의라 하고 더러는 기적이라 합니다. 5·18민중항쟁을 아무리 실증적으로 연구하는 학자라도 그것이 보면 볼수록 불가사의요, 기적이라 말할 수밖에 없을 만큼 현세적 삶의 문법으로 해명할 수 없는 사건이었음을 부정하지 않을 것입니다. 하지만 과학은 실증적 인과성을 넘어서는 일에 대해서는 아무것도 해줄 수 있는 말이 없습니다. 그리하여 오직 과학적 탐구가 문제라면, 5·18민중항쟁을 바로 그것이 되게 했던 그 불가사의하고도 기적적인 어떤 핵심은 학문적 탐구의 대상이 되지 못하고 방치될 수밖에 없습니다.

하지만 과학이 아니라면, 5·18민중항쟁의 뜻은 어떻게 물어져야 하는 것이겠습니까? 5·18민중항쟁을 그것 되게 해주는 것이 어떤 기적과도 같은 완전성의 나타남이었다면 그리고 그런 의미에서 어떤 현세적 삶의 문법을 초월하는 빛의 내림이었다면, 그것을 일종의 종교적 계시로 볼 수는 없는 것입니까? 우리가 이렇게 묻는다면, 과학자들은 그것이 합리적 이성의 한계를 넘는 것이라 하여 언짢아할 것이고, 종교인들은 거꾸로 현세적인 사건을 두고 종교적인 의미를 부여한다고 분노할지도 모릅니다. 하지만 누가 뭐라든 간에 5·18민중항쟁이 "이 세계 안에서 우리가 경험할 수 있는 것과는 근본적으로 다른 것, 새로운 것, 피안의 것이 나타남"[2]이었다면, 그것을 가리켜 계시로서의 역사라 부른다 해서 이것이 터무니없이 불가능한 일은 아닐 것입니다.

어떤 역사적 우연에 의하여 5·18민중항쟁의 도시가 빛고을(光州)이라는 이름을 가지게 되었든 간에 그것을 아는 사람이라면, 누구도 그것이

---

2 김균진,『기독교 조직신학 I』, 연세대학교 출판부, 2006, 114쪽.

진리가 빛 가운데 드러난 사건이라는 것을 부정하지 않을 것입니다. 그런 점에서 이 도시는 참으로 그 이름에 합당한 도시가 아닐 수 없습니다. 만약 우리가 유한한 인간에게 진리가 빛 가운데 밝히 드러난 사건을 가리켜 계시라고 부른다면, 5·18민중항쟁은 바로 그런 의미에서 계시였다고 말할 수 있습니다. 진리의 계시가 근원을 알 수 없는 곳으로부터 우리에게 주어지는 은혜라면, 그렇게 계시된 진리를 증언하는 것은 그 은혜에 감사할 줄 아는 인간의 의무일 것입니다. 그러므로 5·18민중항쟁을 생각한다는 것은 계시된 진리를 증언하는 것이요, 진리의 계시라는 은혜에 감사하는 것입니다.

하지만 우리가 증언해야 할 그 진리란 무엇입니까? 진리가 계시되었다는 것이 의심할 수 없이 명백한 일이라 하더라도, 그 진리 자체가 무엇인지를 우리가 자동적으로 알게 되는 것은 아닙니다. 왜냐하면 모든 계시는 진리를 빛 가운데 드러내는 동시에 감추기 때문입니다. 역설적인 일이지만, 모든 것을 남김없이 드러내는 계시는 틀림없이 거짓된 계시입니다. 진리의 계시란 언제나 완전하고 절대적인 것이 역사 속에서 나타나는 사건입니다. 하지만 어떤 경우에도 완전하고 절대적인 것이 역사 속에서 그대로 현전할 수는 없습니다. 이를 위해서는 완전하고 절대적인 것이 마치 손에 잡히는 사물처럼 우리에게 주어져야 하겠지만, 진리가 그런 방식으로 우리 앞에 현전할 수는 없기 때문입니다. 오직 전체만이 제한 없이 참된 것이니, 개별자는 그것이 개별자라는 바로 그 이유 때문에 진리 그 자체일 수는 없습니다. 개별자의 본성에 속한 이런 한계는 역사적 사건의 경우에도 마찬가지입니다. 그러므로 5·18민중항쟁을 통해 진리가 계시되었다는 말은 5·18이라는 일회적인 사건이 완전하고 절대적인 진리 그 자체였다는 뜻이 아니라, 말 그대로 5·18민중항쟁이라는 개별적 사건을 통해 5·18이라는 개별적 사건에 갇히지 않는 영속적이고 보편적인 존재의 진리가 드러났다는 것을 뜻합니다. 그러므로 우리가 증언해야 할 것은 5·18민중항쟁이라는 질그릇 자체가 아니라 그 속에 담긴 보석이요, 그 질그릇에 비친 빛입니다. 하지만 진리의 빛은 오직 그 빛이 가장 눈부시게 드러나는 곳에만 깃드는 법이니, 5·18광주에 빛이 깃든 까닭은 그날 그곳이 빛이 자기를 드러내기에 가장 알맞았기 때문입니다. 바로 거기에 5·18민중항쟁의 비길 데 없는 탁월함이 있습니다. 하지만 그날 그곳이 어떠하였습니까? 어땠기에 빛이 그날 그곳을 통해 우리에게 은혜로 내렸습니까? 그리고 그 빛은 또 무엇이었습니까? 5·18민중항쟁을 생각한다는 것은 이 물음을 묻는 것을 의미합니다.

성실하게 이 물음에 대답하기 위해 우리는 먼저 계시라는 말의 뜻을 정확하고 엄격하게 규정해야 합니다. 이 낱말은 절대자가 자기를 나타낸 사건을 뜻하는 종교적 용어, 더 정확하게 말하자면 그리스도교 신학적 용어입니다. 그리하여 우리가 5·18민중항쟁을 계시의 역사라고 말할 때, 이는 우리가 5·18민중항쟁을 일종의 종교적 의미를 지닌 역사, 다시 말해 단순히 현세적인 요소나 인과관계로 모두 환원할 수 없는 어떤 초월적인 뜻의 임재(臨在)라고 고백하는 것과 같습니다. 그리고 5·18민중항쟁을 계시로서의 역사라고 고백하는 것은 그것의 뜻을 단순히 역사적 또는 사회과학적으로만 해석하지 않고 어떤 방식으로든 종교적으로 해석한다는 것을 의미하게 됩니다. 그런데 과연 이런 시도가 가능한 것입니까? 생각건대, 많은 사람들이 이처럼 역사적 사건을 종교적으로 해석하려는 시도를 비판할 것입니다. 사회과학자들이나 역사학자들은 그런 시도가 전혀 실증적이지도 않고 과학적일 수도 없기 때문에 일종의 종교적 은유에 지나지 않는다고 비판할 것입니다. 하지만 종교인들 역시 마찬가지로 그런 시도가 계시의 유일무이한 일회성과 신성함을 훼손한다 하여 우리를 비판할 것입니다. 이를테면 함석헌이 한국 역사의 뜻을 물었을 때,[3] 그런 시도를 역사학자들은 과학이 아니라 하여 거부하고 종교인들은 거꾸로 종교가 아니라 하여 거부한 것처럼, 우리가 5·18민중항쟁을 계시의 역사라고 고백하고 그 역사 속에서 계시된 영원한 뜻을 물을 때에도 우리는 십중팔구 세상의 외면 아니면 비웃음에 직면할 것입니다. 그리고 이

---

3 함석헌, 『뜻으로 본 한국역사』(함석헌 전집 제1권), 한길사, 1993.

는 역사 속에서 절대자의 숨결을 느끼려 했던 모든 사람의 운명이기도 했습니다.

하지만 이처럼 5·18민중항쟁을 더도 덜도 아니고 정확하게 종교적인 의미에서 계시의 역사로 받아들이려 할 경우, 우리가 직면하는 보다 근본적인 어려움은 다른 곳에 있습니다. 그리스도교 신학에서 말하는 계시가 구체적으로 무엇입니까? 예수입니다. 절대자가 예수를 통해 자기를 우리 인간에게 드러냈다는 것이야말로 그리스도교의 핵심적인 신앙고백인 것입니다. 그렇다면 5·18민중항쟁을 통해 진리가 우리에게 계시되었다고 우리 또한 고백한다면, 무엇을 통해 어떤 진리가 자기를 드러냈다는 말이겠습니까? 적어도 그것은 예수와 같은 어떤 개인을 통해 절대자가 자기를 드러냈다는 뜻은 아닐 것입니다. 왜냐하면 5·18민중항쟁은 개인의 이름이 아니며, 개인에게 배타적으로 귀속하는 술어도 아니고, 도무지 특정인이 어떤 방식으로든지 간에 개인적으로 전유할 수 있는 사건도 아니기 때문입니다. 그러므로 만약 계시라는 말이 예수나 부처처럼 우리가 섬기는 어떤 개인적 인격 속에서 절대자가 자기를 드러낸 사건을 의미해야 한다면, 5·18민중항쟁을 가리켜 계시로서의 역사라고 부르는 것은 매우 부적절한 일입니다. 그럼에도 불구하고 우리가 5·18민중항쟁을 가리켜 계시로서의 역사라고 부르기를 멈추지 않는다면, 이제 우리는 하나의 물음에 대답하지 않으면 안 됩니다. 즉 부처나 예수처럼 어떤 완전한 인간성을 구현한 개인이 아니라 5·18민중항쟁과 같은 집단적 사건을 통해서도 절대자가 자기를 계시하는 것이 가능한 일입니까? 만약 그럴 수 있다고 우리가 고백한다면, 그런 집단적 사건을 통해서 계시된 절대자는 과연 무엇입니까? 5·18민중항쟁을 계시의 역사로서 생각한다는 것은 이런 물음 앞에 마주 선다는 것을 의미합니다.

2. 그리스도교와 계시

완고한 신학자나 형이상학자는 우리의 물음에 대해 집단적 사건 속에서 절대자가 계시되는 것이 가능한 일이 아니라고 대답할지도 모릅니다. 너무나 오랫동안 철학자들과 신학자들은 절대자를 오로지 어떤 단일성이나 단순성 속에서 이해해왔기 때문에, 도대체 수많은 사람들이 어울려 이룬 복합적 사건이 어떻게 존재의 진리를 완전성과 절대성 속에서 드러낼 수 있는지 이해하지 못합니다. 그리하여 그들은 5·18민중항쟁 같은 역사적 사건이 은유라면 모를까 참된 의미에서 계시라고 고백하는 것이 어불성설이라 주장할 것입니다. 우리는 그들과 다툴 수 없습니다. 형이상학적 의미에서 도대체 존재의 완전성이 무엇인지 규정하는 것부터가 문제이기 때문입니다. 만약 하나요 단순한 것이 절대적이며 완전한 것이고 여럿이며 복합적인 것이 상대적이고 불완전한 것이라면, 그리하여 참되고 완전한 존재는 순수히 하나요 단순한 것이라면, 거꾸로 그런 절대적 단순성과 단일성 속에 존재의 내용은 어떻게 확보되는 것입니까? 그리고 이미 플라톤이 그의 대화편 『파르메니데스』(Parmenides)에서 보여주었듯이, 존재가 아무런 내용도 없다면 그것이 무(無)와 다를 것이 또 무엇이겠습니까?

그러므로 계시가 아무리 종교적인 영역에 속하는 문제라 하더라도, 우리는 그 계시의 내용을 절대자로부터 규정해 들어갈 수는 없습니다. 다시 말해 예수를 통해 절대자가 과연 계시되었는지 아닌지 우리가 그것을 절대자의 관점과 척도에 입각해서 판단할 수는 없습니다. 우리는 다만 인간의 입장에서 예수가 그리스도라는 것과 절대자의 현현이었다는 것을 믿는다고 고백할 수 있을 뿐입니다. 하지만 어떤 근거와 판단기준을 통해 우리는 그렇게 판단하는 것입니까? 그것 역시 인간의 척도에 의해서만 가능할 뿐입니다. 우리의 신앙고백이 맹목이 되지 않으려면, 거기에도 어떤 합리성이 있어야만 합니다. 하지만 인간이 의지할 수 있는 합리성이란 인간의 이성과 양심 외엔 없습니다. 마찬가지로 그런 이성과 양심을 통해 우리가 추구하는 존재의 완전성 역시 우리가 측량할 수 없는 어떤 신적인 완전성이 아니라 인간존재의 완전성일 것입니다. 이런 의미에서 그리스도교 신학에서 예수를 단지 절대자가 자기를 계시한 것이라고만 말하지 않고 동시에 예수를 통해 완전한 인간성이 계시되었다고 말하는 것은 너무도 자연스러운 일이라 하겠습니다.

하지만 바로 이 지점에서 우리는 이렇게 물어야 합니다. 과연 인간존재의 완전성이 오로지 홀로주체로서 개인의 삶과 인격을 통해서만 계시될 수 있는 것입니까? 그럴 수는 없습니다. 왜냐하면 인간존재의 진리는 오직 만남 속에 있기 때문입니다. 나는 오직 너와의 만남을 통해 내가 됩니다. 그러므로 내 존재의 온전함은 홀로주체로서 나의 완전성이 아니라 오직 너와 나의 만남의 온전함에 존립합니다. 너와 나의 만남이 온전한 만큼 나의 존재도 온전해지는 것입니다. 이것을 가리켜 우리는 서로주체성의 진리라고 부릅니다. 그러므로 만약 어떤 계시를 통해 인간존재의 완전성이 계시되어야 한다면, 그 계시의 내용은 고립된 개별자 또는 홀로주체로서 인간의 완전성일 수 없고 오직 너와 나의 만남의 완전성일 수밖에 없습니다.

그렇다면 만남의 완전성은 또 어떻게 가능하겠습니까? 내 존재의 완전성이 너와의 만남의 완전성에 존립하듯이, 너와 나의 만남의 완전성은 다시 또 다른 만남과의 만남의 완전성에 존립할 것입니다. 왜냐하면 너와 나 역시 둘만의 고립된 만남 속에서 존재하는 것이 아니라 또 다른 사람들과의 만남 속에서만 존재하므로, 하나의 만남의 완전성은 다른 만남과 뗄 수 없이 결합되어 있고 또 의존하고 있기 때문입니다. 너와 내가 아무리 성실하게 만나려 한다 하더라도 우리가 속한 세계가 근본적으로 참된 만남을 허락하지 않는 악한 원리에 의해 지배되고 있다면, 우리는 결코 온전히 참된 만남에 도달할 수 없을 것입니다. 왜냐하면 너와 나는 모두 세계 내의 한 부분에 지나지 않는 까닭에 전체의 원리를 완전히 거스를 수는 없기 때문입니다. 예를 들어 자본주의의 원리가 모든 사람을 상품으로 전락시켜 너와 나의 인격적 만남을 근본적으로 방해하거나 불가능하게 만든다면, 그런 사회 속에서 살고 있는 우리는 결코 온전한 만남에 이를 수 없습니다. 마찬가지로 이 나라가 철저한 학벌사회여서 모든 학생을 성적으로 줄을 세우고 모든 사람을 출신 학교에 따라 차별한다면,

그런 한에서 역시 우리가 사람과 사람으로 순수하게 만나는 것은 불가능할 것입니다. 그러므로 만약 너와 나의 완전한 만남이 가능하다면, 그것은 오직 너와 내가 맺고 있는 모든 만남의 총체성이 완전한 만남의 현실태가 될 경우에만 실현될 수 있습니다. 이 만남의 총체성, 그것이 바로 나라입니다. 내가 속한 모든 만남이 유기적 통일성 속에서 전체를 이룬 것을 가리켜 우리는 나라라고 부릅니다. 그러므로 완전한 인간존재의 계시라는 것이 있을 수 있다면, 그것은 단순히 완전한 개인이 아니라 완전한 나라 속에서만 계시될 수 있을 것입니다. 그 완전한 나라를 가리켜 우리가 하늘나라라고 부른다면 오직 하늘나라 속에서만 인간존재는 그 완성에 도달할 것이니, 만약 인간존재의 완전성이 계시될 수 있다면 그것은 오직 하늘나라의 계시를 통해서만 가능한 일일 것입니다.

하지만 그리스도교 신학에 따른다면, 예수를 통해 완전한 인간성이 계시되었다 하든지 아니면 신성이 계시되었다 하든지 간에 그 계시의 내용은 완전한 만남도 아니었고 완전한 나라도 아니었습니다. 왜냐하면 그리스도교적 이해에 따른다면, 하느님은 만남 속에 존재하지 않기 때문입니다. 어쩌면『구약성서』의「창세기」에서 하느님이 천지창조의 의지를 청유형(請誘形)으로 표현하는 것을 보면, 하느님의 유일성이란 유대-그리스도교적 사고방식이라기보다는 그리스적 사고방식에 기초하고 있는 것처럼 보이기도 하고, 마찬가지로 그리스도교의 삼위일체론 역시 하느님의 절대적 단일성이 아니라 만남 속에서 생성되는 신성을 표현하고 있는 것처럼 보이기도 합니다. 그럼에도 불구하고 그리스도교의 삼위일체론은 서로 구별되는 인격들 사이의 만남을 말하는 데까지 나아가지는 못했습니다. 그 까닭은 이 경우 그리스도교가 곧바로 다신교로 빠져들 위험이 있기 때문입니다. 그런 까닭에 그리스도교는 완전한 만남이나 이것이 실현된 공동체를 언제나 예수의 몸인 교회에 대해 말할 때처럼 그 자체로서가 아니라 홀로주체인 예수에게 귀속하는 일종의 속성으로 다루었을 뿐, 만남을 존재의 완전성의 진리 그 자체로서 해명할 수는 없었습니다.

생각하면, 비단 그리스도교뿐만 아니라 대다수 세계종교의 한계가 여기 있습니다. 그가 부처든 예수든 간에 기존의 종교는 인간존재의 완전성을 개인의 완전성 속에서 표상합니다. 이때 개인은 언제나 만남에 앞서 존재하는 자로서 전제되어 있으며, 만남과 무관하게 그 자체로서 완전한 존재라고 표상되고 있습니다. 즉 인간존재의 완전성이 만남 속의 서로주체성이 아니라 고립된 실체로서 간주된 홀로주체성의 완전성 속에서 표상되고 있는 것입니다. 그런 까닭에 기존의 종교는 사회로부터 고립된 추상적 인간의 완전성을 보여주고 가르칠 수는 있었지만, 사회적 삶의 완전성의 척도를 보여줄 수는 없었습니다.

3. 은폐된 하늘나라

이것이 얼마나 치명적인 결함인지는 초대 그리스도교의 사도들과 교부들도 잘 알고 있었습니다. 사도 바울로가 여기저기 흩어져 있었던 교회들에 보낸 편지를 보면, 그가 더러는 권고와 더러는 비판을 통해 초대교회(初代敎會)들을 온전한 신앙공동체로서 유지하기 위해 얼마나 치열하게 고민했는지를 잘 알 수 있습니다. 그러나 사도 바울로는 예수가 머지않아 재림하리라는 믿음을 굳게 가지고 있었으므로 때가 되면 사라질 교회 외부의 사회나 국가공동체의 온전함에 대해서는 아무것도 심각하게 생각하지 않았습니다. 그래서 그는 로마인들에게 보낸 편지에서 보듯이 위에 있는 국가권력과 굳이 불화하려 하지 말고 순순히 복종하라고 권하는가 하면, 주인과 노예의 지배와 피지배 관계에 대해서도 굳이 그에 대해 가치판단을 내리거나 전복하려 하지 않고 둘 사이의 정신적 태도를 변경할 것을 요구하는 데서 그쳤습니다.

하지만 예수가 떠난 지 수백 년이 지나도록 그가 다시 오지 않고 역사가 지속하면서 초대교회의 교부들은 교회와 세상의 관계에 대해 진지하게 묻지 않을 수 없었으니, 그런 정신적 노동의 기념비적 성취가 바로 아우구스티누스(Augustinus) 성인(聖人)의 대작인 『하느님의 나라』(Civitas Dei)입니다. 이 책에서 아우구스티누스는 하느님의 나라와 세상의 나라가 서로 어떻게 겹치고 나뉘는지 그리고 무엇이 위이고 무엇이 아래인지를 물었습니다. 그는 이를 통해 세상의 나라를 하느님의 나라 또는 하늘나라의 원리에 의해 규제하려 하였습니다. 그 이후 이처럼 하느님의 나라의 원리와 법칙에 의해 세속국가들의 정의와 불의를 판단하고 인도하는 것은 토마스 아퀴나스(Thomas Aquinas)를 거쳐 오늘날에 이르기까지 그리스도교의 전통으로 이어져오고 있습니다. 우리는 그런 한에서 교회가 단지 내면적 삶의 온전함만이 아니라 인간의 사회적 삶과 국가의 정의에 대해서도 지속적인 관심을 가져왔다고 말할 수 있을 것입니다.

그러나 과연 예수가 가르쳤고 사도들이 전승해주었으며, 아우구스티누스 같은 교부들이 체계화했던 하느님의 나라는 어떤 나라입니까? 사실 우리는 그것을 알지 못합니다. 왜냐하면 그것은 계시된 적이 없기 때문입니다. 아무리 예수가 하느님의 아들이라 불릴 정도로 완전한 존재였다 하더라도, 그를 통해서 계시된 것은 개인으로서 인간존재의 완전성일지는 모르나 결코 공동체 속에서 인간의 완전성이라고 말할 수는 없습니다. 그런 까닭에 그리스도교적으로 말해 예수 안에서 하느님이 계시되었다 하더라도, 결코 하늘나라가 계시되었다고 말할 수는 없습니다. 비록 예수의 가르침을 따르는 사람들의 공동체인 교회가 땅 위에서 하느님 나라의 전조라고 할 수 있지만, 교회가 그 자체로서 하느님 나라인 것은 아니기 때문입니다.[4]

물론 신학자들은 때로는 그리스도 자신이 공동체라고 가르칩니다. 본회퍼(Dietrich Bonhoeffer)에 따르면, "그분은 공동체로서 현존하시고 공동체 안에 현존하신다"[5]고 합니다. 이는 "하나님의 로고스가 시간과 공간 속에 뻗어 들어와 공동체로 존재하게 되었고 또 공동체 안에 존재하게 되었다는 뜻"[6]입니다. 하지만 아무리 신학자들이 "그리스도는 공동체

---

4 한스 큉, 이홍근 옮김, 『교회란 무엇인가』, 분도출판사, 1994, 69쪽 이하.
5 디트리히 본회퍼, 이종성 옮김, 『그리스도론』, 대한기독교서회, 1979, 79쪽.
6 같은 곳.

의 머리가 되실 뿐만 아니라 그분 자신이 공동체"[7]라고 주장한다 하더라도, 그 반대가 참이 되는 것은 아닙니다. 다시 말해 우리는 그리스도가 공동체라고 말할 수는 있어도 공동체가 그리스도라고 말할 수는 없습니다. 이 점에서 그리스도와 공동체 사이에는 엄연히 존재론적 차이가 성립합니다. 그리고 우리에게 계시된 것은 그리스도이지 공동체가 아닙니다. 그런 까닭에 아무리 신학자들이 그리스도가 온전한 공동체의 기초요 원리라고 주장한다 하더라도, 우리는 그리스도 안에서 결코 온전한 공동체로 나아가는 길을 찾을 수 없습니다.

신학자들이 그리스도가 온전한 공동체의 원리라고 주장할 때, 그들은 개인의 온전함이 그 자체로서 공동체의 온전함의 원리가 될 수 있다는 것을 암묵적으로 전제합니다. 그리고 이런 전제에 바탕하여 그리스도 안에서 인류 역사의 완성과 종말이 시작되었다고 주장하는 것입니다. 하지만 예수가 우리에게 계시한 인격이 그 자체로서 아무리 완전한 것처럼 보인다 하더라도, 우리가 거기서 완전한 공동체의 모습을 발견할 수는 없습니다. 그렇기는커녕 『신약성서』는 예수의 인격이 고매하면 고매할수록 불행하게도 그가 어떻게 세계와 불화하는지를 증거할 뿐입니다. 예수는 그 이전에는 우리가 일찍이 들어본 적이 없는 사랑의 복음을 선포하였고, 그를 따르는 사람들은 이것이 사람들 사이의 참된 만남과 온전한 공동체의 원리가 될 수 있다고 믿습니다. 하지만 이 믿음은 얼마나 깨지기 쉬운 것입니까? 왜냐하면 복음서의 기록에 따르면, 예수는 누구도 미워하지 않고 인간을 사랑했음에도 불구하고 그 사랑이 그를 언제나 다른 사람과의 참된 만남으로 이끌어주지는 못한 것처럼 보이기 때문입니다.

도리어 복음서가 증언하는 예수의 삶은 한마디로 말해 사랑 때문에 미움을 받고 버림을 받은 삶입니다. 사랑의 결실은 만남이 아니라 고독과 박해와 죽음이었던 것입니다. 예수는 유대의 종교인들과 권력자들에게

---

7 같은 책, 80쪽.

미움을 샀을 뿐만 아니라 그를 메시아라고 믿고 따르던 민중에게 버림을 받았으며, 마지막에는 가장 사랑하던 제자들 가운데 하나인 가룟 유다(Iscariot Judas)에 의해 적에게 넘겨졌습니다. 그리고 그가 십자가에 달렸을 때, 남은 제자들은 절망 가운데서 그를 떠나버렸습니다. 복음서는 그런 가운데서도 예수를 떠나지 못했던 여자들에 대해 이야기하고 있으나, 그것만으로는 예수와 그 여자들 사이에 참된 만남이라고 부를 만한 관계가 성립하는지 아닌지 우리로서는 알 길이 없습니다. 분명한 것은 예수가 보여준 사랑이 만남을 위해서는 특별히 쓸모 있는 것이 아니었다는 사실입니다.

이런 의미에서 『신약성서』는 표면적으로는 우리에게 "서로 사랑하라"[8]를 새로운 계명으로 요구하고 예수가 사랑으로 세상을 이겼노라고[9] 선포하지만, 그 이면에서 사랑에 대한 은밀한 실망과 좌절을 완전히 감추지는 못합니다. 공관복음서(共觀福音書)에서 공통적으로 나타나는 말세의 환란에 대한 예언에서 예수가 제자들에게 "너희들이 나의 이름으로 인하여 모든 민족들에게 미움을 받을 것이라"[10]고 경고한 것이 예수의 말이었든 아니었든지 간에, 그 말이 제자들과 초대교회 기독교인들의 불안감의 표현이기도 했으리라는 것은 의심의 여지가 없습니다. 제자들의 입장에서 보자면 스승이 그들을 사랑했듯이 그들 역시 이웃과 세상을 사랑해야 마땅하겠지만, 그 끝없는 사랑에도 불구하고 아니 바로 그 사랑 때문에 스승이 박해를 받았듯이 자기들 역시 세상으로부터 미움을 받고 박해를 받을 수밖에 없으리라는 불안을 떨쳐버릴 수 없었던 것입니다. 그것은 이웃사랑이 결코 이웃과의 참된 만남을 보장해주지 못한다는 불안감, 아니 도리어 이웃사랑 때문에 이웃으로부터 미움을 받고 박해를 받을 수도 있다는 불안감입니다. 그리하여 그리스도교는 그 시원에서부터 한편에서

---

8 「요한복음」, 13 : 34.
9 같은 책, 16 : 33.
10 『신약성서』, 「마태오」 24 : 9. 또한 「마르코」 13 : 9, 「루카」 21 : 12 참조.

는 사랑이 세상을 이겼다는 믿음과, 다른 한편에서는 사랑 때문에 미움을 받았다는 패배감 사이에서 불안하게 동요합니다. 그리고 그리스도교가 2000년 교회의 역사 속에서 그 동요를 끝내 극복하지 못했다는 것은 교회의 이름으로 저질러진 폭력의 기록들을 보면 잘 알 수 있습니다.

그런데 우리가 굳이 계시종교의 한계를 지시하는 것은 그리스도교를 비난하거나 음해하기 위해서가 아닙니다. 그리스도교가 사랑으로 세상을 이겼다는 믿음과 사랑 때문에 세상으로부터 박해를 받는다는 불안 사이에 동요한다는 것, 이것이 어떻게 단지 신앙의 곤경이겠습니까? 그것은 동시에 모든 이상주의적인 정치의 곤경이기도 합니다. 하늘나라란 대개 종교적 믿음의 대상으로 치부되지만, 생각하면 이는 부당하고도 어리석은 태도입니다. 현실의 국가를 보다 완전한 나라로 이끌어가려면, 어떤 이상적인 척도가 반드시 있어야만 합니다. 플라톤이 이상국가를 그린 것도 그것 때문입니다. 하지만 플라톤이 처음 그런 시도를 한 이후 수많은 철학자들이 이상적인 나라의 설계도를 그리려 했지만 누구도 그 일에 성공한 사람은 없었습니다. 그 까닭은 누구도 그런 나라를 본 적이 없기 때문입니다. 이상적인 나라가 하나인 전체로서 현전한 적이 없었기 때문에 철학자들은 어디까지나 그들 자신의 파편적 경험들을 합성하여 이상적인 나라를 설계하는 수밖에 없었습니다. 하지만 그들의 경험이 언제나 불완전한 국가에 대한 경험에 지나지 않았으므로, 그런 경험들을 모아 만든 나라들의 설계도 역시 현존하는 국가의 불완전성을 극복할 수 없었습니다. 인간의 상상력이 아무리 창조적이라 하더라도, 우리는 오직 미리 본 것에 기초해서만 보지 못한 것을 상상할 수 있습니다. 이성도 마찬가지입니다. 우리가 아무리 이상적인 나라를 머릿속에서 자유로이 구성한다 하더라도 결국 그것은 우리가 보았던 국가에 대한 경험에 기초할 수밖에 없으니, 자유로운 합성을 통해 개별 국가들의 한계를 아무리 보완한다 하더라도 그것만으로는 현존하는 국가 일반의 한계를 근본에서 지양할 수는 없습니다. 오직 기존 국가들의 한계를 초월하는 전혀 새로운 나라, 그렇게 초월적이라는 의미에서 하늘나라가 우리에게 계시될 때, 비로소 우리는 그 나라를 모범과 척도로 삼아 현실의 국가를 보다 더 높은 차원으로 이끌어 올릴 수 있는 것입니다.

4. 5·18민중항쟁과 하늘나라의 계시

우리가 5·18민중항쟁이 계시로서의 역사였다고 말하는 것은 그것이 바로 이런 의미에서 현존하는 모든 국가의 한계를 단숨에 뛰어넘는 전혀 새로운 나라를 우리에게 보여주었기 때문입니다. 물론 1980년 5월 18일부터 단 열흘 동안의 광주를 가리켜 하나의 국가가 현실적으로 세워진 것이라고 말할 수는 없습니다. 하지만 바로 그런 까닭에 우리는 그것을 가리켜 나라 그 자체가 아니라 나라의 계시라고 말하는 것입니다. 계시가 이루어져야 할 이념을 미리 보여주는 것인 한에서, 지속적인 현실 그 자체일 수 없다는 것은 도리어 당연한 일입니다. 예수가 죽음의 순간에 다 이루었다고 말했듯이, 모든 계시는 그 정점에 도달하는 순간 종결될 수밖에 없습니다. 하지만 그렇게 짧은 시간 동안 예외적인 방식으로 우리 앞에 나타났던 나라였다고 해서 계시로서 그것의 가치가 손상되는 것은 아닙니다. 길든 짧든 간에 그 속에서 새로운 나라의 이념이 얼마나 또렷하고도 순수하게 나타났느냐 하는 것이 중요한 것입니다.

그렇다면 5·18민중항쟁의 그 열흘은 이런 의미에서 우리가 일찍이 경험하지 못했던 전혀 새로운 나라, 그런 의미에서 하늘로부터 내린 나라, 또는 하늘나라의 현현이 아니었습니까? 5·18민중항쟁은 인간의 모든 계산과 예측을 뛰어넘는 사건의 연속으로서 기적이라고밖에 표현할 수 없는 사건이었습니다. 5·18민중항쟁의 열흘 동안에도 인간의 불완전성을 보여주는 일들이 있었지만, 이것이 5·18민중항쟁의 계시적 측면을 손상하지는 않습니다. 빛이 비치는 질그릇이 아니라 그 질그릇에 비치는 빛이 우리가 증언해야 할 계시라면, 질그릇의 허물이 아니라 거기 비친 빛의 순수함이 계시의 참됨을 좌우할 것이기 때문입니다. 그런데 5·18민중항쟁의 열흘 동안 우리가 아무리 많은 허물을 찾아낸다 하더라도, 전체로서 그 열흘이 하나의 기적이었다는 것이 부정될 수는 없습니다. 우리가 5·18민중항쟁을 단순한 기적이라고만 표현하지 않고 계시라고 부르려는 까닭은 그것이 단순히 다른 것 또는 기이한 것의 출현이 아니라 새로운 이상과 척도의 나타남이었기 때문입니다. 즉 그것은 우리가 그렇게도 오랫동안 기다려온 새로운 나라의 계시였던 것입니다.

그동안 많은 사람들이 5·18민중항쟁의 열흘을 나라라고 부르기보다는 공동체라고 불렀습니다. 그 까닭은 두말할 필요도 없이 그 열흘이 나라라고 부르기에는 시간적으로 너무 짧고 또 공간적으로 너무 작았기 때문일 것입니다. 하지만 누구도 그 공동체가 세속과 일상의 척도를 초월하는, 가히 완전한 공동체였다는 사실을 부정하지는 못합니다. 그래서 사람들은 그것을 즐겨 절대공동체라고 부르는 것입니다.[11] 그 공동체가 현실의 국가나 나라라고 부르기에는 너무 짧고 작았고 그 내적 형식에서 현실국가에서 볼 수 있는 제도와 기구를 갖추고 있지 않았다 하더라도, 그것이 새로운 나라의 계시가 되지 말라는 법은 없습니다. 계시의 본질은 언제나 사건 자체가 아니라 사건을 통해 드러나는 이념이기 때문입니다. 이는 마치 고대 그리스의 아테네에서 실현되었던 급진적인 민주주의와 시민의 자유가 오로지 남자 시민에게만 국한되어 있었다고 해서 그 가치가 손상되지 않는 것과 마찬가지입니다. 그 이후 인류는 아테네에서는 오직 제한된 사람들에게만 허락되었던 자유를 모든 사람에게로 확대하기 위해 애써왔으니, 아테네의 시민적 자유는 모든 국가가 추구한 하나의 척도였던 것입니다. 이런 사정은 1980년 5월 광주의 경우에도 마찬가지입니다. 만약 우리가 5·18광주에서 실현되었던 그 절대적인 공동체를 보편화하여 모든 나라가 언제나 따를 수 있는 모범으로 받아들일 수 있다면, 우리는 그 공동체를 통해 이제 우리가 추구해야 할 새로운 나라의 이상과 척도가 계시되었다고 말해도 좋을 것입니다.

그런즉 우리가 증언해야 할 것은 바로 그때 그곳에서 우리에게 계시된

---

11 최정운, 『오월의 사회과학』, 풀빛, 1999, 95쪽 이하.

나라입니다. 5·18광주는 고립된 섬이었습니다. 그리고 그 섬은 수난의 섬, 환란의 '바위섬'이었습니다. 그러나 언제나 가장 깊은 고통의 심연에서만 정신은 숭고하게 고양되고, 가장 캄캄한 어둠 속에서만 진리의 빛은 번개처럼 내리는 것이니, 그 섬은 마치 사도 요한에게 새 예루살렘이 계시되었던 파트모스 섬처럼 새로운 나라의 진리가 계시된 거룩한 섬이었습니다. 하지만 더 정확하게 말하자면, 5·18광주야말로 사도 요한이 파트모스 섬에서 보지 못했던 참된 하늘나라의 계시였습니다. "이제 하느님의 집은 사람들이 사는 곳에 있다. 하느님은 사람들과 함께 계시고 사람들은 하느님의 백성이 될 것이다."[12] 이것이 사도 요한이 파트모스 섬에서 들었던 계시의 말씀이었습니다. 하지만 사도 요한에게 계시되었던 새 예루살렘은 아무런 질료적 바탕이 없는 계시로서 한갓 환상에 지나지 않았습니다. 그런 의미에서 그 계시는 계시로서 현현한 예수와 동등한 것이 아닙니다. 더 나아가 사도 요한이 계시 가운데서 보았던 새 예루살렘은 한갓 보석 덩어리에 지나지 않는 것으로서, 참된 의미에서 이상적인 나라의 계시라고 할 수도 없습니다. 왜냐하면 나라는 사물들의 합성체가 아니라 만남의 공동체이기 때문입니다. 하지만 5·18광주는 사람과 사람이 만나 이루어낸 공동체였으니, 참된 의미에서 새로운 나라의 계시였던 것입니다.

우리가 증언해야 할 것은 바로 그 나라입니다. 하지만 우리가 만난 그 나라는 어떤 나라였습니까? 생각하면, 5·18민중항쟁이 일어난 지 30년이 되도록 이것은 아직 분명히 말해진 적이 없습니다. 무언가 전대미문의 일이 일어났는데, 이전에 전혀 보지 못했던 빛이 우리에게 비쳤는데, 과연 그 빛의 정체가 무엇인지 그 빛을 본 우리 자신이 온전히 깨닫지 못하고 짧은 혀로 다만 자기에게 비친 빛의 조각들을 증언해온 것이 지난 30년 세월이었습니다. 그럴 수밖에 없었던 까닭은 우리에게 비쳤던 그 빛이 너무도 눈부시고 새로웠기 때문입니다. 예수가 제자들을 떠난 뒤 수십 년

---

12 「요한계시록」, 21: 3.

이 지난 뒤에야 비로소 복음서가 씌어질 수 있었던 것처럼, 그때로부터 30년이 지나 이제 우리가 계시의 직접성으로부터 한 걸음 물러서 그 계시를 반추하고 성찰할 수 있는 거리 속에 있는 지금이야말로 그 새로움이 무엇인지를 온전히 깨닫고 그것을 하나의 전체상 속에서 증언할 수 있는 때일 것입니다.

5. 완전한 만남의 이념

그렇다면 30년 전 이 땅의 파트모스 섬에서 계시된 그 나라의 새로움이 무엇이었습니까? 그것은 부정적으로 말하자면, 5·18민중항쟁이 처음으로 지금까지 우리가 알고 있는 모든 나라의 이념을 지양했다는 데 있습니다. 예수가 사랑으로 율법을 지양하여 새로운 종교의 기초를 놓았던 것처럼, 5·18민중항쟁은 하나의 새로운 나라의 이념을 통해 지금까지 인류가 알고 있었던 모든 나라의 이념을 뛰어넘어버렸습니다. 지금까지 인류가 알고 있었던 나라의 이념은 한마디로 표현하자면 정의의 이념이었습니다. 정의는 권리의 균형상태를 의미합니다. 각자의 권리가 균형상태에 있도록 해주는 정의의 원리가 바로 법입니다. 이런 점에서 로마인들 사이에서 법과 정의 그리고 권리가 동일한 낱말인 'ius'로 표현된 것은 우연이 아닙니다. 그런데 이 정의와 권리의 개념은 본질적으로 홀로주체로서 인간들 사이의 관계를 규정하는 원리입니다. 모든 시민은 법적 주체로서 각자의 몫을 지니고 있습니다. 이 몫이 권리의 내용인데, 그것을 온전히 지켜주는 것이야말로 이상적인 나라의 정의인 것입니다. 그러므로 이런 나라의 완전성은 주관적으로 보자면 권리의 주체로서 각 시민이 그에게 속한 몫이 온전히 확보되었다고 느낄 때 충족되며, 객관적으로 보자면 그렇게 주어진 각자의 몫이 다른 사람의 몫과 충돌하거나 다른 사람의 몫을 침해하지 않고 균형을 이룰 때 이루어집니다. 하지만 여기서 균형이란 단지 사람과 사람 사이의 외적인 관계로서, 그 자체로서는 사람들 사이의 내면의 결속을 요구하지는 않습니다. 설령 우리 모두가 서로에 대해 무관심한 타자로 머문다 하더라도, 권리가 균형을 이루는 것은 원칙적으로 얼마든지 가능합니다. 생각하면, 정의의 기초인 법은 원칙적으로 시민들을 서로 무관하고 무관심한 타자라고 가정한 뒤에 그들 사이의 권리의 균형을 규정하는 원리인 것입니다. 그러므로 이런 나라의 완전성은 본질적으로 보자면 사람과 사람 사이의 인격적 관계가 아니라 사람과 사물 사이의 주체-객체 관계에 입각하고 있습니다. 요컨대 지금까지 국가의 이념은 홀로주체로서 시민의 이념에 근거하고 있었던 것입니다.

이런 의미에서 지금까지 인류가 추구해온 이상적인 국가의 한계는 세계종교가 추구해온 인간성의 이상이 지닌 한계와 본질적으로 다르지 않습니다. 내용적으로 보자면 삶의 완전성에 대한 정치적 이념과 종교적 이념은 정반대로 대립합니다. 정치가 가르치는 인간 삶의 완전성은 권리의 자기주장에 입각하고 있는 반면, 종교가 가르치는 완전성은 도리어 사랑의 자기부정에 존립하고 있기 때문입니다. 이런 차이에도 불구하고 그 둘은 법적 주체로서 시민을 다루든지 아니면 추상적인 인간을 다루든지 간에 형식적으로 모두 인간을 홀로주체로서 상정하고 인간의 완전성 또는 국가의 완전성을 논한다는 점에서는 마찬가지입니다. 그런 까닭에 순수한 권리의 이념도 순수한 사랑의 이념도 완전한 나라의 기초가 될 수 없습니다. 왜냐하면 국가는 만남 위에 존립하는 공동체인데, 권리의 자기주장이든 사랑의 자기희생이든 간에 일면적이기는 마찬가지이기 때문입니다. 권리의 자기주장은 그 자체로서는 타자를 배제하고 사랑의 자기희생은 전체를 위해 자기를 부정하는 것이므로, 이 두 원리가 극단적 순수성 속에서 나타날 경우 어떤 만남도 일어날 수 없습니다. 왜냐하면 만남은 자기와 타자 사이에서 일어나는 일인데, 권리와 희생이 극단화되면 거기엔 자기만이 있거나 아니면 타자적 전체로서의 국가만이 있을 뿐이기 때문입니다. 한편의 극단은 시민들 사이의 전쟁상태를 초래하고, 다른 한편의 극단은 국가 전체를 위한 개인의 전면적 희생을 요구할 것입니다. 물론 현실국가 속에서 권리의 원리와 희생의 원리는 혼재되어 있어서, 모든 국가는 적절하게 둘 사이의 균형을 추구합니다. 하지만 권리와 희생 사이

152

의 줄타기는 다만 현실국가의 어쩔 수 없는 곤경의 나타남일 뿐, 그 자체로서는 이상적인 만남의 공동체로서의 나라에 대한 아무런 전망도 열어줄 수 없습니다.

그렇다면 5·18민중항쟁을 통해 우리에게 계시된 나라는 이와 어떻게 달랐습니까? 부정적으로 말하자면 그것은 일면적인 사랑이나 희생의 원리에 입각한 공동체가 아니었습니다. 그것은 한편에서는 목숨을 걸고 싸워야 할 악과의 대립 속에서 생성된 나라였으니 일면적인 양보와 사랑의 원리에 입각하고 있지 않습니다. 마찬가지로 모든 시민이 공동체 전체를 위해 자기를 무조건적으로 부정하는 희생의 원리가 당시 5·18공동체를 유지해준 구성원리도 아니었습니다. 이런 점에서 만약 우리가 5·18공동체를 가리켜 개인의 자의식이 집단의식 속에서 완전히 지양되어버렸다는 의미에서 절대공동체라고 부른다면, 이는 5·18민중항쟁을 왜곡하는 처사일 뿐입니다. 외부로부터 고립된 상태에서 계엄군의 야만적인 폭력 아래 있었던 광주 시민들이 너 나 할 것 없이 공동운명체라고 느꼈으리라는 것은 너무도 자연스러운 일입니다. 그리고 공수부대원들에 대항하여 제일선에서 목숨을 걸고 같이 싸웠던 시민들이 일종의 무아지경과도 같은 집단의식을 느꼈으리라는 것도 충분히 이해할 수 있는 일입니다. 하지만 그것은 5·18민중항쟁에서 우리가 볼 수 있는 하나의 측면에 지나지 않습니다. 그 하나의 측면으로 5·18민중항쟁을 모두 규정하기에는 5·18광주의 시민들은 충분히 서로 달랐고, 충분히 개별적이고도 주체적이었으며 또한 충분히 이성적이었습니다. 우리가 5·18민중항쟁에 경탄하는 것은 그것이 개인의 주체성이나 자의식이 집단의식 속에서 증발해버렸을 정도로 획일적이었기 때문이 아닙니다. 도리어 정반대로 그토록 극단적인 아비규환 속에서도 사람들이 광기나 맹목에 빠지지 않고 냉철한 이성을 발휘했으며, 혼란 중에서도 양심의 목소리를 듣고, 전투의 와중에서도 적에 대해서조차 인류애를 잃지 않았던 것이야말로 우리를 경탄하게 만드는 것입니다. 하지만 이 모든 것은 맹목적 자기희생과는 관계가 없는 것으로서 오히려 지극한 자아의식과 긍지의 발로입니다.

그러나 1980년 5월 광주 시민들이 보여준 긍지와 자아의식은 홀로주체의 단순한 자기주장과도 다릅니다. 5·18민중항쟁에서 우리가 볼 수있는 시민들의 행동은 어떤 경우에도 개인의 이익과 권리를 지키기 위한행동으로 다 설명할 수 없습니다. 너무 자주 그것은 불가사의요, 기적이라고밖에 말할 수 없는 의외성의 연속이었기 때문입니다. 예를 들면 다음날 새벽에 계엄군이 다시 광주 시내로 진입해 들어올 것이 분명해진 5월26일, 그러니까 도청이 함락되기 바로 전날 밤에 시민수습위원 가운데한 사람이었던 이종기 변호사는 몸을 씻고 새 옷을 갈아입은 뒤, 시민수습위원으로서 책임을 다하지 못해 젊은이들이 이제 죽게 되었으니 자기도 같이 죽겠다고 말하면서 도청으로 들어왔습니다.[13] 그는 이른바 온건파에 속하는 사람으로서 결사항쟁에 반대했으니, 이제 도청에서 어쩌면 마지막 밤을 보내야 하는 젊은이들의 운명에 대해 책임을 느껴야 할아무런 합리적 이유도 없는 사람이었습니다. 그럼에도 그가 그들과 같이 죽기 위해 도청으로 들어온 것에 대해 과학적 정신과 실증적 정신 그리고 공리적 정신은 우리에게 아무것도 해줄 수 있는 말이 없습니다. 그런데 이처럼 자기의 이익이나 자기의 권리를 돌보지 않는 결단이야말로5·18민중항쟁을 바로 그것답게 만드는 것으로서 5·18공동체의 본질에속하는 것입니다.

5·18민중항쟁에서 계시된 나라의 근본이 일면적 희생도 아니면서 동시에 일면적 권리주장도 아니라면, 그 나라의 진리는 무엇이겠습니까?그것은 만남 그 자체입니다. 5·18민중항쟁이 참된 만남을 가장 온전한방식으로 표현하고 실현한 사건이었다는 것이야말로 그것을 우리가 하늘나라의 계시로 받아들일 수 있는 까닭입니다. 왜냐하면 나라는 만남의총체인 까닭에 나라의 온전함은 오직 만남의 온전함에 존립하기 때문입니다. 완전한 만남이란 궁극적인 만남입니다. 그것은 만남 이외의 다른목적에 종속하는 도구적인 만남이 아니라 오로지 만남의 내적 성실함과

---

13 한국현대사사료연구소 엮음, 『광주오월민중항쟁사료전집』, 풀빛, 1990, 208쪽.

외적 확장만을 지향하는 만남, 그리하여 만남 자신이 궁극적인 목적인 그런 만남입니다.

물론 5·18민중항쟁은 만남이 아니라 어떤 외적인 계기에 의해 일어난 사건입니다. 그것은 외부의 폭력에 저항하면서 촉발된 사건이며 자유와 민주주의를 위해 봉기하면서 시작된 사건입니다. 하지만 그렇다고 해서 만약 5·18민중항쟁이 단순히 폭력에 저항한 사건으로 그쳤거나 시민적 자유와 민주주의를 위해 싸운 사건으로만 그쳤더라면, 우리는 그것이 아무리 영웅적인 항쟁의 역사였다 하더라도 그것을 두고 하늘나라의 한 계시였다고 말하지는 못했을 것입니다. 왜냐하면 그런 것이었더라면 우리가 5·18민중항쟁을 두고 "이 세계 안에서 우리가 경험할 수 있는 것과는 근본적으로 다른 것, 새로운 것, 피안의 것이 나타남"이라고 말하는 것은 허세에 지나지 않을 것이기 때문입니다. 폭력에 항거하고 자유와 민주주의를 위해 싸우는 것은 어디서나 볼 수 있는 정치적 사건이기 때문입니다.

5·18민중항쟁의 초월적 가치는 그것이 정치적 사건에서 시작하여 정치적 사건을 넘어간 데 있습니다. 다시 말해 정치적 문제에 대해 정치를 초월한 방식으로 대응했다는 데 5·18민중항쟁만이 지니는 독보적 가치가 있는 것입니다. 하지만 이를 통해 5·18민중항쟁은 정치를 폐지한 것이 아니라 도리어 이전까지 우리가 알지 못했던 정치의 본질적 진리를 드러내었으니, 그것이 바로 만남입니다. 정치는 권리주장에 기초를 둔 것도 자기희생에 기초를 둔 것도 아닙니다. 정치는 오직 너와 내가 만나 우리가 되는 행위요, 사건입니다. 5·18민중항쟁은 그것을 가장 또렷이 드러냄으로써 그 이전까지 모든 일면적인 홀로주체성의 이념에 입각한 정치의 개념을 뛰어넘어버렸습니다.

그럴 수 있었던 것은 5·18민중항쟁이 비정치적 사건이었기 때문이 아니라 도리어 가장 극단적인 정치적 사건이었기 때문입니다. 정치적 의식과 행위가 가장 극단에 이르렀을 때, 비로소 정치의 숨겨진 진리가 계시되었던 것이 5·18민중항쟁의 역사입니다. 다시 말해 광주 시민들이 그

야만적인 폭력에 굴종하지 않고 자유를 지키기 위해 자기의 모든 것을 걸고 싸우기 시작했을 때, 비로소 자유라는 정치적 이상의 본질적 진리가 한갓 권리의 자기주장이 아니라 만남이라는 것이 온전히 계시되었습니다. 오직 만남 속에서만 자유의 참된 실현이 가능하며, 거꾸로 우리가 억압에 저항하고 자유를 요구하는 까닭도 참된 만남을 위해서라는 것이 5·18광주에서 명확히 우리에게 드러났습니다. 그것은 간단히 말하자면, 자유와 만남이 동전의 앞뒷면처럼 공속한다는 진리입니다. 스피노자는 『신학-정치론』에서 고전적 국가의 이념을 정식화하여 "국가의 참된 목표는 자유"(Finis ergo reipublicae revera libertas est)[14]라고 말했습니다. 하지만 그 자유의 진리가 만남이라는 것, 만남이 자유의 전제인 동시에 자유의 목표이기도 하다는 것 그리고 이런 의미에서 자유 없이 만남이 없고 만남이 없이 자유가 없다는 것은 5·18민중항쟁 이전에는 누구에게도 명확히 인식된 적이 없었습니다.

모든 계시는 계시되기 전까지는 상상조차 할 수 없이 은폐되어 있었던 것이지만, 계시된 뒤에는 도리어 당연하고 자명하게 받아들여지는 진리입니다. 자유의 본질이 만남이라는 것도 마찬가지입니다. 자유는 자기형성에 존립합니다. 하지만 자기가 과연 무엇입니까? 나는 오직 너와의 만남 속에서 더불어 우리가 됨으로써만 내가 됩니다. 그런 까닭에 나는 오직 누군가와의 만남을 통해 세상에 오고 그 만남 속에서 내가 됩니다. 그런즉 나를 형성한다는 것은 우리를 형성한다는 것, 곧 너와 나의 만남을 형성한다는 것과 정확하게 같은 말입니다. 이것이 바로 서로주체성의 진리입니다. 하지만 이 진리는 자유와 주체성의 개념이 극한에 이르기 전까지는 은폐되어 있었습니다. 오직 상상할 수 없는 극단적 폭력에 의해 자유가 억압되고 그 폭력에 대해 마찬가지로 상상할 수 없는 영웅적 용기로 저항하기 시작했을 때, 그 비할 나위 없는 주체성 속에서 비로소 자유와 주체성의 은폐되었던 본질적 진리가 빛 가운데 계시되었던 것입니다.

---

14 Baruch Spinoza, *Tractatus theologico-politicus*, C.XX.

5·18민중항쟁은 인간존재의 완전성이 만남에 앞서 실체적으로 주어지는 것이 아니라 오직 만남 속에서 생성되는 것임을 계시해주었습니다. 5·18민중항쟁 속에서 우리가 인간존재의 어떤 완전성을 발견한다면, 그것은 특별히 고상한 인격을 소유한 개인의 완전성이 아닙니다. 거꾸로 광주는 어떻게 이름 없는 사람들이 만남 속에서 고귀해지는가를 보여주는 가장 눈부신 계시였습니다. 그런 점에서는 윤상원부터 이름 모를 거리의 여인들까지 5·18민중항쟁을 그것 되게 만들었던 모든 사람이 다 마찬가지입니다. 거기에 처음부터 예수나 부처 같은 사람은 없었습니다. 다만 성실한 만남이 그들을 모두 예수와 부처로 만들었을 뿐입니다. 그렇게 참된 만남을 통해 이름 없는 사람들이 참된 인간으로 거듭날 수 있었다는 것, 바로 이것이야말로 우리가 5·18민중항쟁에 대해 증언해야 할 마지막 진실일 것입니다.

6. 에필로그: 「다시 남한강 상류에 와서」

그렇다면 어떻게 하여 하필 그날 광주에서 그 놀라운 빛이 우리에게 내렸습니까? 우리가 무엇이기에 진리가 은혜로 계시되었습니까? 어쩌면 이 물음에 대해서는 백 마디의 철학적 대답 대신에 다음의 시 한 편이 더 좋은 대답이 될 것입니다.

다시 남한강 상류에 와서

신경림

헐벗은 가로수에 옹기전에 전봇줄에
잔비가 뿌리고 바람이 매달려 울고
나는 진종일 여관집 툇마루에 나와
잿빛으로 바랜 먼 산을 보고 섰다

배론땅은 여기서도 삼십 리라 한다
궂은 날 여울목에서 여자 울음 들리는
강 따라 후미진 바윗길을 돌라 한다
목 잘린 교우들의 이름 들을 적마다
사기가마 굳은 벽에 머리 박고 울었을
황사영을 생각하면 나는 두려워진다
나라란 무엇인가 나라란 무엇인가고
친구들의 목숨 무엇보다 값진 것
질척이는 장바닥에 탱자나무 울타리에
누룩재비 참새떼 몰려 웃고 까불어도
불과 칼로 친구들 구하려다
몸 토막토막 찢기고 잘리고 씹힌
그 사람 생각하면 나는 무서워진다
번개가 아우성치고 천둥이 울부짖을 때
추자도 제주도 백령도로 쫓기며
그 아내 원통해 차마 혀 못 깨물때
누가 그더러 반역자라 하는가
나라란 무엇인가 나라란 무엇인가고
헐벗은 가로수에 옹기전에 전봇줄에
잔비가 뿌리고 바람이 매달려 우는
다시 남한강 상류 궁벽진 강촌에 와서
그 아내를 생각하면 나는 두려워진다
내 친구를 생각하면 나는 무서워진다[15]

   여기서 시인은 1979년 그 암울했던 유신독재의 끄트머리에서, 1801년
신유교난(辛酉敎難)의 그 끔찍한 박해를 회상하며 나라란 무엇인가 하고

---

15 신경림, 『신경림 시전집 1』, 창비, 2004, 114쪽 아래.

묻고 있습니다. 생각하면, "나라란 무엇인가, 나라란 무엇인가"라고 물은 것이 어찌 1801년 신유교난 때 황사영(黃嗣永)과 천주교 교우들뿐이었겠습니까? 그것은 그 이후 200년 동안 나라 아닌 나라의 폭력에 죽음을 무릅쓰고 항거했던 이 땅의 모든 선량하고 고귀한 영혼들이 피눈물로 묻고 또 물었던 물음이었을 것입니다. 그리고 1980년 5월 빛고을은 그 오랜 물음에 대한 역사의 응답이었을 것입니다. 그 대답을 바르게 듣는 것 그리고 미래를 위해 증언하는 것은 이제 살아남은 우리 모두의 의무일 것입니다.

제5장 국가와 폭력[1]
__주권폭력에 대하여

1. 5·18과 폭력의 의미에 대한 물음

5·18을 생각한다는 것은 폭력에 대해 생각한다는 것을 뜻합니다. 5·18은 폭력의 역사였습니다. 그것은 폭력에서 시작하여 폭력으로 끝난 사건이었습니다. 이는 단순히 외적으로 폭력적인 상황이 1980년 5월 광주에서 벌어졌다는 것만을 뜻하지 않습니다. 폭력은 5·18을 5·18이 되게 만들어주는 것, 곧 5·18의 본질에 속하는 한 요소입니다. 그러므로 5·18의 뜻을 묻는 것은 우리의 삶과 역사에서 폭력의 뜻을 묻는 것과 분리될 수 없습니다.

하지만 5·18에 본질적으로 속하는 그 폭력은 누구의 폭력입니까? 그것은 국가의 폭력입니다. 5·18은 국가의 폭력과 함께 시작된 사건이기 때문입니다. 그러므로 5·18을 생각하는 것이 폭력에 대해 생각하는 것이라면, 그것은 정확히 말해 국가의 폭력 또는 국가의 폭력성에 대해 생각하는 것을 의미합니다. 5·18 당시 폭력의 첫 번째 주체였던 계엄군은

---

1 이 글은 2010년 9월 15일 조선대에서 '2010 인문주간' 행사의 하나로 열린 학술 포럼에서 발표되었다. 당시 결론이 완결되지 않은 채 미완성으로 발표되었던 글을 다듬고 완성하여 여기 처음 싣는다. 행사에 초대하여 발표의 기회를 주었던 조선대 인문학연구소 소장 이재영 교수께 감사드린다.

우리가 잘 알고 있듯이 그 당시 불법적으로 국가권력을 장악하고 있던 신군부가 보낸 군대였습니다. 이 점에 주목한다면, 그들은 실제로는 사회 질서를 유지하도록 국가로부터 정당한 권력을 위임받은 계엄군이 아니라 반란군에 지나지 않는 집단이었습니다. 광주 시민들은 이미 그 당시에 이 사실을 꿰뚫어 보고 있었고 기회 있을 때마다 이 사실을 드러내려 했습니다. 그들이 계엄군에 맞서 집요하게 태극기와 애국가를 수호하려 했다는 사실은 광주 시민이 대한민국이라는 국가의 주권을 정당하게 표현하고 실현하고 있으며, 도리어 계엄군이야말로 국가의 정당한 주권과는 아무런 상관도 없는 반란군이요 폭도에 지나지 않는다는 것을 적어도 상징적 차원에서만이라도 분명히 못 박아두려 했던 것이라고 이해할 수 있습니다.

계엄군이 실질적으로는 반란군에 지나지 않았다는 사실은 사건 자체가 종료된 이후 5·18에 대한 해석에서도 반복해서 강조되어왔습니다.[2] 그것은 광주 시민들이 맞서 폭력적으로 싸우고 저항했던 그 군대가 정당한 국가의 군대라면, 그에 저항해서 싸웠던 광주 시민들이 폭도가 될 수밖에 없다는 논리적 곤경을 벗어나기 위해서도 반드시 필요했던 대항논리였다고 할 수 있습니다. 왜냐하면 한국사회에서 뿌리 깊은 국가주의적 관점에서 보자면, 국가에 대해 폭력적으로 저항하는 행위 자체가 있을 수 없는 반역이나 반란행위로 간주되기 때문입니다. 국가가 보낸 군대에 대해 총을 들고 저항한 것이 정당한 행위가 되기 위해서는 먼저 국가의 군대 자체의 정당성을 부정하지 않으면 안 된다는 추론이, 광주 시민들로 하여금 부지불식간에 5·18에서 자행된 계엄군에 의한 폭력의 궁극적 주체를 국가 자체가 아니라 국가의 주권을 참칭한 신군부라는 반란군 집단으로 규정하려는 심리적 경향으로 나타났다고 보아도 크게 잘못된 해석

---

2 다른 무엇보다 2008년 말 처음 나온 초등학생용 및 중·고등학생용 『5·18민주화운동』 교과서를 보라. 이들 교과서는 폭력의 직접적 주체를 계엄군으로 표시하면서 그 배후의 주체를 "일부 정치군인" 또는 "신군부"로 지칭하고 있다.

은 아닐 것입니다. 그런데 이 경우 국가의 무조건적인 정당성은 의심되지 않고 자명한 것으로서 받아들여집니다. 계엄군이 저지른 폭력과 불의는 국가 자체가 아니라 국가권력을 불법적으로 찬탈한 신군부집단에게 귀속될 뿐입니다. 그리하여 국가는 언제나 신성불가침한 권력의 주체로서 남고 오직 불법적으로 국가권력을 찬탈한 개인들만이 불의한 폭력의 주체로서 비난을 받을 뿐입니다. 국가가 아니라 일부 정치군인들, 더 정확하게 말하자면 경상도 출신의 정치군인들이 그 엄청난 폭력에 책임을 져야 할 최종적 주체가 되어버리는 것입니다.

다른 한편에서 보자면, 이런 신군부의 폭력성과 불법성은 그들에게 총을 들고 저항했던 광주 시민들의 순수성과 대비되어 더욱 증폭됩니다. 그 순수성이란 광주 시민들의 저항이 내면적으로는 공산주의적 이념과 무관하며, 외면적으로는 북한의 사주와 전혀 무관하다는 사실을 말합니다. 이것 역시 5·18 당시에도 광주 시민들에 의해 명확하게 자각되고 있었던 사실입니다. 광주 시민들은 자기들이 폭도가 아니라는 것뿐만 아니라 공산당이 아니라는 것을 반복해서 확인하려 했습니다. 그것은 그들이 국가에 의해 폭력적으로 박해를 받아야 할 아무런 이유가 없다는 것을 분명히 밝힘으로써 자신들의 폭력적 저항이 정당방위라는 것을 내외에 천명하기 위해서였다고 이해할 수 있습니다. 하지만 그것은 단순히 말이나 글로써만 표현되지 않고 경우에 따라서는 행위로 표출되었는데, 그 가운데 가장 비극적인 사건이 5·18 초기에 항쟁을 영웅적으로 이끌었던 전춘심을 간첩으로 믿고 시민들 스스로 그녀를 결박하여 계엄군 측에 넘긴 일입니다. 객관적으로 보자면 이 사건은 당시 광주 시민들이 자신들이 공산주의자가 아님을 스스로 증명하는 강력한 알리바이였습니다. 조금이라도 공산당의 혐의가 보이는 사람은 스스로 사로잡아 계엄군에게 넘기는 광주 시민들을 두고 어떻게 공산주의자들이라고 의심할 수 있겠습니까? 하지만 그녀를 계엄군에 넘겼던 사람들이 그녀가 당할 지옥의 고통을 합리적으로 예상할 수 있었으리라고 가정한다면, 그녀를 계엄군에 넘긴 행위는 주관적으로 보자면 공산주의자의 폭동이라는 혐의를 벗기 위해 무의식중에라도 전춘심을 희생양으로 삼은 것이거나, 아니면 공산주의자로 몰린 사람이 계엄군에 의해 어떤 박해를 받든 내가 알 바 아니라는 냉정함의 발로였다고 말하지 않을 수 없습니다. 그리고 진실이 어느 쪽이든 간에 이 사건은 5·18의 전 과정을 통틀어 가슴 아픈 비극으로 남아 있습니다.

하지만 5·18에서 폭력을 행사했던 계엄군이 나중에 쿠데타 세력으로 법의 심판을 받은 신군부의 지휘 아래 있었던 것이나, 그에 맞서 싸웠던 광주 시민들이 공산주의자들이 아니었다는 것은 우리가 결코 부인할 수 없는 엄연한 사실입니다. 잘 알려진 대로 당시 신군부는 5·18을 일차적으로는 김대중의 사주에 의한 것으로 조작하면서 동시에 어떤 식으로든 공산주의자들의 사주에 의한 것이라고 조작하기 위해 혈안이 되어 있었습니다. 왜냐하면 이 나라에서는 아무리 잔인한 국가폭력이라 할지라도 그 대상이 공산주의자들이라고만 하면 국가의 안전을 지키기 위한 불가피한 조치로서 정당화되어왔기 때문입니다. 하지만 적어도 5·18에 대해서는 그 시도가 성공할 수 없었습니다. 왜냐하면 몇몇 사람의 비밀스러운 사주에 의해 봉기가 일어났다고 조작하고 선전하기에는 전 시민이 합세했던 항쟁의 규모가 너무 컸던 데다가, 실제로 광주 시민들이 앞서 말했듯이 공산주의의 혐의를 너무도 철저히 스스로 차단했기 때문입니다. 그리하여 5·18은 국가가 아닌 쿠데타 세력이 폭력적으로 박해를 받아야 할 아무런 죄도 없는 광주 시민들을 향해 불법적으로 폭력을 가한 사건으로 흠 없이 자리매김될 수 있었습니다. 전두환 정권이 끝내 5·18의 원죄를 씻지 못하고 종말을 맞을 수밖에 없었던 까닭도 그들이 5·18의 유혈폭력을 어떤 방식으로도 정당화할 수 없었기 때문입니다.

그러나 이것이 아무리 사실이라 하더라도, 만약 우리가 그 표면적 사실에만 주목한다면 우리는 5·18의 뜻을 결코 온전히 이해할 수 없습니다. 사건의 뜻은 오직 사건이 전체와 맺고 있는 관계 속에서만 밝혀질 수 있습니다. 전체와의 연관 그 자체가 사건의 뜻인 것입니다. 5·18을 본질적으로 규정하고 있는 폭력의 뜻을 온전히 이해하기 위해서도 역시 우리는 그 사건과 사실을 이 나라 역사의 보다 넓은 지평으로부터 조망하지 않으면 안 됩니다. 그렇게 하지 않을 때, 5·18은 고립된 우발적 사건이 되어버립니다. 그 당시 정권을 장악하고 있던 신군부의 출현도, 그들의 불법적 지배에 대한 광주 시민의 저항도 모두 느닷없이 일어난 우연적인 사건이 되고 마는 것입니다.

　문제가 이것만으로 그치는 것은 아닙니다. 5월 18일 오전 전남대 정문 앞에서 학생들이 아무런 행동도 취하지 않고 고분고분하게 해산했더라면, 우리가 알고 있는 5·18은 일어나지 않았을 것입니다. 아무리 5·18을 신군부의 정권 장악 음모에 따라 계획된 일이라고 주장하는 사람들도 이 명백한 사실을 부정할 수는 없을 것입니다. 그런데 이 저항은 처음에는 비폭력적인 방식으로 시작되었으나, 계엄군의 진압이 폭력적이 되어감에 따라 점차 폭력적인 양상을 띠게 되었습니다. 그리하여 우리가 잘 알고 있는 대로 무장한 시민군들이 계엄군과 총격전을 벌이는 상황에까지 이르렀던 것입니다. 그러니까 5·18의 전개과정을 폭력의 관점에서 고찰하자면, 계엄군이 폭력의 주체였던 것과 마찬가지로 시민군 역시 폭력의 주체였습니다.

　시민군이 저항의 방식으로 선택한 폭력은 지금까지 일종의 정당방위로서 설명되고 정당화되어왔습니다. 집 안에 흉기를 든 강도가 침입했을 때 마찬가지로 흉기를 들고 맞서거나 그 과정에서 침입자를 살상하더라도 정당방위로 인정될 수 있는 것처럼, 계엄군의 상상을 초월한 폭력적 진압에 맞서 같이 폭력적 방식으로 저항한 것도 정당화될 수 있다는 말입니다. 하지만 이런 방식으로 시민군의 항쟁을 설명한다면, 우리는 시민군의 폭력적 저항을 손쉽게 합법화할 수는 있겠지만 그 대신 시민군의 폭력적 저항을 참된 의미에서 능동적 행위와 작용이 아니라 상대방의 폭력에 대한 반응과 반작용에 지나지 않는 소극적 행위로 설명하는 결과를 낳게 됩니다. 반작용은 작용의 부수현상에 지나지 않습니다. 이는 5·18의 경우에도 마찬가지입니다. 시민군의 저항이 아무리 영웅적인 행위였다고 하더라도 시민군의 폭력적 항쟁이 계엄군의 폭력에 대한 반작용에 지나지 않는다면, 그 자체로서 독자적인 의미를 가지기는 어렵습니다. 이런 경우에 우리가 5·18의 폭력적 항쟁에 부여할 수 있는 의미란 고작해야 "폭력적인 억압이 있는 곳에는 반드시 폭력적인 저항이 있게 마련"[3]이라는 다소 상투적인 일반론을 확인하는 것이거나, 아니면 유구한 저항의 역사 속에서도 5·18의 저항이 특별히 두드러진다는 정도의 차이를 말할 수 있을 뿐입니다. 그리고 어느 쪽이든 간에 우리는 5·18에서 나타났던 시민군의 폭력적 저항의 의미를 그 고유성 속에서 온전히 해명할 수는 없을 것입니다. 그러므로 계엄군의 폭력이든 시민군의 폭력이든 간에 5·18을 본질적으로 규정하는 폭력의 의미를 온전히 해명하기 위해, 이제 우리는 사태의 보다 깊은 바탕으로 내려가지 않으면 안 됩니다.

여기서 우리의 과제를 좀더 명확히 규정하자면, 그것은 한편에서는 계엄군의 폭력의 의미를 묻는 것이요, 다른 한편에서는 그에 맞서 싸웠던 시민군의 저항폭력의 의미를 묻는 것입니다. 그러하되 이 두 가지 종류의 폭력은 모두 각자의 방식으로 국가의 이념과 뗄 수 없이 결합되어 있습니다. 이는 표면적으로 보더라도 계엄군과 시민군이 모두 태극기를 자신의 정당성의 상징으로 내세웠던 점에서도 나타납니다. 다시 말해 계엄군과 시민군이 모두 자신의 정당성의 근거를 국가에 두고 있었던 것입니다. 하지만 그들 각자가 주관적으로 국가를 정당성의 근거로 삼았다고 해서 동일한 방식으로 국가권력과 관계하고 있었던 것도 아니고, 반대로 현실적으로 국가권력에 기초하고 있었다고 해서 그들의 행위가 다 정당화되는 것도 아닙니다. 그러므로 계엄군과 시민군이 모두 어떤 식으로든 간에 국가와 뗄 수 없이 연결되어 있는 것은 분명하지만, 그 의미는 아직 분명치 않습니다. 이런 의미에서 우리는 계엄군의 폭력과 시민군의 폭력을 국가와의 관계에서 보다 엄밀하게 해명할 필요가 있습니다.

그런데 이 작업이 중요한 또 다른 까닭은 국가의 이념 속에 폭력이 본질적인 계기로 포함되어 있기 때문입니다. 국가는 법에 의해 내적으로 결

---

3 박철규, 「부마민주항쟁과 학생운동」, 『부마민주항쟁연구논총』, 2003, 223쪽.

속됩니다. 그러나 법이 한갓 종이 위에 쓰인 글자가 아니라 현실적인 구속력을 가진 법이 되기 위해서는 법을 위반한 사람을 제재할 수 있는 강제력을 국가가 갖지 않으면 안 됩니다. 근원적으로 보자면 이 강제력은 물리적인 힘에 기초할 수밖에 없습니다. 이런 의미에서 국가는 본질적으로 폭력적입니다. 하지만 국가의 기초에 놓여 있는 이 폭력의 의미는 아직 분명치 않습니다. 아니 어쩌면 그것은 시대와 장소에 따라 우리 자신이 새롭게 정립해야 할 과제일 수도 있습니다. 이런 의미에서 유신독재가 붕괴되고 국가기구가 유동상태에 들어선 1980년 봄, 계엄군과 시민이 국가의 이념 및 현실 국가권력을 둘러싸고 폭력적으로 충돌했던 5·18은 국가의 기초로서 폭력의 의미를 다시 물을 수 있는 가장 적합한 사례일 것입니다.

2. 예외상태와 주권폭력의 문제

그렇다면 5·18의 한 축을 이루는 계엄군의 폭력은 국가와 어떤 관계에 있습니까? 이것이 우리가 물어야 할 첫 번째 물음입니다. 5·18민중항쟁이 일어날 당시, 국가기구가 실질적으로 신군부에 의해 장악되어 있었다는 것은 분명한 사실입니다. 하지만 신군부의 권력은 이른바 12·12사태라 불리는 쿠데타를 통해 찬탈된 것이지 결코 합법적인 절차를 통해 위임을 받은 것이 아니었습니다. 이런 의미에서 당시 전두환을 핵심으로 하는 신군부에 의해 조종된 계엄군은, 엄밀한 의미에서 보자면, 반란군 세력일 뿐 참된 의미에서 국가권력의 합법적 수행자는 아니었습니다. 그리고 이 사실은 훗날 12·12사태와 5·18에 대한 법적 심판과정에서 분명하게 확인된 점이기도 합니다. 우리가 이 사실에만 주목한다면, 국가는 계엄군의 폭력과 아무런 상관이 없으며 따라서 그 폭력에 아무런 책임도 없다고 말할 수 있습니다. 그것은 당시 국가권력을 찬탈한 반란군들의 만행이었을 뿐입니다.

하지만 이런 형식논리에 사로잡혀 우리가 계엄군이 대한민국이라는 국가의 군대였다는 엄연한 사실을 잊어버린다면 그리고 국가의 군대가 무장하지 않은 시민에 대해 폭력을 행사하는 것이 이 나라에서 오래전부터 전승되어온 유서 깊은 습속이었다는 사실을 애써 감춘다면, 우리는 의도적으로 사실을 왜곡한다는 비난을 피할 수 없을 것입니다. 우리 현대사에서 국가의 군대에 의해 저질러진 폭력은 비단 광주에서만 일어났던 것이 아닙니다. 1948년 제주 4·3사건과 뒤이어 일어난 여순사건을 시작으로 한국전쟁이 끝날 때까지 남한 지역만 놓고 본다 하더라도, 남으로는 부산의 복천동에서 북으로는 고양의 금정굴까지 이 나라 어느 곳도 무고한 민간인의 피가 흐르지 않은 곳은 없습니다. 군이 반란군이 아니라 하더라도 이 나라의 군대와 경찰은 처음부터 민간인에 대해 폭력적이기는 마찬가지였던 것입니다. 이런 배경을 고려하지 않는다면, 우리는 1980년 5월 18일 광주에서 국민의 군대가 무장하지 않은 시민에게 어쩌면 그렇게 잔인하고 무자비한 폭력을 자행할 수 있는지 전혀 설명할 수 없습니다. 5·18 당시에 계엄군이 아무리 반란군 수괴의 지휘 아래 있었다 하더라도 만약 국민의 군대가 무장하지 않은 국민을 폭력적으로 공격하는 것이 상상 불가능한 사회였더라면 그런 일은 일어나지 않았을 것입니다.[4]

---

4 그렇다면 왜 이 나라에서는 국가의 군대가 민간인을 폭력적으로 공격하는 일이 그리도 자주 일어나는 것입니까? 이 물음에 대해 우리는 한국의 군대는 그 뿌리에서부터 친일세력에 의해 장악되었던 까닭에 국민의 군대가 아니라 권력자의 사병에 지나지 않았다고 말할 수도 있을 것입니다. 또는 한국 군대의 존재이유는 외부의 적으로부터 이 나라를 지키는 데 있었다기보다는 내부의 적으로부터 체제를 지키는 데 있었다고 말할 수도 있을 것입니다. 생각하면 전시작전통수권, 곧 대외교전권을 갖지 못한 까닭에 외부의 적에 대해 스스로는 아무런 군사적 행위도 할 수 없는 이 쓸모없는 군대의 실질적인 주적(主敵)은 오직 내부의 적, 곧 체제를 위협하는 민중이었을 뿐입니다. 5·18의 의미는 그것을 분명히 드러내 보이고 한국 군대의 본질적인 폭력성을 우리 모두에게 상기시켰다는 데 있습니다. 그러므로 5·18에서 나타난 계엄군의 폭력을 근원적으로 보자면, 단순히 반란군의 난동이었다고 보기보다는 처음부터 우리 모두를 위한 나라, 곧 참된 의미의 공화국이 아니었던 대한민국이라는 국가 자체에 내재하고 있던 반민중성과 폭력성이 유신체

그러나 이것이 아무리 객관적인 사실이라 하더라도 우리는 5·18 당시 광주에 투입되었던 계엄군의 현장 지휘관들이나 병사들이 결코 반란군으로서 내란음모에 가담하고 있다고 스스로 의식하지 않았으며, 도리어 그들에게 저항하는 학생과 시민을 국가권력에 도전하는 폭도로 진지하게 생각했다는 사실을 잊어서는 안 됩니다.[5] 이 점에서 보자면, 5·18 당시 계엄군들의 폭력성은 그들이 반란군이었기 때문이 아니라 정반대로 그들이 스스로 국가의 수호자로 자부하면서 거꾸로 광주 시민들을 반란의 폭도로 간주했기 때문에 더 증폭되었다고 말해야 할 것입니다. 국가의 명령으로 사회질서를 지키기 위해 소요 가능성이 있는 대학에 투입된 계엄군의 입장에서 보자면, 그 저항의 이유가 무엇이든지 간에 계엄군의 지시에 따르지 않고 정면으로 맞서는 행위가 국가의 공권력에 대한 적대행위로밖에는 보이지 않았을 것입니다. 군대의 존재이유가 국가를 수호하는 데 있다면, 계엄군의 일선 지휘관들이나 병사들이 그런 반란세력을 군이 동원할 수 있는 모든 물리적 수단을 동원하여 진압해야 한다고 생각한 것은 그들 편에서 충분히 이해할 만한 일입니다.

　　5·18에서 분출된 폭력의 의미를 보다 깊이 이해하기 위해서는 바로 이 지점에서 국가와 폭력의 관계를 근본에서 성찰할 필요가 있습니다. 다시 말해 계엄군의 폭력이나 시민군의 대항폭력을 그 나타난 현상의 차원에서 비판하고 말 것이 아니라, 국가의 본질에 내재하고 있는 근원적 폭력성과의 관계에서 성찰할 필요가 있는 것입니다. 생각하면, 모든 국가는 근본에서 어떤 폭력 위에 기초하고 있습니다. 그것은 외부의 적으로부터 자기를 지키기 위해서나 내부적 질서를 유지하기 위해서 일정한 강제력이나 폭력을 필요로 하기 때문입니다. 이런 의미에서 국가의 주권이란 폭력 위에 기초하고 있으니, 우리는 이처럼 국가가 기초하는 폭력을 가리켜

제의 종말이라는 예외상태 속에서 노골적으로 드러난 것이라고 보는 것이 보다 정확한 판단일 것입니다.

5　조갑제,『공수부대의 광주사태』, 조갑제닷컴, 2007, 94쪽.

주권폭력이라고 부를 수 있을 것입니다.

주권폭력은 국가가 평화적인 정상상태에 있을 때는 문제가 되지 않습니다. 하지만 만약 국가 자체의 기초가 흔들리고 법률의 구속력 자체가 위기에 처한 비상사태나 예외상태가 발생한다면, 그때는 누가 어떻게 국가의 질서와 주권을 수호해야 하는지가 심각한 문제로 대두되기 마련입니다. 독일의 헌법학자였던 슈미트(Carl Schmitt)는 다른 누구보다 이 문제를 깊이 생각했던 사람 가운데 하나였습니다. 그런데 그는 "혼란상태에 적용할 수 있는 규범은 존재하지 않으며, 도리어 법질서가 의미를 가지기 위해서는 질서가 먼저 조성되어야 하며 정상상태가 창조되어야"[6] 할 터인데, 이를 위해서는 "비상사태에는 원리적으로 무제한의 권한, 즉 현행 질서 전체의 정지가 필요하다"[7]면서 그런 무제한적 권리를 주권자에게 부여했습니다. 이 무제한적인 권리는 쉽게 말해서 독재적 권력입니다. 그리하여 그는 국가의 주권이 국가의 법질서를 지탱하는 힘에 존립한다면 그 힘은 독재적 권력이며, 그런 주권을 수호하는 자가 주권자라면 그 주권자는 본질적으로 독재자일 수밖에 없다고 보았습니다. 물론 국가나 주권자의 이런 독재적 본질은 국가가 정상상태에 있을 때는 전혀 드러나지 않습니다. 하지만 "비상사태에서 국가는 이른바 자기보존의 권리에 의하여 법을 정지"[8]시키는데, 그 권리를 구체적으로 지닌 자가 바로 주권자라는 것입니다. 이런 의미에서 그는 의회민주주의 또는 자유주의가 하나의 자명한 상식으로 굳어진 우리 시대의 한복판에서 도리어 주권자의 독재를 대놓고 옹호했던 것입니다.

하지만 무엇이 예외상태이며 비상사태입니까? 슈미트에 따르면, 법률은 그런 예외상태를 미리 규정할 수는 없으며, 무엇이 예외상태인지를 판단하고 결정하는 권리 자체가 주권자에게 귀속하는 고유한 권리라고 보

---

6 카를 슈미트, 김항 옮김, 『정치신학』, 법문사, 1988, 23쪽.
7 같은 책, 22쪽.
8 같은 곳.

았습니다. "주권자는 지금이 극도의 급박상태인가의 여부를 결정하는 동시에 이것을 제거하기 위하여 무엇을 해야 할 것인가도 결정한다"[9]는 것입니다. 이런 의미에서 보자면, 주권자는 단순히 기존의 국가체제와 법질서가 붕괴되었기 때문에 독재권을 행사한다기보다는 도리어 현재상태가 국가의 위기상황이라고 판단하고 스스로 현존의 법질서를 정지시킬 수 있는 무제한적 권력의 주체입니다. 이런 주권자의 결정에 대해 법을 근거로 시시비비를 가릴 수는 없습니다. 왜냐하면 주권자의 독재는 법질서를 회복하기 위한 조치인 까닭에 모든 법적인 구속을 초월해 있기 때문입니다. 독재는 시민적 권리의 제한이니, 주권자의 판단에 따라 현재상태가 국가의 위기상태로 규정되고 시민의 정치적 권리가 현저히 제한되는 상태가 바로 계엄상태입니다.

그런데 슈미트는 이처럼 예외상태를 근거로 주권자의 독재를 정당화하고 있지만, 엄밀하게 말하자면 그가 주권자의 독재의 정당성의 근거로 삼은 예외상태는 현실적인 예외상태가 아니라 관념적인 예외상태, 즉 주권자가 관념적으로 파악한 예외상태 또는 아직 일어나지 않은 예외상태입니다. 정말로 국가가 예외상태 또는 심각한 비상사태에 처하게 되면 주권자의 독재권력 자체가 작동할 수 없습니다. 주권자의 독재가 가능하다는 것은 그의 명령이 통용된다는 것을 의미하며, 이것은 다시 국가기구가 정상적으로 기능하고 있음을 뜻하는 것이니 결코 최악의 예외상태는 아니라 할 것입니다. 만약 정말로 국가가 현실적인 권력의 진공상태로 빨려들어가고 나면 주권자의 권력 자체가 기능하지 않게 됩니다. 그리고 이것이야말로 참된 예외상태이며 비상사태라고 할 수 있습니다. 슈미트는 이런 상황을 경험한 적이 없습니다. 바이마르 공화국의 권력은 지극히 정상적이고 합법적인 절차와 방법에 따라 히틀러(Adolf Hitler)에게 넘어갔기 때문입니다. 그런 까닭에 그는 국가기구가 언제나 정상적으로 작동한다는 것을 순진하게 전제하고 주권자의 독재를 말할 수 있었습니다. 슈

---

9 같은 책, 18쪽.

미트의 주권자는 무엇이 정상상태이고 예외상태인지를 결정하기만 하면 됩니다. 만약 그가 예외상태라고 결정하고 계엄을 선포한다거나 독재권을 행사하려 한다면, 국가기구는 그런 주권자의 판단에 따라 움직일 것입니다. 그런 까닭에 그가 생각한 국가주권의 본질이란 "정확하게는 강제의 독점이나 지배의 독점이 아니라 결정의 독점"[10]이었습니다. 그러나 주권자가 아무리 지금이 비상사태라고 결정한다 하더라도, 누구도 그의 판단에 따라 움직여주지 않는다면 그런 판단과 결정이 무슨 현실적 효력이 있겠습니까? 슈미트는 이런 문제상황을 전혀 상정하지 않았던 까닭에, 그의 주권이론과 독재론은 정말로 국가의 비상사태와 예외상태가 닥친다면 과연 누가 주권의 수호자인가 또는 그런 상황에서 그가 말한 대로 "통속적인 표현법으로는 누가 무제한적인 권력을 자기 것으로서 주장할 수 있는가 하는 문제"[11]에 대해 아무런 대답도 주지 못하며, 결과적으로 보자면 고작해야 정상상태에서 국가의 주권자로 하여금 주관적 판단에 따라 시민의 정치적 자유를 제한하고 독재를 자행할 수 있는 면죄부나 주는 이론이 되고 말았던 것입니다.

그럼에도 불구하고 여기서 우리가 5·18과 국가폭력의 문제를 고찰하면서 굳이 슈미트의 주권이론과 독재론을 끌어들인 까닭은 주권의 본질적 진리가 오직 예외상태 속에서만 드러난다는 그의 생각이 5·18의 뜻을 두드러지게 드러낼 수 있는 하나의 단초가 될 수 있기 때문입니다. 5·18은 유신독재가 붕괴하고 실질적으로 국가의 주권이 허공에 뜬 상태에서 일어난 사건입니다. 그것은 슈미트가 상상하지 못했던 진짜 예외상태에서 일어난 사건입니다. 박정희가 살해된 뒤에 형식적으로 보자면 당시 대통령직을 맡고 있었던 최규하가 대한민국 주권의 수호자였다고 말할 수 있겠지만 현실적으로 그는 아무런 힘이 없었습니다. 그뿐만 아니라 그가 박정희의 죽음과 함께 그 정당성을 상실한 유신헌법에 의해

---

10 같은 책, 23쪽.
11 같은 책, 21쪽.

선출된 대통령으로 참된 의미에서 국민의 뜻에 의해 선출된 대통령이 아니라는 점에서, 그는 모든 면에서 대한민국의 주권을 흠 없이 수호하는 국가원수라고 말할 수는 없었습니다. 이런 의미에서 현실적인 권력관계뿐만 아니라 정당성의 관점에서 보더라도 최규하 대통령은 참된 주권의 수호자일 수 없었던 것입니다. 이처럼 명목상의 국가원수가 실질적으로는 주권의 수호자로서의 현실적 힘도 정당성도 지니지 못했다는 바로 그 점에서, 1980년 봄은 진정한 예외상태였습니다. 그리고 그런 예외상태 속에서 한국사회 자체가 실제로 우려할 만한 무질서 속으로 빠져들어가고 있었습니다. 그렇다면 이런 경우 국가의 주권은 과연 누가 수호할 수 있는 것입니까?

답이 무엇이든 간에 이것 한 가지는 분명합니다. 즉 슈미트가 생각한 관념적 예외상태가 아니라 현실적 예외상태에서 필요한 주권의 수호자는 무엇이 예외상태이며 정상상태인지를 판단하고 결정하는 주체가 아니라 현실적으로 정상상태를 실현할 수 있는 주체라는 사실입니다. 하지만 현실적으로 정상상태를 실현하고 국가를 수호하기 위해 필요한 것이 무엇입니까? 그것은 시민들을 하나로 묶어주고 가능한 한 불의를 제재하며 무질서를 예방하는 힘입니다. 현실적인 비상사태가 닥치게 되면 관념적인 결정의 주체가 아니라 이런 힘의 주체야말로 진정한 주권의 수호자가 될 수 있는 것입니다. 하지만 과연 구체적으로 무엇이 그런 힘이며, 누가 그런 힘을 보여줄 수 있겠습니까?

아마도 사람들이 이 물음에 대해 가장 쉽게 할 수 있는 대답은 물리적 강제력이 그런 힘이라는 대답일 것입니다. 나라가 예외상태에 처한다는 것은 국가권력이 해체되고 사회가 무질서 속에 빠져드는 것이니, 그런 비상사태를 종식시키기 위해서는 다른 무엇보다 물리적 힘이 필요할 것이기 때문입니다. 그뿐만 아니라 국가는 오직 어떤 종류의 결속력 및 구속력에 의해서만 존립할 수 있는데 그 힘을 실질적으로 담지하고 있는 집단이 군대라면, 국가의 예외적 비상사태가 닥쳤을 때 다른 어떤 집단보다 물리적 힘을 보유한 군부가 주권의 수호자를 자처하고 나서는 것이 어떤 경우에도 상상할 수 없는 이상한 일은 아닐 것입니다. 이런 의미에서 보자면, 1979년 박정희 사망 이후 국가의 권력 공백상태가 현실적인 문제로 나타났을 때 이른바 신군부가 국가권력을 장악하려 했던 것도 절대로 있을 수 없는 일이라고 매도할 일은 아닌 것입니다. 더 나아가 그 상황이 실질적인 비상사태요 예외상황이었다는 것을 고려한다면, 12·12사태에서부터 시작되는 일련의 정권 찬탈과정을 내란 목적에 의한 살인 같은 실정법 조항을 들어 단죄하는 것이 과연 얼마나 설득력이 있는 것인지도 되물을 수 있을 것입니다. 왜냐하면 예외상태란 헌정질서가 실질적으로 무력화된 상태로서 실정법의 효력 자체가 정지된 상태라고 보는 것이 옳기 때문입니다.

여기서 우리가 말하려는 것은 신군부의 정권 찬탈행위가 정당하다는 것이 아닙니다. 우리가 말하려는 것은 다만 신군부의 정권 찬탈행위의 부당성을 결코 실정법을 들어 단죄할 수는 없다는 것입니다. 이런 사정은 거꾸로 광주 시민들의 저항에 대해서도 마찬가지입니다. 즉 우리는 광주 시민들이 계엄군에 폭력적인 방식으로 저항한 것을 결코 실정법을 들어 정당화할 수 없습니다. 아니 어떤 실정법 조항도 광주 시민들의 폭력적인 저항을 정당화해줄 수 없습니다. 법학자들이 고작해야 끌어올 수 있는 실정법적 근거는 저항권이지만, 엄밀하게 말하자면 어떤 법률도 구체적으로 어떤 경우에 어떤 정도로 공권력에 저항해도 되는지를 적시해주지 않습니다. 법학자들은 단지 신군부가 쿠데타 세력이었으므로 그들에게 저항한 것 역시 정당한 일이라고 말할 수 있을 뿐입니다. 여기서 신군부가 쿠데타 세력이었다는 것은 오직 당시 최규하 대통령 체제를 정상적인 국가체제로 인정할 경우에만 가능한 규정입니다. 하지만 우리가 기억하듯이 최규하 대통령 체제를 정상적인 국가체제로 인정하지 않은 것은 그 당시 이른바 민주화세력도 마찬가지였습니다. 그러므로 최규하 체제가 일종의 예외상태였다는 것은 분명한 사실이니, 이런저런 실정법 조항을 들어 신군부를 단죄하는 것은 구차한 일이 아닐 수 없습니다.

요컨대 신군부의 정권 찬탈행위도, 그에 저항한 광주 시민들의 행위도 모두 예외상태에서 일어난 일인 까닭에, 실정법의 테두리 내에서 그 정당성과 부당성이 가려질 수 있는 일이 아닙니다. 도리어 여기서 문제는 법 그 자체의 효력이 궁극적으로 어디에 근거하고 있느냐 또는 법이 기초하고 있는 국가의 주권이 예외상태에서는 과연 어떻게 정립될 수 있느냐 하는 것입니다. 그리고 만약 그 주권이 어떤 폭력이나 강제력에 기초를 두고 있어야 한다면, 그 폭력이란 과연 무엇이냐 하는 것이 국가주권의 의미와 기초뿐만 아니라 5·18의 뜻을 공정하게 해명하기 위해 우리가 물어야 할 물음입니다.

3. 계엄령과 주권폭력의 문제

이 물음에 무엇이라고 답을 하든지 간에 그 답이 현실에서 제시되는 것은 언제나 예외적 비상사태를 통해서입니다. 왜냐하면 정상상태에서는 국가의 모든 권력이 안정되게 작동하고 있기 때문에 그 권력 및 주권이 기초하고 있는 토대가 드러나지 않기 때문입니다. 오직 건물이 붕괴된 뒤에만 그 집터가 나타나듯이, 주권이 근본적인 동요에 처하는 예외상태에서만 주권의 참된 기초도 드러날 수 있습니다. 5·18을 전후한 한국의 정치상황이 지극히 비극적이었으나 그 비극이 무의미하지 않았던 까닭도 그것을 통해 주권의 본질적 진리가 우리에게 드러났기 때문입니다. 하지만 그것이 과연 무엇입니까?

국가권력이 공백상태에 놓인 예외상태에서 그 공백을 채우고 국가의 주권을 수호하겠다고 나섰던 최초의 주체는 앞서 말씀드린 대로 군부였습니다. 그리고 그들이 주권의 실질적 기초로서 제시한 것은 물리적인 힘, 곧 군사력이었습니다. 계엄령은 예외상태를 종식시키고 국가의 주권을 바로 세우려는 물리적 조치였다고 할 수 있습니다. 그것은 권력의 진공을 군사력이라는 물리적 힘으로 채우려는 조치였던 것입니다. 여기서 다시 슈미트의 이론에 따른다면, 신군부에 의해 공포된 계엄령 역시 비상사태를 종식시키기 위한 지극히 합리적인 조치로서 결코 무턱대고 비난받아야 할 일이 아닙니다. 슈미트 식으로 말하자면, 계엄령이란 주권의 본질에 내재하고 있는 독재권력이 예외적 비상사태에 현상적으로 나타난 것에 다름 아니기 때문입니다. 이런 의미에서 전두환 일당의 정권 찬탈행위와 그 일환으로 포고된 계엄령을 마냥 도덕적으로 비난하거나 실정법의 잣대로 비판하는 것은 아무런 의미도 없습니다. 도리어 그것은 국가의 주권에 대한 하나의 일반적인 관념에 기초한 정치적 행위였다고 보는 것이 공정한 판단일 것입니다. 그리고 만약 1980년 5월 18일 전남대 정문 앞에서 계엄군들에게 학생들이 저항을 시작하지 않았더라면, 전두환 신군부의 정권 찬탈과정이 최종적으로 어떤 결말로 끝났을지는 아무도 예단할 수 없습니다. 어쩌면 특별한 유혈사태 없이 유신체제가 비록 독재적이기는 하지만 전두환이 지배하는 정상적인 국가체제로 이행했을지도 모르는 일입니다. 그러니까 현실적인 의미에서나 정당성의 관점에서 신군부의 계엄령 효력을 부정할 수 있는 것은 적어도 5월 18일 광주에서 저항이 시작되기 전에는 아무것도 없었던 것입니다.

5·18의 의미는 신군부에 의해 포고된 계엄령 자체에 저항함으로써 신군부의 계엄령이 기초를 두고 있었던 주권의 이념을 부정하고 전혀 새로운 주권의 기초를 제시했다는 데 있습니다. 이것을 분명히 인식하기 위해 우리는 먼저 5월 18일 학생들이 계엄군에 저항했을 때, 그들이 무엇에 저항하고 무엇을 부정했는지를 생각할 필요가 있습니다. 그들이 저항하고 부정한 것은 한마디로 말하자면 신군부였고 전두환이었으며 그들에 의해 포고된 계엄령이었습니다. 하지만 군부에 저항하고 계엄령에 반대한다는 것의 의미는 무엇입니까? 군부는 국가가 필요로 하는 물리적 힘을 구체적으로 표현하고 실현하는 기관입니다. 그리고 계엄령이란 그런 군부가 시민의 일상을 직접적으로 통제하고 지배하게 되었다는 것을 가리킵니다. 이런 점에서 학생들이 신군부와 계엄령에 반대했다는 것은 시민과 분리된 물리적 폭력을 국가의 최고의 형성원리로 받아들이기를 거부한 것이라 볼 수 있습니다.

일반적인 국가이론의 관점에서 보자면, 물리적 힘 그 자체가 국가에서 배척되어야 할 까닭은 없습니다. 도리어 앞에서도 말했듯이, 국가가 존립하기 위해서는 어떤 의미로든 물리적 힘이 필요합니다. 아니 단순히 권력이 필요한 것이 아니라 법학자 켈젠(Hans Kelsen)이 말하듯이, "국가는 권력 그 자체"[12]라고 말할 수도 있습니다. 권력이란 근본에서는 물리적 힘으로 표현되고 실현됩니다. 켈젠은 이를 설명하여 "국가의 근본요소로 등장하는 권력은 사실적인 힘, 즉 자연적-실재적 힘이라는 의미로 파악되어야 하고, 인과적으로 작용하는 힘의 일종으로 파악되어야 한다"[13]고 말하는데, 사실적 힘이란 당연히 물리적 힘이며, 이 힘은 누군가를 강제할 수 있다는 의미에서 인과적으로 작용하는 힘의 일종이라 할 수 있습니다. 여기서 국가가 물리적으로 강제하는 대상은 외부의 적일 수도 있고 내부의 국민일 수도 있습니다. 대개 국가를 이루는 구성요소로서 국민과 영토 그리고 주권을 드는데, 아무리 국민과 영토가 있다 하더라도 국민을 그 영토에서 외부의 침입으로부터 보호하고 내부의 무질서로부터 지켜줄 힘이 없다면 국가는 온전히 존립할 수 없습니다. 이런 의미에서 우리는 주권을 실질적으로는 국민을 안팎의 위협으로부터 지켜주는 물리적 힘과 같은 것이라고 볼 수도 있습니다. 특히 식민지 경험을 지닌 한국인들에게 국가의 주권은 단순히 관념적인 욕구가 아니라 현실적인 힘에 기초한다는 명제는 증명이 필요하지 않을 만큼 자명한 것이라고 할 수도 있을 것입니다. 그런 한에서 물리적 힘 그 자체가 배척되어야 할 까닭은 없는 것입니다.

그런데 우리는 국가의 존립을 위해 반드시 필요한 물리적 힘을 구체적으로는 두 가지로 나누어 볼 수 있습니다. 그 하나는 내부적으로 질서를 확립하기 위한 힘이며, 다른 하나는 외부의 적으로부터 국민과 영토를 지키기 위한 힘입니다. 구체적으로 보자면, 앞의 힘은 경찰력을 통해 확보되고 뒤의 힘은 군사력을 통해 확보됩니다. 국가의 존립을 위해 내부의

---

12 한스 켈젠, 『일반국가학』, 민음사, 1990, 143쪽.
13 같은 곳.

질서를 지키고 외부의 침략을 막는 것이 필수적인 일이라면, 군대도 경찰도 무작정 나쁘다고 말할 수는 없으며 도리어 국가의 존립을 위해 반드시 필요한 권력기관이라고 할 수 있을 것입니다. 하지만 경찰과 군대는 같은 힘이라도 하나는 원칙적으로 내부를 향한 힘이지만 다른 하나는 외부를 향한 힘으로서 각자의 대상이 다릅니다. 그러므로 국가가 정상상태에 있을 경우에는 경찰만이 대민 업무를 담당하고 군대는 민간인들과는 엄격한 거리를 유지하는 것이 원칙입니다.

계엄령은 국가권력의 이런 정상적인 분업원리가 파괴되는 것을 의미합니다. 현행 계엄법 제7조에 따르면, "비상계엄(非常戒嚴)의 선포(宣布)와 동시에 계엄사령관(戒嚴司令官)은 계엄지역(戒嚴地域) 안의 모든 행정사무(行政事務)와 사법사무(司法事務)를 관장(管掌)한다"고 되어 있습니다. 그러니까 계엄령이 발효되면 외부의 적으로부터 국가를 지켜야 할 군대가 내부의 국민을 상대로 통치권을 행사하게 되는 것입니다. 게다가 같은 법 제9조에 따르면, "비상계엄지역 안에서 계엄사령관은 군사상 필요한 때에는 체포·구금·압수·수색·주거·이전·언론·출판·집회·결사 또는 단체행동에 대하여 특별한 조치를 할 수 있다"고 되어 있습니다. 그러니까 계엄상황이 되면 군대가 국민에게 독재적인 권력을 행사하게 되는 것입니다. 이처럼 계엄상황이란 그 자체로서 비상상황인 까닭에 반드시 그보다 더 심각한 비상사태가 벌어졌을 때에만 계엄령을 발포할 수 있습니다. 현행 계엄법은 "비상계엄은 대통령이 전시·사변 또는 이에 준하는 국가 비상사태에 있어서 적과 교전상태에 있거나 사회질서가 극도로 교란되어 행정 및 사법기능의 수행이 현저히 곤란한 경우에 군사상의 필요에 응하거나 공공의 안녕질서를 유지하기 위하여 선포한다"고 함으로써, 전쟁이 일어났을 때나 사회 전체가 무법상태에 있을 때 계엄령을 선포할 수 있게 규정해놓았습니다.

하지만 만약 전쟁이 발발한 경우가 아니라면, 과연 어떤 경우를 두고 우리는 "사회질서가 극도로 교란되어 행정 및 사법기능의 수행이 현저히 곤란한 경우"라고 하겠습니까? 한국전쟁 이후 우리 현대사에서 이런 계엄령이 공포된 것은 모두 일곱 번입니다만, 박정희의 유신독재가 끝나기 전까지 선포된 다섯 번의 계엄령은 사회가 무법천지가 되어버린 상황에서 "공공의 안녕질서를 유지하기 위하여 선포"한 것이 아니라 예외 없이 독재정권이 위기에 처했을 때 정권을 지키기 위해 선포되었습니다. 그런즉 평화 시에 내려진 계엄령이란 하나같이 독재자가 위기에 처한 권력을 지키기 위해 국민을 상대로 일종의 선전포고를 한 것으로서 아무런 정당성도 얻기 어려운 조치였습니다. 그런 까닭에 실제로 4·19혁명 당시에는 대통령이었던 이승만이 계엄령을 선포했으나 군부가 실질적으로 그 명령을 거부하고 국민의 편에 서는 일까지 일어났는데, 이는 그 계엄령이 국가와 국민을 위한 것이 아니라 이승만 정권을 위한 명령이었다는 것이 누가 보기에도 분명했기 때문입니다. 이런 사정을 생각하면, 법전에는 국가의 비상사태에 계엄령이 선포될 수 있다고 되어 있지만, 현실에서는 계엄령이 도리어 정상상태의 국가를 비상상태의 위기로 몰아넣을 뿐이라고 말하는 것이 옳을 것이며, 국가가 계엄령을 통해서만 유지될 수 있다는 것은 이미 그 국가권력이 정당성을 상실했음을 증명하는 것이라 보아도 좋을 것입니다.

하지만 박정희 사망 직후에 내려진 계엄령은 진정한 의미에서 국가가 비상상황에 처했을 때 내려진 것이라는 점에서, 계엄법의 본뜻에 충실한 조치였다고 판단할 수 있을 것입니다. 그것은 위기에 처한 정권을 지키기 위해 내려진 것이 아니고, 도리어 어제까지 군림하던 독재자가 갑자기 사라지고 국가권력이 공백상태에 처한 상황에서 일어날 수 있는 모든 돌발적 혼란과 위험에 대처하기 위해 선포된 조치였다고 이해할 수 있기 때문입니다. 그런 까닭에 당시 계엄당국은 예전처럼 정당성을 잃을 정권을 지키기 위해 무리하게 국민을 적으로 삼을 필요가 없었으며, 실제로 정상적인 시민생활과 정치활동에 대해 전제적인 억압을 가한 것도 아니었습니다. 계엄당국은 국가가 정상상태로 되돌아갈 때까지 일어날 수 있는 혼란과 위험을 방지하고 관리하는 관리자의 입장을 취했으며, 구체적으로 권력 공백상태의 국가를 정상국가로 정립할 방법과 절차에 대해서는 중립적인 입장을 취하고 있었습니다. 즉 당시 계엄사령관은 새로이 국가질서를 수립하는 것은 군부가 아닌 시민과 정치권과 정부의 몫이라고 생각하고 있었던 것입니다.

그러나 당시 그 과제를 수행할 수 있는 실질적인 능력을 가진 주체는 없었으니, 이 점에서 국가는 진정한 예외적 비상사태에 처해 있었습니다. 박정희 사망 이후에 최규하 국무총리가 대통령 권한대행을 맡았다가 12월 6일 유신헌법에 따라 통일주체국민회의에서 정식으로 대통령으로 선출되었으나, 명목상의 국가원수였을 뿐 아무런 권력기반도 갖지 못한 상태였습니다. 유신헌법에 따라 구성되어 있었던 당시 국회 역시 국회의원의 3분의 1이 박정희에 의해 임명된 유정회 소속의 의원들이었습니다. 이런 상황에서 국회가 새로운 국가의 기틀을 다지기 위해 적극적으로 개헌에 나서는 것도 쉬운 일은 아니었습니다. 그렇다고 해서 재야나 시민사회가 의미 있는 정치적 영향력을 가지고 있었던 것도 아니었습니다. 이런 의미에서 국가권력은 어디에도 닻을 내리지 못하고 표류하고 있었던 것입니다.

이처럼 국가권력의 진공상태에서 신군부가 국가권력을 장악하기 위해 일으킨 사건이 12·12사태입니다. 이 사건은 전두환을 우두머리로 하는 이른바 하나회 출신의 신군부가 국가권력을 장악하기 위해 그 첫 번째 걸림돌이었던 정승화 계엄사령관을 체포한 사건입니다. 군부의 정치적 중립을 지키려던 정승화 계엄사령관이 전두환의 정치적 야심을 간파하고 그를 보안사령관직에서 해임하려 하자, 전두환은 대통령의 재가도 받지 않고 도리어 군대를 동원해 상관인 계엄사령관을 체포했던 것입니다. 전두환은 다음 날 최규하 대통령을 위협하여 사후 재가를 받았는데, 이를 통해 그는 대통령 위에 군림하는 실질적인 최고권력자가 되었습니다.

이런 불법적 만행이 일어난 뒤에 학생들과 정치권이 전두환과 신군부를 경계한 것은 당연한 일입니다. 그러나 전두환은 그에 아랑곳하지 않고 정부의 권력을 실질적으로 장악해나가 4월 14일 중앙정보부장 서리를 겸임하기에 이르렀습니다. 이런 상황에서 5월 들어 전국적으로 학생들의 대규모 시위가 일어났고 위기의식을 느낀 정치권에서도 신민당 의원 68명이 나서 계엄해제 촉구결의안 의결을 위한 국회 소집을 요구하여, 5월 17일에 국회는 이 안건을 처리하기 위해 5월 20일 임시국회를 소집한다고 공고하였습니다. 전두환 일당이 비상계엄을 전국으로 확대한 것이 바로 그때였습니다. 계엄사령관 이희성이 5월 17일 24시를 기해 발표한 포고령 제10호의 주요 내용은 다음과 같습니다.

2. 국가의 안전보장과 공공의 안녕질서를 유지하기 위하여

가. 모든 정치활동을 중지하며 정치목적의 옥내·외 집회 및 시위를 일체 금한다. 정치활동 목적이 아닌 옥내·외 집회는 신고를 하여야 한다. 단, 관혼상제와 의례적인 비정치적 순수 종교행사의 경우는 예외로 하되 정치적 발언은 일체 불허한다.
나. 언론·출판·보도 및 방송은 사전 검열을 받아야 한다.
디. 각 대학(전문대학 포함)은 당분간 휴교 조처한다.
라. 정당한 이유 없는 직장 이탈이나 태업 및 파업행위를 일체 금한다.[14]

비상계엄 확대조치를 한마디로 요약하면 '정치활동의 금지'라고 할 수 있습니다. 다시 말해 국민으로부터 정치적 삶의 권리를 박탈하는 것이야말로 계엄령의 본질인 것입니다. 이미 오래전에 아리스토텔레스가 말했듯이 인간은 정치적 동물이요, 그런 한에서 인간의 삶은 본질적으로 정치적입니다. 정치는 인간의 자유의 표현과 실현입니다. 인간의 자유는 자기의 삶을 스스로 형성하는 데 존립합니다. 하지만 나의 삶은 어떤 경우에도 고립된 나만의 삶일 수 없으며 언제나 동시에 우리 모두의 삶 속에서 이루어지는 것이므로, 내가 나의 삶을 자유로이 형성한다는 것은 반드

---

14 김영택, 『5월 18일, 광주: 광주민중항쟁, 그 원인과 전개과정』, 역사공간, 2010, 241쪽.

시 우리 모두가 더불어 영위하는 삶의 세계를 형성한다는 것을 의미합니다. 그렇게 내가 더불어 형성할 수 있는 우리의 삶의 세계가 바로 폴리스, 곧 나라입니다. 그러므로 내가 자유를 실현한다는 것은 나라의 일에 주인으로 참여하여 나라를 더불어 형성한다는 것을 의미합니다. 아리스토텔레스가 인간을 정치적 동물이라고 말한 것은 이런 의미에서 인간이 폴리스(나라)에 속한 존재라는 것, 아니 거꾸로 폴리스가 인간의 본질에 속한다는 것, 그리하여 인간이 폴리스의 주인으로서 폴리스 속에서 폴리스를 스스로 형성할 때 비로소 그의 본질인 자유를 온전히 실현할 수 있음을 간단히 표현한 것이라고 할 수 있습니다. 정치활동이란 폴리스에 참여하고 폴리스를 형성하는 활동이니, 계엄령이 모든 정치활동을 금지한 것은 인간의 가장 근원적 본질인 자유를 부정한 것과 같습니다. 그리고 이를 위해 신군부는 위의 포고문에서 정치적 집회 및 시위를 금지하고 정치적 발언을 일체 불허했습니다. 집회와 시위를 금지한다는 것은 만남을 금지하는 것이며, 정치적 발언을 금지한다는 것은 말을 금지하는 것입니다. 만남과 말이 없는 곳에 정치적 활동은 일어날 수 없습니다. 말과 만남은 정치적 활동이 일어나는 길이기 때문입니다. 이렇게 말과 만남의 권리까지 부정한 뒤에 신군부는 오직 혼자 말하는 주체, 혼자 나라를 형성하는 주체가 되려 했습니다. 그리고 우리가 잘 알고 있듯이, 전두환의 이른바 제5공화국은 그렇게 모든 시민적 참여를 거부한 채 오직 군부의 물리적 폭력에 기초하여 수립되었습니다. 5월 18일 0시를 기해 내려진 비상계엄 확대조치는 이런 의지의 표현이었던 것입니다.

4. 시민군과 주권폭력의 문제

5·18은 바로 이런 비상계엄 확대조치에 반대하여 일어났습니다. 학생들과 광주 시민들 역시 당시의 정치 상황이 예외적 비상사태라는 것을 모르지는 않았습니다. 하지만 그들은 국가권력의 진공상태를 군대라는 물리적 힘을 통해 채우려는 시도를 정당하다고 받아들이려 하지 않았

습니다. 신군부와 계엄령에 대한 저항의 근본적인 뜻은 바로 여기에 있습니다. 국가의 주권이 물리적인 힘, 곧 군부의 힘에 기초할 수 없다는 것이야말로 신군부에 대한 저항의 참뜻인 것입니다. 군사력 자체가 악일 수는 없습니다. 그러나 그것이 국민을 외부의 위험으로부터 지키는 힘이 아니라 국민을 적으로 삼는 폭력일 때 그것은 주권의 기초가 될 수 없습니다. 그때 군사적 힘이란 타율적 강제이기 때문입니다. 모든 공동체는 사람들의 결속으로부터 생성되는데, 이는 국가의 경우에도 예외가 아닙니다. 그런데 신군부가 대표하는 국가의 이념에 따르면 국가는 오직 타율적으로 주어지는 강제력에 의해서만 사람들을 결속시킬 수 있습니다. 계엄령이란 그런 타율적 강제력의 가장 직접적인 표현인 것입니다. 5월 18일 학생들이 신군부의 계엄령에 저항하고 민주주의를 요구한 것은 그런 타율성에 저항한 것이라 할 수 있습니다.

계엄령이 강요하는 절대적인 타율성 속에서 시민의 자유는 무와 같아집니다. 개인의 삶은 철저히 비정치적인 삶이 되고, 시민의 힘과 의지는 국가권력의 기초로서 의미를 상실합니다. 신군부는 예외상태에서 국가권력을 새로이 창출할 때 시민의 힘과 의지는 아무런 의미가 없는 것이며 오직 군대의 물리적 힘만이 국가권력의 기초이자 주권의 실질적 기초일 수 있다고 보았습니다. 5·18의 뜻은 바로 그런 국가관을 거부한 데 있습니다. 즉 국가가 성립하기 위해 필수적으로 요구되는 물리적 폭력이 시민으로부터 소외된 군대의 폭력일 수는 없다는 것이야말로 5·18 당시 광주 시민들이 계엄령에 저항함으로써 드러낸 국가의 진리인 것입니다. 우리는 5·18의 뜻을 여러 가지로 이해할 수 있겠지만, 국가권력이 어떤 힘에 기초해야 하는지 하나의 척도를 보여준다는 점에서도 5·18은 영속적인 의미를 가지고 있습니다.

그런데 단순히 거짓에 반대하는 것만으로는 진리를 드러낼 수는 없습니다. 5·18의 경우에도 광주 시민들이 계엄군의 강제와 폭력을 국가의 기초로 인정하지 않았다는 것 자체가 국가의 참된 기초를 계시해주지는 않습니다. 그러므로 계엄군의 타율적이고 소외된 폭력이 아니라면 과연 다른 어떤 힘이 국가의 주권이 기초할 수 있는 힘일 수 있느냐는 물음은 여전히 대답되어야 할 물음으로 남아 있습니다. 그렇다면 참된 주권폭력은 과연 무엇입니까? 광주 시민들이 계엄군에 저항하여 무기를 들었을 때, 이 물음에 대한 답이 주어졌습니다. 그 답을 우리는 이렇게 말로 표현해볼 수 있을 것입니다. 즉 오직 시민의 폭력만이 국가의 주권이 기초할 수 있는 폭력입니다.

일반적으로 사회계약론은 국가의 기초를 폭력 아닌 약속과 합의에서 찾아왔습니다. 그러나 계엄령이 구현하는 타율적 폭력이 국가의 기초가 될 수 없듯이 폭력 없는 합의도 국가의 참된 기초는 아닙니다. 국가는 외부의 침략으로부터 자기를 지킬 수 있을 때 국가일 수 있으며 동시에 내부의 폭력으로부터 자기를 지킬 수 있을 때 국가로서 유지될 수 있습니다. 그리고 안으로부터의 위험이든 밖으로부터의 위험이든 국가는 오직 힘으로 힘을 이길 수 있을 뿐입니다. 그리고 국가를 위협하는 힘이 폭력이라면 그에 맞서 국가를 지키는 힘도 폭력이기는 마찬가지입니다. 그렇다면 그 힘은 과연 어떤 힘입니까? 그것은 시민의 폭력입니다. 시민으로부터 나오는 힘, 그리고 필요하다면 시민이 행사하는 폭력이야말로 국가권력 및 국가주권의 궁극적 기초가 되는 물리적 힘인 것입니다. 5·18 당시 광주 시민들이 스스로 형성한 시민군은 바로 그런 시민적 폭력의 표현이자 실현이었습니다.

이런 의미에서 5·18시민군은 주권폭력의 진리가 무엇인지를 순수성 속에서 계시해줍니다. 일방적으로 시민에게 군림하는 폭력은 주권폭력일 수 없습니다. 오직 국가의 폭력이 시민적 자유의 표현과 실현일 수 있을 때 그것은 주권적일 수 있습니다. 그렇다면 어떤 폭력이 그런 폭력입니까? 그것은 시민적 폭력입니다. 시민이 자유로운 폭력의 주체일 때 그것이 시민적 폭력인 것입니다. 국가주권의 기초가 시민이라면, 국가의 기초가 되는 주권폭력의 주체도 시민이어야 할 것입니다.

이 점에서 고대 그리스-로마 시대의 시민이 동시에 군인이었다는 것, 아니 거꾸로 말하는 것이 보다 정확한 표현일 텐데 오직 군인만이 시민의 자격을 얻을 수 있었다는 사실은 국가의 본질에 관하여 하나의 깊은 통찰의 실마리를 우리에게 줍니다. 국가가 법률 위에 기초하고, 그 법률의 효력은 주관적 동의뿐만 아니라 동시에 객관적 강제력 위에 기초하며, 마지막으로 객관적 강제력이 물리적 폭력 위에 기초하는 것이라면, 오직 시민이 스스로 그 물리적 폭력의 주체가 되고 주인이 될 경우에만 온전한 의미에서 주권자가 될 수도 있는 것입니다.

그런데 근대적 국민국가가 출현한 뒤에 오늘날 대다수 국가의 군대는 용병이든 상비군이든 전체 시민과 분리된 부분 집합이 되었습니다. 이런 변화가 하나에서 열까지 다 잘못된 것은 아닙니다. 도리어 전체 시민공동체와 군대가 분리된 것이 여성에게 시민권이 확장된 결과이기도 하고 노예제도 폐지의 결과이기도 하다면, 그것은 자유의 확대라는 역사 진보의 필연적인 부산물이라고 말할 수도 있을 것입니다. 하지만 그럼에도 불구하고 그것이 근대적 국민국가에 내재한 내적 모순이라는 사실이 달라지는 것은 아닙니다. 고대 그리스 도시국가들과는 달리 근대 국민국가는 모든 구성원에게 시민권을 허락했다는 점에서 새로운 국가를 정립했지만, 그와 함께 주권폭력을 시민공동체 전체에서 분리된 힘으로 추상화했던 것입니다. 하지만 그렇게 시민공동체로부터 소외된 군사력(또는 경찰력)은 언제라도 소수에 의해 장악되고 독점되어 무장하지 않은 시민들을 공격할 수 있게 되었으니, 이것이야말로 근대적 국민국가에 내재한 본질적 모순의 하나입니다. 스탈린의 공포정치에서부터 나치의 파시즘을 거쳐 제주의 4·3까지 지구 상에서 벌어졌던 국가 또는 유사국가 권력에 의한 학살극은 근본에서 보자면 그렇게 군사력이 시민의 손에서 분리된 데서 잉태된 비극입니다. 고대 로마였더라면 내전이 되었을 일이 현대 국가에서는 일방적인 민간인 학살로 나타나게 된 것입니다.

이런 비극이 종식되기 위해서는 한편에서는 우리가 새롭게 정립해야 할 미래의 국가가 평화국가가 되어야 할 것입니다. 그것은 국가가 상시적으로 들고 있는 살상무기를 내려놓을 때 가능한 일입니다. 마치 오늘날 한 국가 내에서 시민들이 자기의 권리를 지키겠다고 무기를 들고 폭력에 호소하지 않는 것이 문명 세계의 상식이듯이, 국가들이 자기를 지키기 위해 살상무기에 의지하지 않는 세계를 만드는 것은 어렵지만 인류가 더불어 추구해야 할 공동의 이상일 것입니다.

그러나 그것이 하루아침에 실현될 수 없다는 것 또한 분명한 일입니다. 더 나아가 꼭 사람을 죽이는 폭력이 아니라 하더라도 국가의 주권이나 권력이 본질적으로 객관적 강제의 성격을 띠며 그런 한에서 적어도 국가의 기초에 강제력의 기초로서 물리적 힘이 놓여 있어야 한다는 것도 부인할 수 없는 사실입니다. 그렇다면 국가가 존재하는 한, 주권폭력 역시 그 형태가 어떤 것이든지 간에 국가의 근저에 놓여 있어야 할 것입니다.

하지만 그 주권폭력이 시민으로부터 소외된 외적 폭력이 되지 않으려면, 그것이 과연 어떤 방식으로 존재해야 하는 것이겠습니까? 주권폭력을 다시 시민들에게 돌려주는 것 외에는 다른 방법이 없습니다. 오직 시민과 주권폭력이 분리되지 않을 경우에만, 그 주권폭력이 시민을 공격하는 소외된 국가폭력으로 전락하지 않을 수 있기 때문입니다.

여기서 우리는 그 폭력이 반드시 사람을 살상하는 방식으로 나타날 필요는 없다는 것을 분명히 할 필요가 있습니다. 어떤 방식으로든 시민의 집단적 의지가 외화되면 그것은 시민적 주권폭력의 현실태일 수 있습니다. 왜냐하면 여기서 말하는 폭력의 본질은 물리적 힘에 있지 않고 집단적 의지가 외화된 것으로서의 강제력에 존립하는 것이기 때문입니다. 그러므로 예를 들어 함석헌이 회고했듯이 구한말 신의주 용암포 사자섬에 일본 군대가 침입했을 때 마을의 남자들이 모두 나와 어깨를 걸고 고함을 지르며 그들의 길을 막아서서 마을을 지키려 했다면,[15] 우리는 그것 역시 주권폭력의 현실태라고 말할 수 있을 것입니다. 하물며 3·1운동 같은 것은 더 말할 필요도 없을 것입니다. 그 나타나는 형태가 어떠하든지 간에 시민의 일반의지가 외화되어 나타난다면 그것은 주권폭력의 현실태라고 볼 수 있는 것입니다.

---

15 함석헌, 『죽을 때까지 이 걸음으로』(함석헌 선집 제5권), 한길사, 1996, 16쪽.

시민적 주권폭력의 두 번째 특징은 그것이 자유로운 폭력이라는 데 있습니다. 여기서 폭력이 자유롭다는 것은 긍정적으로 표현하면 그것의 자발성을 뜻하는 것이요, 부정적으로 표현하자면 거부할 수 있는 가능성을 뜻합니다. 오직 시민이 스스로 원해서 폭력을 행사하고 원하지 않을 때는 언제라도 폭력행사를 중단하거나 거부할 수 있을 경우에만 주권폭력은 온전히 자유로울 수 있습니다. 이런 의미에서 시민군의 폭력에 내재한 자유로움은 거부할 수 있다는 가능성에 기초하고 있습니다. 그리고 이 점이 5·18시민군을 가리켜 자유로운 폭력의 공동체였다고 말할 수 있는 까닭입니다. 시민군 누구도 강요받아서 총을 든 사람은 없습니다. 그들은 언제라도 총을 내려놓고 떠날 수 있는 자유가 있었습니다. 이 점에서도 시민군의 폭력은 계엄군의 폭력과 구별됩니다. 계엄군은 시민에게 억압적인 노예상태를 강요했을 뿐만 아니라 그들 자신이 노예적인 예속 아래 있었습니다. 그들은 총을 버리고 떠날 수 없었던 것입니다. 그리고 이것 역시 계엄군의 군사력이 참된 의미에서 주권폭력일 수 없는 결정적인 이유 가운데 하나입니다. 주권폭력이 시민의 자유와 주체성의 표현과 실현이라면, 그것의 현상 형식 역시 자유롭고 자발적이어야 할 것입니다.

하지만 주권폭력의 자유와 자발성은 단지 거부할 수 있다는 것만을 뜻하지 않습니다. 그것은 아직 홀로주체의 형식적 자유일 뿐입니다. 자유의 실질적 진리는 자유롭게 선택하거나 거부하는 데 있지 않고 오직 타자의 부름에 응답하는 데 있습니다. 왜냐하면 주체는 오직 타자의 부름에 응답함으로써 주체가 될 수 있기 때문입니다. 인간은 자기를 부르는 이름에 대답하기 시작하면서 동물의 단계에서 벗어나 자기를 스스로 의식하는 주체로서 일어나기 시작합니다. 그때 그는 자기를 부르는 자에게 '너'로서 마주 서게 됩니다. 그렇게 누군가에게 '너'가 될 때 비로소 그는 자기를 자기로서, 다시 말해 '나'로서 의식할 수도 있게 됩니다. 그리하여 부르는 자와 대답하는 자는 부름과 응답 속에서 너와 내가 되고 또 우리가 됩니다. 주체성이란 그런 부름과 응답이 교차하는 만남 속에서 생성되는 나와 너 그리고 우리라는 인격성입니다. 그 속에서 주체는 부름받는 '너'이면서 응답하는 '나'이며 부름과 응답 속에서 생성되는 '우리'인 것입니다.

그러나 주체성의 첫 단계에서 그것은 아직 아무런 내용도 없는 주체의 단순한 정립이요, 순수한 장소에 지나지 않습니다. 이 단계에서 '나'와 '너' 그리고 '우리'라는 인격이란 아직 누구에게나 적용될 수 있는 익명의 인칭대명사에 지나지 않는 것입니다. 그 익명의 인칭대명사가 구체적인 인격으로 자기를 형성하고 전개해나가기 위해서는 너와 나의 만남이 다양한 방식으로 일어나야 합니다. 세계 내에 하나의 점과도 같은 주체가 다양한 문맥 속에서 타인의 부름에 응답하면서 자기를 구체적으로 형성하게 되는 것입니다. 너의 부름에 응답하면서 나는 너와 함께 우리가 되는데, 나의 인격의 구체적이고 개성적인 실현이란 오로지 내가 너와 함께 형성하는 우리의 성격인 것입니다.

이런 사정은 주권폭력의 경우에도 마찬가지입니다. 주권폭력이란 시민의 공동주체성인 주권의 기초입니다. 주권은 집단적 주체성의 실현이니, 그 주권의 기초가 되는 주권폭력은 시민의 집단적 주체성, 다시 말해 서로주체성의 현실태인 것입니다. 그러므로 주권폭력의 진리 역시 주체성의 진리를 통해서만 밝혀질 수 있습니다. 그런데 시민적 주체성의 경우에도 그것의 진리는 너와 나의 부름과 응답 속에서 생성되는 '우리'에게 있습니다. 다시 말해 주권폭력 역시 부름에 대한 응답으로서 일어나 개별 시민들을 공동의 주권자로서 정립하는 사건일 때, 비로소 참된 의미의 주권폭력일 수 있는 것입니다. 그렇지 않은 경우 시민의 폭력행사는 폭동에 지나지 않습니다.

그렇다면 언제 시민의 폭력행사가 폭동이 아닌 주권폭력의 표현일 수 있겠습니까? 그것은 오직 시민의 고통에 응답하는 폭력일 경우일 것입니다. 사실 폭력은 만남과 양립할 수 없습니다. 강제 역시 마찬가지입니다. 강요된 만남도 폭력적인 만남도 참된 만남은 아닙니다. 그럼에도 불구하고 국가는 강제와 폭력 위에 세워집니다. 그런 의미에서 강제와 폭력은 강제 없고 폭력 없는 시민적 만남의 기초입니다. 그런 강제와 폭력이 바로 주권폭력인 것입니다. 그렇다면 어떤 의미에서 만남과 양립할 수 없는 폭력이 만남을 가능하게 하는 폭력일 수 있겠습니까? 그것은 오직 하나, 그 폭력이 타인의 고통에 응답하는 폭력일 경우밖에 없습니다. 국가가 폭력을 필요로 하는 것은 국가의 구성원이 불의한 폭력에 의해 고통받는 것을 막기 위함입니다. 그런 목적이 아니라면 국가는 아무런 폭력도 행사할 필요가 없을 것입니다. 인간사회에서 일어날 수 있는 불의한 폭력으로부터 시민을 보호하기 위해서만 국가는 폭력을 필요로 하는 것입니다. 바로 그런 폭력이 주권폭력입니다. 그리고 그 주권폭력이 시민에게 귀속하고 시민의 자유와 자발성의 표현이어야 한다면, 그것은 오직 다른 시민의 고통에 대한 응답으로서만 일어나야 할 것입니다. 자유가 단순히 홀로주체의 선택이 아니라 타자와의 만남 속에서 일어나는 것이라면, 그것은 타인의 고통에 응답하는 결단 속에서 가장 치열하게 일어나는 사건입니다.

5·18시민군이 총을 든 것은 계엄군의 폭력에 고통받는 시민들의 '총을 들라'는 부름에 응답한 것입니다. 타인의 고통에 대한 응답 속에서 자유는 일어나고, 그렇게 자유로운 폭력이야말로 주권폭력이니, 5·18시민군의 무장항쟁은 주권폭력의 진리를 가장 순수하게 계시한 사건이었던 것입니다.

그런데 시민적 폭력으로서만 나타나는 이런 주권폭력에는 잊지 말아야 할 제한 조건이 하나 있습니다. 그것은, 시민적 주권폭력이란 국가가 정상상태에 있을 때는 직접적인 현실태로서 나타나서는 안 된다는 것입니다. 왜냐하면 국가가 정상상태에 있는데 시민이 누군가를 공격하기 위해 무기를 든다면 필경 그것은 폭동이거나 내란일 것이기 때문입니다. 그리고 그렇게 평화로운 사회 내에 폭력을 조장하는 행위야말로 주권폭력에 의해 제재되어야 할 대상일 것입니다. 그러므로 시민적 주권폭력은 오직 국가의 주권이 위기에 처한 예외상태에서만 자기를 드러냅니다. 그것은 이를테면 임진왜란 시기 또는 구한말의 의병이나 동학농민전쟁 때 농민군처럼 국가가 안팎으로 위기 상황에 처해 주권이 더 이상 온전히 작동하지 않을 때 비로소 출현하는 민중의 힘입니다. 앞에서 살펴보았듯이 1980년 5월 역시 그렇게 국가의 주권이 온전히 작동하지 않았던 예외상태였습니다. 그리고 5·18시민군의 폭력은 그런 예외상태에서 순수한 형태로 계시되었던 주권폭력이었던 것입니다.

제6장 예술이 된 역사와 역사가 되려는 예술 사이에서*
__광주시립교향악단의 5·18 30주년 기념공연에 부치는 말

1. 말러의 교향곡 제2번 「부활」의 가사와 번역

4악장

URLICHT   한 빛

O Röschen roth!   오 장미여!

Der Mensch liegt in größter Noth!   이 세상에 태어나 나

Der Mensch liegt in größter Pein!   큰 고통 받았네

Je lieber möcht'ich im Himmel sein!   나 차라리 떠나, 빛난 저 하늘로

Da kam ich auf einen breiten Weg: 나 밝은 저 길로 갔더니,

Da kam ein Engelein und wollt'mich abweisen.

                                                한 천사 나타나, 내 갈 길 막았네.

Ach nein! Ich ließ mich nicht abweisen: 제발! 내 갈 길 막지 말아요!

Ich bin von Gott und will wieder zu Gott!   저 빛난 곳, 다시 돌아갈 곳,

Der liebe Gott wird mir ein Lichtchen geben,

                                                내 고운 임, 날 위로하여주리,

---

* 이 글은 2010년 5월 광주시립교향악단이 구자범의 지휘로 5·18 30주년을 기념
하여 말러의 교향곡 제2번을 연주했을 때, 팸플릿을 위해 쓴 글이다. 연주곡은 가
사가 있는 교향곡이었는데, 내가 우리말로 옮긴 가사를 글머리에 싣는다.

Wird leuchten mir bis in das ewig selig Leben!

오 밝고 아름다운 나라, 영원한 나라!

　—DES KNABEN WUNDERHORN

5악장

AUFERSTEH'N	**부활**
Aufersteh'n, ja aufersteh'n wirst du,	일어나! 자, 일어나!
Mein Staub, nach kurzer Ruh!	내 벗, 내 임, 새 아침에
Unsterblich Leben	영원한 생명,
Wird der dich rief dir geben.	그 밝은 빛, 그 빛 널 비추리.
Weider aufzublüh'n wirst du gesät!	우리 살리려, 너 피 흘려!
Der Herr der Ernte geht	새날, 새 아침에
Und sammelt Garben uns ein, die starben!	네 앞에 눈부신 빛 비추리.

　—FRIEDRICH KLOPSTOCK

O glaube, mein Herz, o glaube:	오 그대여, 내 사랑 그대,
Es geht dir nichts verloren!	너 슬퍼하지 말라.
Dein ist, was du gesehnt!	네 꿈, 오 네 꿈,
Dein, was du geliebt, was du gestritten!	

네가 꿈꾼 세상 이제 우리가 이루어가리,

O glaube:	오 그대여,
Du wardst nicht umsonst geboren!	너 뜻 없이 산 것 아니리.
Hast nicht umsonst gelebt, gelitten!	뜻 없는 눈물도 아니리.

Was entstanden ist, das muß vergehen!	빛을 따른 자, 다 죽었으나,
Was vergangen, auferstehen!	모두 다시 살아나리.

192

Hör' auf zu beben!	두려워 말라,
Bereite dich zu leben!	예비하라 새 삶을!
O Schmerz! Du Alldurchdringer!	오 고통스러운 내 삶,
Dir bin ich entrungen!	나 외롭지 않네.
O Tod! Du Allbezwinger!	오 어두운 저 죽음,
Nun bist du bezwungen!	나 두렵지 않네.
Mit Flügeln, die ich mir errungen,	나 높이 날아오르리라,
In heißem Liebesstreben	새날, 새 세상 향해
Werd' ich entschweben	사랑 날개로,
Zum Licht, zu dem kein Aug' gedrungen!	참 빛, 눈부신 그곳으로,
Sterben werd' ich, um zu leben!	살기 위해 죽으리라!
Auferstehn, ja aufersteh'n wirst du,	일어나! 자, 일어나!
Mein Herz, in einem Nu!	내 사랑아, 너 일어나!
Was du geschlagen,	어둠을 뚫고,
Zu Gott wird es dich tragen!	한 빛 되어 살아나라!
─ GUSTAV MAHLER	

2. 사사로운 물음

예술의 아름다움이 과연 자연의 아름다움을 능가할 수 있는가? 화폭에
그려진 꽃이 아무리 화려하고 아름답다 하더라도 정원의 한 송이 붉은
장미나 이 봄 온 산을 물들이는 산벚꽃의 아름다움을 능가할 수 있겠는
가? 이 물음은 플라톤 이래 서양의 철학자들이 늘 물어왔던 물음이다. 플

라톤은 예술이 자연을 모방하는 것이므로 예술미가 자연미를 능가할 수 없다고 생각했으나 제자였던 아리스토텔레스는 스승의 의견에 반대하여 기술이 자연의 불완전성을 보완하고 능가하듯이, 예술미 역시 자연을 보완하고 또 능가한다고 생각했다. 오랜 세월이 지난 뒤에 칸트는 이 논쟁에 다시 불을 지펴, 사람이 예술에 조예가 깊다 해서 도덕적이 되지는 않지만, 한 송이 들꽃에 감동하는 모습은 언제나 마음속의 순수한 도덕성의 징표라고 주장하면서 예술미보다 자연미를 더 높이 평가했다. 그러나 칸트의 후예라 할 헤겔은 선배의 의견에 반대하여 자연이란 보이지 않는 이념의 외화에 지나지 않으므로 그 이념을 직접 드러내는 예술작품의 아름다움이 이념의 그림자에 지나지 않는 자연의 아름다움보다 우월하다고 생각했다.

이 물음과 그에 얽힌 논쟁이 결코 하찮은 것이라 할 수는 없겠지만, 그래도 나는 5월이 돌아올 때마다 이렇게 되묻게 된다. 왜 그들은 하필 자연미과 예술미를 대비하여 어느 것이 더 나은지 물었을까? 바꾸어 묻는다면, 왜 그들은 역사와 예술을 비교하여 그 둘 가운데 어느 것이 더 우월하냐고 묻지 않았을까? 우리가 서양의 철학자들에게 이렇게 물을 수 있는 까닭은, 특히 서양예술이야말로 자연의 모방이 아니라 인간의 삶과 역사를 모방함으로써 시작되었기 때문이다. 서양예술의 역사가 호메로스(Homeros)의 서사시에서 시작된다는 것은 잘 알려져 있거니와, 그것은 자연이 아니라 인간의 삶과 역사를 모방하면서 시작된 예술이다. 그런데 왜 플라톤은 그 명백한 역사를 잘 알고 있었으면서도 엉뚱하게 예술과 자연의 관계를 물었을까?

굳이 찾아내자면, 아마도 그 까닭은 예술이 역사를 마치 보자기처럼 덮어서 싸버렸기 때문일 것이다. 예술가가 한 송이 장미꽃을 그릴 때 화폭 위의 장미 그림이 장미꽃보다 더 아름답든 아니든 간에 장미는 화폭 밖에 그대로 있다. 그림은 그려지는 사물을 말소하지는 못한다. 그런 까닭에 철학자들은 장미 그림이 더 아름다운지 장미꽃 자체가 더 아름다운지를 두고 수천 년을 이어 논쟁을 벌일 수도 있었다. 그러나 호메로스가 트로이전쟁의 한 장면을 그의 서사시 속에서 묘사할 때, 트로이전쟁이라는 역사 그 자체는 마치 양피지 위에 새로이 글씨를 쓸 때마다 이전에 썼던 글씨가 지워지고 희미해질 수밖에 없듯이 새로이 쓰이는 예술의 행간으로 사라진다. 그렇게 예술에 의해 역사가 은폐되어버린 까닭에 우리는 호메로스의 서사시가 더 아름다운지 아니면 호메로스가 묘사한 트로이전쟁 자체가 더 아름다운지를 판단할 수 없는 것이다.

서양예술의 역사에서 예술이 역사를 지우면서 쓰이는 예는 이 하나만이 아닌데, 우리는 비슷한 경우를 역사적 예수와 복음서에 묘사된 예수의 관계에서도 찾아볼 수 있다. 복음서를 일종의 문학작품으로 볼 수 있다면, 그것은 역사적 예수라는 인물을 묘사한 예술이라 할 수 있다. 그렇다면 복음서는 과연 역사적 예수라는 인물을 온전히 우리에게 그려 보여주고 있는가? 아니면 한갓 역사적 예수의 그림자만을 희미하게 비춰줄 뿐인가? 이렇게 물을 때 우리는 암암리에 역사적 예수가 진짜 예수요 완전한 예수이고, 기록된 예수는 역사적 예수의 불완전한 모사에 지나지 않는다는 일종의 실증주의적 사고방식을 바닥에 깔고 있다. 하지만 이와 정반대로 생각하는 신학자들도 많은데, 그들에 따르면 복음서에 기록된 예수야말로 신앙 속에서 고백되고 세상을 향해 선포된 예수로서 역사적 예수로 환원될 수 없는 진짜 예수요 그리스도라는 것이다. 이 두 입장 사이의 대립은 기독교라는 종교의 역사만큼이나 오래되었다고 하겠으나, 앞으로도 최종적인 해결을 기대할 수는 없을 것이다. 어차피 역사적 예수는 복음서의 행간으로 사라져 어디서도 찾을 수가 없기 때문이다.

하지만 서양의 철학자들이 역사와 예술을 심미적으로 비교하고 둘 사이의 우열을 논하기 어려웠던 까닭은 단순히 예술이 역사를 지양해버렸기 때문만은 아니다. 어쩌면 더 중요한 이유는 서양의 역사에서 심미적 완결성을 가진 역사적 사건이 거의 없었기 때문인지도 모른다. 아리스토텔레스는 아름다움이 크기와 질서에 존립한다고 말한 적이 있었다. 여기서 크기란 적당한 크기를 말한다. 너무 크지도 너무 작지도 않으며, 한눈에 조감할 수 있는 적절한 크기를 가진 사물만이 아름다운 대상일 수 있다는 것이다. 하지만 이것이 전부는 아니다. 아리스토텔레스에 따르면, 어떤 대상이 그런 적절한 크기 속에서 동시에 내적 질서와 유기적 통일성을 유지하고 있을 때, 우리는 그것을 가리켜 아름답다고 할 수 있다.

그런데 역사적 사건들 가운데 그렇게 적절한 크기와 유기적 통일성을 지닌 사건이 그리 흔하겠는가? 호메로스가 묘사했던 트로이전쟁은 10년도 넘게 계속되었던 전쟁이었으니(물론 이런 말조차 정확한 것은 아니다), 그것은 한 번에 조감하기엔 너무도 장대한 사건이었다. 게다가 그것은 수많은 사람들이 참여하여 엮어낸 전쟁이었으니 어떤 내적 질서나 유기적 통일성을 가질 수도 없었을 것이다. 그리하여 호메로스는 트로이전쟁을 전체로서 모두 그려 보이는 것을 포기하고 오로지 그 가운데 한 단면만을 떼어내 그 전쟁의 비극과 인간성의 숭고를 어떤 통일성 속에서 그려 보이려 했는데, 그렇게 해서 창작된 것이 지금 우리가 읽는 서사시『일리아스』(Ilias)이다. 비단 트로이전쟁만이 아니라 사실 모든 역사는 끝없는 시간의 흐름 속에 이어져 있으므로 한 송이 꽃이나 한 마리 새처럼 정해진 테두리를 갖지 않는다. 그러므로 역사적 사실은 산에 핀 들꽃이나 그 속의 새들 같은 자연적 대상과는 달리, 어지간해서는 그 자체로서 심미적 대상이 되기 어렵다. 철학자들이 예술을 자연과 비교할 뿐 역사와 비교할 생각을 하지 않았던 것도 아마 그 때문이었을 것이다.

3. 예술이 된 역사

우리가 이런 사정을 생각하면, 5·18의 독보적인 의미가 더욱 두드러진다. 5·18은 한마디로 말해 그 자체로서 예술이 된 역사이다. 5·18은 단 열흘 동안 일어난 사건이다. 그렇게 짧고, 시작과 끝이 분명한 사건이다. 이 점에서 그것은 언제 시작해서 언제 끝났는지 알 수 없는 트로이전쟁과 다르지만, 마찬가지로 이 땅의 역사에서 일어났던 모든 항쟁과도 다르다. 이를테면 3·1운동은 시작이 언제인지는 분명하지만 끝이 언제인지는 분명치 않다. 반대로 4·19혁명은 이승만의 하야로 끝난 것이 분명하지만, 시작이 어디인지는 그다지 명확하지 않다. 5·18은 1980년 5월 18일에서 시작하여 5월 27일 새벽에 끝난 사건으로 시작과 끝이 명확한 사건이다. 그렇게 시작과 끝이 분명한 까닭에 그것은 단일한 개별적 사건이다.

그러나 이런 분절성과 독자성이 전부였다면, 5·18은 마치 화분에 담겨 있는 꽃처럼 고립된 아름다움에 지나지 않았을 것이다. 5·18은 꽃병에 꽂힌 꽃이 아니다. 그것은 들판에 뿌리를 박은 나무처럼 배경이 있다. 그 배경은 수백 년 동안 이어져온 처절한 항쟁의 역사이다. 그 배경이 없었더라면 5·18은 한갓 우연이었을 것이다. 오직 하나를 이룬 대상만이 미적 대상이라 하더라도 그 하나의 개별자가 전체와 통하지 않는다면, 그것은 죽은 아름다움, 이 옷에도 걸 수 있고 저 옷에도 걸 수 있는 브로치처럼 한낱 장신구에 지나지 않는다. 5·18은 그런 것이 아니다. 그것은 점점 더 고조되어가는 기나긴 항쟁의 역사 속에서 솟아오른 봉우리로서 역사의 올라가는 능선과 내려가는 능선이 만나는 바로 그곳에 고고히 우뚝 서 있다. 이 땅의 민중항쟁사는 5·18을 향해 오르막길을 올랐다가 그곳에서 정점에 도달한 뒤에 서서히 내리막길을 걷게 된다. 물론 그 사이에 여러 봉우리들이 있다. 가까운 것들만 보더라도 부마항쟁은 우리가 5·18에 오르기 전에 올랐던 봉우리요, 6월항쟁은 5·18에서 내려온 뒤에 다시 오른 봉우리이다. 이런 의미에서 5·18은 역사적 사건이다. 즉 그것은 역사라는 전체 속에서 솟아오른 하나의 사건이었던 것이다.

그런데 이 사건이 심미적 가치, 아니 더 나아가 예술적 가치를 갖는 까닭은 단순히 외적인 구분이 아니라 내적 원리에 의해 하나의 사건을 이루고 있다는 데 있다. 그것은 마치 베토벤(Ludwig van Beethoven)의 「운명 교향곡」이 제1악장 첫머리의 그 유명한 주제악상에 의해 처음부터 끝까지 논리적으로 일관되게 구성되어 있는 것처럼, 내적 구성원리에 의해 하나를 이루고 있다. 그 하나의 내적 구성원리는 저항 또는 항쟁이다. 우리는 이 사건을 5·18광주항쟁이라고도 부르지만, 여기서 광주라는 공간과 5·18이라는 시간을 빼면 항쟁만이 남는다. 그런데 이 이름은 우리가 이렇게도 붙일 수 있고 저렇게도 붙일 수 있는 이름들 가운데 하나를 갖다 붙여준 것이 결코 아니다. 도리어 그것은 사실 자체가 요구한 이름이니, 본질적 이름이다. 5·18은 항쟁으로 시작하여 항쟁으로 끝난 사건이다. 항쟁이라는 내적 원리가 마치 축구공의 실이 가죽을 안으로 꿰매어 하나의 완결된 공을 이루듯이, 하나의 유기적 전체를 이룬 사건이 5·18인 것이다.

우리는 5·18의 내적 통일성을 강조하기 위해 그것을 축구공에 비유했지만, 그 통일성이 내용 없는 단순성을 뜻하는 것은 아니다. 5·18민중항쟁은 항쟁이라는 단일한 이름 또는 개념으로 환원될 수 없는 무수히 많은 이야기를 포함한 사건이라는 점에서도 심미적이다. 칸트 식으로 말하자면, 오직 상상력을 통해서 그려 보일 수 있을 뿐 결코 개념적 언어로 다 길어낼 수 없는 어떤 풍요함이야말로 심미적 대상의 특질이다. 우리는 5·18민중항쟁을 항쟁이라 이름 부르지만, 그 이름 속에 다 담기지도 않고 그 이름을 통해 다 규정되지도 않는다. 이 점에서 보자면, 항쟁이란 이름은 무등산 약수터에 놓인 바가지처럼 하찮은 것이다. 우리는 그 바가지로 흐르는 샘물을 떠서 마시지만, 어떻게 샘물이 바가지에 다 담길 수 있겠는가? 5·18도 그와 같다. 그 속에는 우리가 결코 하나의 화폭에 한꺼번에 담아낼 수 없는 음영들이 있고, 우리가 다 풀어낼 수 없는 무수히 많은 이야기들이 감추어져 있다. 하지만 우리는 이 풍요를 한갓 수량적인 것으로 오해하면 안 된다. 왜냐하면 5·18을 그것 되게 만들어주는 고통의 깊이와 인간정신의 숭고는 수량적으로 측정할 수 없는 피안이기 때문이다. 한 사람의 고통이든 열 사람의 고통이든 간에 그 양을 따질 필요도 없이, 누가 감히 타인의 고통을 이해한다고 말할 수 있겠는가? 그런즉 우리가 그것을 무엇이라고 부르든 간에 이름이나 개념 속에 5·18이 다 담길 수 있다고 믿는 사람이 있다면, 그는 5·18은 고사하고 삶이 무엇인지 모르는 사람이다.

물론 피안의 타자성과 개념으로 길어낼 수 없는 풍요가 한 사건을 심미적 대상으로 만들어주는 모든 조건은 아니다. 무릇 모든 심미적 대상은 한편에서는 무한한 풍요와 아득한 타자성들이, 다른 한편에서는 불가사의하지만 또한 필연적인 내적 원리에 따라 하나의 전체를 이루고 있는 것이니, 우리가 5·18을 그 자체로서 예술이 된 사건이라 부르는 까닭은 그것이 아리스토텔레스가 『시학』(Poetica)에서 말한 대로 소재의 구성(pragmaton systasis)에 입각한 줄거리(mythos)를 가진 사건이기 때문이다. 아리스토텔레스는 흔히 영어로는 플롯(plot)이라 번역되는 이 줄거리 또는 소재의 구성을 드라마의 가장 중요한 조건으로 요구했는데, 그것은 이른바 플롯을 통해 소재의 풍요와 다양성이 하나의 통일성을 이룰 수 있기 때문이다.

하나의 예술작품이 가진 다양성 속의 통일이야말로 그것을 예술작품이 되게 만드는 객관적 조건이면서 동시에 우리에게 주관적 감동을 주는 가장 중요한 요소이기도 하다. 그러므로 모든 위대한 드라마는 다른 무엇보다 구성의 완벽한 통일성을 통해 우리에게 심미적 감동을 준다. 그런데 우리가 5·18이 그 자체로서 예술이 된 역사라고 말하는 까닭은 그것이 소포클레스(Sophocles)의 『오이디푸스 왕』(Oedipus Rex)이나 모차르트(Wolfgang Amadeus Mozart)의 「돈 조반니」(Don Giovanni)처럼 가히 완벽하다고 말할 수 있는 플롯을 가지고 있기 때문이다. 플롯의 완전성은 같음과 다름 그리고 반전과 연속이 하나로 얽혀드는 데 있다. 5월 16일의 횃불시위에서부터 이미 우리는 터질 듯한 긴장과 비상한 감동을 느끼게 되지만, 이는 아직 서막으로서 그리스 비극으로 치면 프롤로고스(prologos)에 지나지 않는다. 하지만 이 드라마는 그 프롤로그에서부터 얼마나 숭고한 아우라에 감싸여 있는가? 마치 아이스킬로스(Aeschylos)의 오레스테이아 3부작의 첫머리에서 파수꾼이 아가멤논의 궁궐 지붕 위에서 어두운 하늘을 향해 닥쳐올 불길한 운명을 노래하듯이, 5월 16일의 횃불시위에서 전남대 총학생회장 박관현은 금남로에 운집한 군중 앞에서 임박한 투쟁과 그에 맞서는 불굴의 의지를 결단에 찬 금속성 테너 음성에 실어 노래한다. 끝없이 이어진 횃불의 이글거리는 불꽃과 그 불빛에 번뜩이는 눈동자들은 임박한 지옥의 고통과 그 고통의 용광로 속에서 도리어 순금처럼 정화될 숭고한 정신의 예고이다.

그렇게 서막이 끝나고 5월 18일 오전 5·18의 제1막이 오르면 무대는 전남대 정문 앞, 드라마는 주저 없이 이 드라마의 주제인 항쟁으로 진입해 들어간다. 마치 그리스 비극에서 코러스가 두 패로 나뉘어 한 패는 왼쪽으로 돌고 다른 한 패는 오른쪽으로 돌면서 노래하듯이, 군인과 학생들이 무리 지어 쫓고 쫓기면서 드라마의 템포는 숨 가쁘게 빨라지기 시작한다. 이로부터 5월 21일 오후 계엄군이 철수할 때까지 광주는 군홧발과 곤봉에서 대검으로 그리고 대검에서 총탄에 이르기까지 살육으로 피로 물든 도시가 되고, 그에 맞선 시민군의 화염병으로 불타는 도시가 된다. 이런 가운데 군인과 시민을 상징하는 합창단은 점점 더 늘어나 5월 20일 저녁 전조등을 켠 수백 대의 택시가 금남로에 등장할 무렵이면, 합창단이 무대를 가득 채우고 무대 밖으로 넘쳐날 정도가 되어야 한다. 그러나 제1막이 합창만으로 이루어져 있는 것은 아니다. 갑옷과 투구를 쓰고 트로이 성문 앞의 전쟁터에서 하늘을 날며 그리스 군대를 이끄는 아테네 여신처럼 전일빌딩 옥상에서 아래를 내려다보며 파도처럼 밀려왔다 밀려가는 군중을 지휘하는 전춘심 같은 여인이 있고, 금남로 3가 가톨릭센터 창밖으로 내려다보이는 도로 위에서 옷을 벗기고 구타당하고 살해당하는 젊은이들을 내려다보며 핏발 선 눈으로 신의 뜻을 따져 묻는 윤공희 대주교 같은 성직자도 있으며, 살기등등하게 시위대를 쫓다가 도리어 그들에게 포위당해 사색이 된 전투경찰들을 시위대의 투석으로부터 보호하여 그들과 연행된 학생들을 맞바꾸자고 제안하다가 도리어 계엄군의 곤봉에 피투성이가 되어 끌려가는 의대생 이동훈처럼 순수한 젊은이도 있고, 어른들이 만류하는데도 죽어가는 이들을 위해 기어이 헌혈을 하고 도청에서 나오다가 머리에 헬기에서 쏜 총탄을 맞고 죽는 박금희 같은 여고생도 있다. 어디 그뿐인가? 몰래 광주로 잠입하여 폭력적인 살육을 독려하는 정호용 같은 악당도 있으며, 시민들을 위험 속에

방치한 채 사라지는 장형태 전남지사 같은 비겁한 자도 있다. 이들이 엮어내는 드라마 속에서 치열한 시가전 끝에 공수부대가 광주에서 철수하면 5·18의 제1막이 끝난다.

5월 22일에서 시작되는 5·18의 제2막 제1장은 비극적 상황 속에서도 사뭇 목가적이다. 음악은 춤곡이어도 좋다. 아낙들은 밥을 하고, 처녀들은 동네방네 투사회보를 붙이고 다니며, 더벅머리 총각들은 총을 내려놓고 춤을 춘다. 벗이여, 국가가 없으니 세상이 이토록 평화롭구나! 하지만 드라마는 희극이 아니라 비극이다. 상무대에 시신들이 쌓이고 죽은 아들과 딸, 남편과 아내의 시신 앞에서 찢어지는 소프라노의 울부짖음 아래로 베이스의 탄식이 낮게 깔리면, 그 사이를 비집고 레치타티보(recitativo)처럼 가사 없는 처절한 알토의 호곡(號哭)이 스며든다. 우리에게 무슨 죄가 있어 이 슬픔이 우릴 덮쳤나. 그렇게 흐르는 삼중창 뒤에서 코러스가 안개처럼 젖은 목소리로 진혼곡을 노래할 때, 날카로운 테너의 음성이 마치 성당의 저녁 종소리처럼 울려퍼진다. 장면이 바뀌면 도청 분수대 앞에서 시민들은 궐기대회로 모여 토론을 한다. 그 토론은 솟아오르는 분수처럼 발랄하고 눈부시게 시작되지만, 토론이 고조될수록 그것은 조금씩 그리스 비극에서처럼 날카롭게 대립하는 안틸로기아(antilogia)로 발전한다. 총을 반납하고 투항할 것인가 아니면 죽더라도 끝까지 싸울 것인가? 그렇게 하나의 입장과 다른 입장이 부딪힐 때, 돌연 장면이 바뀌고 시민들이 항쟁 초기에 혁혁한 공을 세운 전춘심과 차명숙 두 여인을 간첩이라고 의심하여 군 수사기관에 넘겨버린다. 무대 위에는 어둠이 깔리고 음악은 강렬하고 거친 트레몰로(tremolo)로 급속히 하강하며 불길한 파국을 암시한다.

제3막은 도청 상황실장 박남선의 고뇌에 찬 아리아에서 시작해도 좋을 것이다. 다가오는 파국을 어찌할 것인가? 장면이 바뀌면 극은 다시 안틸로기아로 이어진다. 수습파와 항쟁파는 이제 권총을 들고 대립할 정도에 이르렀다. 하지만 한쪽이 다 옳고 다른 쪽이 다 그르다고 할 수 없으니, 이것이야말로 비극적 대립이다. 그러나 무엇이든 간에 선택할 수밖에 없는 것이 인생이다. 결국 끝까지 항쟁을 하겠다는 사람들이 도청을 장악하게 되고, 새로이 구성된 민주시민투쟁위원회 대변인 윤상원은 죽음을 앞둔 청년이라고는 믿을 수 없을 정도로 맑고 단정한 눈빛과 친절하고 정중한 말투로 10명 남짓 되는 외신기자들 앞에서 광주의 참상을 증언하고 최후까지 싸우겠다는 결의를 밝힌다. 그리고 우리 역사에서 가장 길었던 그 마지막 날 밤이 오면 시 외곽에 주둔하고 있던 계엄군은 다시 광주로 진입해 들어올 준비를 하고, 시내에서 어떤 사람은 도청에서 나가고 또 어떤 사람은 도청으로 들어온다. 그러나 나가는 사람도 들어오는 사람도 고뇌에 찬 노래를 부르기는 마찬가지이다. 윤상원이 교련복 차림의 고등학생들에게 총을 두고 이제 집으로 가라고 부르는 노래가 채 끝나기도 전에 장면이 바뀌면 계엄군이 쳐들어온다고 다급하게 외치는 여인의 목소리가 들리고 콩 볶는 듯한 총소리와 탱크의 캐터필러 소리가 밤공기를 가를 때, 불 꺼진 방에서 이불을 뒤집어쓰고 예수를 배신한 베드로처럼 숨죽여 흐느끼는 사람들이 있다. "주여, 나를 불쌍히 여기소서! 내 눈에 흐르는 이 눈물을 보시어 나를 불쌍히 여기소서!" 마지막 장면에서 윤상원이 총을 들고 적을 향해 맞선 것은 적을 죽이고 전투에서 이기기 위한 것이 아니었다. 누군가는 땅에 떨어져 다시 내일을 위해 썩어지는 한 알의 '씨울'이 되어야 하기 때문에, 그 자리에서 떨어지기 위해서였을 뿐! 바그너(Richard Wagner)의 「니벨룽의 반지」(Der Ring des Nibelungen) 4부작의 마지막 '신들의 황혼'의 종결부에서 발할라 성이 화염 속에서 무너지듯이, 도청이 불타오르기 시작하면 서서히 대단원의 막이 내려야 하겠지만 막이 완전히 내린 뒤에도 아직 오케스트라의 음악은 멈추어선 안 된다. 왜냐하면 도리어 5·18의 대단원의 막이 내린 순간이야말로 새로운 역사가 시작된 출발점이었기 때문이다.

4. 예술과 역사

이것이 우리가 한번 시험 삼아 구성해본 5·18 오페라의 줄거리이다. 이런 부질없는 짓을 해본 까닭은 5·18이 특별히 예술적 재능이 없는 사람이 보더라도 어떤 예술적 플롯을 자체 내에 지니는 사건이라는 것을 보이기 위해서이다. 5·18은 사건 자체가 일종의 기승전결을 갖춘 드라마이다. 그래서 5·18에 대한 사실적 기록을 볼 때마다 우리는 사실 자체가 주는 비극적 감동에 사로잡히게 된다. 그 감동은 단지 전체적 구성의 긴박함에서 비롯되는 것만은 아니다. 5·18은 그 열흘 동안 무수히 많은 사람들이 얽혀 만들어낸 무한히 다양한 사건들을 품고 있는데, 그 세세한 장면 하나하나 가운데 어떤 것도 그냥 버릴 것이 없다. 아직도 채 끝나지 않은 항쟁 참여자들의 증언록을 펼칠 때마다 우리는 그들이 겪어야 했던 고통에 대한 전율스러운 공포와 연민 그리고 가해자들에 대한 의분을 느끼게 되지만, 그런 처절한 고통 속에서 도리어 눈부시게 빛나는 용기와 순수한 도덕성을 접할 때마다 아득히 높이 치솟은 인간성의 숭고 앞에서 할 말을 잃는다. 하지만 5·18의 감동은 이런 교과서적 단순 구도로 다 설명되지는 않는다. 거기에도 갈등이 있고 이러지도 저러지도 못하는 딜레마가 있으며, 나약한 인간의 비겁과 유한한 지성의 판단착오가 있다. 간단히 말해 인간의 삶에서 우리가 발견할 수 있는 거의 모든 곤경과 그 곤경 앞에서 흔들리는 인간이 있는 것이다. 그런데 5·18에서 수난을 당한 어떤 사람도 지금 그 사건을 바라보는 나 자신과 무관하지 않다. 왜냐하면 그들의 희생과 영웅적인 저항이 없었더라면, 우리는 지금도 멀쩡히 살아 있는 전두환에게 개처럼 굴종하면서 살고 있었을지도 모르는 일이기 때문이다. 그러니 어떻게 그들의 희생과 저항을 마치 할리우드 영화를 보듯이, 남의 일인 듯 바라볼 수 있겠는가. 그러니 객관적이고 형식주의적인 관점에서 보든, 리얼리즘적이거나 표현주의적인 관점에서 보든, 아니면 수용미학적 관점에서 보든 간에 5·18은 모든 면에서 어느 하나도 빠지는 것이 없이 완벽하게 우리를 형언할 수 없는 감동으로 밀어 넣는 예술작품이라고 할 수 있다.

그렇게 역사 자체가 비극예술이 되어버린 것이 5·18이라면, 과연 인공적 예술이 이런 역사를 능가할 수 있겠는가? 단언하거니와 그것은 불가능한 일이다. 아무리 천재적인 예술가라도 5·18 그 자체보다 더 완벽한 예술작품을 쓸 수는 없을 것이며, 5·18이 그 자체로 주는 감동보다 더 큰 감동을 주는 작품을 창작하지는 못할 것이다. 누군가 5·18을 소재로 「니벨룽의 반지」처럼 장대하고 심오한 오페라를 작곡한다 한들, 어찌 그것이 사실 자체의 감동을 능가할 수 있겠는가? 역사 자체가 예술작품이 되어버렸으니, 이제 5·18을 모방하는 예술이 거꾸로 역사가 되지 않고서는 결코 그것을 능가할 수 없을 것이다.

하지만 내가 아무리 이렇게 예술이 역사 그 자체를 능가할 수 없다고 주장하더라도, 그에 설득되지 않고 5·18을 소재로 작품을 쓰는 예술가들이 있어왔고 앞으로도 무수히 많이 있을 것이다. 그것을 어떻게 말리겠는가? 완전한 것을 모방함으로써 스스로 완전해지려는 것은 모든 긍지 높은 인간의 숨은 욕망이며, 자신의 예술작품이 그 자체로서 역사가 되기를 바라는 것은 모든 예술가의 욕구이기 때문이다. 이런 의미에서 보자면, 오직 위대한 역사가 펼쳐진 곳에서만 위대한 예술이 탄생할 수 있으니, 스스로 비천한 삶을 사는 민족에게서 숭고한 예술이 탄생하리라 기대하는 것은 쓰레기통에서 장미를 찾는 것처럼 부질없는 일이다. 우리가 5·18에 감사해야 하는 까닭이 여기에 있다. 그날 이후 긍지 높은 예술가들은 끊임없이 5·18이라는 역사적 작품에 필적할 예술작품을 창작하기 위해 마치 산악인들이 알프스 산맥의 아이거 북벽을 오르듯이, 5·18이라는 산을 오르고 또 오를 것이니 이것이야말로 5·18이 우리에게 준 측량할 수 없이 값진 선물이다.

5. 다시 예술에서 역사로 나아가기 위하여

지난 여름, 우리의 지휘자 구자범이 5·18 30주년 기념연주회에서 말러(Gustav Mahler)의 교향곡 제2번 「부활」(Auferstehung)을 야외에서 시민합창단과 함께 연주하고 싶다는 뜻을 처음으로 내게 말했을 때, 내가 그계획에 대해 경탄했던 까닭은 그 계획 속에서 예술이 단순히 역사를 기넘하거나 모방하지 않고 그 자체로서 다시 역사가 되기를 원하는 예술가의 의지를 읽었기 때문이다. 2010년 5월 18일, 광주시립교향악단이 누구의 무슨 곡을 연주하든 간에 그 자체로서 완벽한 예술작품이 되어 우리 앞에 서 있는 5·18과 그것이 무슨 상관이겠는가? 하지만 우리의 예술가 구자범이 말러의 교향곡 제2번을 시민합창단과 함께 연주하겠다고 결심했을 때, 그 결단은 마치 벽에 걸린 그림이 액자 속에 갇혀 있기를 거부하고 스스로 현실이 되겠다고 액자를 넘어 밖으로 걸음을 내디딘 것과 같다. 5·18 30주년에 광주시에 고용된 교향악단과 합창단 단원들뿐만 아니라 수백 명의 시민들, 그것도 단지 광주 시민들만이 아니라 원한다면 다른 모든 지역의 시민들이 5·18을 기념하는 연주회에 같이 참여한다는 것은 그 자체로서는 예술적 행위이지만, 동시에 작지만 의미심장한 역사적 사건인 것이다.

모든 예술은 포이에시스(poiesis), 즉 창조하는 것이고 형성하는 활동이다. 음악도 마찬가지이다. 하지만 그것은 무엇을 창조하고 형성하는가? 음악가는 음악을, 노래를 만드는 사람이다. 그러나 이것은 시작이 그렇다는 말이다. 위대한 음악가의 영혼 속에 숨은 궁극의 욕구는 온 우주를 통째로 음악으로 만들고 우리의 삶 자체를 전부 음악으로 만드는 것이다. 우리가 노래방에서 남들이 곡을 뒤지고 있을 때 혼자 악을 쓰면서 노래하든 아니면 연주회장에서 나비넥타이를 매고 고전음악을 연주하든 간에 음악이 현실과 역사로부터 차단되어 있기는 마찬가지이다. 오직 음악이 고립된 시민들을 만남의 광장으로 불러내어 그 만남 속에서 역사의 주체로서 일어나 스스로 새로운 나라의 역사를 쓰게 할 수 있을 때, 음악예술은 골방의 넋두리도 아니고 액자에 갇힌 장식품도 아닌, 아름답고 숭고한 현실 그 자체의 형성원리가 될 수 있다. 오직 그 경우에만 예술이 역사가 되는 것이다. 우리의 구자범이 시민합창단과 함께 옛 전남도청 앞에서 5·18의 부활을 노래하고 싶어 했던 것은 그렇게 자신의 예술이 현실역사의 형성원리가 되기를 원했기 때문이다.

그 최초의 욕구에 비하면, 내가 그 노래에 가사를 붙인 것은 하찮은 조수 노릇에 지나지 않는다. 교향곡 「부활」에는 말러가 붙인 독일어 가사가 있다. 독일어를 모르는 수백 명의 시민합창단에게 어떻게 발음과 발성을 훈련시켜야 할지를 그가 고민할 때, 나는 가사를 5·18의 뜻에 맞게 우리말로 바꾸면 어떠냐고 제안했다가 예술가 앞에서 딜레탕트가 주제넘게 참견한 죄로 꼼짝없이 가사를 쓰는 작업을 떠맡게 되었다. 음악도, 시도 잘 모르는 철학자에게 그것이 얼마나 어려운 일이었는지를 여기서 구구절절이 늘어놓을 생각은 없다. 초등학생도 이해할 수 있을 만큼 평이한 가사를 두고 대단한 뜻이라도 담긴 것처럼 허세를 떠는 것도 적이 쑥스러운 일이다. 다만 청중의 보다 나은 이해를 위해 한 가지 일러두고 싶은 것이 있는데, 말러의 원래 가사를 그대로 옮기는 것은 불가능한 일이고 또 5·18을 기념하기 위해 가사를 새로 쓰면서 그럴 필요도 없었지만, 형식적으로 보자면 그의 원가사는 독백이라기보다는 대화에 가깝다. 나는 원가사의 이런 특징을 존중하여, 의식적으로 산 자와 죽은 자의 대화 형식으로 우리말 가사를 썼다. 음악이야말로 말을 넘어선 예술, 형상을 넘어선 예술로서 유한한 존재와 무한한 존재 사이를 이어주기 위해 다른 어떤 예술보다 적합하다고 나는 믿는다. 이런 의미에서 음악은 무당의 굿과도 같으며, 예술가는 영매(靈媒)와 같다.

　제4악장은 알토 독창이므로 독백의 형식을 취하고 있다. 그것은 희생자의 노래지만 개별적 주체가 아니라 어디까지나 5·18로 고통을 받은 모든 사람의 노래이다. 그러므로 그것은 죽은 자의 회상일 수도 있고 살아남은 자의 고백일 수도 있다. 그렇게 한 가닥으로 시작된 노래는 제5악장에서 명확한 대화로 전개된다. 합창이 "일어나! 자, 일어나"라고 노래하기 시작할 때, 이것은 산 자들이 죽은 자들을 부르는 말이다. 그에 이어 산 자들은 "우리 살리려 너 피 흘려"라고 노래하는데 이는 감사의 표현이며, "새날 새 아침에 네 앞에 눈부신 빛 비추리"라고 노래하는 것은 죽은 자들을 위로하는 말이다. 하지만 참된 위로는 뜻을 이어가는 데 있다. 그런 의미에서 계속하여 산 자들은 "네가 꿈꾼 세상 이제 우리가 이루어가리" 하고 노래한다. 그러고 나서 산 자들은 마지막으로 "예비하라 새 삶을"이라고 부활의 희망을 노래한다. 그에 이어지는 44번째 소절에서 알토와 소프라노가 "오 고통스러운 내 삶, 나 외롭지 않네", "오 어두운 저 죽음 나 두렵지 않네" 하고 노래하는 것은 앞에서 산 자들의 감사와 위로 그리고 결단과 희망의 노래에 대해 죽은 자들이 응답하는 부분이다. 이로부터 음악은 점점 더 정점을 향해 치닫게 되는데, 가사 역시 "나 높이 날아오르리라"를 반복하며 음악과 함께 상승한다. 46번째 소절이 '다시 약간 절제하여'(Wieder etwas zurückhaltend)라는 지시에 따라 살짝 억제되었다가 곧바로 47번째 소절에서는 피우 모소(piu mosso), 즉 '더 격렬하게'라는 지시에 따라 음악은 폭발하듯이 마지막 절정을 향해 치닫는다. 오케스트라의 총주(總奏)와 함께 합창단이 "살기 위해 죽으리라" 하고 부르짖으면서 "일어나! 자, 일어나! 내 사랑아, 너, 일어나! 어둠을 뚫고, 어둠을 뚫고, 한 빛, 한 빛, 한 빛 되어 살아나라!" 하고 모두 같이 노래할 때, 이것은 단지 노래라기보다는 산 자와 죽은 자가 한데 어우러져 서로가 서로에게 부르짖는 외침이다. 그것은 부름이면서 동시에 결단인 노래이다. 죽어 저승에 갔다고 영영 죽은 것이 아니며 이승에 살아 있다고 정말 산 것이 아니다. 오직 지금 이 순간 우리 모두 이 깊은 어둠을 뚫고 빛을 향해 다시 나아갈 때, 우리 모두 진정으로 살아나는 것이다.

그렇게 가사를 만들었지만 내가 다 만든 것은 아니다. 조수가 처음 만든 가사를 조심스레 보여주었을 때, 예술가는 음악적으로 교정해야 할 것들을 지시해주다가 마지막 소절의 가사를 보더니 혼자 펑펑 눈물을 쏟아냈다. 그 모습을 외경의 눈으로 바라보던 조수의 마음을 글로 옮기기에는 나는 너무 서툰 시인이다. 다만 이 역사적 공연에 그렇게 훌륭한 예술가의 조수 노릇을 할 수 있는 인연을 만들어준 광주에 머리 숙여 감사할 뿐! 그 지극한 감사의 마음을 모아 나 간절히 바라노니,

광주여,
내 사랑하는 벗이여,
어둠을 뚫고

그대 다시
한 빛 되어
살아나라!

제7장 이제 남들이 우리를 기념하게 하라![1]

__5월 기념사업과 기념의 서로주체성에 대하여

1. 기억하는 것과 기념하는 것의 차이에 대하여

어떤 사건을 기념한다는 것은 그 사건을 단순히 기억한다는 것을 의미하지 않는다. 하지만 이 두 가지 행위 사이의 차이는 아직 충분히 성찰된 적이 없다. 그리하여 기념하는 것은 집단적으로 기억하는 행위 또는 한 세대의 기억을 다음 세대에게 전승하기 위해 벌이는 의식 같은 것으로 이해될 뿐이다. 이런 경우 기념이란 기억의 일종이 되어 아무런 고유한 의미도 지닐 수 없다. 그렇게 어떤 사건을 기념하는 것이 엄밀하게 무엇을 뜻하는지 알지 못한 채 우리가 한 사건을 기념할 때, 우리는 자신이 하는 일이 무엇인지 스스로 알지 못하고 그 일을 하게 된다. 5·18을 기념하는 것이 이런 오해와 착오에 빠지지 않으려면, 이제 우리는 과연 기념이 무엇인지, 그것이 단순히 기억하는 것과 어떻게 다른지를 묻지 않으면 안된다.

우리가 기억이나 기념을 정치적 차원이 아니라 순전히 심리적 의식활동의 차원에서만 고찰한다면, 사건의 기억은 당사자의 일이지만 사건의 기념은 당사자 아닌 다른 사람의 일이란 점에서 구별된다. 5·18을 경험

<hr>

[1] 이 글은 2011년 7월 6일 문화체육관광부 아시아문화중심도시추진단이 주최한 '광주 민주인권평화기념관 운영방안'에 대한 토론회에서 발표한 것이다.

하지 못한 사람은 그것을 기억할 수 없다. 기억이란 개인의 활동이나 지각이 의식 속에서 반복되는 것을 의미한다. 그러므로 스스로 경험하지 못한 자는 기억할 수도 없다. 오직 경험한 사람, 직접 지각한 사람만이 지각되고 경험한 것을 다시 생각 속에서 떠올릴 수 있다는 의미에서 기억은 홀로주체적이다. 그리하여 나의 기억은 오직 나의 기억이며, 너의 기억은 오직 너의 기억인 것이다.

이처럼 기억이 경험의 한계를 넘을 수 없는 것은 어떤 세대의 집단적 경험의 경우에도 마찬가지이다. 5·18의 기억이 아무리 강렬한 것이었다 하더라도, 그것은 어디까지나 그 사건을 같이 경험했던 광주 시민들의 기억일 뿐, 결코 그 기억이 그 자체로서 그 사건을 경험하지 못한 사람들의 기억이 될 수는 없는 일이다. 그런 까닭에 5·18 이후에 태어나 그 사건을 스스로 경험하지 못한 세대가 기억하지 못하는 것은 너무도 당연한 일이다. 세대가 지나면 그 세대의 기억도 사라진다. 엄밀한 의미에서 기억은 언제나 당사자의 일인 것이다.

그럼에도 불구하고 5·18은 망각되어서는 안 될 사건이며 세대를 넘어 그 기억이 전승되어야 할 사건이라고 우리가 믿는다면, 과연 이때 세대를 넘어 그 사건이 기억된다는 것은 무엇을 뜻하는 말이겠는가? 한마디로 말하자면, 그것은 5·18이 기념되어야 한다는 것을 의미한다. 다시 말해 그것은 5·18이, 이 사건을 몸소 경험하지 못한 다른 사람 또는 다른 세대에 의해 기념되어야 한다는 것을 의미하는 것이다. 경험하지 못한 자는 기억할 수도 없다. 그가 할 수 있는 일은 자기가 경험하지 못한 일을 다만 기념하는 것이다. 이런 의미에서 기억이 당사자의 일이라면, 기념은 타자의 일이다. 기억한다는 것은 같은 것을 의식 속에서 반추하고 반복하는 일이다. 그러나 기념한다는 것은 타인의 경험과 기억에 참여하는 것이다. 그것은 동일성의 반복이 아니라 타자와의 만남이다. 이 만남을 우리가 다시 기억이라고 굳이 부르려 한다면, 그 기억은 엄밀한 의미에서 사건의 기억이나 경험의 기억이 아니라 기억의 기억이다. 이런 의미에서 기념한다는 것은 기억을 이어가는 것이라 말할 수도 있다. 또는 기념이란 같이 기억하는 것(commemorare)이라 말할 수도 있을 것이다. 기억이 홀로주체의 일이라면, 기념이란 이 '같이'라는 특성으로 말미암아 언제나 서로주체적인 활동이다. 우리는 서로서로 타인의 기억에 참여함으로써 서로주체인 우리가 된다. 내가 너의 기억에 전혀 참여하려 하지 않는다면, 나는 너와 함께 결코 우리가 될 수 없다. 너와 내가 우리가 되는 것은 오직 서로의 기쁨과 슬픔의 기억에 참여할 때이다. 이것이 만남이니, 너와 나는 이런 만남 속에서 비로소 우리가 되는 것이다.

이런 사정은 역사적 사건에 대한 기억에 대해서도 마찬가지이다. 만약 뒷세대가 앞세대의 어떤 기억에도 참여하지 않으려 한다면 두 세대 사이에 인격적 만남은 없을 것이요, 이런 세대 간의 단절 속에서는 뒷세대가 앞세대와 함께 서로주체성을 형성할 수 없을 것이다. 다시 말해 이 경우 뒷세대는 앞세대를 우리라고 느끼지 못할 것이며, 마치 자기와 상관없는 다른 사람들을 대하듯이 대할 것이다. 그러므로 아무것도 기념하지 않는 세대, 아무것도 기념하지 않는 집단은 더불어 겨레를 형성할 수도 없고 공동의 역사를 만들어나갈 수도 없다. 우리는 오직 자기가 경험하지 않은 것, 그리하여 스스로 기억할 수 없는 것을 기념함으로써만 정치적 존재가 되고 역사적 존재가 되는 것이다.

2. 왜 무엇을, 어떻게 기념해야 하는가

내가 나 자신의 경험을 기억하는 데서 그치지 않고 타인의 기억을 기억해야 하는 까닭이 바로 여기에 있다. 기억이란 홀로주체의 자기반복, 자기 속에 유폐된 의식의 자기복제이다. 하지만 그렇게 자폐적인 의식은 단지 생각 속에서 관념을 떠올릴 수 있을 뿐 결코 현실을 구체적으로 형성할 수는 없다. 현실은 나의 의식에 주어진 동시에 너의 의식에 주어진 세계이다. 이것은 너의 입장에서 볼 때도 마찬가지이다. '너'의 세계는 너만의 의식에 주어진 세계가 아니라 또한 나의 의식에 매개된 세계이기도 하다. 엄밀하게 말하자면, 우리가 상식적으로 전제하고 있는 하나의 객관적 세계는 오직 너의 세계와 나의 세계가 만나는 곳에서 열린다. 너와의 만남이 없을 때 나는 세계를 소유하는 것이 아니라 단지 라이프니츠(Gottfried Wilhelm Leibniz)의 모나드(monade)처럼 의식의 내적 경험을 가질 뿐이다. 그때 나의 내면세계는 의식의 경험을 반복하는 것, 곧 기억과 회상밖에 없다. 오직 내가 타인의 내면세계로 건너갈 때, 나는 그와 함께 공동의 세계를 열어가게 된다. 하지만 이 만남은 어떻게 일어나는가? 그것은 내가 나만의 경험을 자기동일적으로 반복하는 홀로주체적 기억을 뛰어넘어 타인의 기억과 만날 때 비로소 일어나게 된다. 즉 타인의 기억을 내가 기억할 때, 비로소 나는 타인의 세계로 나아가는 길을 열게 되는 것이다. 그리고 너와 내가 서로의 기억에 참여할 때, 너와 나는 우리가 되고 우리의 세계를 개방하게 된다. 그렇게 개방된 세계를 너와 내가 더불어 형성할 때, 우리는 자유로운 주체가 되는 것이다.

그런데 여기서 세계는 가능한 모든 만남의 총체로서 하나의 이념이다. 현실 속에서 우리는 그런 무제약적 전체로서의 세계가 아니라 어디까지나 제한된 만남의 현실태인 다양한 공동체 속에서 사회적 삶을 영위하게 된다. 그리고 내가 더불어 참여하고 형성하는 공동체가 확장될수록 나의 자유도 확장되며, 그 공동체 내의 만남이 온전하면 온전할수록 나의 삶도 온전해진다. 여기서 만남의 온전함이란 다양한 방식으로 이해될 수 있겠지만 적어도 같이 기억하는 것(com-memorare)이 온전한 만남의 결정적 조건의 하나임은 분명하다. 그리하여 한 공동체의 개성이나 성격은 그 공동체의 구성원들이 무엇을 공동으로 기억하느냐를 통해서도 분명히 드러난다. 만약 아무것도 공동으로 기억하는 것, 즉 기념하는 것이 없는 공동체가 있다면, 그것은 아무런 성격도 없는 공동체가 틀림없다. 그리하여 뚜렷한 공동의 자기의식을 가진 공동체는 단순히 우발적으로 생성되는 기억의 공유라는 의미에서 기억의 기억뿐만 아니라 특정한 기억을 같이 기억함으로써 자기정체성의 바탕으로 삼는데, 이처럼 어떤 공동체가 특정한 경험의 기억을 일정한 형식 속에서 모든 구성원에게 같이 기억하도록 요청할 때 그것을 가리켜 우리는 좁은 의미에서 제의(祭儀)로서의 기념이라 부를 수 있다.

가족공동체 내에서 이루어지는 제사는 이런 제의로서 기념행위의 전형이다. 하지만 가족이란 자연적 공동체로서 그 자체로서는 보편적 이상을 담는 그릇이 될 수 없으니, 가족공동체의 기원을 후손들이 아무리 애틋하게 기념하고 추모한다 하더라도 이것이 그 가족공동체를 다른 가족과 구별하게 해주는 어떤 형상이나 성격을 부여해주는 것은 아니다. 반대로 그 가족 구성원들이 공동의 기원을 전혀 애틋하게 기념하지 않는다 해서 가족이 남이 되는 것도 아니다. 가족관계의 유지를 위해서는 구성원들이 공동의 뿌리에서 태어났다는 것을 단순히 인지하는 것만으로 충분하다.

하지만 국가의 경우에는 사정이 전혀 다르다. 가족처럼 자연에 의해 맺어지고 형성된 공동체가 아니라 어떤 뜻과 이상에 따라 형성되어야 할 공동체인 국가는 시민들을 우리로 결속하게 해주는 공동의 자기의식이 없다면, 외적으로 아무리 국가의 형상을 갖추고 있다 하더라도 그것은 한갓 합법적 수탈기구이거나 아니면 아무것도 공동으로 수행할 수 없는 모래성에 지나지 않을 것이다. 이를테면 프랑스 공화국이 프랑스혁명을 기념하지 않는다면, 어떤 기억이 그들을 근원적으로 하나인 우리가 되게 만들어주겠는가? 프랑스혁명이란 프랑스인들을 처음으로 서로주체성 속에서 우리로 만들어준 근원적 경험이었으니, 세대를 넘어 그 기억을 다시 기억하는 것을 통해 그들은 하나의 겨레로서 프랑스인이 되는 것이다.

이런 사정은 한국인들의 경우에도 마찬가지여서 3·1운동이나 4·19혁명을 기념하는 것은 모두 이를 통해 우리가 민족의 독립과 시민적 자유라는 공동의 욕구에 기초하여 하나의 겨레, 하나의 시민공동체로서 우리 자신을 정립했다는 것을 확인하는 일이라 할 수 있다.

하지만 인간이 추구하고 형성할 수 있는 공동체는 국가로 끝나는 것은 아니다. 그런 까닭에 우리가 기념할 수 있는 사건 역시 국가적 이념들을 표현하고 실현하는 사건 또는 국민이나 시민공동체를 정립해준 사건만이 아니다. 그것은 우리를 세계시민으로 부르는 사건, 아니 더 나아가 종교적인 은유를 빌리자면 모든 존재자의 절대적 공동체인 하늘나라의 시민으로 부르는 사건일 수도 있다. 이런 사건, 이런 경험은 민족이나 국가의 한계에 갇히지 않는다. 조선 땅에서 공자가 기념되고 부처와 예수가 기념될 수 있는 것은 나의 자유가 국민국가적 테두리 내에서 온전히 실현되는 것이 아니기 때문이다. 자유와 주체성이 만남에 존립한다면, 인간이 전체와 하나가 되는 경지에 이를 때, 즉 존재하는 모든 것과 참된 만남 속에서 우리가 되는 절대적 서로주체성을 실현할 때까지 보다 큰 전체 속에서 보다 깊은 만남을 추구하려는 인간의 욕구는 사라지지 않을 것이다. 이런 의미에서 국민국가의 한계를 넘어 사람들이 공동으로 기억을 기억하는 것도 가능하고 또 필요한 일이니, 이런 종류의 기념을 가리켜 우리는 종교적 기념제의 또는 세계시민적 기념제의라고 부를 수 있을 것이다.

하지만 오해를 피하기 위해 여기서 우리가 반드시 유념해야 할 것은, 내가 경험하지 않은 사건의 기억에 참여하는 것은 그 기념행위에 기초하는 공동체 그 자체를 물신화하고 숭배하기 위해서가 아니라 오직 그 기념행위를 통해 내가 참된 의미에서 자유로운 주체로서 자신을 정립하기 때문이다. 똑같은 말을 우리는 거꾸로 표현할 수도 있겠는데, 오직 나를 자유로운 주체로서 부르는 사건만이 기념할 가치가 있는 사건이다. 이런 기준에서 보자면, 예를 들어 일본인들이 천황의 생일을 기념한다거나 북한 사람들이 수령의 생일을 기념하는 일 따위는 국가적 동원의 도구로서 요구되는 일일 수는 있겠지만, 결코 그런 일들을 기념하는 사람들을 자유로운 주체로서 부르는 기념제의라고 할 수는 없다. 하지만 왕들의 생일이 아니라면, 과연 우리는 무엇을 기념함으로써 참된 의미에서 자유로운 겨레가 되는 것인가?

그것은 오직 존재의 진리가 계시된 사건 또는 같은 말이지만 공동체의 진리, 만남의 진리가 계시된 사건이다! 그리고 참된 만남이 실현된 공동체가 나라인 한에서, 우리가 기념해야 할 사건은 나라의 진리를 계시해준 사건이다. 그리고 나라를 더불어 형성하는 공동의 주체를 겨레라 부를 수 있다면, 온전한 의미에서 겨레의 생성을 표현하고 실현해준 사건이야말로 우리가 이상적인 시민공동체 속에서 각자의 자유와 주체성을 온전히 실현하기 위해 기념할 만한 가치가 있는 유일한 사건일 것이다.

하나의 겨레가 이런 의미에서 어떤 역사적 사건을 공동으로 기념할 때, 비로소 그들은 공동의 역사의식을 가지게 된다. 마치 한 개인의 의식이 정돈되고 통일된 기억 속에서만 온전히 자기동일성의 의식에 도달할 수 있는 것처럼, 한 겨레 역시 공동의 역사의식 속에서만 하나의 겨레로서 집단적 자기의식에 도달할 수 있는 것이다. 그러므로 이런 역사의식은 집안의 화덕과도 같다. 그것은 그 자체로서는 고독한 홀로주체들을 하나로 불러 모으는 온기(溫氣)로 한 겨레의 정신적 삶을 유지시켜주는 얼이요 생명이다.

그런 화덕처럼 오직 만남의 중심이 될 수 있는 사건만이 한 겨레가 영속적으로 기념할 가치가 있는 사건이다. 하지만 만남의 중심이란 무엇인가? 그것은 타자성의 매개이다. 모든 다른 것을 지극한 친밀함 속으로 불러들인 사건, 낱낱의 주체들이 자신의 전 존재를 걸고 타인의 부름에 응답한 사건, 그 응답 속에서 우리를 자유로운 주체로서 굳건히 서게 해준 사건, 더 나아가 그때 그날로 종결되지 않고 미래를 향해 입을 벌려 지금도 우리에게 이리 오라고 부르고 있는 사건, 그리하여 오늘을 사는 우리가 그 부름에 응답할 때 우리 역시 그 아름다운 만남의 공동체에 주체로서 초대받는 사건, 그렇게 끝없이 이어지는 응답 속에서 누룩으로 빵이 부풀듯이 협소한 울타리에 갇혀 있었던 낡은 공동체가 경계를 넘어 범람하게 되는 그런 사건만이 우리가 기꺼이 자유롭게 기념할 수 있는 사건이다.

3. 이제 남들이 우리를 기념하게 하라!

그렇다면 오늘날 한국인들에게 어떤 사건이 5·18보다 더 기념할 만한 가치가 있겠는가? 어떤 사건이 그토록 단호하게 우리를 자유로운 주체로서 호명하는가? 어떤 사건이 그보다 더 엄격하게 자유인으로서 우리의 용기를 시험하는가? 그리고 또 어떤 사건이 그토록 온전한 만남의 공동체를 우리에게 계시해주는가? 아니, 우리가 이 모든 것을 도외시한다 하더라도, 오늘을 사는 한국인들이 5·18보다 더 많이 빚지고 있는 사건이 어디 있는가? 생물학적인 의미가 아니라 사회적이고 정치적인 삶의 문맥에서 보자면, 오늘날 한국인들이 누리는 이 자유는 다른 무엇보다 5·18의 희생을 통해서 가능했던 일이다. 이런 의미에서 5·18을 기념하는 것은 감사하는 일이다. 우리의 사회적 존재의 근원에 대해 감사하는 것이야말로 기념의 본질적 의미에 속하는 일인 것이다. 5·18은 이런 의미에서도 가장 기념할 만한 일이라 할 수 있다. 하지만 우리가 이런 말만 반복할 때 5·18의 뜻은 아직 드러나지 않는다.

5·18은 완전한 만남을 계시해준 사건이었다. 하지만 5·18은 사건이 보여주는 완전성의 이면에 치명적인 자기부정성을 안고 있으니, 그것은 이 사건이 동시에 하나의 분열로서 일어났다는 사실이다. 5·18은 모든 타자성을 만남 속에서 매개한 사건이지만, 동시에 현존하는 국가기구에 대한 생사를 건 투쟁의 사건이었다. 그것은 참된 나라의 계시였지만 또한 그럴수록 현존하는 거짓된 국가기구와의 상쟁이었던 것이다. 이 상쟁은 국가의 본질에 속하는 것이니, 낡은 국가가 새로운 국가에 의해 지양되기 전까지는 결코 그칠 수 없다. 그리하여 5·18을 기념한다는 것은 현존하는 국가 속에서 새로운 국가를 잉태하고 키워나가는 것을 의미한다. 이런 의미에서 5·18을 기념한다는 것은 단순히 근본으로 회귀하여 공동체의 자기정체성을 확인한다거나 과거에 빚진 것에 대해 감사하는 것으로 그치지 않고 미래를 능동적으로 형성해나간다는 것을 의미한다. 그런즉 기념은 단순한 기억이 아니다. 그것은 도리어 동경이며, 아직 실현되지 않은 이상을 꿈꾸는 일이고 더 나아가 그 길을 막아서는 모든 장애물과 싸우는 일이다. 실제로 1980년 5월 27일, 항쟁이 비극적 패배로 막을 내린 뒤에 5·18을 기념한다는 것은 그것 자체가 새로운 투쟁이었다.[2] 그것은 나라의 진리를 정면으로 거슬러 수립된 현존하는 국가기구

를 폐지하고 참된 새 나라를 건설하기 위한 투쟁이었으니, 1987년 6월항쟁과 그 결실로 수립된 제6공화국은 5·18의 메아리였던 것이다.

이 메아리는 타자의 응답이었다. 그것은 5·18 당사자의 기억에 참여하는 것, 그들의 고통에 동참하는 것 그리고 그들의 부름에 응답한 것이었다. 이처럼 5·18을 기념하는 것이 타자의 응답이었던 까닭에 5·18은 마치 병아리가 처음에는 실낱같이 작은 배반에서 자라고 또 자라 끝내 알을 깨고 나오듯이, 제5공화국의 견고한 껍질을 깨트리고 새로운 나라를 열 수 있었던 것이다. 그것은 지역으로 보자면 광주의 일이었고 전남의 일이었으나 곧 부산의 일이 되었고 서울의 일이 되었으며 나라 전체의 일이 되었으니, 이는 5·18을 직접 경험하지 않은 타인들이 그 사건을 기념하고 사건 당사자들의 기억에 참여하고 그들의 부름에 응답했기 때문이다. 그것이 5·18의 기념이었던 것이다.

그렇게 타자의 메아리, 타자의 응답으로서의 기념에 힘입어 5·18은 반역의 역사에서 새로운 국가의 기초로서 자리매김될 수 있었다. 1989년 노태우 대통령은 5·18을 "광주민주화운동으로 새로이 규정"[3]하였으며, 1993년 김영삼 대통령은 "오늘의 정부는 광주민주화운동의 연장선 위에 있는 민주정부"[4]라고 선언했고, 1997년에는 5·18이 국가기념일로 지정되었다.[5] 더 나아가 5·18의 피해자 및 희생자들에 대한 보상도 이루어지고[6] 새로운 묘지가 조성되었다. 이에 반해 5·18의 가해자들에 대해서는 법적 처벌이 이루어졌다. 그것은 누가 보아도 불완전한 것이었으나, 그럼

---

2 지병문·김철홍, 「지방사회운동으로서의 광주 5월운동」, 『5·18민중항쟁과 정치·역사·사회』, 5·18기념재단, 2007, 84쪽.

3 같은 글, 82쪽.

4 정근식, 「민주화와 5월운동, 집단적 망탈리테의 변화」, 『5·18민중항쟁과 정치·역사·사회』, 5·18기념재단, 2007, 122쪽.

5 지병문·김철홍, 앞의 글, 84쪽.

6 정근식, 「청산과 복원으로서의 5월운동」, 『5·18민중항쟁과 정치·역사·사회』, 5·18기념재단, 2007, 157쪽.

에도 불구하고 전직 대통령들을 법정에 세울 수 있었던 것이 결코 하찮은 일은 아니었을 것이다.

그러나 이처럼 국가에 의해 5·18이 기념되고 피해자들에 대한 보상이 이루어지며 그 책임자가 처벌되는 과정 속에서, 그것은 지역화되어갔다. 이는 한편에서는 5·18을 지역화하려는 외부의 의지에 의한 것인 동시에, 항쟁의 기억을 독점하고 기념을 타자와 공유하지 않으려는 내부의 의지가 공모(共謀)한 결과라 해야 할 것이다. 이처럼 서서히 타자를 배제하고 당사자들만의 의례로 기념행사와 기념사업이 이루어지면서 5·18은 더 이상 참된 의미에서 기념되지 못하고 오로지 생물학적으로 기억될 뿐인 사건이 될 위험에 처해 있다. 왜냐하면 참된 기념은 오직 남들이 같이 기억해줄 때 가능한 일로서, 남들이 그 기념의 서로주체로서 초대를 받고 참여할 때만 일어나는 만남의 사건이기 때문이다. 만약 계속 지금처럼 5·18의 기념사업과 기념행사가 당사자의 홀로주체성을 벗어나지 못한다면, 그것은 당사자들에 의해서만 기억되고 남들은 그 기억을 외면하여 끝내 당사자들과 함께 잊히는 운명을 피할 수 없을 것이다. 이렇게 5·18이 역사책 속의 박제화된 기록으로 남지 않고 끊임없이 역사를 이끄는 생명으로 살아 있게 하려면, 이제 더 늦기 전에 남들이 그것을 당사자와 함께 서로주체로서 기념하게 해야 한다. 당사자와 국외자가, 광주와 전남이, 호남과 영남이 그리고 지방과 서울이 5·18을 그렇게 같이 기억할 때, 그같이 기억함(commemorare) 속에서만 그것은 온전히 기념되고 그 속에서 영속적인 생명을 얻게 될 것이다.

이를 위해 우리가 유념해야 할 것이 두 가지 있다. 첫째로 사건 자체가 타자성의 문맥 속에서 해석되고 이해되어야 한다. 즉 5·18은 1980년 5월 광주에서 우발적으로 일어난 사건이 아니다. 그것은 멀리 동학농민전쟁에서 시작해 구한말의 의병전쟁, 일제치하의 3·1운동과 광주학생운동, 해방 후의 이른바 대구폭동, 제주 4·3 및 여순사건과 4·19혁명 그리고 부마항쟁의 역사를 잇는 사건으로 기억되고 기념되어야 한다. 그리고 공간적인 면에서도 광주라는 지역에 국한된 사건이 아니라 직간접으로 전국적이고 세계사적인 문맥 속에서 일어나고 진행된 사건이었다는 것이 강조되어야 한다. 이런 개방적인 사실인식에 바탕하여 (또는 바탕해서만) 5·18은 좁은 의미의 당사자가 아니라도 모두가 자기 자신의 역사로서 기념할 수 있는 사건이 될 수 있을 것이다. 하지만 아무리 이렇게 5·18이 한국의 (또는 아시아의, 세계의) 민중항쟁사의 문맥 속에서 개방적으로 해석되고 이해된다 하더라도, 이것이 곧바로 공동의 기념행위로 이어지는 것은 아니다. 당사자 아닌 사람들이 더불어 5·18을 적극적으로 기념하는 일에 참여할 수 있기 위해서는 둘째로 당사자들이 그들을 객체가 아니라 주체로서 초대해야 한다. 구체적으로 말하자면, 우리는 5월 기념행사의 전부 또는 그것이 어렵다면 일부의 기획을 당사자 아닌 외부인들에게 맡기는 것도 생각해볼 수 있을 것이다. 이런 노력이 있을 때, 5·18을 기념하는 것이 '기억의 권력화'를 낳는다는 비판[7]을 잠재울 수 있을 것이다.

---

7 문부식, 『잃어버린 기억을 찾아서: 광기의 시대를 생각함』, 삼인, 2002, 54쪽.

제8장 귀향: 혁명의 시원을 찾아서[1]
__부끄러움에 대하여

1. 간단한 소묘

'부마(釜馬)항쟁'이란 무엇인가? 역사적 사실이 문제라면, 이 물음에 대한 대답은 어렵지 않다.[2] 1979년 10월 16일 오전 10시, 1975년 이후에 단한 번의 데모도 일어나지 않아 유신대학이라고 조롱을 받았던 부산대에서 학생들이 데모를 시작했다. 그것은 그 전날 10시에 시도했다가 실패했던 시위의 반복이었다. 처음 몇백 명에 지나지 않았던 학생들은 경찰들이 대학 구내로 페퍼포그차를 앞세우고 진입하자, 금세 수천 명으로 불어났다. 오랜 가뭄으로 말랐던 저수지가 폭우로 넘쳐흐르듯이 학생들은 학교 담장을 넘어 부산 시내 도심지로 쏟아져 들어갔다. 그 소식을 듣고 시내에서 가까운 동아대와 고려신학대 학생들까지 합세해 시내에서는 경찰과 학생들의 쫓고 쫓기는 숨바꼭질이 계속되었다. 경찰은 늘 그랬듯이 최루탄과 곤봉으로 학생들을 제압하려 했으나, 학생들은 경찰이 쫓아오

---

1 이 글은 2009년 10월 (사)부산민주항쟁기념사업회 부설 민주주의사회연구소에서 주최한 부마민주항쟁 30주년 기념 전국 심포지엄에서 발표한 것이다. 초대해준 민주주의사회연구소 김하원 소장과 고호석 선생님께 감사드린다.
2 조갑제, 『박정희: 釜馬사태前後』, 조갑제닷컴, 2007, 264쪽. "시국과 인간의 상호작용에 의해서 역사가 만들어지는 과정이 부마사태와 10·26사건처럼 명확히 밝혀진 예도 드물 것이다."

면 거미줄처럼 이어진 골목길로 흩어졌다가 경찰이 다른 곳으로 가면 다시 열린 도로로 밀려 나왔다. 거의 20년 만에 처음 보는 이 희귀한 경기를 지켜보던 거리의 시민들은 압도적으로 학생들을 응원했고, 그중 다수는 학생들과 함께 시위에 참여했다. 그리하여 수만 명으로 불어난 시위대는 부산 시내 중심가를 물결처럼 흐르며 독재타도와 유신철폐를 외쳤다. 그것은 유신헌법에 대한 반대는 물론이고 개정이나 폐기를 청원하는 것 그리고 더 나아가 그런 일을 보도하는 것조차 금지했던 '긴급조치 제9호' 아래서 상상할 수 없었던 저항의 목소리였다. 그런 구호 사이로 「애국가」와 「선구자」, 「우리의 소원」 같은 노래들이 이어졌다. 소박한 노래였으나, 또한 모두가 부를 수 있는 노래였다. 부산대 학생들은 "외치노니 학문의 자유, 이곳이 우리들의 부산대학교, 부산대학교"로 끝나는 교가를 부르며 눈시울을 붉혔다. 그것은 학생들 자신이 언제부터인가 "외치노니 음주의 자유, 이곳이 우리들의 부산대학교"로 자조적으로 개사(改詞)하여 부르던 바로 그 노래였다. 금지된 자유를 되찾기 위해 자기를 걸고 저항함으로써 그들은 한갓 음주의 자유가 아니라 학문의 자유에 합당한 존재가 되었던 것이다. 그렇게 목이 터지게 독재타도를 외치면서 쫓기는 동안 하루가 저물어, 시위대도 경찰도 지쳐 시위는 소강상태에 이른 것처럼 보였다. 그러자 경찰은 소수의 병력만 남겨둔 채 철수하고 학생들 역시 이제 돌아가는 것처럼 보였다. 그런데 남포동 부영극장 앞에서 한 여인이 나타나 젊은이들에게 일일이 음료수를 따라주자 돌연 그들이 일어나 애국가를 부르더니, 새 힘을 얻은 듯 다시 구호를 외치기 시작했다. 그리고 마치 처음처럼 다시 밤의 시위가 대규모로 그리고 더욱 격렬하게 시작되었다. 이제 시위대는 단순히 구호를 외치면서 이리저리 흐르지 않았다. 수만 명의 시위대가 마치 파리 시민들이 바스티유 감옥을 향했듯이 부산시청을 향해 나아가자, 경찰은 낮보다 더 광포하게 시위대를 공격했다. 그것이 시위대의 분노에 기름을 끼얹었다. 그들은 먼저 지금까지 온갖 거짓과 왜곡 보도를 일삼아온 동양방송 차량에 돌멩이를 던지더니, 이어서 남포동 파출소를 시작으로 파출소들을 공격하고 파괴했다. 이날 저녁에만 11곳의 파출소가 파괴되었다.

이렇게 시작된 부마항쟁은 10월 17일에도 이어졌다. 이날은 휴교령이 내린 부산대와는 달리 정상 수업이 이루어진 동아대에서 먼저 학생들이 떼를 지어 쏟아져 내려왔다. 그러나 어제와 마찬가지로 시위를 이끈 것은 학생들이 아니라 시민들이었다. 이날의 시위는 전날보다 더욱 격렬하여 시민들이 세무서와 방송국, 파출소 등을 공격했다. 그로 인해 이날 모두 21곳의 파출소가 파손되거나 불탔으며 기독교방송국을 제외한 모든 언론사가 시위대의 공격을 받았다.

박정희는 10월 18일 0시를 기해 부산 지역에 계엄을 선포했다. 다음 날 부산의 주요 거리에는 5미터에 한 사람씩 군인들이 총을 들고 지키고 있었다.[3] 산발적인 저항이 있었으나 그 저항이 죽음을 뛰어넘지는 못했으니, 부산은 다시 강요된 침묵 속으로 빠져들었다. 하지만 같은 날 마산의 학생들이 시위의 바통을 이어받았다. 경남대 학생들이 유신철폐와 독재 타도를 외치며 시위하자, 3·15의거의 도시 마산 시민들은 열렬히 그에 호응했다. 시위대는 이번에도 파출소를 파괴하고 경찰서와 시청, 세무서, 방송국 등을 공격했다. 마산의 시위는 처음부터 격렬한 양상을 띠었는데, 10월 19일에 정부는 창원의 제39사단 소속 1개 대대와 부산에서 보낸 공수부대 1개 여단으로 시위를 진압하려 하였으나 시민들은 굴하지 않고 항쟁을 이어갔다. 급기야 10월 20일 정오를 기해 박정희는 마산과 창원에 위수령을 내리고 다시 탱크를 앞세운 공수부대를 투입해 시위를 강경 진압했다.

부산에서 마산으로, 10월 16일에서 20일까지 이어진 이른바 부마항쟁은 이렇게 끝이 났다. 하지만 아직 에필로그가 남아 있었다. 4·19혁명 이후 아니 5·16군사쿠데타로 권력을 찬탈한 뒤 처음 맞는 새로운 봉기에

---

3 조갑제, 앞의 책, 298쪽. 당시 투입된 군 병력은 3개 공수여단과 1개 해병연대 병력 등 총 9,100명이었고, 약 1,800명의 경찰 병력이 합해져 모두 10,900명이 계엄 병력으로 투입되었다.

직면해 박정희는 어떤 식으로든 대응책을 생각하지 않을 수 없었겠지만, 이미 스스로 전제군주가 되어버린 독재자에게 타자적인 것에 합리적으로 대처할 수 있는 판단력을 기대할 수는 없었다. 중앙정보부장 김재규에게 현지 상황을 보고받았을 때, 박정희는 앞으로 다시 그런 일이 일어난다면 대통령인 자기가 직접 발포명령을 하겠다고 절대군주답게 호언했다. 경호실장 차지철은 캄보디아에서는 3백만 명 정도 죽여도 까딱없었는데, 데모대원 1~2백만 명 죽여도 걱정 없다고 맞장구를 쳤다.[4] 그러나 불행히도 박정희는 발포명령을 내려보지 못하고 10월 26일에 차지철이 자기를 위해 마련한 술자리에서 김재규의 총탄에 삶을 마감했다. 이로써 광기의 시대가 막을 내렸다. 대략 이것이 우리가 거칠게 요약해본 부마항쟁의 전말이다.

2. 물음

부마항쟁은 한 시대를 끝내고 새로운 시대를 연 사건이었다. 4·19혁명을 통해 이승만의 독재가 막을 내렸듯이, 부마항쟁을 통해 박정희의 유신독재가 종말을 고했다. 하지만 그렇지 않다 하더라도 부마항쟁의 의의와 중요성이 반감되는 것은 아니다. 중요한 것은 부마항쟁이 그 자체로서 어떤 성과를 낳았느냐 하는 것이 아니다. 다시 말해 박정희가 죽임을 당한 것이 부마항쟁의 직접적인 결과인가 아닌가 하는 것도 중요한 일이 아니다. 박정희가 김재규의 손에 그렇게 죽지 않았더라도 일단 부마항쟁이 일어난 만큼 저항은 계속해서 이어졌을 것이며, 어떤 식으로든 유신체제는 종말을 맞거나 아니면 근본적인 변화를 아래로부터 강요당했을 것이다. 분명한 것은 독재권력에 대한 본격적인 민중적 저항의 출발이 부마항쟁이었다는 것이다. 부마항쟁은 다음 해 광주의 5·18로 이어지고 8년 뒤 전국적으로 번진 6월항쟁으로 매듭지어지는, 반독재투쟁의 역사에서

---

4 김정남, 『진실, 광장에 서다』, 창비, 2005, 314쪽 이하.

첫 페이지를 장식한다. 6월항쟁을 민주화를 이룬 시민혁명으로 규정할수 있다면, 부마항쟁은 그 혁명의 시원(始原)이었던 것이다. 우리가 이 잘 알려진 사건에 대해 새삼스럽게 그것이 무엇이냐는 물음을 던지는 것은 그 시원으로 돌아가기 위해서이다. 그때처럼 다시 시작하기 위해 과연 30년 전에 하나의 역사가 어떻게 시작되었는지를 물으려는 것이다.

하지만 우리가 부마항쟁이란 무엇이냐는 물음을 다시 물어야 하는 까닭은 단순히 오늘 우리의 입장에서 그 사건을 회상하는 것이 필요하기 때문만은 아니다. 도리어 이 물음이 다시 물어져야 하는 까닭은 오늘에 이르도록 이 물음이 온전히 대답되지 않았기 때문이다. 아니 어쩌면 이 물음은 대답되지 않았을 뿐만 아니라 온전히 물어지지 않았던 것인지도 모른다. 위에서 거칠게 요약했듯이, 우리는 부마항쟁이라는 이름 아래 포괄되는 사실들을 알고 있다. 하지만 어떤 사건에 속하는 낱낱의 사실들이 그 사건이 무엇인지를 말해주지는 않는다. 오직 그 여러 사실들이 하나의 원리로부터 이해될 때에만 비로소 우리는 그것이 무엇인지를 알 수 있다. 여기서 하나의 원리란 여러 차원에서 이해된다. 먼저 부마항쟁이라는 사건 자체가 어떤 의미로든 고유성과 정체성을 지닌 하나의 사건으로 이해되어야 하며, 다음으로 그 사건이 역사의 총체성 속에서 규정될 수 있어야 하고, 마지막으로 오늘의 나 또는 우리와의 유기적 관계 속에서 이해될 수 있어야 한다. 그럴 때 우리는 비로소 하나의 역사적 사건으로서 부마항쟁의 의미 또는 뜻을 온전히 이해할 수 있다. 하지만 이런 것들은 사실 자체가 말해주지는 않는 것이니, 드러난 사실 뒤에 감추어진 사건의 뜻을 묻는 것이 우리의 과제이다.

이렇게 뜻을 묻는 것은 공허한 사변을 위한 것이 아니라 사건 자체를 온전히 이해하기 위한 것이기도 하다. 사실 자체가 드러내지 않는 사건의 진실을 알기 위해 여기서 우리가 구체적으로 묻고 해명해야 할 과제는 다음 세 가지이다. 첫째, 어떻게 박정희에 대한 전면적인 부정이 가능했는가? 둘째, 왜 그 사건이 부산에서 시작되었는가? 셋째, 왜 그 엄청난 사건이 잊혔는가? 그리고 우리는 이 세 물음을 다시 하나의 지평 속에서 매개할 수 있어야 할 것이다.

　먼저 첫 번째 물음에 대해서 보자면, 생각하기에 따라서는 이 물음 자체가 무의미한 것처럼 보인다. 부마항쟁이 박정희의 유신독재에 저항해서 일어났던 봉기였으니 박정희에 대한 전면적 부정이었던 것은 동어반복처럼 당연하고 자명한 일이기 때문이다. 이처럼 부마항쟁이 박정희와 모순대당(矛盾對當)의 관계 또는 상호부정의 관계에 있다는 것이야말로 부마항쟁만이 지니고 있는 고유한 의미이다. 이것은 우리가 부마항쟁을 5·18과 비교하면 분명히 알 수 있다. 5·18과 모순대당의 관계에 있는 것은 전두환과 신군부집단이다. 그리하여 우리가 5·18을 긍정하면 전두환은 부정될 수밖에 없는 것이며, 반대로 누군가 전두환을 긍정한다면 5·18은 부정될 수밖에 없다. 그러나 5·18은 박정희와의 관계에서는 직접적인 모순대당의 관계에 있지 않다. 이는 6월항쟁도 마찬가지이다. 그리하여 5·18이나 6월항쟁을 통해서는 박정희를 정면으로 부정할 수 있는 입각점을 확보할 수 없다. 따라서 만약 우리가 5·18과 6월항쟁만을 기억하고 기념하면서 부마항쟁을 잊어버린다면, 박정희를 필연적으로 부정해야만 할 까닭을 잊어버리게 된다. 그리고 실제로 이것이 오늘날 박정희가 다시 숭배될 수 있는 이유이기도 하다. 오직 우리가 부마항쟁을 잊지 않을 때에만 왜 박정희가 부정되어야 하는지를 명확히 인식할 수 있는 것이다.

　하지만 왜 박정희는 부정되어야 했는가? 우리가 이 물음을 진지하게 묻지 않으면 안 되는 까닭은 그가 지금까지 한국의 역대 대통령들 가운데서 가장 훌륭한 대통령으로 숭배되는 인물이기 때문이다. 만약 우리가 이 물음에 대해 진지하고도 설득력 있는 대답을 제시하지 못한다면, 부마항쟁이 가장 훌륭한 지도자의 위대함을 알아보지 못하고 그에 반항했던 철없는 학생들과 폭도들의 난동에 지나지 않았다고 평가된다 하더라도 우리는 아무 항변할 말이 없을 것이다. (바로 이런 일이 지금 실제로 부산에서 일어나고 있다.) 우리가 만약 부마항쟁을 긍정한다면 박정희는 부정될 수밖에 없다. 반대로 우리가 박정희를 긍정한다면, 부마항쟁은 부정되어야 할 역사일 것이다. 그러므로 부마항쟁의 의미를 온전히 이해하고 그 가치를 긍정하기 위해서는 그것이 부정했던 박정희체제의 정체가 무엇인지를 먼저 묻고 그것이 왜 부정되어야만 했는가를 해명하지 않으면 안된다.

더 나아가 부마항쟁과 박정희의 대립을 드러내야 하는 까닭은 그 대립이 우리 역사에서 반복되는 어떤 근본적인 대립이기 때문이다. 그 대립은 박정희가 권력을 찬탈하기 훨씬 전부터 한국사를 규정해왔으며 지금도 계속되고 있는 대립이다. 이 대립에서 박정희는 한쪽 대립항이 인격적으로 실체화된 것과 같다. 우리 역사에서 박정희는 역사적 인물일 뿐만 아니라 보편화되고 이념화된 존재로서 칸트적 의미의 이상(Ideal)인 것이다. 게다가 그것은 오늘날 한국사회에서 가장 지배적인 이상이다.[5] 이를테면 이인제가 대통령 후보 시절 박정희를 닮기 위해 (주관적으로) 애쓰고 다녔다는 것은 잘 알려진 일이거니와, 이명박 대통령 또한 객관적으로 박정희의 복제품인 것이다.

그와 마찬가지로 부마항쟁 역시 단순히 일회적인 사건이 아니라 훨씬 전부터 반복되어온 박정희라는 이상에 대항하는 대립적 이념의 나타남이다. 박정희가 단순히 '개발독재' 시대의 대통령이 아니라 그 이전에도 있었고 이후에도 이어지는 지속적 이념을 표상하는 존재라면, 박정희에 대한 전면적인 부정으로서의 부마항쟁 역시 단순히 민주화운동의 과정에서 한 번 일어났다 끝난 개별적 사건이 아니라 지금도 여전히 이어지는 대항이념의 가장 순수한 표출인 것이다. 그러므로 우리가 부마항쟁과 박정희의 대립을 해명하는 것은 부마항쟁을 우리 역사의 어떤 총체성으로부터 해명한다는 것을 의미한다.

그러나 우리가 하나의 역사적 사건의 뜻을 온전히 이해하기 위해서는 그것을 역사의 총체성으로부터 이해해야 할 뿐만 아니라 동시에 그 사건

---

5 진중권, 「죽은 독재자의 사회」, 이병천 엮음, 『개발독재와 박정희시대: 우리 시대의 정치경제적 기원』, 창비, 2003.

의 고유성으로부터도 이해할 수 있어야만 한다. 이를 위해 우리가 물어야 할 것이 바로 두 번째 질문, 곧 왜 하필 그 일이 부산과 마산에서 일어났는가 하는 것이다. 아마도 이것은 지금까지 부마항쟁에 대해 실증적 사실들 사이의 인과관계만을 고찰하는 역사학자나 사회과학자를 가장 괴롭혀온 물음이었을 것이다. 왜냐하면 유신체제 아래에서 부산과 마산의 대학생들은 부마항쟁처럼 대규모 반독재투쟁의 불꽃을 피우기에는 전반적으로 너무도 조용했기 때문이다.[6] 그런데 바로 그런 부산과 마산의 대학생들이 어떻게 박정희의 독재를 끝장내는 대규모 항쟁의 불을 댕길 수 있었는지에 대한 외적인 사실은 우리에게 아무것도 말해주는 바가 없다. 그리하여 "당시 학생운동이나 재야단체의 활동이 다른 곳에 비해 월등히 앞서지도 않았던 부산이나 마산에서 유신독재에 결정적 타격을 준 시민항쟁이 다른 곳보다 먼저 일어나게 된 원인은 아직도 명확히 설명되지 않고 있다"[7]라는 20여 년 전의 당혹스러운 평가는 지금도 현재진행형이다. 하지만 우리가 만약 이 물음에 계속 아무런 대답도 하지 못한다면, 부마항쟁이 한갓 우발적인 우연사에 지나지 않는다 하더라도 달리 항변할 말이 없을 것이다.

우리가 부마항쟁을 오늘에 되살리고 이어가려 한다면, 특히 이 두 번째 물음에 대해 확고한 대답을 할 수 있어야만 한다. 어떻게 하여 학생운동이 가장 낙후된 곳에서 가장 먼저 결정적인 항쟁으로 시작되었던가? 무엇이, 어떤 내면의 동기가 그때까지 가장 조용하고 소극적이었던 그들을 가장 적극적인 투사가 되게 했던가? 우리가 이 물음에 대답할 수 있다면, 또한 지금 다시 우리를 지배하는 박정희의 우상을 타도하기 위해 필요한 내면의 변화가 무엇인지도 대답할 수 있을 것이다.

반대로 우리가 이 물음에 아무런 대답도 할 수 없다면 부마항쟁이 지금처럼 잊혀가는 것을 막을 수 없을 것이다. 하지만 이것은 무엇을 뜻하

---

6 박철규, 「부마민주항쟁과 학생운동」, 『부마민주항쟁연구논총』, 2003, 187쪽 이하.
7 『한겨레신문』, 1988년 10월 16일 자.

는가? 그것은 우리가 더 이상 박정희의 망령에 저항할 수 있는 역사적 입각점을 잃어버린다는 것을 의미한다. 같은 것을 이렇게 말해도 마찬가지이다. 오늘날 사람들이 부마항쟁을 더 이상 기억하지 않는 까닭은 그들이 박정희를 숭배하기 때문이다. 박정희와 부마항쟁은 모순대당의 관계에 있기 때문에 하나를 긍정하면 반드시 다른 것을 부정할 수밖에 없다. 그렇다면 우리 시대에 왜 박정희는 다시 살아나고 부마항쟁은 잊혀버린 것일까? 부마항쟁의 뜻을 생각하는 것은 마지막으로 이 물음에 대답하는 것을 의미한다. 만약 이 물음에 대답할 수 있다면 아마도 우리는 다시 부마항쟁의 정신을 되살리고 이어가는 길을 발견할 수도 있을 것이며, 그 길을 따라 새로운 역사를 시작할 수도 있을 것이다. 이 글은 그 시작을 위한 회귀이자 귀향이다.

3. 국가의 내적 모순과 식민지 백성의 곤경

우리의 첫 번째 과제는 박정희와 부마항쟁 사이의 모순대립의 본질을 드러내는 일이다. 형식논리적으로 보자면, 모순이란 하나의 주어에 대해 서로 공존할 수 없이 대립하는 술어가 귀속할 때 발생한다. 박정희와 부마항쟁의 모순대립에서 하나의 주어에 해당하는 것이 국가이다. 박정희와 부마항쟁이란 국가에 대한 모순된 두 가지 술어이다. 그 술어들은 현실 속에서는 힘으로 나타난다. 국가가 사물적 합성체가 아니라 인륜적 공동체인 한에서, 그 힘은 근본에서 보자면 집단적 의지이다. 그 의지가 개념적으로 표상될 때 그것이 국가의 이념이다. 그러므로 국가를 둘러싼 모순은 근본에서 보자면 이념과 이념의 충돌이며 의지와 의지의 충돌이다. 이는 부마항쟁과 박정희의 모순대립의 경우에도 마찬가지이다. 그러므로 부마항쟁과 박정희 사이의 모순대립을 해명하기 위해 우리는 먼저 국가가 무엇이며, 무엇 때문에 국가의 개념으로부터 모순대립이 발생하게 되는지를 물어야 한다.

그렇다면 국가란 무엇인가? 아리스토텔레스에 따르면, "국가는 자족적이지만 노예상태는 자족적이지 않다".[8] 여기서 아리스토텔레스는 서양에서 가장 오래고 근원적인 국가 이해를 정식화하는데, 그에 따르면 국가의 본질은 자족성이다. 자족성의 의미는 두 가지이다. 한편에서 그것은 노예상태와 대비되는 것으로서 자유를 의미한다. 이런 입장에 따라 여기서 그는 국가를 노예상태와 대립시킨다. 노예상태의 국가는 국가일 수 없으며 노예들의 공동체 역시 국가일 수 없다. 국가는 오로지 자유인들의 공동체로서 그 자신 자유로운 한에서만 국가일 수 있는 것이다. 이런 의미의 자유를 지키기 위해 필요한 것이 군대이다. 하지만 자족성은 노예상태의 반대말인 것처럼 또한 결핍상태의 반대이기도 하다. 이런 의미에서 자족성이란 인간의 삶을 위해 필요한 모든 도구적 재화의 조달을 통해 실현된다. 국가는 이런 의미의 자족성을 실현하기 위해 농부와 기술자, 상인과 육체노동자를 필요로 한다.[9]

하지만 과연 저 두 가지 의미의 자족성이 양립할 수 있는 것인지는 이미 아리스토텔레스 자신에게서부터 문제가 되었다. 즉 노예상태가 아닌 자유는 능동적이고 자발적인 활동에 존립하는 것이지만, 삶을 이어가기 위해 필요한 것들을 생산하는 활동은 엄밀하게 말하자면 자연적 필연성에 의해 강제된 행위이기 때문이다. 인간이 먹어야 산다는 것 또는 옷을 입고 집을 지어 추위와 더위를 피해야 한다는 것이 생존을 위해 어쩔 수 없는 일인 한에서, 그런 것들을 위한 활동은 강제된 활동, 곧 수동적 활동인 것이다.

개인으로서든 국가로서든 간에 인간의 삶에는 본질적으로 능동성과 수동성이 공속(共屬)한다. 인간은 자유롭고 능동적인 삶을 추구하지만 생존의 필연성에 의해 강제된 수동성 역시 우리가 피할 수 없이 떠안아야 하는 삶의 일부이다. 그런데 수동성과 능동성은 그 자체로서는 양립할 수 없는 대립물이니, 그 둘이 인간의 삶에 공속한다는 것으로부터 모순이 일

---

8 아리스토텔레스, 나종일 옮김, 『정치학』, 삼성출판사, 1990, 1291a10.
9 같은 곳.

어난다. 그리고 이 모순을 해결하려는 다양한 방식이 국가의 상이한 형태를 낳는다.

고대 그리스 국가들은 자유인들이 이 모순을 어떤 식으로 해결했는지 그 전형을 보여준다. 자유를 이미 소유하고 있는 시민들은 인간존재의 수동성을 타자에게 전가함으로써 수동성으로부터 벗어나려 한다. 수동성에 매인 존재, 그들이 바로 노예이다. 그들은 타인의 강제에 수동적으로 떠밀려 타인의 수동성을 떠맡은 존재이다. 그들의 활동은 오로지 수동성을 충족시키기 위해 수동적으로 강제된 노동이다. 그렇게 자신의 수동성을 타인에게 전가한 뒤에 자유인들은 순수한 능동성으로서의 자유를 홀로 향유하려 한다. 아리스토텔레스는 이런 의미에서 국가를 순수한 자유인들의 공동체로서 유지하기 위해 그렇게 수동적 노동에 종사하는 사람들을 시민에서 배제하고 싶어 했다.[10] 물론 국가를 위해서는 순수한 자유인 이외에 수동적 노동에 종사하는 사람들이 반드시 있어야만 한다. 그러나 아리스토텔레스는 "국가를 위해 없어서는 안 될 사람들을 모두 시민으로 삼을 수는 없다"[11]고 생각했다. 오늘날로 말하자면, 노동자들은 국가를 위해 반드시 필요한 존재들이지만 자유와 시민권을 얻지 못한 채 노예상태에 놓이게 되고, 자유로운 시민들은 자신들의 수동성을 모두 노예에게 전가한 뒤 홀로 순수한 자유를 누리게 되는 것이다.

이것이 고대 그리스 국가의 본질이다. 그렇다면 누가 한 나라 안에서 노예가 되는가? 고대 그리스와 로마의 사회에서 노예는 원칙적으로 이방인이었다. 근원적으로 보자면, 전쟁포로로 끌려온 자들이 노예였다. 그러니까 이방인을 노예로 삼아 자기들의 자유를 지킨 것이 유럽의 정치적 전통이었다. 물론 이 원칙이 현실 속에서 언제나 동일하게 관철된 것은 아니다. 맨 먼저 그것은 유럽사회가 로마에 의해 하나의 제국으로 통합되면서 굴절을 겪게 된다. 그 이후 중세와 근대 초기에 이르기까지 유럽인

---

10 같은 책, 1277b33 이하.
11 같은 책, 1278a2.

들 역시 어쩔 수 없이 능동성과 수동성을 내재적으로 통합하지 않을 수 없었고, 노예노동을 자기 내부의 약자에게 전가하지 않을 수 없었다. 하지만 자기의 자유를 극대화하기 위해 타자에게 존재의 수동성을 전가하는 것은 서양의 집요한 정치적 전통으로서, 제국주의적 침략은 그 전통이 근대적 형태로 부활한 것이다.

한국인은 바로 그런 제국주의적 침략으로 노예상태로 전락한 상태에서 근대국가를 처음으로 경험하게 된다. 우리에게 국가의 시원적 체험이란 식민지 노예상태에서 시작되었던 것이다. 노예로서의 삶, 종으로서의 삶이야말로 우리의 근대적 삶의 출발이었으며, 우리의 근대적 국가는 식민지 국가에서 시작되었다. 그런데 국가 일반이 본질적으로 내포하는 능동성과 수동성 사이의 모순대립을 자유인은 타자에게 수동성을 전가함으로써 지양하지만, 전면적인 수동성 속에 사로잡힌 식민지 백성은 그런 식으로 삶의 내적 모순을 해소하지 못한다. 도리어 그들은 수동성 속에서 자유를 포기하고 머물든지 아니면 자유를 위해 생존을 포기하는 것 사이에서 이럴 수도 저럴 수도 없는 곤경에 처하게 된다. 즉 그들은 목숨을 걸고 자유를 위해 투쟁하거나 아니면 수동성 속에서 생존을 선택해야 하는 상황에 놓이는 것이다.

자유인들은 존재의 수동성을 타자에게 전가함으로써 자신은 순수한 능동성 속에 머무르거나 아니면 자유의지 아래 삶의 필연성을 포섭함으로써 자유와 필연성의 대립을 해소할 수 있다. 하지만 처음부터 필연성의 노예로서 존재하는 식민지 인민들은 존재하기 위해서는 순수한 수동성을 받아들이지 않으면 안 된다. 그들이 능동적 주체로서 자기를 일으키는 순간, 그들에게는 죽음이 있을 뿐이기 때문이다. 그리하여 수동적 삶과 능동적 죽음 사이에서 양자택일을 해야 한다는 것, 이것이야말로 식민지 민족의 곤경이다.

자유인이 순수한 능동성을 의식할 때 그가 느끼는 것이 긍지이다. 그것은 필연성을 극복한 정신의 자기긍정의 감정이다. 그러나 식민지 노예가 자신이 처한 곤경을 인식할 때 그가 느끼는 것은 만해(萬海) 한용운(韓龍

雲)이 「당신을 보았습니다」에서 표현했듯이, "남에게 대한 격분"과 "스스로의 슬픔"이다.[12] 그 슬픔의 내용은 다른 무엇보다 '부끄러움'으로 나타난다. 그것은 필연성에 굴복할 수밖에 없는 정신의 자기비하의 감정이다. 우리는 식민지 시대 이 나라 시인들의 시에서 그런 자기비하의 근본 정조를 어디서나 어렵지 않게 찾아볼 수 있지만, 그 가운데서도 아마 가장 선명한 표현은 미당(未堂) 서정주(徐廷柱)의 그 유명한 시 「자화상」일 것이다.

애비는 종이었다. 밤이기퍼도 오지않았다.
파뿌리 같이 늙은할머니와 대추꽃이 한주 서 있을뿐이었다.
어매는 달을두고 풋살구가 꼭하나만 먹고 싶다하였으나 ……
흙으로 바람벽한 호롱불밑에
손톱이 깜한 애미의아들.
갑오년이라든가 바다에 나가서는 도라오지 않는다하는 외할아
버지의 숯많은 머리털과
그 크다란눈이 나는 닮었다한다.
스믈새햇동안 나를 키운건 팔할이 바람이다.
세상은 가도가도 부끄럽기만하드라
어떤이는 내눈에서 죄인을 읽고가고
어떤이는 내입에서 천치를 읽고가나
나는 아무것도 뉘우치진 않을란다.

찰란히 티워오는 어느아침에도
이마우에 언친 시의 이슬에는
멫방울의 피가 언제나 서꺼있어
볓이거나 그늘이거나 혓바닥 느러트린
병든 숫개만양 헐덕어리며 나는 왔다.[13]

12 한용운, 한계전 편저, 『한용운의 님의 침묵』, 서울대학교 출판부, 1996.

여기서 시인은 자기가 종의 아들임을 고백하고 있으나 그것은 단순히 개인사를 말하는 것은 아니었을 것이다. 그 시대 이 땅의 모든 사람이 너나 할 것 없이 이민족의 노예였기 때문이다. 그런즉 그가 말하는 부끄러움 역시 그 자신뿐만 아니라 우리 모두의 것이었다. 더러는 시인의 외할아버지처럼 갑오년에 동학농민군으로 봉기했다 패배하여 서남해안에 흩어져 있는 섬으로 숨어들어가기도 하였으나, 그들은 끝내 살아서 돌아오지 못했다. 시인은 그 외할아버지를 닮았지만 외할아버지처럼 봉기하지는 못하였다. 그리하여 살아 있는 한 그에게는 죄인으로, 천치로 살아갈 수밖에 없는 노예의 삶을 벗어날 수 있는 길은 없으니 그 절망의 끝에서 이 시인이 능동적으로 할 수 있었던 일은 아무것도 뉘우치지 않으리라는 결단뿐이었다. 엄밀하게 말하자면, 뉘우침은 오로지 자유인에게만 가능한 도덕적 정념이다. 누구도 자유롭지 못한 상태에서 강제적으로 발생한 일에 대해 도덕적 책임을 물을 수는 없기 때문이다. 하지만 뉘우칠 일이 없다는 것은 더 이상 부끄러워할 일도 없다는 말이기도 하다. 그리하여 부끄러움도 뉘우침도 벗어버린 시인은 이제 시의 찬란한 빛 속에서 구원을 얻으려 한다. 하지만 부끄러움과 뉘우침을 팽개쳐도 병든 수캐처럼 언제나 핏자국을 지울 수 없는 것이 노예적 삶의 비극이다.

하지만 모두가 그렇게 부끄러움을 팽개친 것은 아니었다. 같은 시대, "죽는 날까지 하늘을 우러러 한 점 부끄럼이 없기를" 바랐던 윤동주(尹東柱)는 끝까지 그 부끄러움을 떠나지 않았다. 그가 올려다본 "하늘은 부끄럽게 푸"[14]르고, 밤을 새워 우는 벌레도 "부끄러운 이름을 슬퍼하는 까닭"[15]이었다. 서정주는 그 부끄러움을 시로 잊으려 하였으나, 윤동주의 경우에는 그조차 가능한 일이 아니었다. 왜냐하면 "인생은 살기 어렵다

13 서정주, 『미당 시전집 1』, 민음사, 1994, 33쪽.
14 윤동주, 「길」, 권영민 편저, 『하늘과 바람과 별과 시: 윤동주 전집 1』, 문학사상사, 1995, 117쪽.
15 같은 책, 「별 헤는 밤」, 119쪽.

는데 시가 이렇게 쉽게 씌어지는 것은 부끄러운 일"[16] 때문이다. 그러니 시를 쓰는 것조차 그에게는 부끄러운 일이었다. 부끄러움을 잊지 않는다는 것은 자유로운 삶에 대한 의지를 포기하지 않았다는 것을 뜻한다. 자유인만이 부끄러워하기 때문이다. 하지만 그것은 식민지 노예에게 허락되는 일은 아니다. 결국 그는 후쿠오카의 형무소에서 삶을 마감할 수밖에 없었다.

4. 박정희의 독재와 국가의 내적 모순

우리의 불행은 해방이 된 뒤에도 식민지 시대의 정신적 곤경으로부터 벗어날 수 없었다는 데 있다. 물론 그 곤경의 내용은 진화했다. 하지만 해방이 된 뒤에도 한국인들이 온전히 식민지 시대와 다름없이 자유를 빼앗긴 채 살아야 했다는 점에서 본질적으로 동일한 정신적 곤경이 이어졌다. 특히 박정희는 자유 없는 독재국가를 완성하고 이를 통해 지금까지도 이어지는 해방 후 대한민국이란 나라의 어떤 본질적인 내적 모순을 정립한 사람이다.

물론 그 모순의 시원은 박정희가 아니다. 돌이켜 보면 이미 수백 년 동안 이 땅에서 국가는 모두를 위한 나라가 아니라 극소수 지배계급에 의해 사사로이 점유된 수탈기구에 지나지 않았다. 소수의 지배계급이 국가 구성원 대다수를 노예상태에 묶어두고 홀로 국가의 주인 노릇을 해온 것이 이 나라의 역사였다. 이런 사정은 해방이 된 뒤에도 전혀 변하지 않았다. 그리하여 대다수 국민을 노예화하려는 국가권력과 그에 저항하는 민중이 지속적으로 서로 대립하고 충돌하면서 엮어온 역사가 한국의 현대사이다. 이 과정에서 국가권력은 끊임없이 자기를 절대화하려 하고 민중은 그에 맞서 자기를 자유롭게 해방하려 하는데, 박정희는 다만 그중에서도 가장 성공적으로 절대권력을 구축했던 독재자였다. 그는 쿠데타로 국

16 같은 책, 「쉽게 쓰여진 시」, 125쪽.

가권력을 찬탈한 이래 3선개헌과 유신헌법 그리고 그것도 모자라 긴급조치 등을 통해 국가를 공적 기구가 아니라 한 개인에게 속한 사적 권력으로 만들었다. 하지만 국민으로부터 소외된 권력이란 폭력에 지나지 않는다. 그리하여 박정희 통치의 말기에 이르면, 국가권력은 조직폭력과 하등 다를 것이 없게 되었던 것이다.

그럼에도 불구하고 언제나 그를 지지하는 집단이 있었고 이를 통해 그는 자신의 권력을 공고히 할 수 있었다. 특히 쿠데타 직후 그리고 1960년 대에 그는 비교적 진보적이고 개혁적인 사람들에게도 광범위한 지지를 얻기까지 했다. 그가 처음 쿠데타를 일으켰을 때, 그의 정체를 꿰뚫어 보고 그것을 정면으로 반대하고 비판한 사람은 이 땅의 모든 지식인 가운데서 오직 한 사람 함석헌밖에 없었다. 대다수 학생과 지식인은 민주당 정권의 부패와 무능에 염증을 느껴 군인들이 그들을 권좌에서 추방한 것을 차라리 속 시원히 여겼기 때문이다. 그것은 박정희에게는 행운이었다. 왜냐하면 이로써 그는 아무런 저어함 없이 폭력적으로 자신의 정치적 기반을 다지고 이를 통해 선거에서 승리하여 대통령이 될 수 있었기 때문이다.

물론 그 이후 그의 통치의 역사는 점차적으로 자신의 권력을 절대화해나가는 과정이었다. 하지만 그는 위태롭기는 했으나 언제나 대중으로부터 무시하지 못할 지지를 얻어냈으며,[17] 사망한 지 수십 년이 지난 오늘날에도 압도적 차이로 가장 높이 평가되는 대통령으로 남아 있다. 그리고 바로 여기가 똑같은 국가폭력이라도 식민지 국가폭력과 박정희의 국

---

17 그러나 이것이 너무 과대평가되어서는 안 된다. 민정(民政) 이양 이후에 실시된 첫 대통령선거에서 박정희는 모든 면에서 일방적인 주도권을 쥐고 있었음에도 불구하고 겨우 15만 표 차이로 윤보선(尹潽善) 후보에게 승리했다. 1971년 김대중(金大中) 후보와 격돌했던 대통령선거에서 94만여 표 차이로 이겼으나, 이것이 광범위한 선거부정에 의한 승리였다는 것은 공공연한 비밀이었다. 1978년 유신 체제의 긴급조치 제9호 아래서 치러진 제10대 총선에서 당시 집권당이었던 공화당은 야당에게 총 득표수에서 패배했다.

가폭력이 구별되는 지점이다. 윤치호(尹致昊) 같은 친일파조차 일제에 대해서는 기본적으로 거부감을 가지고 있었다. 그는 자기가 힘이 없었기 때문에 어쩔 수 없이 굴종했던 것이다.[18] 그렇듯이 식민지 권력에 순종하는 것은 이 땅의 대다수 민중에게는 어쩔 수 없는 굴종이었을 뿐이다. 하지만 박정희의 경우는 달랐다. 게다가 그는 이승만(李承晩)처럼 외세를 등에 업고 권력의 정상에 오른 사람도 아니었다. 그는 주도면밀하게 계획하여 자기 힘으로 국가권력을 찬탈하고 그 이후에도 언제나 외세가 아니라 자기중심적으로 국가권력을 장악하고 행사했다. 그러므로 많은 사람들이 그를 민족주의자라고 착각한 것도 그다지 이상한 일은 아니다. 또한 그는 무엇을 통해 대중을 설득하고 무엇을 통해 협박하며 무엇을 통해 지지를 이끌어낼지 충분히 이해하고 있었던, 드물게 탁월한 마키아벨리적 인간이었다. 협박에 의해서든 설득에 의해서든 간에 실제로 그는 어느 정도의 지지를 얻어냈으며, 지금은 다시 압도적인 지지를 얻고 있다. 그러므로 박정희는 우리 자신의 정신적 삶으로부터 생겨난 지속적 욕구의 현실태이다.[19]

그렇다면 우리 속의 어떤 열망이 박정희에 대한 지지로 나타났던 것일까? 여기서 우리는 사회과학자들처럼 통계 숫자를 갖고 이 물음에 대답할 수는 없다. 하지만 박정희를 일관되게 지지했고 그의 요청에 따라 '국민교육헌장'을 기초했으며 말년에는 대통령 특별보좌관을 지냈던 박종홍(朴鍾鴻)이 남긴 글을 통해 어떤 욕구가 박정희를 낳았는지를 이해할 수 있다. 그가 원한 것은 한마디로 말하자면 힘이었다. "피 끓는 힘의 이론",[20] "현실적인 힘"[21]이야말로 그가 식민지 시대부터 시작해 삶을 마칠 때까지 늘 가슴에 품고 있었던 욕구의 대상이었다. 힘이 없어 고통받았으

---

18 이 점에 대해서는 윤치호의 일기를 참조.

19 진중권, 앞의 책, 340쪽 이하.

20 박종홍, 『박종홍 전집 I』, 민음사, 1998, 410쪽.

21 박종홍, 『박종홍 전집 II』, 민음사, 1998, 131, 368쪽.

니 힘을 길러야 한다는 것이야말로 박정희를 지지한 사람들이 품었던 공통된 욕망이었다. 이 욕망은 두말할 나위 없이 박정희 자신의 욕망이기도 했으니, 그는 남들이 동경했을 뿐 실현하지 못했던 "절대적인 힘"을 현실로 보여줌으로써 그런 욕구에 응답했고 이를 통해 광범위한 지지를 이끌어냈던 것이다.

이런 의미에서 박정희에 대한 지지와 공감은 단지 그에게 부역했던 일부 지식인이나 극우인사에게만 해당되는 것은 아니다. 본질적으로 보자면 그것은 오늘날 대다수 한국인들이 공유하는 정서이기도 하다. 진보적인 사람들조차 박정희 시대를 개발독재 시대라고 규정한다. 이 규정 속에는 그가 개발을 위해 독재를 했다는 선(先)이해가 감추어져 있다. 물론 개발을 위해 반드시 독재가 필요했던 것은 아니므로 그가 독재를 했다는 것은 과오에 속하겠지만, 적어도 개발을 하려 했다는 그 선의 자체는 인정할 만하다거나 그렇지 않다 하더라도 경제발전을 위해서는 일정한 수준에서 독재적 지배가 불가피했다는 것이 많은 논자들의 평가이다.[22] 이병천은 "한국의 박정희 개발독재 체제는 전례가 없는 돌출물은 아니며 국가민족주의 이념으로 무장한 선(先)산업화 후(後)민주화의 패권국 따라잡기 모델이라는 점에서 비스마르크의 독일, 메이지 일본을 전형으로 하는 19세기 후발 개발독재의 아들"[23]이라고 주장한다.

이처럼 경제를 성장시켰다는 이유로 박정희의 독재를 두둔하기 시작하면 세상에 비난받을 독재자는 거의 없을 것이다. 모든 독재자는 자유를

---

22 이병천, 『개발독재의 정치경제학과 한국의 경험』, 창비, 2003, 51쪽. "그러나 1960~70년대의 역사적 조건 속에서 '양질의 풍부한 노동력' 말고는 가진 것이 별반 없는 소규모 자원부족 후발국이 압축적으로 산업사회로의 체제이행 관문을 통과하는 데서는, 즉 산업화를 최우선 사회발전 목표로 설정하여 이를 위해 국민의 의지를 통합하고 자원을 집중적으로 동원 배분하며, 자본을 위한 '계급구조적 이윤기회'를 제공하려면 일정 정도 권위주의적 조절이 불가피했을 것이라고 여겨진다."

23 이병천, 「개발독재의 정치경제학과 한국의 경험」, 이병천 엮음, 『개발독재와 박정희시대: 우리 시대의 정치경제적 기원』, 창비, 2003, 61쪽.

억압하는 대신 언제나 경제를 발전시키기 위해 애쓰게 마련이다. 왜냐하면 그것만이 그들 권력에 정당성을 부여하기 때문이다. 백낙청은 "독재만 하고 경제성장을 못 이룬 독재자가 많다는 점에서, 그리고 한국에서와 같은 극적인 성장을 이룩한 일은 더욱이나 드물다는 점에서"[24] 박정희의 공을 인정해야 한다고 주장하지만, 이는 그다지 합당한 주장은 아니다. 제국주의자들이 아무렇게나 국경선을 그어 만든 그런 국가가 아니라, 근대적 국민국가 또는 민족국가로서 최소한의 역사적 뿌리와 국가적 정체성을 지닌 나라치고 독재자가 등장해 경제발전을 시키지 않은 나라는 별로 없기 때문이다. 싱가포르의 리콴유(李光耀), 타이완의 장제스(蔣介石), 스페인의 프란시스코 프랑코(Francisco Franco), 독일의 히틀러 그리고 오늘날 러시아의 블라디미르 푸틴(Vladimir Putin)에 이르기까지 자본주의와 독재정치가 결합한 나라에서 경제가 후퇴하거나 파탄에 이른 경우는 찾아보기 어렵다. 그럼에도 불구하고 여전히 이런 나라의 독재자들과는 달리 가봉의 오마르 봉고(Omar Bongo)나 우간다의 이디 아민(Idi Amin)이 경제발전에 공을 세우지 못한 까닭이 궁금한 사람들이 있다면, 독재자들 자신의 유능함과 무능함을 따지기보다는 각 나라의 역사와 자연환경 그리고 국민의 교육수준과 종교문화 등을 살펴보는 것이 보다 더 과학적인 태도일 것이다.

하지만 엄밀하게 말하자면, 박정희가 독재를 했다는 것이 문제는 아니다. 많은 사람들이 독재의 개념이 마치 자명한 개념인 것처럼 한 가지 뜻으로 쓰지만, 독재정치는 한 가지 종류만 있는 것이 아니다. 그리고 모든 독재가 나쁜 것도 아니다. 그것은 고대 로마의 공화정 시대에 합법적인 독재관 제도가 있었던 것만 보아도 알 수 있다. 일인독재 또는 일당독재 자체가 무조건 나쁜 일이라 할 수 없는 까닭은 누구를 위한 독재냐에 따라 평가가 전혀 달라질 수 있기 때문이다. 이를테면 고대 그리스의 참

---

24 백낙청, 「박정희 시대를 어떻게 생각할까」, 『창작과비평』, 2005년 여름호, 창비, 2005, 293쪽.

주(僭主)들 가운데 다수는 기층민중의 지지를 등에 업고 부유층의 과두적 지배를 철폐했다. 그들의 독재는 민중을 위한 독재였으며, 아테네의 경우처럼 급진적 민주주의를 위한 발판이 되기도 했다. 이는 오늘날 베네수엘라의 우고 차베스(Hugo Chavez)나 호찌민(Ho Chi Minh) 또는 통일된 베트남의 공산당 지배에도 해당되는 것으로서, 어떤 경우에도 단순히 지배체제가 일인지배 또는 일당지배라고 해서 그것이 무조건 나쁘다는 등식은 성립되지 않는다. 문제는 한 사람이 지배하든 여럿이 지배하든 아니면 모두가 지배하든 간에 나라가 모두를 위해 합법적으로 운영되는 공화국이냐 아니냐 하는 것인데, 일인지배 체제라 해서 공화적으로 통치되지 말라는 법은 어디에도 없다. 도리어 칸트는 참된 공화국은 오직 한 사람이 지배하는 군주국가에서만 가능하다고 생각했던 것이다.[25]

그러므로 우리는 박정희 체제가 일인지배 체제였다는 것을 두둔할 필요도, 비난할 필요도 없다. 그가 일인독재를 했느냐 아니냐가 아니라 그가 무엇을 위해 그리고 누구를 위해 장기집권을 했느냐 하는 것이 중요한 일이다. 다시 말해 그의 통치가 공정한 법에 따라 모두의 공익을 위해 (즉 공화적으로) 이루어졌느냐 아니면 자기와 소수 지배세력의 이익을 위해 탈법적·폭력적으로 이루어졌느냐 하는 것만이 문제인 것이다. 만약 그의 통치가 모두를 위한 것이었고 모두에게 공정한 것이었다면, 우리는 그를 독재자라고 비난할 까닭이 없을 것이다. 더 나아가 만약 그의 통치가 차베스의 경우처럼 다수 민중에게 호의적이고 이 땅의 기득권자들에게 도리어 억압적인 것이었다면, 마치 많은 사람들이 차베스의 대중독재를 긍정적으로 평가하듯이 우리 또한 박정희의 통치를 긍정적으로 평가할 수도 있었을 것이다.

하지만 이런 식의 가정이 부질없다는 것은 박정희의 통치를 두둔하는 사람이라 하더라도 인정할 수밖에 없을 것이다. 박정희는 모두를 위해 통치한 적이 없었기 때문이다. 그는 처음부터 오직 자기 자신을 위해 절대

---

25 임마누엘 칸트, 이한구 옮김, 『영원한 평화를 위하여』, 서광사, 1992, 28쪽 이하.

권력을 추구했다. 다시 말해 그가 추구했던 것은 박종홍이 그토록 숭배해 마지않았던 순수하고도 절대적인 힘 그 자체였다. 분산된 힘은 힘이 아니다. 오직 모든 힘이 자기에게 귀속하는 한에서만 그것은 순수하고 절대적인 것이다. 그런 까닭에 집권 초기부터 그는 어떤 경쟁자도 용납하지 않았다. 그리고 나중에는 야당은 물론이고 여당 내에서조차 어떤 반대자도 용납하지 않았다. 1971년 김성곤을 비롯한 공화당 국회의원들의 항명파동에서 보듯이, 그는 자기에게 반대하거나 항거하는 것에 대해 오직 잔혹한 폭력으로 응답했다.

이렇듯 그에게 권력의 본질은 정의나 합법성이 아니라 오직 힘, 곧 폭력이었다. 쿠데타로 권력을 장악한 뒤에 그가 가장 먼저 한 일 가운데 하나가 중앙정보부를 만든 일이었다는 것은 그가 처음부터 법이 아니라 음모와 폭력으로 통치하려 했다는 것을 증명한다. 만약 그가 처음이라 어쩔 수 없이 그래야만 했다면 그의 통치가 뒤로 갈수록 자유로워졌을 것이지만, 우리가 잘 알고 있듯이 그의 통치는 갈수록 탈법적·폭력적이 되었을 뿐이다.

루소(Jean-Jacques Rousseau)가 말했듯이, 누구도 자기 혼자 모두를 지배할 수 있을 만큼 강할 수는 없으므로[26] 그 역시 지지자들이 그를 지지하고 지탱해주는 한에서만 권력을 유지할 수 있었다는 것은 자명한 일이다. 그런 까닭에 그는 경쟁자를 용납하지 않는 대신에 그의 권력기반이 되는 집단, 곧 군부를 전폭적으로 지원하고 육성했다. 만약 그가 300년 전에 태어났더라면 그것으로 충분했을 것이다. 그러나 그는 선거를 통해 권력을 승인받아야 했으므로 정치자금을 마련하지 않으면 안 되었다. 하지만 군인은 돈을 낭비할 수는 있어도 벌지는 못한다. 그러므로 처음에 그가 할 수 있는 일은 약탈하는 것밖에 없었다.[27] 하지만 지속적으로 약탈할

---

26 장-자크 루소, 이태일 옮김, 『사회계약론』, 범우사, 1994, 19쪽.
27 가장 대표적인 약탈 사례가 부산의 기업가이자 정치인이었던 김지태를 구속한 다음에 헌납각서를 쓰게 하여 약탈한 부일장학회이다. 이 장학회는 박정희와 육

수는 없었기 때문에 그는 자본가들과 결탁하지 않을 수 없었다. 그는 절대권력자로서 재벌기업에 특혜를 주고 그들에게서 필요한 것을 얻어냈다. 이렇게 군대와 자본을 장악한 뒤에 나머지 집단은 때로는 돈으로 때로는 주먹으로 관리하는 것, 이것이 박정희의 통치였다.

물론 이것이 전부는 아니다. 그가 순수하고 절대적인 권력을 추구했던 까닭은 다시 박종홍이 욕구했던 대로 현실을 창조하기 위해서였다. 보다 고상하게 표현하자면, 박정희는 한갓 마키아벨리적 인간이었을 뿐만 아니라 니체적 초인(超人)이기도 했다. 그는 마치 예술가처럼 정력적으로 자기의 국가를 능동적으로 형성하고 창조했다. 그는 산에 나무를 심고, 도로를 닦고, 항만을 건설하고, 댐과 원자력발전소를 짓고, 정유공장과 철강공장을 세우고, 마지막에는 핵무기까지 만들려고 했다. 이런 일들은 그 시절에는 모두 개별 기업이 할 수 없고 오직 국가적 계획에 따라서만 실현될 수 있었던 것들이다.

그것이 끝이 아니었다. 그는 국가를 창조하듯이 국민을 창조하려 했다. 그는 군인이 되기 전에 교사였다. 이미 1968년에 그는 '국민교육헌장'을 만들어 모든 한국인에게 "민족중흥의 역사적 사명을" 부여하려 했다. 그것은 박정희의 초인적 광기가 어디까지 뻗쳤는지를 보여주는 증거이다. 사명이란 어떤 경우에도 실증적으로 증명될 수 없는 삶의 뜻을 표현하는 말로서 오직 개인의 내면성에 속하는 일이다. 본질적으로 말하자면, 그것은 삶의 종교적 차원에 속하는 일이다. 그가 민족중흥의 사명을 온 국민에게 주입하려 했다는 것은 국가종교의 교주로 등극했다는 것을 의미한다. 그것은 단적으로 광기라고밖에는 말할 수 없는 것이었다. 박정희는 절대적 군인으로서 모두를 자기의 명령 아래 지배하려 하면서, 동시에 절대적 교사로서 모두의 내면을 통제하려 했다. 그가 부여한 내면적 사명과 외면적 훈육에 따라 당시 모든 국민은 한편으로는 용감한 군인이 되어야

영수의 이름 한 자씩을 따서 정수장학회로 이름을 걸고 지금까지 이어져오고 있는데, 1995년부터 2005년까지 박정희의 딸 박근혜가 이사장을 맡았다.

했고, 다른 한편으로는 근면한 노동자가 되어야 했다. 학생 때는 교련, 졸업하면 군대, 제대하면 예비군, 그 뒤에는 민방위까지 전 국민이 병사가 되었고 전 국가가 병영이 되었다. 오후 5시 온 나라에「애국가」가 울리면, 길 가던 사람들은 모두 부동자세로 서서 국기에 예를 표해야 했다. 온 나라가 병영이었고 어디서나 새마을운동이었다.「예비군가」가사처럼 일하면서 싸우고, 싸우면서 일하는 것이 새로운 인간의 전형이었다.

그 폭력적인 창조의 광기는 단지 국가뿐만 아니라 모든 국민을 창조의 대상으로 사물화한다는 점에서, 그것이 국민대중의 욕구와 충돌하는 것은 필연적으로 예정되어 있었던 일이다. 하지만 그 모든 폭력과 광기에도 불구하고 박정희는 언제나 자신의 힘과 창조적 행위가 국가와 민족을 위한 것이라고 포장했고, 이를 통해 언제나 일정한 지지를 얻어낼 수 있었다. 따라서 박정희에 대한 긍정과 부정이라는 상반된 평가가 언제나 공존하게 되는데, 이것은 단순히 한 개인이나 체제에 대한 주관적인 호불호의 표현이 아니라 그가 당대에 정립하고 후세에 남긴 대한민국이란 국가의 어떤 본질적인 내적 곤경의 표현이다.

그 곤경이란 인간의 삶에 본질적으로 공속하는 수동성을 외부의 타자가 아니라 내부의 타자에게 전가하는 국가의 내적 곤경이다. 이미 왕조시대부터 이 나라는 노예를 내부에서 정립해온 나라이다. 오랫동안 이 나라는 소수의 지배세력이 다수를 노예상태에서 착취하고 지배하는 것이 정치적 전통이 된 나라였다. 이를 통해 소수의 지배계급, 곧 양반계급은 삶의 수동성을 내부의 타자에게 전가한 채 자신은 순수한 능동성 속에 머무를 수 있었다. 이런 사정은 해방 이후에도 변하지 않았다. 형식적으로는 민주적 정치체제를 유지하고 있었으나 실질적으로 모두를 위한 나라가 아니라 그들의 나라였던 것이다. 박정희는 여기서 한 걸음 더 나아가 국가를 완전히 자기 개인의 사적 점유물로 만들어버렸다. 이것은 그가 순수한 능동성의 홀로주체가 되었다는 것을 의미한다. 이런 점에서 그는 국가에 대해 하나의 순수한 이상과 원형을 창조해낸 사람이었다. 그것은 박정희라는 개인이 홀로 주권자가 된 국가, 곧 완벽하게 홀로주체성의 현실태가 된 국가였다.

이처럼 홀로주체로서 군림하면서 모든 타자를 예속된 객체로 삼으려 할 때 저항이 일어나는 것은 필연적인 일이다. 왜냐하면 자유는 인간에게 고유한 가장 본질적인 욕구이기 때문이다. 그런 까닭에 그는 집권했던 기간 내내 끊임없는 저항에 직면해야만 했으니, 국가는 씨올들과 본질적인 전쟁상태에 있었다.[28] 그럼에도 불구하고 박정희를 지지하는 사람들이 언제나 있었던 까닭은 그의 통치를 통해 이익을 얻는 사람들이 그만큼 많이 있었기 때문이다. 그 이익이란 크게 두 가지이다. 하나는 해방 후부터 한국전쟁을 전후하여 남한 지역 어디에서나 불어닥쳤던 좌우익의 피비린내 나는 학살극에서 우익에 서서 학살을 자행했던 가해자들이 박정희의 철저한 반공주의로부터 얻었을 양심의 평안과 심리적 안도 그리고 현실적 안전이다. 우리는 이 점에 대해 4·19혁명이 일어난 뒤 민간인 학살에 대한 보상문제가 봇물처럼 터져나왔던 것을 기억할 필요가 있다.[29] 그것은 4·19혁명 이후 아래로부터 일어난 가장 중요한 과거청산운동이었다. 학살극이 다 끝난 지 채 10년도 되지 않은 1960년에 터져나온 피해자들의 기세등등한 분노의 목소리가 가해자들에게 얼마나 심각한 현실적 위험이었을지 짐작하는 것은 조금도 어려운 일이 아니다. 박정희의 폭력적인 반공주의는 그들에게 자신의 폭력을 정당화해주고 동시에 현실적 안전을 확고하게 보장해주는 것이었으니, 우리는 다른 무엇보다 이들이야말로 박정희의 통치에 대한 무조건적인 지지자들이었으리라 추측해도 좋을 것이다. 박정희가 집권기간 내내 결정적인 순간에 언제나 안보를 내세워 정권의 위기를 돌파하려 했던 것은 까닭 없는 일이 아니었던 것이다.

---

28 한국사회에서 국가와 씨올 사이의 전쟁상태에 대해서는 김상봉, 「그들의 나라에서 우리 모두의 나라로: 두 개의 나라 사이에 있는 5·18」, 『민주주의와 인권』, 제7권 제2호, 2007, 49쪽 참조.

29 민주화운동기념사업회 엮음, 『한국민주화운동사 1』, 돌베개, 2008, 270쪽 이하.

하지만 이것뿐이었다면 박정희의 통치는 결코 지속적인 지지를 끌어내지는 못했을 것이다. 그의 통치를 지속적으로 가능하게 만들어준 또 다른 지지의 근거는 박정희가 약속하고 실현해주었던 경제적 이익이다. 박정희가 자신의 권력을 공고히 하기 위해 적극적으로 지원했던 군부와 재벌 그리고 그에 경제적으로 귀속하는 중간계층은 말할 것도 없고, 노동자들조차 박정희가 약속하는 이익, 곧 '조국 근대화'의 주술로부터 자유롭지 못했다.[30] 그리하여 많은 사람들이 박정희가 3선개헌과 유신헌법을 통해 노골적인 독재의 길을 걷는 것을 뻔히 보면서도 그가 약속하는 번영과 풍요를 기대하고 기꺼이 리바이어던적 절대권력 앞에 자신의 자유와 주체성을 양도했던 것이다.

그런즉 식민지 국가 아래서 이 땅의 민중에게 주어진 내적 곤경이 자유와 생존 사이에서의 양자택일이었다면, 박정희가 정립한 국가의 내적 곤경 및 내적 대립이란 자유와 이익의 상호대립이다. 박정희는 국민에게 언제나 협박하듯이 저 둘 사이의 양자택일을 강요했다. 자유와 이익이, 정의와 공리가 반드시 대립되는 것은 아니다. 그러나 박정희가 창조한 대한민국이란 국가에서는 자유와 이익이 결코 같이 추구될 수 없었다. 박정희는 하나의 국가형태를 극단까지 밀어붙여 해방 후 오늘날까지 이어지는 대한민국의 국가체제에 본질적 형식을 부여했는데, 그 형식에 따르면 자유와 이익은 결코 양립할 수 없는 상호모순적 가치이다.

그 까닭은 박정희가 약속하고 실현해준 경제적 이익과 번영이 내부에서 가장 약한 자들을 착취해서 얻어낸 잉여가치였기 때문이다. 그것은 제

---

30 이병천, 앞의 책, 50쪽 이하. "한국의 개발주의 성장체제는 재벌이 성장의 대표주자가 되고 병영적 노동통제하에서 대중의 삶이 소수 재벌집단의 성장성과에 의존하는, 고생산성과 저임금이 결합된 선성장 후분배 체제였고 후분배의 약속을 담보로 노동대중이 현재의 희생을 감수하며 선성장 프로젝트에 동의하고 헌신한 체제인 것이다. 하지만 고도성장의 산업화 축적체제가 제공하는 고용기회와 빠른 임금상승을 통한 잉여의 국민적 확산이 노동자에게 자발적 호응의 유인을 부여하기도 했음을 간과할 수 없다."

국주의 국가들처럼 다른 민족 또는 다른 국가에서 잉여가치를 약탈할 수 없는 후발자본주의 국가인 동시에 그렇지 않아도 소수 지배계급이 다수의 민중을 억압하고 수탈하는 것이 통치의 습속으로 굳어진 국가의 절대권력자가 선택한 (그리고 어떤 경제학자들에 따르면, 한국에서 초기 자본주의적 산업화를 위한 본원적 축적을 위해서는 불가피하기도 했다고 하는) 경제개발 전략이었다. 하지만 그렇게 내부에서 잉여를 약탈할 수 있기 위해서는 반드시 억압, 즉 자유의 억압이 필요하다. 자유의 억압을 보편적인 국가형식으로 정립할 때에만 합법적으로 국가권력을 동원한 약탈이 자행될 수 있는 것이다. 그러므로 박정희가 창조한 국가에서 이익과 번영에 참여하기 위해서는 반드시 자기의 자유를 포기하고 억압의 원리를 받아들이지 않으면 안 된다. 이것이 박정희가 정립한 리바이어던적 국가의 비밀이다. 즉 그것은 자연상태에 있는 평등한 인간들 사이의 전쟁상태를 종식시키기 위해서가 아니라, 강자가 약자를 합법적으로 수탈하고 착취하기 위해 단 한 사람의 주권자인 박정희에게 자기의 자유를 양도하고 그 대신 착취의 이익을 시혜로서 받는 국가이다. 그리고 이런 국가에서 자유와 이익 사이에서 양자택일을 할 수밖에 없는 것이야말로 국민의 내적 곤경인 것이다.

5. 부끄러움

하지만 이 곤경은 박정희가 만든 국가에서 발생하는 하나의 곤경일 뿐이다. 이런 국가에는 그 곤경과는 전혀 다른 종류의 곤경이 아직 하나 더 남아 있으니, 그것은 내부의 노예로서 약탈당하는 자들의 고통과 분노이다. 약탈의 수혜자들이 자유와 이익 사이에서 정신의 곤경에 처할 때, 약탈당하는 약자는 식민지 시대 노예상태에 사로잡힌 민족이 처했던 것과 동일한 곤경에 여전히 머물러 있게 된다. 그들이 바로 박정희 국가의 빈민과 노동자들이다. 그들은 식민지 시대와 마찬가지로 여전히 자유와 생존 사이에서 양자택일해야 하는 곤경에 처해 있었던 것이다. 박정희 국가의 수혜자들이 자유를 양도한 대신 이익을 얻었던 것과는 달리, 이들은 자유를 빼앗기고도 아무런 이익도 얻지 못했다. 자유를 박탈당하고 그들이 받은 대가는 순수한 생존뿐이었다. 하지만 그 생존은 도구화된 생존으로서 그들은 오로지 착취당하기 위해서만 생존을 허락받은 노예들이었다. 그들이 자유를 얻기 위해 몸을 일으키는 순간 그들에겐 오직 죽음만이 있을 뿐이었으니, 삶은 오직 절망일 뿐이었다. 그 절망으로부터 벗어나는 길은 오직 죽음밖에 없었다. 전태일(全泰壹)의 분신은 바로 그 비극이 현실적으로 분출한 사건이었다.

전태일의 분신은 박정희 국가의 내적 모순을 선명하게 드러내어, 박정희 독재의 종말을 알리는 서곡이기도 했다. 왜냐하면 그의 희생을 통해 1970년대 노동자와 학생 및 지식인과 종교계의 연대가 이루어졌기 때문이다. 전태일이 일했던 평화시장은 남쪽으로는 동국대, 북쪽으로는 성균관대와 서울대 문리대, 법대, 의대 그리고 동쪽으로는 서울사대를 지척에 두고 가운데 위치하고 있었으나 1960년대 내내 그들 대학생들과 평화시장 노동자는 만나지 못했다. 그리하여 전태일은 "대학생 친구가 하나 있었으면 원이 없겠다"[31]라며, 혼자 노동법 책을 들고 씨름하다가 절망 속에서 자신의 몸에 휘발유를 끼얹고 산화했던 것이다.

실제로 박정희가 집권했던 1960년대에는 1970년대에 비해 훨씬 더 빈번하게 대규모 학생운동이 일어났지만, 노동자나 빈민의 고통에서 비롯된 것은 한 번도 없었다.[32] 그것은 모두 한일회담 반대, 삼성밀수 규탄, 부정선거 규탄, 3선개헌 반대 등 언제나 정치적 이유에서 비롯되었던 것이다. 간단히 말해 그때까지 학생운동은 인간이 구체적으로 당하는 고통에 대한 응답이 아니었다. 하지만 전태일의 분신은 그때까지 추상적 대의에 입각하여 전개되던 학생운동을 일거에 민중의 고통에 대한 응답으로 전환시켰다. 1970년대 학생운동은 표면적인 사건을 두고 보면 어떤 시기보

---

31 조영래, 『전태일 평전』, 돌베개, 2001, 174쪽.
32 이재오, 『해방후 한국학생운동사』, 형성사, 1984, 401쪽 이하.

다 위축된 상태에 있었다. 유신헌법이 발효된 이후 그리고 긴급조치가 선
포된 이후 모든 집단행동이 불법화된 것을 생각하면, 이는 당연한 일이기
도 했다. 하지만 1970년대는 학생운동이 가장 낮은 곳을 향해 아래로 내
려가기 시작한 시기라는 점에서 중요한 시기였다.

전태일은 그 불을 댕긴 첫 번째 불꽃이었다. 그 불꽃은 즉각적으로 학
생운동으로 옮겨붙었고, 그 이후 노동운동과 학생운동은 하나의 흐름으
로 합류하면서 겨레의 자기해방의 역사를 같이 만들어가기 시작했다. 그
리고 그 사이에 1970년대 노동운동과 학생운동을 매개했던 종교계가 있
었다. 이처럼 학생운동이 낮은 곳을 향한 것은 다른 무엇보다 야학의 확
산을 통해 표현되었다. 그것은 결코 급진적인 운동도 아니었고 외적으로
보더라도 유신독재에 아무런 정치적 타격도 가하지 못했으나, 다가올 봉
기의 진정한 토양을 마련했다는 점에서 그 중요성은 아무리 강조해도 지
나치지 않다. 당시 야학은 대학생과 노동자가 만나는 장소, 곧 이 땅의 지
식계급이 시대의 가장 큰 고통과 만나는 장소였다. 야학을 통해 노동자들
은 자신의 고통의 원인을 자각하고 시대의 모순을 객관적으로 의식하기
시작했으며, 대학생들은 그들이 알지 못했던 인간의 고통을 대면할 수
있었다. 그리고 이 만남을 통해 학생운동과 노동운동 모두가 상호고립
의 상태에서 벗어나 연대할 수 있었고, 그 연대가 이후 부마항쟁과 같은
보편적 봉기의 바탕이 되었던 것은 부인할 수 없는 일이다. 당시 많은 야
학이 교회나 성당 내에 있었는데, 이 점에서도 당시 진보적 종교계는 대
학생 및 지식인과 노동자, 농민의 만남을 매개했다고 말할 수 있을 것이
다. (이 점은 중부교회의 사례에서 보듯이 부산의 경우에도 마찬가지였다.) 학생
과 노동자 그리고 종교계는 1970년대 진보적 사회운동의 가장 중요한 세
축이었다.

크게 보자면 부마항쟁은 이처럼 전태일에 의해 촉발된 1970년대 학생
과 노동자 그리고 종교계의 연대에 뿌리를 두고 있다고 할 수 있다. 다시
말해 부마항쟁은 1970년대 초에 이처럼 새로이 조성된 민중적 연대로부
터 분출한 화산이었다. 하지만 그것이 어떻게 가능했는지를 온전히 이해

하기 위해서 우리는 전태일 한 사람의 희생이 그토록 즉각적이고도 커다란 반향을 불러온 까닭을 먼저 물어야 한다. 왜냐하면 노동자 한 사람의 분신이 그토록 큰 반향과 즉각적인 응답을 불러왔다는 것은 적어도 그 이전의 학생운동의 문법을 고려한다면 결코 당연하게 이해할 수 있는 일은 아니기 때문이다. 아마도 우리는 그가 근로기준법 준수를 외치며 분신을 했던 사건 그 자체가 충격적이었기 때문에 그것이 그토록 큰 반향을 불러왔다고 말할 수도 있다. 하지만 단지 그것뿐이라면 그 반향의 정체란 무엇이겠는가? 그것은 동정심 이외엔 아무것도 아니었을 것이다. 하지만 동정심은 어떤 경우에도 운동의 지속적인 동력이 될 수는 없다. 왜냐하면 이미 칸트가 말했듯이 동정심은 수동적인 정념이어서, 자극이 사라지면 같이 잦아들 수밖에 없기 때문이다.[33] 물론 동정심은 타자의 고통에 대한 감수성으로서 그것이 없다면 또한 타자의 고통에 대한 응답도 있을 수 없다. 그러나 그 응답이 지속적인 것이 되기 위해서는 동정심 이상의 도덕적 동기가 필요하다.

전태일의 분신이 그토록 크고도 지속적인 반향을 불러일으켰던 까닭은 그의 분신이 단순히 고통받는 노동자의 절망의 표현이 아니라 준엄한 도덕적 요구였기 때문이다. 하지만 그 요구의 정체가 무엇인가? 그가 남긴 마지막 말은 내 죽음을 헛되이 하지 말라는 것이었다. 그것은 우리 모두에게 자기를 따르라는 부름이고 명령이었다. 하지만 그는 어떤 권리로 우리에게 그렇게 요구했던 것인가? 아니 왜 우리는 그 부름에 응답하지 않을 수 없었던 것인가? 레비나스(Emmanuel Levinas)는 약자가 그 절대적 약함과 무기력함으로 우리에게 명령한다고 장광설을 늘어놓은 적이 있다.[34] 하지만 전태일은 분명히 이 사회의 가장 낮은 곳에 자리한 절망적 약자였으나 그렇다고 해서 레비나스가 말하는 식의 무기력한 타자, 그

---

33 임마누엘 칸트, 앞의 책, 27쪽.
34 Emmanuel Levinas, *Totalité et Infini–Essais sur l'extériorité*, Martinus Nijhoff, La Haye, 1961, p. 172f.

리하여 우리가 책임져야 할 타자는 결코 아니었다. 도리어 그는 우리에게 자기를 책임지고 고통에서 구해달라고 동정을 구걸한 것이 아니라, 우리에 앞서 활동의 주체로서 능동적으로 스스로 투쟁하는 타자였고 우리 모두에게 자기의 투쟁에 동참하라고 부르고 외치는 타자였다. 그리고 학생들은 그 부름에 응답했던 것이다.

그렇다면 무엇이 당시의 대학생들로 하여금 그렇게 즉각적으로 그의 부름에 응답하게 했던가? 그것은 그의 부름 자체가 또한 타자의 고통에 대한 응답이었기 때문이다. 그가 목숨까지 내어놓을 정도로 자기의 전 존재를 걸고 싸웠던 싸움은 단순히 자기의 권리를 위한 투쟁이 아니라 자기보다 더 약한 노동자의 고통에 대한 응답이었다.

> 나는 돌아가야 한다. 꼭 돌아가야 한다. 불쌍한 내 형제의 곁으로, 내 마음의 고향으로, 내 이상의 전부인 평화시장의 어린 동심 곁으로.[35]

자신의 죽음을 예감하면서 쓴 이 글에서 전태일은 마음의 고향이며 이상이 바로 평화시장의 어린 여공들임을 고백한다. 그 자신이 이 사회에서 가장 고통받는 약자였음에도 불구하고 그의 삶은 자기보다 더 약한 인간을 위해 바친 삶이었다. 내 죽음을 헛되이 말라던 그의 외침은 그런 의미에서 우리 모두에게 타인의 고통에 응답하라는 명령이었다. 만약 그의 삶과 죽음이 단순히 자기의 권리를 위한 투쟁뿐이었다면, 우리는 그의 명령을 외면할 수도 있었을 것이다. 권리를 위한 투쟁은 누구에게도 도덕적 감동을 불러일으킬 수는 없기 때문이다. 하지만 그의 부름, 그의 명령을 외면할 수 없었던 까닭은 그가 모범을 보여준 약자의 고통에 대한 선구적 응답 앞에서 우리 모두가 부끄러움을 느끼지 않을 수 없었기 때문이다. 바로 이 부끄러움의 자각이야말로 전태일이 남긴 선물이었다. 1980년대의 운동이 5·18이 불러일으킨 분노에서 시작되었다면, 전태일이 우리에게

---

35 조영래, 앞의 책, 238쪽 이하.

불러일으킨 이 부끄러움이야말로 1970년대 학생운동을 이끌었던 가장 중요한 정신적 동기였다고 말해도 좋을 것이다. 그러므로 부마항쟁을 탄생시킨 근본적 동인이 된 시대정신을 이해하기 위해서는 바로 이 부끄러움의 정체를 해명할 필요가 있다.

1970년대를 지배했던 이 부끄러움은 식민지 시대의 시인들에게서 원형적으로 표현된 것이기는 하지만 그것과 같은 것은 아니다. 우리는 20세기 한국의 정신사에서 전승되어온 유서 깊은 부끄러움이 1970년대에 이르러 어떻게 변모되어 나타나는지를 다른 누구보다 신경림 시인의 1970년대 시들에서 발견할 수 있다. 1970년대 출간된 그의 시집 두 권은 1970년대 민중시의 가장 빛나는 성과이다. 그러나 그의 시는 견고한 민중성을 견지하면서도 김지하의 시처럼 분노를 분출하거나, 고은의 시처럼 명령하고 선동하는 것을 통해 민중성을 드러내지는 않는다. 도리어 그는 한용운과 김소월(金素月) 그리고 윤동주에게서 볼 수 있는 내면성의 전통에 굳게 뿌리박음으로써 우리에게 그 시대 깨어 있는 정신의 내면적 곤경을 가장 깊이 드러내 보여준다.

그는 1970년대에 두 권의 시집을 냈는데, 1975년에 출판한 『농무』그리고 1979년 출판한 『새재』가 그것이다. 이 두 시집에서 그는 한편으로 당시 민중의 절망스러운 고통을 형상화하면서, 다른 한편으로는 그 고통 앞에서 시적 자아가 느끼는 곤경을 고백한다. 하지만 그 두 시집 사이에는 4년의 시차를 두고 미묘한 차이가 드러난다. 모두 60편이 실려 있는 첫 시집에서 그가 집요하게 반추하는 민중의 절망적인 고통은 죽음이다. 60편 가운데 20편에서 그는 죽음이란 말을 명사로 형용사로 동사로 사용한다(그 가운데 한 번은 살인 및 시체). 직접적으로 죽음이란 말이 나오지 않더라도 '피'라는 낱말을 통해 죽음을 간접적으로 표현하는 경우가 죽음이란 말이 같이 나오는 경우를 제외하고도 6편이다. 그 외에도 "총소리"같은 표현을 통해 죽음을 회상하는 것까지 포함하면 『농무』에서 절반 이상이 죽음에 대한 회상이다. 시인이 회상하는 죽음은 다른 무엇보다 한국전쟁 전후에 일어난 좌우대립의 와중에서 희생된 사람들의 죽음이다. 그

것은 저항할 수 없었던 죽음, "억울하고 어리석게"³⁶ 죽은 사람들의 죽음
이다. 그 죽음을 통곡과 울부짖음이 뒤따른다. 60편의 시 가운데 울음(통
곡과 울부짖음 포함)이 명사나 동사로 표현된 것이 21편이다. 그 눈물 속에
서 탄식과 절망과 분노와 저주가 죽은 자의 시체 위에 떨어진다. 이것이
시인이 첫 시집에서 형상화하는 민중의 절망적인 고통과 슬픔이다. 하지
만 거기엔 절망이 있을 뿐 아직 저항의 몸짓은 보이지 않는다. 모두 겁에
질려 있기 때문이다. 시인 역시 마찬가지이다. 그는 듣는다. "그들의 함
성"과 "울부짖음", "피맺힌 손톱으로 벽을 긁는 소리", "달려가는 발자욱
소리", "쓰러지고 엎어지는 소리" "한숨"과 "성난 채찍 소리"와 "노랫소
리"도 듣는다. 그 모든 소리는 그에게 말하라고 명하지만, 그는 아무 말도
하지 못한다.

> 20년이 지나도 고향은
> 달라진 것이 없다 가난 같은
> 연기가 마을을 감고
> 그 속에서 개가 짖고
> 아이들이 운다 그리고 그들은
> 내게 외쳐댄다
> 말하라 말하라 말하라
> 아아 나는 아무 말도 할 수가 없다

그가 할 수 있는 일은 말을 빼앗긴 두 눈으로 무덤의 석상처럼 두 개의
눈으로 지켜보는 것³⁷ 그리고 갈대처럼 "속으로 조용히 울고 있는 것"³⁸
뿐이었다. 그리하여 인간의 고통 앞에서 아무것도 할 수 없었던 시인은

---

36 신경림, 『신경림 시전집』, 창비, 2004, 28쪽.
37 같은 책, 45쪽.
38 같은 책, 69쪽.

부끄러움에 잎새에 이는 바람에도 괴로워했던 윤동주처럼 "싸늘한 초저녁 풀 이슬에도 하얀 보름달에도 우리는 부끄러웠다"[39]라고 고백한다. 두려움과 부끄러움은 시인의 자의식을 쌍둥이처럼 언제나 같이 괴롭힌다.[40] 끝내 시인은 "살아 있는 것이 부끄러워 내 모습은 초췌해간다"[41]라고 고백하기에 이른다. 하지만 서정주의 부끄러움이 그를 자유를 향한 결단으로 인도하지 않았듯이, 『농무』에 표현된 부끄러움 역시 아직 시인을 보고 듣는 것 외에 그 이상의 능동적 결단이나 행위로 이끌지 않는다. 다만 그는 "눈 오는 밤에 나는 잠이 오지 않는다"면서 "친구들이 미치고 다시 미쳐서 죽을 때 철로 위를 굴러가는 기찻소리만 들을 것인가 아무렇게나 살아갈 것인가"[42]라고 자신에게 물을 뿐이다. 하지만 그렇게 "분노하고 뉘우치고 다시 맹세하지만" 결국 시인이 돌아오는 곳은 "통곡"[43]일 뿐이다. 그리하여 『농무』에서 표현된 부끄러움은 아무런 적극적인 규정으로 나아가지 못하는 부정, 곧 "아니다"로 남을 뿐이다.

우리가 부끄러워해야 할 것은

질척이는 골목의 비린내만이 아니다
너절한 욕지거리와 싸움질만이 아니다
우리가 부끄러워해야 할 것은
이 깊은 가난만이 아니다
좀체 걷히지 않는 어둠만이 아니다

(중략)

---

39 같은 책, 29쪽.
40 『농무』에 실린 시 「어둠 속에서」는 두려움과 부끄러움의 공속을 가장 잘 형상화하고 있다.
41 같은 책, 89쪽.
42 같은 책, 59쪽 이하.
43 같은 책, 58쪽.

……우리가

부끄러워해야 할 것은

이 쓸개 빠진 헛웃음만이 아니다

겁에 질려 야윈 두 주먹만이 아니다

우리가 부끄러워해야 할 것은

서로 속이고 속는 난장만이 아니다

하늘까지 덮은 저 어둠만이 아니다[44]

　그리하여 끝없이 뉘우치고 부끄러워하면서도 그 부끄러움의 정체를 스스로 알지 못하는 시인은 부끄러움으로부터 어디로도 나아갈 방향을 찾지 못하고 다만 지나간 봉기를 추억할 뿐이다.[45]

　하지만 이런 양상은 1979년 출판된 『새재』에서는 확연히 달라진다. 이 시집에는 첫 시집에서 한 번도 쓰이지 않았던 낱말이 둘 등장한다. 그것은 "사랑"과 "용기"이다. 32편의 시 가운데 꼭 한 번씩 등장하는 저 낱말은 두 번째 시집에서 일어나고 있는 변화를 가장 두드러지게 보여준다. 물론 여기서도 여전히 귀신은 통곡하고 시인은 두려워하며 사는 것을 부끄러워한다. 하지만 그 모든 것에도 불구하고 시인은 어느 순간 "강과 산에서 내가 마주치는 것은 죽음이요 되살아 오는 것은 죽음의 얘기뿐이었지만 나는 문득 죽음이 두렵지 않았다"[46]라는 비약을 경험한다.

　무엇이 시인에게 죽음이 두렵지 않은 용기를 준 것일까? 그것은 그가 보는 모습과 듣는 소리가 단순히 무기력하게 희생당하는 자들의 절망적인 죽음만은 아니었기 때문이다. 그가 본 것은 "어둠 속에서 일어서는 그들"[47]이었다. 시인은 그들의 몸짓으로부터 "구름 사이로 내비치는 햇빛

44　같은 책, 83쪽.

45　같은 책, 96쪽 이하.

46　같은 책, 138쪽.

을 보았다".[48] 물론 여전히 구름은 두텁게 빛을 가리고 모진 폭풍이 다시 몰아쳐왔다. 그러나 시인은 더 이상 절망 속에 침잠하지 않는다.

용기 있는 자들은 이 들판에 내어쫓겨
여기 억눌린 자와 어깨를 끼고 섰다.
멀리서 울리는 종소리를 듣고 섰다.
저것이 비록 죽음의 종소리일지라도

한 사람의 노래는 백 사람의 노래가 되고
천 사람의 아우성은 만 사람의 울음이 된다.
이제 저 노랫소리는
너희들만의 것이 아니다.
우리는 모두 어깨를 끼고 섰다.[49]

내쫓김과 억눌림과 죽음이 그리고 아우성과 울음이 여전히 이어지고 있으나, 그것들은 더 이상 시인을 좌절과 절망의 나락에 빠뜨리지 못한다. 왜냐하면 죽음도 울음도 이제는 나와 구별되는 "너희들만의 것이 아니"기 때문이다. 그것은 너와 내가 같이 속하는 "우리"의 일이 된 것이다. 용기는 바로 이 만 사람의 우리됨에 존립하는 것이다.

그런데 세심하게 살펴보면 이 시(「함성」)에는 과거와 현재가 뒤섞여 있다. 처음에 시인이 과거형으로 회상하는 "어둠 속에서 일어서는 그들"이란 앞뒤의 문맥으로 볼 때 의심의 여지 없이 4·19혁명을 가리키는 말일 것이다. 그런데 시인은 후반부에서는 "이제"라는 현재시제로 "용기 있는 자들"에 대해 말한다. 그러므로 4·19혁명의 경험이 희망의 근거가 되는

47 같은 책, 129쪽.
48 같은 곳.
49 같은 책, 130쪽.

것이다. 그런데 같은 시집에 실린 「4월 19일, 시골에 와서」라는 시에서 시인은 "어느새 잊어버린 그날의 함성을 생각"하면서, "다시 그날의 종소리가 들리리라고 아무도 믿지 않는 밤은 어두웠다"[50]고 노래했다. 하지만 「함성」에서는 "사람들은 거리를 메우고 이제 이 땅에 봄이 영원하리라 했으나" 그 희망을 배반하고 "모진 폭풍이 다시 몰아쳤을 때"를 기억하면서도 결코 "밤은 좀체 밝아오지 않았다"라는 비관으로 시를 끝내지 않는다. 이는 1970년대 후반부에 시인에게 급격한 역사의식의 변화가 있었음을 암시한다.

그렇다면 무엇이 시인으로 하여금 동일한 역사적 사건에 대해 전혀 다른 방식으로 의미를 부여하도록 만든 것일까? 그것은 그가 "일어나라 일어나라 외쳐대는 친구"[51]의 부름을 들었기 때문이다. 함석헌이 1970년에 창간하여 간신히 명맥을 이어오던 『씨올의 소리』에 창간 7주년을 기념하여 쓴 시에서 시인은 이렇게 시를 끝맺는다.

오직 절망하고
절망하고 뉘우치고
다시 술에 취해 쓰러져 있을 때

친구여 너는 부르짖었다
일어나라고 일어나라고 어두운
거리에 깔리는 저 아우성을
들으라고

친구여 한밤에도 눈을 부릅뜨고
일어나라 일어나라 외쳐대는 친구여[52]

---

50 같은 책, 112쪽.
51 같은 책, 131쪽.

그런즉 시인의 내면적 전환은 그 모든 부름에 대한 응답이었다. 하지만 『농무』에서도 그는 끊임없이 자기를 부르는 소리를 듣지 않았던가? 그리하여 거기서 시인은 "그들의 함성을 듣는다"[53]거나 "그"가 "눈 오는 밤에 나를 찾아"와 "입속에서 내 이름을 부른다"[54]거나 "그들"이 "성난 목소리로 나를 부른다"[55]거나 나아가 "억울한 자여 눈을 뜨라 짓눌린 자여 입을 열라"고 노래하는 "새소리를 들었다"[56]는 것은 모두 자기를 부르는 부름을 들었다는 것이 아니었던가? 하지만 왜 그는 거기서는 아무런 응답도 하지 못했던가? 그 까닭은 그 모든 부름이 죽은 자의 부름이었기 때문이다. 산 자들에게서 그가 듣는 것은 다만 탄식과 한숨과 통곡과 주정뿐이었다. 그리하여 그는 응답하고 싶어도 누구에게도 응답할 수 없었다. 하지만 '씨올의 소리'는 죽은 자의 원한 맺힌 탄식이 아니었다. 그것은 시퍼렇게 살아 있는 사람이 한밤중에도 눈을 부릅뜨고 깨어, 일어나라 일어나라 외쳐대며 자기를 부르는 소리였다. 그런 까닭에 그 부름은 시인이 오직 절망하고 뉘우치고 다시 술에 취해 쓰러져 있을 때, 그를 그 무기력한 절망의 나락에서 구해낼 수 있었던 것이다.

바로 이 살아 있는 만남이야말로 시인의 고립된 정신을 역사로 불러낸 힘이다. 그리고 이것은 단순히 시인 자신만이 아니라 그 시대를 살았던 모든 깨어 있는 정신에게 해당되는 말일 것이다. 그러나 단순히 살아 있는 만남이라는 것만으로는 그 만남의 의미를 다 이해할 수 없다. 만남이 시인의 정신을 어떻게 변화시켰으며 그것이 어떻게 그를 새로운 능동성으로 이끌었는지를 이해하기 위해서는 1970년대를 본질적으로 규정했던 또 다른 만남을 반드시 이해해야 한다. 그 만남은 시인을 부끄럽게 했던 어린 누이들과의 만남이었다. 「나는 부끄러웠다 어린 누이야」

52 같은 책, 132쪽.
53 같은 책, 35쪽.
54 같은 책, 40쪽.
55 같은 책, 46쪽.
56 같은 책, 76쪽.

라는 시는 그 만남이 시인의 내면을 어떻게 변화시켰는지를 이렇게 보여준다.

차고 누진 네 방에 낡은 옷가지들
라면봉지와 쭈그러진 냄비
나는 부끄러웠다 어린 누이야
너희들의 힘으로 살쪄가는 거리
너희들의 땀으로 기름져가는 도시
오히려 그것들이 너희들을 조롱하고
오직 가난만이 죄악이라 협박할 때
나는 부끄러웠다 어린 누이야
벚꽃이 활짝 핀 공장 담벽 안
후지레한 초록색 작업복에 감겨
꿈 대신 분노의 눈물을 삼킬 때
나는 부끄러웠다 어린 누이야
투박한 손마디에 얼룩진 기름때
빛바랜 네 얼굴에 생활의 흠집
야윈 어깨에 밴 삶의 어려움
나는 부끄러웠다 어린 누이야

나는 부끄러웠다 어린 누이야
우리들 두려워 얼굴 숙이고
시골 장바닥 뒷골목에 처박혀
그 한 겨우내 술놀음 허송 속에
네 울부짖음만이 온 마을을 덮었을 때
들을 메우고 산과 하늘에 넘칠 때
쓰러지고 짓밟히고 다시 일어설 때
네 투박한 손에 힘을 보았을 때

네 빛바랜 얼굴에 참삶을 보았을 때

네 야윈 어깨에 꿈을 보았을 때

나는 부끄러웠다 어린 누이야

네 울부짖음 속에서 내일을 보았을 때

네 노래 속에 빛을 보았을 때[57]

여기서 시인은 자기가 아니라 어린 누이 앞에서 부끄러워한다. 이것 자체가 심오한 변화이다. 이전에 시인의 부끄러움은 자기에 대한 것이었다. 정확하게 말하자면 그것은 자기의 비겁함과 두려움에 대한 부끄러움이었다. 그런 한에서 그것은 자폐적인 것으로서, 그 형식에서 보자면 홀로주체적인 자기관계였던 것이다. 그러나 홀로주체성 속에서 주체는 타자와의 만남으로 나아가는 길, 역사로 나아가는 길을 발견할 수는 없다. 거기서도 그의 부끄러움은 역사와 현실로부터 비롯되는 것이기는 했으나, 그것은 익명적인 현실이거나 아니면 이미 과거의 어둠 속에 가라앉아 더이상 그가 다가갈 수 없는 종결된 역사일 뿐이었기 때문이다. 그러므로 그의 부끄러움은 그를 외부의 현실로 나아가게 만들지 못하고 다만 자기자신 속에 침잠하게 만들 뿐이었던 것이다. 하지만 1979년 『새재』에서 시인은 더 이상 단순히 내면적인 자기성찰 속에서 자기의 비겁함을 부끄러워하지 않는다. 여기서 그의 부끄러움은 고립된 자기성찰이 아니라 살아 있는 "어린 누이"와의 만남에서 비롯된다.

모두 두 연으로 이루어진 이 시의 전반부에서 시인은 먼저 어린 누이의 "가난"과 "분노의 눈물"과 "삶의 어려움" 앞에서 자기를 부끄러워한다. 이 부끄러움은 동정심이나 연민이라기보다는 도덕적 가책이나 뉘우침에 훨씬 더 가까운 것인데, 그 까닭은 시인이 살아가는 거리와 도시가 그들의 힘으로 살쪄가고 그들의 땀으로 기름져가기 때문이다. 그러므로 어린 누이의 고통스러운 삶에 대해 시인 역시 공범이라 할 수 있다. 1970년대

---

57 같은 책, 127쪽.

의 급속한 산업화가 가져다준 삶의 풍요는 "라면봉지와 쭈그러진 냄비" 앞에서 "분노의 눈물"을 삼키던 어린 누이들의 가난이 아니면 불가능한 것이었다. 그런데도 세상은 오히려 오직 가난만이 죄악이라고 그들을 조롱하고 협박한다. 이 뻔뻔함에 대해 시인이 같이 분노하기 전에 먼저 부끄러움을 느끼는 것은 그 또한 어린 누이의 가난에 빚지고 있는 존재이기 때문이다.

생각하면 시인이 여기서 보편적으로 형상화해주고 있는 이 부끄러움, 이 가책이야말로 많든 적든 1970년대 많은 대학생들을 사로잡았던 공통된 시대정신이었다고 할 수 있다. 그것은 식민지 시대의 시인들에게서 시원적으로 나타났던 부끄러움에 뿌리박고 있기는 하지만 똑같은 것은 아니다. 역사 속에서 부끄러움도 자랐기 때문이다. 1970년대 우리가 느꼈던 부끄러움은 빚지고 있음의 의식이 낳은 부끄러움이다. 우리가 1970년대 학생운동과 민중운동의 정점으로서 부마항쟁을 이해하기 위해 이런 종류의 부끄러움을 먼저 이해해야 하는 까닭은 빚지고 있음의 의식이야말로 가장 강력한 의무감의 원천이기 때문이다.[58] 우리 현대사에서 어떤 시대도 학생운동이 완전히 근절된 시대는 없었지만, 1970년대처럼 그것이 소박하고도 강렬한 의무감에 의해 추동된 시대도 없을 것이다. 우리가 그 의무감을 어떻게 평가하든 간에 그것을 이해하지 못하는 한, 그 시대를 이해하는 것은 불가능한 일이다. 하지만 그 의무감은 어디서 비롯되는가? 칸트는 의무감을 가장 중요한 도덕성의 원천으로 드높였음에도 불구하고 그것이 어디서 비롯되는 것인지에 대해서는 침묵했다. 그리하여 의무감이 정신의 순수한 능동성과 자유의 표현이라고 하면서도 그 자유를 문맥 없는 추상성 속에 가두어버렸던 것이다. 그러나 의무감은 결코 아무런 근거 없이 발생하는 정념이 아니다. 그것은 반드시 선행적인 빚지고 있음에 대한 의식으로부터만 발생하는 일종의 응답이기 때문이다. 인간이 누구에게도 아무것도 빚지고 있지 않다면, 우리는 무엇에 대해서

---

58 김상봉, 『도덕교육의 파시즘: 노예도덕을 넘어서』, 도서출판 길, 2005, 309쪽.

도 의무감을 느낄 까닭이 없다. 물론 그런 경우에도 타인을 위한 희생이나 헌신이 가능하겠지만, 그것은 내가 반드시 해야만 한다는 의무감에 따른 것이 아니라 연민과 동정심의 결과일 것이다. 하지만 앞에서도 말했듯이, 연민과 동정심은 수동적인 정념인 까닭에 그것만으로는 결코 지속적인 용기의 원천이 될 수 없다. 오직 의무감이 연민과 결합할 때, 그것은 지속적인 행위근거가 되는 것이다. 연민은 타인의 고통에 대한 공감이지만, 의무감은 그 고통이 자기 때문이며 자기를 위한 것임을 깨달을 때 발생하는 정념이다. 타인의 고통에 나의 행복이 빚지고 있음을 깨달을 때, 우리가 느끼는 가책과 부끄러움이야말로 우리에게 그 빚을 갚으라는 의무를 부과하는 것이다.

하지만 시인이 형상화하는 부끄러움은 거기서 그치지 않는다. 이 시의 둘째 연에서 시인이 고백하는 부끄러움은 어린 누이들에게서 본 내일의 빛 앞에서 그가 느끼는 부끄러움이다. 그 빛은 시인이 4·19혁명 이후 잊고 있었던 희망의 빛이다. "다시 그날의 종소리가 들리리라고 아무도 믿지 않는 밤"을 깨치고 시인이 내일의 빛에 대한 소망을 발견한 것은 바로 어린 누이들이 "쓰러지고 짓밟히고 다시 일어설 때"였다. 1978년에 있었던 동일방직 사건을 암시하는 이 시는 전태일 분신 이후에 점점 더 활발해지고 있었던 여성 노동자들의 민주노조운동이 당시의 지식인들에게 어떤 영향을 주었는지를 증언하는 고백이다. 앞에서 인용한 시 「함성」에서 "한 사람의 노래는 백 사람의 노래가 되고 / 천 사람의 아우성은 만 사람의 울음이 된다"고 시인이 노래했을 때, 그 한 사람이 전태일이었다면 천 사람은 동일방직 여공들이었다고 생각해도 좋을 것이다. 한 사람의 희생은 백 사람의 헌신을 부르고 천 사람의 용기는 다시 만 사람의 용기를 부르는 것이 역사이다. 무기력한 희생과 겁에 질린 민중 사이에서 좌절과 절망에 사로잡혀 있었던 시인을 부끄럽게 만든 것은 어린 누이들이었다. 가장 약하고 어린 누이들이 굴종을 거부하고 쓰러지고 짓밟혀도 다시 일어서는데, 왜 "우리들 두려워 얼굴 숙이고 / 시골 장바닥 뒷골목에 처박혀 / 그 한 겨우내 술놀음"으로 허송했단 말인가? 시인의 그 부끄러움은 그 시대 모든 깨어 있는 지식인의 부끄러움이기도 했으니, 밤은 깊을수록 그 작은 별들은 더욱더 총총히 빛나 우리 모두를 부끄럽게 만들었던 것이다.

6. 왜 부산과 마산이었는가

지금까지 우리가 부끄러움을 통해 1970년대의 시대정신을 장황하게 서술한 까닭은 단 하나의 질문에 대답하기 위해서이다. 그것은 왜 1970년대 및 박정희 독재를 종식시킨 그 엄청난 사건이 하필이면 부산과 마산에서 일어났느냐 하는 물음이다. 부마항쟁은 여러 가지 의미에서 특이한 사건이지만 그 가운데서 시발점이 명확히 알려진 사건이다. 다시 말해 처음에 시위가 누구에 의해 어떻게 시작되었는지가 명확하게 알려져 있는 사건이다. 이 점은 5·18민중항쟁과 비교해보면 그 차이가 두드러진다. 즉 우리는 1980년 5월 18일 아침, 전남대 정문 앞에서 계엄군과 대치하면서 구호를 외쳤던 학생들이 누구였는지 전혀 알지 못한다. 그럼에도 불구하고 우리는 광주에서 그때 왜 그런 일이 일어났는지 모르겠다고 혀를 차지는 않는다. 항쟁이 일어날 수밖에 없었던 어떤 필연성을 이해할 수 있기 때문이다.

하지만 1979년 10월의 부산과 마산은 경우가 다르다. 여기서는 거꾸로 누가 그 일을 언제 처음 시작했는지 잘 알려져 있다. 부산에서는 이진걸과 정광민, 마산에서는 정인권, 최갑순, 옥정애, 정성기 등 처음 시위에 불을 댕긴 학생들이 누구인지가 다 알려져 있다. 그럼에도 불구하고 부마항쟁을 연구하는 사람들은 예외 없이 어떻게 그런 학생들이 그런 일을 일으킬 수 있었는지 그리고 어떻게 당시 부산과 마산의 학생들이 그토록 즉각적이고 대규모로 그들의 부름에 응답할 수 있었는지 그 원인을 설명할 수 없어 당혹해한다. 물론 시위를 처음 모의하고 주도했던 사람들의 증언이 남아 있다. 하지만 그 증언은 그들이 그 엄혹한 시대에 자기는 물론이고 자기 가족에게조차 큰 시련을 안겨줄 그런 엄청난 일을 결단하게 된 것에 대해 외적 원인이 될 만한 것을 아무것도 알려주지 않는다. 그리하여 박철규는 당시 부산과 마산 지역의 학생운동 상황을 샅샅이 살펴본 뒤에 왜 하필 그 두 도시의 학생들이었는지에 대해서는 아무런 대답도 하지 못하고, "부마민주항쟁은 억압이 있는 곳에 반드시 저항이 있다는 항쟁의 전통을 다시 한번 확인시켜주었으며, 독재정권은 반드시 붕괴한다는 보편적 진리가 존재함을 증명하였던 것"이라는 다소 상투적인 일반론을 확인하는 것으로 논문[59]을 마무리 지을 수밖에 없었다.

당시 부산과 마산에는 그처럼 대규모 시위를 조직할 수 있는 역량을 갖춘 학생운동 조직이 없었다. 양서협동조합(良書協同組合)은 눈부신 역사임은 틀림없으나 학생운동 조직은 아니었고, 동문서클 같은 공개적인 조직은 본래적 의미의 학생운동 조직이라 하기에는 많이 모자라는 것이었다. 당시 시위에 주도적으로 참여했고 그 뒤에도 부산의 학생운동권에서 나름의 역할을 했던 '영목'이나 '동녘' 같은 동문서클은 이념으로 뭉친 조직이 아니었고 말 그대로 같은 이름의 남·여 고등학교를 나온 동문들의 친목서클이었다.[60] 다른 비공개조직 역시 아직 명확히 규정된 입장을 가진 전위조직이라기보다는 조금 더 급진적인 몇몇 학생들이 서로 모인 동아리 정도에 머물고 있었다. 게다가 더 중요한 것은 그런 보다 급진적인 동아리에 속했던 학생들은 하나같이 시위의 성과에 대해 회의적이었다는 것이다. 시위를 주도했던 학생들이 그들에게 자문을 구했을 때 부산에서든 마산에서든 보다 많은 운동의 경험과 지식을 가지고 있었던 선배나 동료 학생들은 하나같이 지금은 시기상조라고 판단했거나, 아니면 전면적인 반독재투쟁보다는 온건한 학내의 문제로 국한하여 시위를 하는 것이 바람직하다고 조언했다. 그것은 전문가다운 신중함이었다. 그럼에도

---

59 박철규, 앞의 글, 223쪽.
60 영목은 중앙고와 중앙여고, 동녘은 동고와 동여고의 동문서클이었다. 당시 부산대에는 반드시 동문서클이 아니라도 이런 식의 특별한 목적이나 이념과 무관한 단순한 친목서클이 많았는데, 이는 사실 부산대의 후진성을 보여주는 것이라고도 할 수 있다.

불구하고 운동이 무엇인지도, 데모를 어떻게 하는 것인지도 아무것도 몰랐던 아마추어들이 오로지 더 이상 아무것도 하지 않고 있을 수 없다는 절박함에 쫓겨 불을 댕긴 것이 부마항쟁이라는 거대한 봉홧불이었다.

요컨대 시위는 학생운동 조직에서 논의되고 결정된 것이 아니라 고독한 개인의 실존적 결단에 의해 촉발된 것이다. 그러므로 어떻게 부산과 마산의 학생들이 그런 일을 일으킬 수 있었는가 하는 물음을 통해 어떤 외적 원인을 찾으려 한다면, 우리는 부마항쟁의 최초 원인을 결코 찾을 수 없다. 이런 의미에서 부마항쟁은 까닭을 알 수 없는 봉기였다. 우리가 그 사건에서 알아낼 수 있는 것은 외적 원인이 아니라 오직 순수하고 소박한 내면적 동기밖에 없다. 하지만 이것이 부마항쟁이 아무런 근거도 없이 일어난 우발적 사건이라는 것을 뜻하지는 않는다. 인간의 행동이 우발적이라는 것은 술 취한 상태처럼 이성이 마비되거나 일시적인 흥분상태로 정상적인 판단력이 정지된 상태에서 어떤 일을 한 것을 의미한다. 하지만 부마항쟁을 모의하고 당일에 동료 학생들을 집단행동으로 불렀던 학생들은 모두 치열한 내면적 성찰을 통해 행동을 위한 결단에 도달했다. 그러므로 그들의 결단은 우연적 사건이 아니라 이성에 의해 반복해서 숙고되고 검사된 견고한 필연성에 의해 추동된 것이다.

모든 필연성은 근거로부터 비롯된다. 그렇다면 그들을 행동으로 강제했던 그 필연성이란 과연 어떤 것이었던가? 한마디로 말하자면 그것은 내적 필연성이다. 내적 필연성이란 내면의 정신적 근거로부터 비롯된 필연성을 의미한다. 하지만 여기서 내면의 근거에 따른 필연성은 홀로주체가 고립된 자기동일적 관계 속에서 자기를 촉발한다는 것(Selbstaffektion)을 뜻하지 않는다. 다시 말해 그것은 주체가 자기 자신을 어떤 행위로 스스로 강제한다는 것을 의미하지 않는다. 만약 그런 것이 내적 필연성이라면, 그것은 우연성의 또 다른 이름에 지나지 않을 것이다. 어떤 결과를 낳은 근거는 오직 그 결과의 외부에 있는 타자적인 것일 경우에만 참된 의미의 근거일 수 있다. 이런 사정은 의지의 근거에 대해서도 마찬가지이다. 무언가 해야 한다는 절박한 의지의 근거는 그 의지 자체 내에 있을 수 없다. 그것은 또 다른 어떤 타자적인 근거에 의해 추동된 것이어야 한다. 그리고 우리가 그 의지의 결단을 온전히 이해하기 위해서는 그것의 첫 번째 근거에서 머물지 않고 그 첫 번째 근거의 근거를 다시 물어 들어가 더 이상 물을 필요가 없을 정도로 충분한 근거에 이를 때까지 어떤 최종적 근거를 찾아나가야 한다.

　부마항쟁을 처음 불 지폈던 학생들의 결단에 대해 어떤 외적 근거도 발견할 수 없다면, 하지만 그럼에도 불구하고 어떤 타자적인 근거가 있어야 한다면 그것이 과연 무엇이겠는가? 그것은 또 다른 정신일 수밖에 없다. 다시 말해 다른 정신과의 만남이 그들의 의지를 결단으로 이끈 근거이다. 이를테면 부산에서 시위를 촉발했던 이진걸의 경우에는 함석헌과 신경림 그리고 김지하와의 만남이 그것이었으며,[61] 정광민의 경우에는 소설가 김정한과의 만남이 그것이었다.[62] 마산에서 시위를 촉발했던 정인권의 경우 한완상과 함석헌 그리고 장준하(張俊河)와의 만남이 그것이었다. 물론 이들 모두 저 사람들을 직접 만난 적이 없으니, 그 만남은 책을 통한 정신적 만남이었다.[63] 최갑순과 옥정애의 경우에는 가톨릭학생회[64]와의 만남이나 김용백 신부와의 만남이 그들을 결단으로 이끌었던 근거가 되었다. 하지만 정인권, 최갑순, 옥정애에게서 함석헌, 한완상, 장준하나 김용백 신부와의 만남이 결단을 위한 최종적인 충분근거였다고 말할 수는 없는 일이다. 그들은 수없이 다른 만남 속에서 결단의 순간을 기다렸기 때문이다. 그렇다면 무엇이 그 최종적인 충분근거였겠는가? 그것이 정신을 움직인 근거로서 그 자신 정신적인 것이어야 한다면, 우리는 이제 이 물음에 대해 이렇게 대답할 수밖에 없다. 그 최종근거는 그가 속한 시대정신 그 자체이다. 그들을 그 고통스러운 결단으로 떠민 것은 시대정신,

---

61　민주화운동기념사업회, 「민주화운동 관련 인사 구술자료 수집을 위한 구술면담」, 이진걸 구술자료, 2002.

62　부마민주항쟁기념사업회 외, 『부마민주항쟁10주년기념자료집』, 1989, 108쪽.

63　같은 책, 161쪽.

64　하지만 가톨릭학생회가 조직적으로 이들을 시위로 인도한 것은 아니다.

아니 정신으로서의 시대 그 자체였던 것이다. 다시 신경림 시인의 표현에 기대자면, 그것은 이런 것이다.

> 나는 안다 많은 형제들의 피와 눈물이
> 내 등 뒤에서 이렇게 아우성이 되어
> 내 몸을 밀어대고 있는 것을[65]

형제들의 피와 눈물은 시대의 고통이다. 그런 시대의 아우성, 곧 그런 시대정신의 부름이야말로 그들 모두를 고통스러운 결단으로 떠밀었던 최종근거이다. 인간의 많은 행위가 구조에 의해 규정되고 그때그때의 환경에 의해 영향을 받는 것은 부정할 수 없는 일이다. 하지만 우리는 부마항쟁과 같은 역사적 사건까지 그 원칙으로 설명하고 이해할 수 있으리라고 기대할 수는 없다. 이런 사정은 굳이 부마항쟁만이 아니더라도 모든 다른 항쟁사의 경우에도 마찬가지인데, 왜냐하면 그것은 자기희생을 수반하는 행위이기 때문이다. 인간의 욕망에 따른 행위가 문제라면, 우리는 어떤 구조와 환경적 원인이 인간을 특정한 행위로 떠밀었는지를 탐구하는 것만으로 충분한 설명을 제시할 수 있을 것이다. 그러나 도덕적 희생을 수반하는 행위가 문제라면, 그것은 사물적 원인이나 객관적 구조를 통해 설명하거나 이해할 수 없다. 왜냐하면 사물적 원인도 객관적 구조도 도덕적 결단과는 전혀 다른 종류에 속하는 존재인 까닭에 그 둘 사이에 인과성을 상정하는 것은 '다른 유로의 비약'(metabasis eis allo genos)이기 때문이다. 그러므로 우리는 도덕적 결단과 행위에 대해서는 오직 정신적 원인을 통해 정신적 결과를 설명할 수 있을 뿐이다. 하지만 정신적 원인 역시 하나가 아니므로 우리는 그 모든 정신적 원인의 총체가 바로 시대정신이라고 생각할 수밖에 없는 것이다.

우리가 앞에서 장황하게 서술했던 부끄러움이란 바로 부마항쟁을 유

---

65 신경림, 『신경림 시전집』, 창비, 117쪽.

266

발했던 1970년대 시대정신의 가장 뚜렷한 고유성이었다. 우리는 부마항쟁을 촉발한 대학생들의 동기 역시 신경림 시인이 느꼈던 바로 그 아우성 앞에서 느끼는 부끄러움이었다고 말할 수 있다. 실제로 첫날 시위를 계획했던 이진걸은 김지하, 양성우, 신경림 시인의 판금된 시집을 읽었다고 고백하고 있거니와,[66] 굳이 그들의 시를 읽지 않았다 하더라도 당시의 대학생들은 "형제들의 피와 눈물이 내 등 뒤에서 이렇게 아우성이 되어 내 몸을 밀어대고 있는 것을" 느끼지 않을 수 없었다. 부마항쟁에 참여했던 학생 하나가 증언했듯이, 당시 "대학생들에게 유신은 큰 죄의식이었고 십자가"였던 것이다.[67]

하지만 왜 그 일이 하필 가장 조용했던 부산과 마산에서 일어났던 것인가? 그것은 부끄러움 때문이었다. 그곳에서 너무도 오랫동안 아무 일도 일어나지 않았다는 사실에 대해 부산과 마산의 대학생들이 느꼈던 부끄러움이 도리어 그곳에서 그처럼 커다란 봉기를 가능하게 했던 까닭이다. 상대적으로 학생운동이 활발했던 다른 지역의 대학생들에 비해 부산과 마산의 대학생들은 그들이 아무것도 하지 못하고 있다는 사실로부터 더 큰 압박을 받았다. 다른 대학들의 경우에는 비록 대규모로 시위를 할수는 없는 상황이었지만, 이런저런 저항이 끊이지 않고 있었으므로 학생들은 아무튼 자기들이 어려운 상황에서도 무엇인가 하고 있다는 생각을할 수 있었다. 더 나아가 굳이 시위를 통해서가 아니더라도 야학이나 다른 조직활동들을 통해 간접적으로 유신체제에 저항한다는 생각을 할 수도 있었다. 하지만 부산의 경우에는 1970년대 말이 되도록 그런 야학조차 한두 개 정도였다(마산의 경우는 알 수 없음). 따라서 부산과 마산의 깨어 있는 대학생들은 정말로 자기들이 유신독재 아래서 아무것도 하지 않고 있다는 생각으로 압박을 받지 않을 수 없었으며, "비겁자라는 강박관

---

66 민주화운동기념사업회 구술자료.
67 부마민주항쟁기념사업회 외, 앞의 책, 134쪽.

념"[68]에 시달리지 않을 수 없었다.

게다가 부산과 마산은 원래부터 그렇게 조용하고 비겁한 도시가 아니었다는 사실이 그곳의 대학생들을 더욱 괴롭혔다. 마산은 작은 도시였지만 잘 알려져 있는 대로 4·19혁명의 서곡인 3·15의거가 일어났던 곳이다. 그리고 부산은 4·19혁명 당시 서울을 제외한 지방도시들 가운데서 가장 많은 희생자를 낸 도시였다. 그런 점에서 부산대도 경남대도 유신대학이라는 오명을 뒤집어쓰는 것이 자연스러운 대학들은 결코 아니었다. 그럼에도 불구하고 1970년대 후반, 이들 대학에서는 아무런 조직적인 저항의 움직임도 없었다.[69] 그것이 그들에게 얼마나 큰 압박과 부끄러움이었는지는 많지 않은 증언을 통해서이기는 하지만 충분히 알려져 있다.

이처럼 아무런 저항도 하지 못하고 있는 것에 대한 그 부끄러움이 그들 가운데 어떤 학생들에게는 자기라도 무슨 일이든지 하지 않으면 안 된다는 절박한 사명감을 불러일으켰다.[70] 그리고 같은 부끄러움이 대다수 학생들에게 누군가 자기들을 저항으로 불러주기를 바라는 간절한 기다림을 낳았다. 부산대에서 두 사람이 첫날의 시도에서 실패했음에도 불구하고 다음 날 다른 학생이 또다시 봉기를 시도해 기어이 사건을 만든 것이나, 경남대에서 최갑순과 옥정애가 9월 말 거사를 하려다 실패하고서도 집요하게 다시 10월 거사를 계획한 것 등은 누군가 저항의 불씨가 되지 않으면 안 된다는 절박함 때문이었다. 무엇인가 일어나기를 간절히 바랐던 것은 일반학생들 역시 마찬가지였다. 그것은 부산대의 경우 봉기가 실패한 첫날 학생들의 기다림에서, 경남대의 경우에는 10월 18일 봉기가

---

68 같은 책, 177쪽.

69 특히 부산대 학생들은 한편으로 입학 성적에서는 서울을 제외하면 전국에서 가장 좋은 대학이라는 자부심, 아니 서울에 있는 대학이라도 연세대나 고려대에 결코 뒤질 것이 없다는 자부심이 있었지만, 다른 한편으로는 그들이 유독 박정희의 독재에 대해 아무런 저항도 하지 못하는 것에 대해 자괴감과 자존심에 상처를 받지 않을 수 없었다.

70 정성기, 「독재의 암흑천지, 진실의 봇물 터져」, 『경남대학보』, 1989년 10월 23일 자.

시작되던 첫날 도서관 앞에 모인 학생들의 기다림에서 읽어낼 수 있다. 마치 고도(Godot)를 기다리듯이 오지 않는 시위주동자를 또는 누구인지 알 수 없는 선창자를 초조한 마음으로 기다리고 있는 수백 명의 학생들의 모습은 확실히 1970년대 대학가에서는 보기 드문 희귀한 풍경이 아닐 수 없다. 그 기다림은 누군가 그 길고도 치욕스러운 침묵을 깨뜨려주기를 간절히 바라는 소망의 표현이었으며, 누군가의 부름에 언제라도 응답하겠다는 의지의 표현이었을 것이다. 그리고 그런 소망과 의지의 근저에는 너무 오랫동안 시대의 아우성에 아무런 응답 없이 침묵했다는 부끄러움이 자리하고 있었을 것이다. 하지만 10월 15일 부산대 도서관 앞에 끝내 고도는 나타나지 않았다. 그것이 부산대 학생들의 마음에 다시 한번 얼마나 큰 자괴감을 불러일으켰을지는 굳이 증언들을 인용하지 않는다 하더라도 충분히 짐작할 수 있는 일이다. 그 증폭된 부끄러움이야말로 다음 날 수많은 학생들이 "나가자!"라는 부름에 그토록 즉각적으로 주저 없이 응답한 가장 큰 이유였을 것이다.

이런 사정은 이틀 뒤 경남대의 경우에도 크게 다르지 않았다. 부산에서 일어난 항쟁의 소식이 마산에 전해지고 학생들 사이에 동요의 빛이 보이자, 대학당국은 있을지 모를 시위를 미연에 방지하기 위해 자체적으로 휴교를 결정하고 이를 방송으로 알렸다. 하지만 학교 방송을 통해 그것을 알리던 떨리는 여학생의 목소리는 도리어 학생들을 자극해 수백 명의 학생들을 도서관 앞 광장에 모이게 만들었다. 그러나 한 시간이 되도록 선창자로 나서는 학생이 아무도 없었다. 모두 어쩔 줄을 모르고 누군가를 기다리고 있었던 것이다. 그러나 그들 밖에서 그들을 이끌어주기 위해 올 사람은 아무도 없었다. 결국 그들 가운데 누군가가 바로 그 사람이 되어야만 했던 것이다. 오랜 침묵과 주저를 깨뜨리고 '그 사람'이 되어 일어선 정인권은 학우들 앞에서 이렇게 부르짖었다.

학우 여러분! 지금부터 제 말을 잘 들어주십시오. 지금 우리는 1시간 이상을 이렇게 멍청히 앉아만 있습니다. 도대체 지금 이렇게 앉아 무엇을 기다리고 있습니까? 이것이 바로 경남대의 모습입니까? 바로 그렇기 때문에 우리 경남대만 과거 유신헌법을 유일하게 전국 대학 중에서 지지했다는 치욕적인 이유로 현재 한국대학생연합회에조차 가입하지 못하고 있습니다. 이얼마나 부끄러운 일입니까? 책가방만 메고 당구장이나 들락거리고 술판만벌이며 세월을 보내고 있는 것이 경남대의 모습입니다. 미팅이나 즐기고 연애나 하려고 대학에 왔습니까? 그리고 여학생들은 무엇 하는 사람들입니까? 치마만 두르고 화장이나 하며 멋이나 내고 다니면 대학생 값하는 것입니까? …… 학우 여러분! 지금 부산에서는 연 이틀 동안 우리의 학우들이 피를 흘리며 유신독재에 맞서 처절히 싸우고 있습니다. 이 사실을 익히 알면서도 이렇게 앉아만 있다니 기가 찰 일입니다. 자고로 자유의 나무는 피를 마시며 성장한다 하였습니다. 피 흘리지 않고서는 아무것도 찾을 수 없습니다. 이러한 저의 뜻을 알았다면, 지금부터 일어서서 과감히 나가서 싸웁시다. 죽는 것쯤은 조금도 두렵지 않습니다.[71]

1970년대 다른 어떤 대학에서도 시위주동자가 동료 학생들을 이토록 노골적이고도 적나라하게 모욕하면서 그들을 부른 적도 없었고, 그런 모욕에도 불구하고 그토록 열렬하게 그 부름에 응답한 경우가 어디에 또 있었는지 우리는 알지 못한다. 그것은 오직 부끄러움이 그들을 추동한 힘이었기 때문에 가능한 일이었다. 더러는 부끄러움도 힘이다. 생각하면 죄 없는 인간의 고통과 슬픔 앞에서 가슴 깊이 부끄러움을 느끼는 것이 정신의 에토스였던 시대가 한국의 1970년대였다. 부마항쟁은 바로 그 부끄러움이 가장 가난하고 소박한 영혼들 가운데 뿌리박고 피워낸 마지막 꽃이었던 것이다.

71 부마민주항쟁기념사업회 외, 앞의 책, 170쪽 이하.

7. 부마항쟁과 김영삼

지금까지 우리는 하필 학생운동이 가장 낙후된 부산과 마산에서 유신독재를 끝장낸 그렇게 엄청난 봉기가 일어날 수 있었는지 설명했으나, 잘 알려진 대로 부마항쟁이 단순히 학생봉기로 그친 것은 아니다. 도리어 그 것의 역사적 중요성은 4·19혁명 이후 처음 발생한 대규모 시민항쟁이었다는 데 있다. 모두 닷새에 걸쳐 일어났던 항쟁의 추이를 보면, 학생이 시위를 시작하면 시민들이 이어받고 마지막에는 기층민중과 노동자들이 가세하여 봉기를 극단에까지 고조시킨 것이 일반적인 양상이었다. 특히 부산과 마산에서 모두 빈번했던 파출소를 비롯한 국가기관의 공격은 주로 밤에 일어났는데, 이 공격을 주도한 것이 도시의 기층민중과 노동자들이었다는 것은 일반적으로 인정되고 있는 사실이다. 그러므로 부마항쟁의 전반적 실상을 온전히 이해하기 위해서는 학생들의 봉기에 어떻게 일반시민들, 특히 그중에서도 기층민중과 노동자들이 적극적으로 가세하게 되었는지를 해명하지 않으면 안 된다.

원론적으로 말하자면 부마항쟁은 박정희 국가, 곧 유신독재의 내적 곤경이 극단적으로 첨예화된 결과로 일어난 봉기였다고 할 수 있다. 즉 부마항쟁은 박정희가 상징하는 경제적 이익과 자유의 이념이 충돌한 사건이었다. 당시 한국인들이 박정희 독재에 대해 염증을 느끼고 있었던 것은 다른 무엇보다 1978년 치러진 총선에서 야당이었던 신민당이 여당이었던 공화당에 총 득표수에서 1.1퍼센트 앞섰다는 것에서 잘 드러난다. 보다 구체적으로 살펴보면 당시 상황이 대단히 심각했다는 것을 금세 알 수 있는데, 공화당이 31.7퍼센트를 얻은 데 비해 신민당이 32.8퍼센트를 얻었을 뿐만 아니라 다른 야당이었던 민주통일당까지 7.4퍼센트를 얻어 두 야당이 40.2퍼센트를 얻은, 즉 여당을 10퍼센트 가까이 앞선 셈이며 더 나아가 전반적으로 야당 성향의 무소속 후보들이 모두 28.1퍼센트를 얻었으니[72] 공화당은 참패한 것이나 마찬가지였다. 이런 참패는 박정희 집권 이래 처음 있는 일이었다. 특히 직할시 이상 대도시의 경우에는 공화당이 27퍼센트를 득표한 데 비해 신민당은 47.7퍼센트를 얻었다.[73] 우리는 이런 선거 결과를 통해 유신 말기에 이르면 박정희의 독재에 대한 반발이 점점 더 커져가고 있었음을 알 수 있다. 그리고 선거에 참여하는 사람들이 대개의 경우 평균적인 시민계층임을 고려할 때, 부산과 마산에서 학생들의 시위에 시민들이 적극적인 지지를 보내고 더 나아가 시위에 동참한 이유 역시 박정희 체제에 대한 강렬한 거부감 때문이었으리라 추측할 수 있다.

그러나 부마항쟁은 단순히 학생과 시민계층의 참여에 의해서만 일어나고 진행된 것은 아니다. 도리어 파출소를 공격하고 방화하는 등의 방식으로 시위를 과격하게 몰고 간 사람들은 많은 경우 도시의 기층민중 또는 노동자들이었다. 그러므로 부마항쟁의 전체상을 온전히 이해하기 위해서는 이들을 봉기에 참여하도록 자극했던 요인이 무엇인지를 물어야만 한다. 이 문제에 대해 학자들은 우선 당시 부산과 마산 지역에서 특별히 악화되고 있었던 경제사정을 이유로 제시한다.[74] 하지만 부마항쟁이 단순히 경제난 때문에 쌀을 달라고 일어난 폭동이 아니라 일관되게 유신철폐와 독재타도를 요구한 정치적 집단행동이었던 것은 분명하다. 기층민중과 노동자들 역시 정치적 주체로서 항쟁에 참여했던 것이다. 그러므로 우리가 물어야 할 것은 무엇이 기층민중과 노동자들을 정치적 집단행위로서의 부마항쟁에 참여하게 만들었는가 하는 점이다.

이 물음에 대답하기 위해 우리가 고려해야 할 가장 중요한 요인이 김영삼 당시 신민당 총재의 행적이다. 부마항쟁이 일어나던 해, 박정희 국가

72 이은진, 『1979년 마산의 부마민주항쟁: 육군고등군법회의의 자료를 중심으로』, 불휘, 2008, 110쪽.

73 손호철, 「부마민주항쟁의 정치적 배경」, 『부마민주항쟁연구논총』, 2003, 82쪽; 조정관, 「유신체제, 부마항쟁, 그리고 80년대 민주화운동」, 『부마민주항쟁29주년 기념식 및 학술토론회』, 2008, 22쪽.

74 홍장표·정이근, 「부마민주항쟁의 경제적 배경」, 『부마민주항쟁연구논총』, 2003, 101쪽.

의 내적 곤경을 더 이상 은폐할 수 없도록 첨예하게 드러낸 사람이 바로 김영삼이었기 때문이다. 유신독재 시기에 전반적으로 야당은 민중에게 아무런 희망을 주지 못했다. 김대중은 일본에서 납치되어 한국으로 돌아와 가택연금과 투옥을 반복하면서 정치활동을 일절 금지당하고 있었고, 제도야당이었던 신민당은 중도통합론을 내세웠던 이철승과 선명야당의 기치를 내걸었던 김영삼 사이에서 오락가락하고 있었다. 사실상 유신독재가 그렇게도 강고하게 여러 해 동안 계속될 수 있었던 것은 야당이 아무런 투쟁도 하지 않고 방조했기 때문에 가능한 일이었다. 그 시절 이 땅의 재야세력이 그렇게 비겁한 야당에 얼마나 절망하고 있었는지 아래의 질의서는 잘 보여준다.

김지하와 이 땅의 많은 지식인, 종교인, 청년학생 그리고 당신들의 일부 동료들이 타는 목마름으로, 타는 목마름으로 인권과 민주주의를 부르짖을 때, 그리하여 감옥으로 끌려갈 때, 이 땅의 제1야당 신민당은 무엇을 했는가, 무엇을 하고 있는가. 지금 이 순간 얼마나 많은 사람들이 연금·체포되고 있는지 당신들은 아는가. 그런데 당신들이 하는 짓은 고작 독재에의 굴종과 타협이 아닌가. 당신들은 독재의 편인가, 민주주의의 편인가. 인권이 외래품인가. 자유와 민주주의라는 절대지상의 가치가 그것을 억압하는 독재체제와 중도통합될 수 있다는 것인가. 도시빈민과 농민과 노동자가 살던 집, 살던 고향, 일하던 작업장으로부터 쫓겨나 울며 거리를 헤맬 때 당신들은 무엇을 했는가.[75]

그런데 신민당이 중도통합을 내세운 이철승 총재에 의해 인도되고 있었음에도 불구하고 1978년 12월 총선에서 이 땅의 유권자들은 신민당에게 총득표수에서 1.1퍼센트 더 많은 승리를 안겨주었다. 그것은 더 이상 유신독재에 타협하지 말라는 무언의 요구와도 같았다. 그 후 1979년 3월

75 김정남, 앞의 책, 299쪽.

1일, 윤보선과 함석헌 그리고 1978년 12월 형집행정지로 석방된 김대중이 공동의장이 되어 '민주주의와 민족통일을 위한 국민연합'을 발족하고 그 선언문에서 민주정부에 대한 요구를 명확히 표현하였다. 같은 해 5월 30일에 열린 신민당 전당대회에서 갖은 방해공작에도 불구하고 김영삼이 이철승을 누르고 총재에 당선되었다. 그는 총재에 당선되자마자 "공화당 정권은 이미 총선에서 국민으로부터 불신임당했기 때문에 더 이상 존립할 능력도 명분도 없다. 이 나라의 장래를 위해서 조속한 시일 안에 정권을 평화적으로 이양할 준비를 하라"면서 강경투쟁을 선언했다.[76] 생각하면 이런 도발은 서슬 퍼런 긴급조치 제9호 아래서는 상상할 수 없는 용기의 표현이었다.

김영삼은 계속해서 구속인사의 석방을 요구하고 김일성과의 면담 용의를 밝히는가 하면, 7월 23일에는 급기야 국회 본회의의 대표질의에서 평화적 정권교체의 길을 트라고 요구했다. 박정희는 격분했으나 야당 총재를 긴급조치 위반으로 구속하지는 못했다. YH사건은 바로 그런 가운데 일어난 일이다. 그해 8월 9일, 가발공장이었던 YH무역이 공장을 폐쇄하고 기숙사에서 잠자던 여공을 내쫓자 갈 곳 없는 여공들이 마포에 있던 신민당사로 찾아가 농성을 시작했다. 그것은 1970년대를 통틀어 추방당한 노동자가 처음으로 야당 당사를 도피처인 동시에 투쟁의 거점으로 선택한 사건이었다. 만약 당시 김영삼 신민당 총재가 박정희 정권과 정면으로 대결하는 모습을 보이지 않았더라면, 노동자들은 결코 신민당사로 몰려가 도움을 청하지 않았을 것이다. 김영삼의 신민당이 절대권력에 맞서 정면으로 대항하는 용기를 보였을 때, 비로소 노동자들은 야당을 자기들의 동지로 인정하고 야당 당사를 투쟁의 거점으로 선택했던 것이다. 그러나 박정희는 이렇게 노동자가 학생과 종교계뿐만 아니라 야당과 연대하는 상황을 묵인하지 않았다. 농성을 시작한 지 이틀이 지나기 전에 경찰이 신민당사를 공격했고, 그 와중에 YH무역의 노동자 김경숙이 숨졌

---

76 같은 책, 303쪽.

다. 유신독재 아래 다른 종류의 저항이 일절 보도되지 못했지만 이런 사건까지 보도를 금지할 수는 없었다.

박정희는 김영삼을 긴급조치 위반으로 구속하지는 못하고 그 대신 8월 13일에 신민당 내 김영삼 반대파를 사주하여 총재 직무정지 가처분 신청을 법원에 내게 만들었다. 당시 부산의 『국제신문』 기자였던 조갑제의 회고에 따르면, "김영삼은 당할수록 크게 반발하는 성격대로 행동했다".[77] 그는 박정희가 밟을수록 굴하지 않고 자기의 길을 갔다. 8월 27일, 그는 통일당의 양일동 당수와 만나 양당 합당을 선언했다. 9월 8일, 서울 민사지방법원은 가처분 신청을 받아들여 신민당 총재단 직무정지 가처분 결정을 내렸다. 김영삼의 총재직은 정지되고 법원에 의해 정운갑이 총재직무대행으로 지명되었다. 그러자 9월 10일에 김영삼은 투쟁의 수위를 한 단계 더 높여 "민주회복을 바라는 모든 계층의 국민적 역량을 집결하여 범국민적 항쟁을 할 것이며, 이 항쟁을 통하여 박정권 타도운동을 할 것임을 선언한다. 또한 여기 박정희 대통령의 하야를 강력히 요구한다"[78]면서 박정희와의 정면대결을 선언했다.

위기의식에 사로잡힌 박정희는 10월 4일 국회에서 여당 단독으로 아예 김영삼의 의원직 제명을 전격적으로 처리했다. 김영삼은 이에 굴하지 않고 "나를 국회에서 축출하고 감옥에 가둔다 해도 민주투쟁을 위한 나의 소신과 시국관까지 바꿀 수는 없는 것"이라면서 계속적인 투쟁을 선언했다.[79] 이로써 김영삼은 긴급조치 제9호를 실질적으로 무력화해버렸다. 그리고 이를 통해 유신체제 역시 종말에 이른 것이나 마찬가지였다.

현대사회에서 정치는 가장 흥미로운 대중 드라마이다. 하지만 유신 시대에는 그 드라마를 끌고 갈 주연 배우가 없거나 무대 뒤에 갇혀 있었다. 언론은 완벽하게 통제되어 박정희에 반대하는 어떤 목소리, 어떤 개인의

---

77 조갑제, 앞의 책, 259쪽.
78 김정남, 앞의 책, 299쪽.
79 같은 책, 304쪽 이하.

활동도 전하지 못했다. 하지만 언론은 대학가의 소요는 보도할 수 없었어도, 김영삼의 제명사태는 보도할 수 있었다. 아무런 반대의 목소리를 들을 수 없었던 지루한 일상 속에서 김영삼의 출현은 대중의 관심을 끌기에 충분한 사건이었다. 이런 점에서 전태일이 지식인을 낮은 곳으로 불렀다면, 김영삼은 당시의 대중과 기층민중을 투쟁으로 불렀던 외침이었다고 할 수 있다. 부마항쟁을 촉발했던 학생들이 김영삼의 국회의원 제명 때문에 봉기를 계획하지 않았던 것은 분명하다. 하지만 『전환시대의 논리』도 『씨올의 소리』도 읽지 못한 부산과 마산의 대중과 노동자들이 학생들의 봉기에 즉각적으로 응답할 수 있었던 것은 그들이 듣고 보았던 김영삼의 용기와 부름이 아니었다면 결코 쉽게 일어날 수 없는 일이었을 것이다. 김영삼은 부마항쟁을 위한 마지막 뇌관이었다. 그를 통해 노동자와 학생과 종교계의 연대에 이어 이제 정치권이 결합하게 되었다. 이로써 부마항쟁을 위한 모든 조건이 완벽하게 충족되었던 것이다.

박정희가 김대중을 납치하여 가택연금하고 또 투옥할 때까지만 하더라도, 그것은 충분히 야만적인 폭력이기는 했으나 표면적으로는 자기의 정적(政敵)인 한 개인에 대한 박해였다. 그리고 그 박해에 야당이 방관적 태도를 취하는 한에서, 그 박해는 성공적인 효과를 거둘 수도 있었다. 그것은 모든 야당 정치인에게 무언의 협박 효과를 발휘했다. 그러나 김영삼이 가세하자 상황이 달라졌다. 박정희가 선택할 수 있는 대안은 김영삼을 김대중처럼 투옥하든 다른 방식으로든 간에 개인적으로 처리하거나 아니면 제도나 법률을 통해 야당을 통제하는 것이었다. 앞의 방법에 부담을 느낀 박정희는 입으로는 김영삼을 투옥할 수 있다고 협박하긴 했으나, 애써 합법적인 방식으로 신민당 내 반대파를 사주하여 법원을 통해 총재 직무를 정지시키고 국회를 통해 김영삼의 의원직을 제명하는 방법을 택했다. 그러나 겉으로는 합법의 탈을 쓴 이런 조치들은 박정희의 국가에서 입법부와 사법부는 물론 야당조차 모두 박정희 한 개인의 절대권력에 완벽하게 종속되어야 한다는 것을 의미한다는 점에서 말기적 징후라고 할 수밖에 없었다.

물론 이처럼 국가가 통째로 권력자 한 사람의 수중에 사적으로 전유되어야 한다는 것은 멀리는 5·16군사쿠데타에서부터, 가까이는 10월유신에서부터 이미 정립된 박정희 국가의 본질이었다. 그 국가에서는 오직 한 사람만이 주권자요, 한 사람만이 자유로워야 했던 것이다. 하지만 박정희는 한편에서는 국가의 위기상황을 빙자하여, 다른 한편에서는 경제발전이라는 환상을 이용하여 오랫동안 그 본질을 숨길 수 있었다. 그리하여 유신시대의 마지막 해에 김영삼이 박정희 독재와 정면승부를 하기 전까지는 박정희 국가가 독재국가라는 것이 아직 대중에게 명확히 대자적으로 의식되어 있지 않았다. 많은 사람들이 대통령은 박정희만 하는 것인 줄 알았다고 생각하면서도 그것에 대한 가치판단은 유보하고 있었던 것이다. 하지만 김영삼의 투쟁은 박정희의 국가가 야당의 존재 자체를 인정할 수 없는 국가라는 것을 폭로함으로써 그것이 더도 덜도 아니고 독재국가라는 것, 그 나라에서는 누구도 자유로울 수 없으며 오직 굴종만이 허락될 뿐이라는 사실을 선명하게 드러내고 대중으로 하여금 그 사실을 대자적으로 의식하게 만들었다.

　국가보안법에 대한 무관심이 말해주듯이, 대중은 권력의 억압과 박해가 예외적인 일이라고 생각하는 한 그에 대해 관용을 보인다. 왜냐하면 그것은 아직 나의 일이 아니기 때문이다. 오직 억압과 박해가 예외가 없다는 것을 깨달을 때, 그것에 저항하기 시작하는 것이다. 억압이 예외가 없다면, 그것은 나에게도 닥칠 것이기 때문이다. 이런 의미에서 유신시대 동안 이 땅의 대다수 민중이 수많은 민주인사들의 수난에 그다지 큰 관심을 보이지 않았던 것은 그런 일이 잘 알려지지 않았던 까닭도 있지만 그런 일이 자기와 상관없는 특별히 모난 사람들의 수난이라는 의식도 있었을 것이다. 하지만 김영삼의 경우는 달랐다. 그는 일거수일투족이 신문과 방송에 중계되는 연예인과 다름없는 정치인이었다. 이른바 민주주의 국가에서 야당의 총재가 정부와 다른 목소리를 내는 것은 지극히 당연한 일이라는 것은 초등학교만 나온 사람이라면 누구라도 아는 상식이다. 하지만 박정희는 김영삼이 이철승과 달리 자기에게 정면으로 반대의 목소리를 내는 것을 용납할 수 없었다. 박정희 국가에서 야당은 여당에 반대하는 것이 아니라 박정희가 그어 놓은 한계 내에서 여당을 보완하는 한에서만 용납될 수 있었다. 그러나 김영삼은 그 한계를 넘어버림으로써 박정희 국가에서 어느 누구도 박정희에게 반대할 수 있는 자유가 없다는 것을 대중이 명확하게 인식하게 만들었다.

김영삼의 선명한 반독재투쟁이 갖는 의미는 이를 통해 박정희가 건설한 국가의 내적 곤경을 선명하게 드러냈다는 데 있다. 박정희는 우리에게 (공산주의로부터의) 안전과 번영을 약속한다. 하지만 그의 국가에 들어가기 위해 우리는 반드시 우리의 자유를 그에게 양도하지 않으면 안 된다. 그러므로 앞서 말했듯이 우리는 자유를 양도하고 그의 국가에서 가축처럼 복종하면서 그가 주는 양식으로 살든지 아니면 자유를 위해 모든 것을 걸고 투쟁하든지 양자택일할 수밖에 없는 곤경에 처하게 된다. 이 곤경은 처음에는 분명하게 드러나지 않았으나 유신 말기로 가면 갈수록 첨예해졌으며, 김영삼의 정면투쟁은 이 곤경을 모두에게, 다시 말해 지식인·학생뿐만 아니라 일반대중 및 기층민중에게까지 명확하게 폭로했던 것이다.

그 폭로는 모두에게 심각한 질문을 던지는 것이기도 했다. 과연 자유를 저당 잡히고 허락된 안일 속에서 비굴하게 살아야 하는가 아니면 긍지 높은 자유인으로서 자기의 모든 것을 걸고 싸워야 하는가? 그 물음에 대답이라도 하듯이, 대학에서는 가을학기가 시작되기가 무섭게 데모가 다른 어떤 해보다도 거세게 일어났다. 9월 3일에는 강원대생 800여 명, 9월 4일에는 대구의 계명대생 1,500여 명, 9월 11일에는 서울대생 1,500여 명, 9월 20일에는 다시 서울대생 1,000여 명 그리고 9월 26일에는 이화여대생 3,000여 명이 유신철폐를 요구하는 데모를 했다. 하지만 정작 김영삼의 지역구로 그의 고향이라 할 만한 부산과 마산의 대학생들 사이에 아무런 움직임도 없었던 것은 누가 보아도 이해하기 어려운 일이었다. 그런데 바로 그 순간 거짓말처럼 부산에서 학생들이 일어났으니, 민중의 응답은 예견된 일이나 다름없었다.

7-1. 보론: 현실의 모순과 그 해석의 문제

김영삼과 부마항쟁의 관계에 대해서는 이미 많은 학자들이 언급했다.[80] 차성환의 연구에 따르면, 참여 시민 및 참여 노동자에 대한 설문조사에서 항쟁에 참여하는 데 가장 큰 영향을 준 사건이 무엇이냐는 질문에서 김영삼 총재의 국회의원 제명사건이라는 대답이 1위였다고 한다.[81] 여기서 알 수 있듯이 김영삼의 위험을 무릅쓴 강경투쟁과 수난이 다른 무엇보다 일반시민과 기층민중의 항쟁 참여에 중요한 동기를 부여했다는 것은 분명하다. 하지만 김영삼 국회의원 제명사건이 준 영향이 정확하게 무엇인지 그리고 이를 통해 유발된 동기가 구체적으로 어떤 것이었는지는 아직 분명하게 드러나 있지 않다.

손호철은 "김 총재의 의원직 박탈은 김영삼 총재가 부산-마산 지역 출신이라는 사실과 관련해, 부마민주항쟁의 중요한 배경으로 작동하게 된다"[82]면서 "5·18민중항쟁이 신군부에 의한 김대중 구속과 일정한 관련이 있듯이 부마민주항쟁도 박정희 정권에 의한 김영삼 총재 의원직 박탈과 일정한 관련이 있다"[83]고 주장하고, 이를 뒷받침하기 위해 당시 급박하게 전개되던 사건의 흐름들을 설득력 있게 구체적으로 재구성해 보여주지만, 그런 외적 사건들의 흐름이 어떻게 항쟁에 참여한 인간의 내면적 변화를 낳았는지에 대해서는 설명 없이 침묵한다. 김영삼의 국회의원직 제명이 부마항쟁의 '배경'이 되고 '관련성'이 있다는 서술은 아직 아무런 설명이 아니다. 그러므로 우리는 여기서 김영삼으로 대표되는 당시 정치권의 흐름과 부마항쟁에 어떤 내면적 연관성이 있는지를 더 캐물어야 한다.

---

80 손호철, 앞의 글; 이은진, 앞의 책; 차성환, 「참여 노동자를 통해서 본 부마항쟁 성격의 재조명」, 부산대학교 대학원 박사학위 논문, 2009.
81 차성환, 앞의 글, 126쪽.
82 손호철, 앞의 글, 89쪽.
83 같은 곳 이하.

이 문제에 대한 대답을 위한 가장 의미 있는 암시는 당시 재판에 회부된 피의자들에 대한 육군고등군법회의의 자료를 분석한 이은진의 연구에서 찾아볼 수 있다. 그에 따르면, "시위 참가자들의 대다수가 김영삼으로 대표되는 억압받는 인물의 상징을 받아들이고 김영삼의 고난을 자기의 고난으로 인식하였던 것으로 진술하고 있다"[84]고 한다. 이런 동일시는 충분히 이해할 만한 일이며, 항쟁에 참여하게 된 내면의 동기를 명확하게 설명해준다. 그런 동일시는 김영삼 변수가 다른 무엇보다 항쟁의 참여를 위한 최후의 결단을 가능하게 했음을 말해준다. 이은진은 이 문제에 대해 더 이상 논의를 이어가지는 않지만, 만약 우리가 김영삼이 박정희에 의해 억압받는 인물의 상징이 되고 그 상징과 자기를 동일시함으로써 그의 고난에 참여하려 했다는 식의 이야기로 만족한다면, 우리는 김영삼 요인을 단순히 심리적으로 해석하는 또 다른 불충분함 속에 머무르게 된다.

그러므로 우리는 손호철과 이은진의 설명을 존중하면서도, 양자가 방치하고 있는 현실과 내면의 연결고리를 찾아내야 한다. 이를 위해 우리는 다시 이은진이 보고하는 저 한 문장에 잠시 머무르려 한다. 그의 말에 따르면, 시위 참가자들은 김영삼의 고난을 자기의 고난으로 인식하였다고 한다. 그것이 참여의 동기인 것이다. 하지만 저 말의 의미를 우리는 온전히 이해하고 있는가? 그 말은 어떤 일의 일어남을 우리에게 알려주는가? 일단 분명한 것은 여기서 어떤 만남, 곧 하나의 고난과 다른 고난의 만남이 일어나고 있다는 사실이다. 여기서 하나의 고난은 김영삼의 고난이다. 그 고난의 외부적 원인은 박정희의 독재와 폭력이다. 김영삼은 그 폭력에 용감하게 맞섰으나 그 폭력을 이길 수는 없었다. 그리하여 그는 고난을 받게 된다. 그렇다면 그의 고난을 시위 참가자들이 자기의 고난으로 받아들였다는 것은 무엇을 뜻하는가? 만약 그것이 마치 남의 짐을 자기가 대신 지듯이 김영삼의 고난을 자기 것으로 받아들였다는 것을 의미한다면,

---

84 이은진, 앞의 책, 99쪽.

이는 여러 가지 의미에서 부적절한 해석이 될 것이다. 그것은 결과적으로 시위 참가자들이 김영삼의 고난을 해소하기 위하여 시위에 참여했다는 것을 의미하겠지만, 이는 사실이 아니기 때문이다. 대다수 시위 참가자들에게 항쟁의 목표가 무엇이었으며 사람마다 어떻게 달랐든지 간에 그것이 단지 김영삼의 국회의원직을 회복시키기 위한 것이 아니었던 것은 분명하다. 김영삼의 국회의원직 제명이 아무리 중요한 항쟁의 원인이었다 할지라도, 그의 국회의원직 회복이 항쟁의 목표였다고 말할 수는 없는 것이다. 더 나아가 그것이 항쟁의 부차적인 목표였다고 우리가 억지로 가정한다 하더라도, 무엇 때문에 일반대중이 김영삼의 고통을 자기 것으로 떠맡게 되었는지는 여전히 설명되지 않고 남는다. 그러므로 김영삼의 고난을 자기의 고난으로 인식했다는 것을 단순히 남의 고통을 자기가 대신 짊어진 것이라고 이해할 수는 없다.

　그렇다면 그 말은 어떻게 이해되어야 하는가? 남는 가능성은 하나뿐이다. 즉 김영삼의 고난을 자기의 고난으로 인식했다는 것은 김영삼의 고난과 자기의 고난이 다른 고난이 아니라 같은 고난이라는 것을 인식했음을 의미한다. 부마항쟁의 가장 심오한 비밀은 바로 이 고난의 동일성의 인식에 있다. 김영삼이 고난을 받은 것처럼 민중은 이미 오래전부터 훨씬 더 크게 고난을 받고 있었다. 그것은 다른 무엇보다 많은 학자들이 언급한 당시의 경제적 어려움과 유신체제 아래에서의 심리적 억압이었다. 특히 그 당시 부산과 마산, 창원의 경제상황이 평균 이상으로 악화되어 있었다는 것은 여러 가지 자료를 통해 밝혀져 있다. 하지만 우리는 경제적 어려움이 민중봉기를 일으키는 직접적인 원인이 되지는 않는다는 것을 언제나 기억하지 않으면 안 된다. 그것은 북한의 인민이 아무리 배가 고파도 그 때문에 봉기를 일으키지 않는 것을 보거나, 남한에서 IMF사태 때 줄을 잇는 정리해고에도 불구하고 민중들이 삶의 어려움 때문에 봉기하지 않았던 것을 생각해도 상식적으로 알 수 있는 일이다. 그런 까닭에 부마항쟁의 원인을 찾기 위해 당시의 경제적 곤란상을 아무리 상세하게 탐구한다 하더라도,[85] 그것은 결코 민중이 왜 봉기하게 되었는지를 설명해주지는 못한다. 물론 그렇다고 해서 경제적 고난이 봉기와 상관이 없다고 생각한다면 이 역시 부당한 일이다. 하지만 경제적 궁핍은 그 자체로서는 봉기의 원인이 될 수 없다. 그것은 사실일 뿐이다. 사실이 해석되지 않고 사실로만 남아 있을 때 그것은 인간을 지속적인 집단행동으로 이끌지 못한다.

오직 사실은 해석됨으로써 행동의 동기와 원인이 된다. 물론 잘못된 해석은 아무 쓸모도 없다. 예를 들어 경제적 고난이 필연적이라거나 어쩔 수 없는 일이라 생각한다면, 누구도 그것 때문에 분노하지 않고 봉기하지도 않는다. 마찬가지로 경제적 고난이 필연적인 것이 아니라 할지라도, 그 원인이 무엇인지를 정확하게 인식하지 못할 경우에도 민중은 누구에게 항의해야 하는지 알지 못하므로 봉기하지 못한다. (그리고 이것이 지금의 상황이기도 하다.) 오직 경제적 고난이 올바르게 해석되어 무엇 때문에 일어났는지 그리고 그것이 왜 부당한지를 명확하게 인식할 때에만 인간은 그에 저항해 봉기할 수 있는 것이다.

부마항쟁에 참여한 사람들이 김영삼의 고난을 자기의 고난으로 인식했다는 것은 김영삼의 고난과 자기의 고난이 같은 고난이라는 것을 인식하게 되었음을 의미한다. 이것은 김영삼을 통해 자기의 고난을 해석할 수 있는 인식의 준거를 발견했다는 것을 뜻한다. 아리스토텔레스가 말했듯이, 인식은 근거를 아는 일이다. 하지만 그때까지 민중은 자기가 겪는 고난의 원인을 정확하게 인식하지 못하고 있었다. 경제적 고난은 물론 당시 유신 말기로 가면 갈수록 한국인들은 상상을 초월하는 일상적 억압에 시달리고 있었다.[86] 그럼에도 불구하고 민중은 그 원인을 명확하게 인식하지 못했고 그런 까닭에 박정희 독재에 대한 저항은 여전히 대학의 울타리를 벗어나지 못하고 있었다. 김영삼의 가장 큰 기여는 이런 상

---

85 홍장표·정이근, 앞의 글.
86 김석준, 「부마민주항쟁의 사회문화적 배경」, 『부마민중항쟁연구논총』, 2003, 156쪽 이하.

황에 변화를 가져왔다는 데 있다. 시위에 참여한 기층민중이 김영삼의 고난과 자기의 고난이 같은 고난이라는 것을 인식했다는 것은 김영삼의 고난의 원인과 자기의 고난의 원인이 본질적으로 같다는 것을 알게 되었다는 것을 의미한다. 김영삼의 고난의 원인이 박정희의 독재와 폭력이듯이 자기들의 고난의 원인 역시 다르지 않다는 것, 그것을 분명히 드러냄으로써 민중으로 하여금 무엇에 저항해야 할지를 분명히 알려준 것이야말로 김영삼의 공적이다. 그가 시대의 고통에 자기를 걸고 응답하겠다고 결단했을 때, 그는 고난을 받지 않을 수 없었다. 하지만 그 응답은 그의 고난에 대한 민중의 또 다른 응답을 불러왔으니, 부마항쟁은 이처럼 응답이 응답을 부르고 용기가 또 다른 용기를 불러 이룩한 거대한 저항의 물결이었다.

8. 누가 주체인가: 부마항쟁과 서로주체성의 문제

바로 이 부름과 응답을 통한 이어짐이야말로 부마항쟁이 보여주는 고유성이다. 시대의 부름에 학생이 응답하고 학생의 부름에 시민이 응답하며, 학생과 시민의 부름에 기층민중과 노동자들이 응답하여, 그들이 모두 서로주체로서 항쟁을 이끌어간 것이 부마항쟁이다. 더 나아가 부산에서 시작된 봉기가 마산으로 이어져 처음보다 더 격렬한 불꽃으로 피어난 뒤에 끝난 것이 부마항쟁이니, 한 도시의 부름에 다른 도시가 응답한 것이 부마항쟁이었다. 우리의 현대 민중항쟁사에서 5·18민중항쟁처럼 한 도시가 항쟁의 중심에 있었거나 6월항쟁처럼 전국이 항쟁에 참여한 경우와 달리, 두 도시가 주거니 받거니 하면서 대등하게 항쟁을 벌였던 경우는 달리 없다. 이런 점에서 부마항쟁은 다른 항쟁들과는 구별되는 고유성을 지니고 있다.

물론 이 고유성이 부마항쟁만이 지니는 배타적인 특성은 아니다. 4·19 혁명의 경우에 2월 28일 대구의 고등학생들이 먼저 봉기했고 그것이 3월 15일 마산으로 이어졌으며, 마지막으로 4월 18일부터 시작된 서울의 대학생 및 중·고등학생들의 봉기가 자유당 정권에 결정타를 날린 것에서 보듯이, 한 곳의 봉기가 다른 곳의 봉기로 이어지는 것은 그다지 낯설거나 이상한 일은 결코 아니다. 정도의 차이는 있으나 5·18민중항쟁 역시 광주만의 일은 아니어서 학살과 전투가 발생한 곳은 광주였으나 참여했던 사람으로 보자면 전남권 전체에서 호응하여 일어난 항쟁이었다. 6월항쟁 역시 전국적 봉기이기는 했으나 하루에 약속한 듯이 전국이 봉기한 것은 아니며(어차피 그런 일은 가능하지도 않을 것이다), 시차를 두고 서울과 지역에서 일어났던 점에서는 마찬가지이다. 이런 의미에서 봉기가 다른 곳으로 건너가 이어지는 것은 우리 현대사에서 모든 의미 있는 대규모 항쟁의 공통된 특징이라고도 말할 수 있다. 이런 사정은 참여자의 성격을 보더라도 마찬가지여서, 한국사에서 역사를 바꾼 항쟁은 특정한 계층이나 집단이 배타적으로 참여한 경우는 거의 없고 대개는 다양한 계층의 참여자들이 항쟁을 앞서거니 뒤서거니 하면서 이끌어갔으며, 또한 그런 까닭에 정국을 근본적으로 바꿀 수도 있었던 것이다.

그럼에도 불구하고 우리가 부마항쟁을 두고 부름과 응답을 통한 이어짐이 그것에 고유한 특성이라고 말할 수 있는 까닭은 그런 이어짐이 부마항쟁에서 가장 두드러지게 전형적으로 나타났기 때문이다. 그 이름에서 드러나 있듯이, 부마항쟁은 부산에서 시작되어 마산에서 끝을 맺은 항쟁이다. 시간적으로 부산이 먼저 봉기를 일으켰고 마산이 나중에 일으켰다는 점에서 보자면, 부산이 주도했고 마산이 단순히 뒤따른 것처럼 생각할 수도 있겠으나 사실이 그렇지 않다는 것은 우리가 잘 알고 있는 일이다. 다른 무엇보다 항쟁의 강도에서 볼 때 마산이 부산보다 훨씬 더 격렬했다는 것이 정설이고 보면, 그런 평가가 전혀 성립될 수 없는 것이다. 부산과 마산은 하나가 주된 위치에 있고 다른 하나가 종속적인 위치에 있는 것이 아니라 두 도시가 모두 서로 주체적이었다고 해야 할 것이다. 이런 사정은 참여집단을 두고 볼 때도 마찬가지이다. 두 도시 모두 학생이 시작하고 시민이 호응했으며 마지막으로 노동자 및 기층민중이 매듭을 지은 것이 부마항쟁이다. 이것은 다른 항쟁의 경우에도 비슷하지만, 특히 부마항쟁의 경우에는 시간적으로 참여주체의 성격이 선명하게 구분될 수 있는 것이 특징이다. 즉 매일 처음에는 학생들이 선창하면 시민들이 이어받고, 어둠이 내리면 기층민중이 주도한 것이 부마항쟁이었다.

하지만 이처럼 복수의 도시와 여러 계층이 참여했지만 그들이 또한 선명하게 구분될 수도 있는 까닭에, 이로부터 하나의 어려운 문제가 생기는데 그것이 과연 부마항쟁의 주체가 누구인가 하는 물음이다. 이 물음에 대해서는 학생과 시민이 중심이 되어 일어난 반독재민주항쟁이라는 입장과 기층민중 중심의 민중항쟁이라는 입장 그리고 도시의 하층민이 일으킨 도시봉기라는 입장이 대립해왔다.[87] 그러나 이처럼 특정한 계층을 배타적인 주체로 삼는 것이 무리임은 항쟁의 경과를 진지하게 살펴보는 연구자라면 누구라도 인정할 수밖에 없다. 그런 까닭에 정태석 교수는 참여집단을 모두 포괄하여 복합적 항쟁이라 규정해야 한다고 주장했으나,[88] 이 경우 그 복합성에 내재된 이질성 및 타자성이 하나의 항쟁으로 어떻게 수렴될 수 있었는지가 설명되지 않는다면, 사실을 사실로서 지시하는 것 외에 아무런 설명도 아닌 것이 되어버린다. 이런 의미에서 부마항쟁의 주체에 대한 물음은 전혀 대답되지 않고 있다고 말할 수 있다.

이런 어려움은 비단 부마항쟁에만 국한된 것은 아니다. 5·18민중항쟁의 경우에도 과연 항쟁의 주체가 누구냐는 물음에 대해서는 부마항쟁과 마찬가지로 분분한 논의가 있어왔다. 그도 그럴 것이 5·18의 경우에도 전체적으로 보자면 전 시민이 참여했다고 말할 수 있지만, 구체적으로 들어가서 보자면 상이한 계층의 시민들이 참여한 것이므로 과연 그들 가운데 누가 항쟁을 주도한 주체인가 하는 것이 문제될 수밖에 없었다.

이 문제는 언뜻 보면 지극히 당연한 물음처럼 보인다. 하지만 우리의

---

87 차성환, 앞의 글, 20쪽 이하.

88 정태석, 「부마항쟁의 주체세력과 성격」, 『박정희체제와 부마항쟁의 역사적 재조명: 부마민주항쟁 30주년기념 학술심포지엄 발표자료집』, 2009, 87쪽 이하.

입장에서 보자면 이 물음은 사이비 물음이다. 왜냐하면 여기서 주체의 개념이 마치 자명한 듯이 홀로주체성으로 사용되고 있기 때문이다. 즉 여러 다른 집단들 가운데 누가 주체였느냐는 물음 속에는 주체란 동일하고 동질적인 개체나 집단일 수밖에 없다는 무비판적 전제가 깔려 있다. 더 나아가 그런 주체의 활동은 반드시 자신의 고정된 존재기반을 반영하는 것이 되어야 한다고 생각하는 것이다. 그리하여 만약 노동자가 항쟁의 주체였다면 노동자의 계급적 이익을 추구하는 방향으로 항쟁이 일어나는 것이 마땅하다고 가정하게 되는데, 부마항쟁의 경우 노동자와 기층민중이 광범위하게 참여했음에도 불구하고 항쟁에서 요구된 것은 민중의 계급적 이익과는 직접 상관이 없는 민주주의였다는 것을 두고 탈구현상이라는 설명까지 도입된다.

하지만 이는 아무런 근거도 없는 미신에 지나지 않는다. 주체는 사물적 실체가 아니라 인간의 존재방식이다. 그것은 인간이 3인칭의 대상이 아니라 1인칭의 주체로서 존재하는 상태를 가리키는 말이다. 이것은 가장 근원적으로는 '나는 나'라는 자기긍정에 존립한다. 이 자기긍정이란 주체가 자기를 의식하고 스스로 규정하는 것을 의미한다. 이것이 주체의 자발성과 능동성으로서 인간의 주체성이란 바로 이 자발성과 능동성에 존립하는 것이다. 하지만 능동성이란 무엇을 의미하는가? 그것은 한마디로 말해 차이와 타자성의 생성이다. 순수한 동일성의 원리에 따라 발생하는 것은 사물적 사건의 고유한 특성이다. 다시 말해 실체 내부에 사물적으로 주어져 있는 존재의 내적 규정으로부터 필연적으로 연역되는 것이 현실적으로 일어날 때, 그것이야말로 전형적으로 사물적인 사건이다. 왜냐하면 그런 사건은 있는 것으로부터 있는 것이 출현하는 것이므로 아무런 창조성도 없으며, 그런 까닭에 아무런 자발성도 없는 것이기 때문이다. 진정한 자발성은 창조성에 존립하는 것이니 자기 속에 없던 것을 스스로 산출하는 행위이며, 거꾸로 말하자면 자기 스스로 자기를 부정하는 것이야말로 자발성과 주체성의 본질인 것이다. 그러므로 참된 주체성이란 자기를 부정함으로써 긍정하는 것 또는 타자를 긍정함으로써 자기를 긍정하는 것을 의미한다.

주체가 고립된 자기관계 속에서 타자를 부정하고 자기를 긍정하는 것이 홀로주체성이라면, 타자를 긍정함으로써만 자기를 긍정하는 주체성을 가리켜 우리는 서로주체성이라고 부른다. 데카르트(René Descartes) 이래 철학자들이 말해온 주체는 언제나 홀로주체성에 갇혀 있는 주체였으며, 사회과학이 주체의 개념을 사용할 경우에도 이런 사정은 마찬가지이다. 그리하여 주체란 자기동일성의 반복에 존립하는 것이라고 여겨졌던 것이다. 하지만 우리의 입장에서 보자면 홀로주체성은 오해된 주체성이다. 왜냐하면 자기동일성의 반복 속에는 아무런 새로움도 창조성도 없기 때문이다. 그것은 그저 개체의 아집에 지나지 않는 것이다. 오직 자기 속에 없는 타자성과 매개된 행위야말로 진정한 의미에서 능동성과 자발성의 실현으로서 주체성의 생성이다. 다시 말해 나와 너의 만남 속에서만 나의 주체성은 존립하는 것이다. 그리하여 '나는 나'라는 것이 홀로주체성의 명제라면, '나는 너'라는 것은 서로주체성의 명제라 할 수 있다.[89]

따라서 만약 우리가 부마항쟁의 주체가 누구냐고 묻고 싶다면, 우리는 어떤 개별 집단이나 계층이 항쟁의 주도권을 쥐었는가를 물어서는 안 된다. 만약 어떤 계층이 자기 자신의 이익을 위해서만 봉기한다면, 그들이 아무리 주도적으로 항쟁을 이끌었다 하더라도 이는 엄밀하게 말해 참된 주체성의 발현이라고 할 수 없다. 그것은 성욕이나 식욕의 발동이 진정한 주체성의 표현이 아닌 것과 마찬가지이다. 그것은 그저 자기 욕망의 자기동일적 표출에 지나지 않는 것으로서 홀로주체성의 표현일 뿐이다. 우리가 부마항쟁의 주체를 알고 싶다면, 도리어 우리는 부마항쟁에서 어떤 만남이 일어나고 있는지를 물어야만 한다. 오직 만남 속에서만 개체는 주체로서 일어나는 것이기 때문이다.

주체의 문제와 관련해 부마항쟁에서 우리가 주목해야 할 것은 그것이 참된 주체성으로서 서로주체성을 전형적으로 표현하고 실현했다는 점이

---

89 김상봉, 『서로주체성의 이념: 철학의 혁신을 위한 서론』, 도서출판 길, 2007.

다. 부마항쟁은 만남의 사건이었다. 그것은 타자의 부름에 응답이 하나의 연쇄를 이룬 사건이다. 학생의 부름에 시민이 응답하고 시민의 부름에 기층민중이 응답했으며, 부산의 부름에 마산이 응답한 사건이 부마항쟁이기 때문이다. 그렇게 타자의 부름에 응답하면서 모두가 서로의 차이와 타자성에도 불구하고 '우리'라는 서로주체로서 자기를 정립한 사건이 부마항쟁인 것이다.

9. 왜 잊혔는가

하지만 우리가 부마항쟁에 대해 무슨 말을 하든 간에 어쩌면 그 모든 말은 무의미한 것인지도 모른다. 왜냐하면 그것은 이제는 잊힌 역사가 되어버렸기 때문이다. 부마항쟁 30주년이 되던 2009년에 부산시는 부마항쟁기념관이 있는 공원의 이름을 민주공원에서 중앙공원으로 바꾸었다. 이것은 부산 시민들에게 부마항쟁이 더 이상 아무런 의미도 지니지 못한다는 것을, 그것이 더는 자랑스러운 역사가 아니라는 것을 의미한다. 굳이 기억할 필요가 없는 역사, 아니 더 나아가 기억하고 싶지 않은 역사가 되어버린 사건이 부마항쟁인 것이다. 그렇게 부마항쟁은 잊히고, 그 시절 부산 시민들이 부정했던 박정희는 다시 살아 우리에게 돌아왔다. 그렇다면 어떻게 이런 역사의 반전이 일어날 수 있었던가? 민주화의 역사 속에서 다른 모든 항쟁은 여전히 명예롭게 기억되고 있는데, 유독 부마항쟁은 그렇게 불명예스럽게 잊힐 수밖에 없었는가?

간단히 대답하자면 그 까닭은 부마항쟁이 박정희에 대한 저항이요 부정이었기 때문이다. 그런 까닭에 우리가 부마항쟁을 기억하고 기념하는 것은 박정희를 부정할 때만 가능한 일이다. 거꾸로 만약 우리가 박정희를 긍정적으로 기억하고 기념한다면, 그때 부마항쟁을 기념하는 것은 불가능한 일이 되어버린다. 그런데 우리 시대는 다시 박정희가 부활하고 기념되는 시대이다. 그런 까닭에 부마항쟁은 잊혀야만 하고, 또 잊힐 수밖에 없는 것이다. 이것은 일종의 논리적 필연성에 속하는 일이다. 그러므로 우리가 부마항쟁이 잊힌 까닭을 알기 위해서는 먼저 왜 박정희가 부활할 수밖에 없었는지를 물어야 한다. 그 까닭이 또한 부마항쟁이 잊힌 까닭이기도 하기 때문이다. 그렇다면 부마항쟁에 의해 부정된 박정희가 왜 다시 부활한 것인가?

이 물음에 대해서는 많은 대답이 가능할 것이다. 가장 먼저 박정희가 김재규의 손에 암살되었다는 것이 이유가 될 것이다. 그것이 박정희를 증오의 대상에서 연민과 동정의 대상으로 바꾸어놓았기 때문이다. 그 뒤 『조선일보』를 비롯한 극우언론에서 박정희 향수를 끊임없이 재생산했다는 것도 이유가 될 것이다.[90] 그리고 김대중 대통령이 자기를 박해한 자와의 화해와 용서를 말하면서 박정희기념관을 추진했던 것도 이유라면 이유가 될 수 있을 것이다.[91]

그러나 이런 이유만으로 우리가 박정희 숭배를 설명하려 한다면, 그것은 이 땅의 모든 박정희 숭배자를 타자적 자극과 선동에 속절없이 내맡겨진 수동적 주체로 간주하는 일이 될 것이다. 이런 외부적 선동과 자극만으로 박정희에 대한 향수와 숭배가 생겨났다고 볼 수는 없다. 이는 극우언론들이 한때 이승만에 대해서도 건국의 아버지라는 식으로 박정희와 마찬가지로 우상화를 시도했으나 신통한 성과를 거두지 못한 것을 보아도 알 수 있는 일이다. 그러므로 박정희가 다시 숭배되는 것에는 단순한 선동 이상의 근거가 있는 것이다.

그렇다고 해서 우리는 박정희 숭배가 객관적 사실 그 자체에 근거하고 있다고 생각해서는 안 된다. 왜냐하면 박정희 시대에 대한 평가에서 사

---

90 『한겨레21』, 2009년 10월 23일 자.
91 그것은 일종의 정신의 허영이었다. 왜냐하면 김대중 대통령이 박정희를 용서할 권리를 가진 자는 아니기 때문이다. 그것은 박정희 독재 아래 고통을 받았던 무수한 민중의 권리인 것이다. 물론 그가 개인으로서 박정희를 용서하는 것은 그의 재량에 속하는 일이다. 그러나 이 나라의 대통령으로서 그는 보다 신중하게 이 문제에 접근했어야만 했다. 그는 개인적 용서와 국민적 용서를 혼동했으니, 그 점에서 그의 용서는 일종의 월권이었다.

실은 언제나 선택된 사실이기 때문이다. 사람들이 제시하는 사실은 언제나 긍정적인 성과뿐이다. 희생자들의 고통과 수난은 사실로서 전혀 고려되지 않는다. 그것은 해석자의 적극적 악의 때문이라기보다는 무관심 때문이며, 더 근본적으로는 고통은 실체로서 지속하는 사실이 아니기 때문이다. 그런 까닭에 피해자들의 고통과 박정희가 이룬 사실적 성과는 서로 계량화된 비교가 불가능하다. 고문대 위에 놓인 남의 고통과 경제발전 덕에 누리는 나의 쾌락은 처음부터 객관적인 비교의 대상이 될 수 없는 것이다. 그러므로 사람들은 희생자들의 고통은 도외시한 채 그 시대를 긍정적 성과로만 평가하려 한다.

하지만 박정희를 평가하면서 사람들이 제시하는 사실은 언제나 해석된 사실이다. 박정희를 부정했을 때 그랬듯이, 긍정할 경우에도 핵심은 사실이 아니라 사실에 대한 해석일 수밖에 없다. 그런데 그 해석은 비교의 대상이 없는 해석이라는 점에서 처음부터 박정희에게 유리하게 되어있다. 우리는 5·16군사쿠데타가 없었더라면, 3선개헌이 없었더라면 또는 김대중이 박정희를 누르고 당선되었더라면 어떤 일이 일어났을지 알지 못한다. IMF사태를 돌파한 능력으로 미루어 볼 때, 당시 김대중이 당선되었더라면 한국경제는 지금보다 훨씬 더 나아졌으리라고 가정하는 것은 결코 터무니없는 일이 아니다. 하지만 역사에서 이런 가정은 문자 그대로 부질없는 가정에 지나지 않는다. 그러므로 박정희의 업적에 대한 해석은 경쟁자가 없는 절대평가로서 사람들은 박정희 집권 초기와 말기 사이에 일어난 변화만으로 그의 치적을 평가하게 된다. 그리고 우리가 잘 알고 있듯이 그것은 엄청난 경제성장으로 요약된다.

게다가 박정희를 칭송하는 대다수 해석은 그를 긍정하기 위해 박정희가 아닌 변수 또는 박정희에 대립되는 모든 변수를 제외하거나 아니면 박정희에게 포함시켜버린다. 그리하여 그 시대를 형성한 수많은 주체들 가운데 오직 박정희만이 홀로 모든 긍정적 성과의 주체로서 간주된다. 이를테면 장하준이 이승만과는 달리 "박정희 시대의 국가는 자본이 노동자를 착취해 수탈한 부를 생산적인 방향으로 투자하도록 강요하는 역할을 했다"[92]라고 말할 때, 그는 이 나라의 민중이 1960년에 스스로 독재권력을 무너뜨렸던 사람들이며 1963년 선거에서 박정희가 고작 15만 표 차이로 승리했던 역사를 전혀 고려하지 않는다. 만약 박정희가 그가 자주 비교하는 제3세계의 독재자들처럼 굴었더라면, 그의 권력은 처음부터 불가능했거나 설령 강압적으로 국가권력을 장악했다 하더라도 정상적으로 기능할 수 없었을 것이다. 이 나라는 어차피 오로지 힘으로 약탈하는 독재자를 용납하는 나라는 아니었던 것이다. 그런 의미에서 장하준이 말하는 박정희 시대의 미덕은 박정희가 아니라 이 나라 민중의 힘으로부터 나왔던 것이다. 그러나 장하준의 경우는 함석헌과 장준하를 박정희의 동류나 아류로 취급하면서 그들의 저항조차 박정희 시대를 풍요롭게 만드는 장식품으로 취급하는 조우석에 비하면 온건하다고 해야 할 것이다.[93]

요컨대 오늘날 박정희에 대한 향수는 박정희에 대한 객관적인 사실에 기초하고 있다기보다는 좋은 것은 모두 (함석헌과 장준하의 고상한 저항조차!) 박정희 덕이라는 맹목적인 해석에 기초하고 있다. 그 해석의 뿌리에 있는 것은 우리의 욕망이다. 박정희를 무덤에서 불러낸 것은 『조선일보』의 선동이나 객관적 성장의 사실 이전에 우리 안에 잠재되어 있었던 욕망인 것이다. 우리의 내면에 박정희에 대한 숭배의 감정이 비록 잠재적 형태로라도 먼저 있지 않았더라면, 아무리 외부적 자극이 강했다 하더라도 우리가 부마항쟁을 잊고 굳이 박정희를 숭배하는 일은 일어나지 않았을 것이기 때문이다. 오직 우리 자신 속의 어떤 욕망이 박정희라는 인물과 합치했기 때문에, 그는 무덤에서 다시 부활할 수 있었던 것이다.

---

92 장하준·정승일, 『쾌도난마 한국경제』, 부키, 2005, 53쪽.
93 그의 무분별은 인용할 만한 가치가 있다. "일본 군대를 탈출해 대륙을 헤매던 장준하의 유명한 외침은 식민지 치하 젊은이들의 비원이었다. 결국 그 비원을 우리는 6070시대 질풍노도의 방식으로 근대화를 이루어냈다. 전 시대의 아픔을 씻어내는 과정이었고, 근대화 프로젝트를 이끈 지도자는 다름 아닌 박정희였다. 그건 6070시대의 반대자 함석헌에게도 해당된다. 즉 반대하는 방식으로 그 시대의 꿈에 동참한 것이다"(조우석, 『박정희 한국의 탄생』, 살림, 2009, 215쪽).

그렇다면 박정희를 다시 불러낸 그 욕망이란 무엇이었던가? 한마디로 말하자면 그것은 힘에 대한 욕망이다. 박정희가 암살당한 뒤에 등장한 새로운 독재자가 전두환이었다. 그는 광주에서 피의 학살극을 통해 박정희를 계승한 권력자로 등장할 수 있었다. 그 이후 1980년대는 부끄러움에 더하여 분노와 증오가 우리의 의식을 지배한 시대였다. 그 부끄러움이 1980년 5월 27일 새벽에 전남도청에서 죽어갔던 사람들에 대한 것이었다면, 분노와 증오는 그들을 학살했던 전두환 일당에 대한 것이었다.

하지만 그 분노가 우리에게 불러일으킨 욕망이 무엇이었던가? 그것은 힘에 대한 욕망이었다. 힘이 있어야 학살자들을 이길 수 있기 때문이다. 그것 이외에 학살자들을 이길 수 있는 방법은 없다. 그리하여 1980년대 우리의 의식을 지배한 분노는 힘에 대한 욕망을 우리의 의식 속에 도리어 박정희 시대보다 더 깊숙이 각인했다. 전두환의 독재를 반대한다는 것은 박정희의 독재도 반대한다는 것을 뜻한다. 그러나 우리가 힘으로 힘을 이기려고 애쓰는 한, 그 힘이 아무리 선한 힘이라 할지라도 우리는 힘을 숭배하게 된다. 박정희가 부활할 수 있었던 것은 바로 그 욕망 때문이었다. 힘에 대한 욕망이 죽은 박정희를 다시 불렀던 것이다.

물론 1980년대에 아직 박정희는 부활하지 않았었다. 1980년대는 아직 군사독재가 우리 사회를 지배하고 있었을 때요, 그 원조가 박정희였던 한에서 아직 그가 부활할 수 있는 조건이 마련된 것은 아니었다. 이런 의미에서 박정희가 온전히 부활한 것은 1987년 6월항쟁의 성공 이후인 1990년대에 들어서라고 할 수 있다. 6월항쟁을 통해 이 땅의 민중은 자기의 힘으로 민주주의를 얻어냈다. 비록 노태우의 당선으로 말미암아 독재정권의 불완전한 종식이긴 했지만, 적어도 형식적으로는 민주화가 이루어졌다는 점에서 그것은 분명히 민중의 힘이 군부독재의 힘을 이긴 사건이었다.

이를 통해 분노와 증오가 서서히 잦아들기 시작했다. 게다가 1987년 대통령선거에서 야당 후보의 단일화 실패는 분노의 화살을 전두환이 아니라 자기의 벗들로 향하게 만들었다. 그 이후 동구권의 몰락이라는 소식은 타자에 대한 분노를 자기에 대한 좌절로 전환시켰다. 하지만 그 어떤 것도 우리 내면에 자리를 잡기 시작한 힘에 대한 숭배를 제거하지는 못했다. 아니 도리어 (민중의) 힘으로 승리한 기억은 우리의 내면에 힘에 대한 숭배를 더욱 굳건히 뿌리내리게 했을 뿐이다. 더욱이 1987년의 승리는 불완전한 승리였다. 6월항쟁이 실질적인 의미에서 지배권력의 교체를 가져온 것은 아니라는 점에서 아직 힘겨루기가 끝난 것은 아니었으니, 최종적인 승리를 위해서는 더 큰 힘이 필요했다. 오직 민중의 힘이 지배계급의 힘을 능가할 때에만 실질적인 정권교체가 가능한 일이었으니, 그럴수록 힘에 대한 욕구는 우리의 내면에 더 굳건히 남았던 것이다.

박정희는 바로 그런 힘에 대한 욕구 속에서 서서히 부활했다. 왜냐하면 한국 현대사 속에서 어느 누구도 박정희처럼 절대적인 힘의 화신으로 군림했던 사람은 없었기 때문이다. 그렇게 힘을 추구하면서 우리는 자기도 모르는 사이에 박정희를 다시 숭배하기 시작했다. 그리고 김대중 정부와 노무현 정부를 통해 확산된 민주화에 대한 실망은 객관적 근거가 있든 없든 간에 민주주의의 가치에 대한 회의와 함께 힘에 대한 숭배만 남기는 결과를 가져왔다. 결국 민주화운동 수십 년의 역사가 우리에게 최종적으로 남긴 결론은 힘에 대한 숭배였다. 그것이 박정희 향수의 본질인바, 그에 정확하게 반비례해서 부마항쟁은 잊힐 수밖에 없었던 것이다.

10. 에필로그: 다시 시작하기 위하여

1970년대는 국가권력의 억압이 가장 극단에 이른 시대였던 만큼 그에 저항하여 거의 아무것도 할 수 없는 시대였다. 아무것도 할 수 없었으므로 정신은 내면화될 수밖에 없었고, 그런 만큼 다른 어떤 시기보다도 성찰적인 시대가 1970년대였다. 부산에서 양서협동조합이 생긴 것은[94] 어

---

94 김진영, 「부마민주항쟁과 양서협동조합」, 『부마민주항쟁연구논총』, 2003; 차성환, 「양서조합운동의 재조명 1: 부산양협운동의 전말」, 『기억과 전망』, 2004년 가

쩌면 행동할 수 없는 정신의 내적 자기성찰이 그렇게 집단화되어 나타난 것이었다고 보아도 좋을 것이다. 그리고 하필 양서협동조합이 부산에서 시작된 것 역시 1970년대 부산에서 오랫동안 학생운동 및 다른 진보적 사회운동이 상대적으로 위축되어 있었던 것과 무관하다고 할 수 없다. 행동하지 못하는 정신이 책으로 들어간 것이 양서조합운동이었던 것이다.

하지만 우리가 그것을 현실도피라고 비난한다면, 이는 삶에 대한 무지와 몰이해의 표현에 지나지 않을 것이다. 자기성찰 속에서 발효된 부끄러움이 끝내 박정희의 독재를 끝낸 항쟁으로 나타났던 것처럼, 참된 자기성찰은 언제나 때가 되면 외적 행위로 표출되게 마련이다. 이런 의미에서 부마항쟁은 부끄러움을 아는 자기성찰의 열매였다. 부끄러움이란 본질적으로 자기부정의 감정이다. 그것은 자기의 존재 또는 자기의 현실이 부정되어야 한다는 의식인 것이다. 그런 까닭에 부끄러움은 혁명의 시원이 된다. 왜냐하면 혁명은 자기의 현실을 부정하려는 의지에서 시작되는 것이기 때문이다.

그러나 모든 시작은 어쩔 수 없이 결실에 의해 부정되고 지양될 수밖에 없는 것이 역사이다. 1980년대는 부끄러움보다는 광주의 학살에 대한 분노가 더 크게 지배한 시대였다. 그리고 1990년대 이후 우리 사회를 지배하는 지배적 정념은 부끄러움도 분노도 아닌 오직 욕망일 뿐이다. 그 욕망과 함께 박정희가 다시 부활한 것은 전혀 이상한 일이 아니다. 대다수의 사람들에게 이 욕망은 자기가 가장 고통받는 사람이라는 의식을 통해 무반성적으로 정당화된다. 기성세대는 말할 것도 없고 젊은이들의 경우에도 사정은 비슷해서, 이를테면 오늘날의 대학생들은 모두 취업난 때문에 자기가 가장 불행한 사람이라 생각하므로 정치나 세상일에 관심을 가질 겨를이 없다는 것이 지식인들의 흔한 진단이다. 하지만 전태일은 지금의 기준으로나 그때의 기준으로나 이 사회에서 가장 비참한 삶을 살았음에도 불구하고 자기보다 더 약한 타인의 고통 때문에 죽어갔다. 그것을

을호, 민주화운동기념사업회, 2004.

생각하면, 지금 우리 시대는 부끄러운 시대이다.

부마항쟁을 생각한다는 것은 그렇게 부끄러움을 잊은 시대에 다시 부끄러움의 뜻을 생각한다는 것을 의미한다. 우리 시대에 부활한 박정희의 유령을 퇴치할 수 있는 유일한 처방은 30년 전의 부산과 마산이며, 그 시절의 순수한 부끄러움이다. 다시 시작하기 위해 이제 처음으로 돌아갈 때이다.

참고문헌

저서

강신준, 『그들의 경제 우리들의 경제학: 마르크스 『자본』의 재구성』, 도서출판 길, 2010.

광주광역시 5·18사료편찬위원회, 『5·18 광주민중항쟁』, 광주광역시, 1997.

김남주, 『나와 함께 모든 노래가 사라진다면』, 창비, 2004.

김대중, 『나의 삶, 나의 길』, 도서출판 산하, 1997.

김상봉, 『자기의식과 존재사유: 칸트철학과 근대적 주체성의 존재론』, 한길사, 1998.

_____, 『나르시스의 꿈: 서양정신의 극복을 위한 연습』, 한길사, 2002.

_____, 『그리스 비극에 대한 편지』, 한길사, 2003.

_____, 『학벌사회: 사회적 주체성에 대한 철학적 탐구』, 한길사, 2004.

_____, 『도덕교육의 파시즘: 노예도덕을 넘어서』, 도서출판 길, 2005.

_____, 『서로주체성의 이념: 철학의 혁신을 위한 서론』, 도서출판 길, 2007.

김영택, 『5월 18일, 광주: 광주민중항쟁, 그 원인과 전개과정』, 역사공간, 2010.

김정남, 『진실, 광장에 서다』, 창비, 2005.

김하기, 『부마민주항쟁』, 민주화운동기념사업회, 2004.

데카르트, 르네, 이현복 옮김, 『성찰』, 문예출판사, 1997a.

_____, 이현복 옮김, 『방법서설』, 문예출판사, 1997b.

루소, 장-자크, 이태일 옮김, 『사회계약론』, 범우사, 1994.

민주화운동기념사업회 엮음, 『한국민주화운동사 1』, 돌베개, 2008.

밀, 존 스튜어트, 이을상 외 옮김, 『공리주의』, 이문출판사, 2002.

박종홍, 『박종홍 전집』, 민음사, 1998.

박호재·임낙평, 『윤상원 평전』, 풀빛, 2007.

부마민주항쟁기념사업회,『부마민주항쟁 연구논총』, 민주공원, 2003.

부마민주항쟁기념사업회 외,『부마민주항쟁10주년기념 자료집』, 1989.

서정주,『미당 시전집 1』, 민음사, 1998.

셸링, F. W. J., 한자경 옮김,『철학의 원리로서의 자아』, 서광사, 1999.

신경림,『신경림 시전집』, 창비, 2004.

아리스토텔레스, 최명관 옮김,『니코마코스 윤리학』, 서광사, 1984.

_____, 나종일 옮김,『정치학』, 삼성출판사, 1990.

윤동주·권영민 편저,『하늘과 바람과 별과 시: 윤동주 전집 1』, 문학사상사,
   1995.

이병천 엮음,『개발독재와 박정희시대: 우리 시대의 정치경제적 기원』, 창비, 2003.

이은진,『1979년 마산의 부마민주항쟁: 육군고등군법회의 자료를 중심으로』,
   불휘, 2008.

이재오,『해방후 한국학생운동사』, 형성사, 1984.

장하준·정승일,『쾌도난마 한국경제』, 부키, 2005.

정해구 외,『광주민중항쟁연구』, 사계절, 1990.

조갑제,『박정희: 釜馬사태前後』, 조갑제닷컴, 2007.

조영래,『전태일 평전』, 돌베개, 2001.

조우석,『박정희 한국의 탄생』, 살림, 2009.

조정환,『공통도시: 광주민중항쟁과 제헌권력』, 갈무리, 2010.

조희연,『박정희와 개발독재시대: 5·16에서 10·26까지』, 역사비평사, 2007.

천성호,『한국야학운동사: 자유를 향한 여정 110년』, 학이시습, 2009.

최정운,『오월의 사회과학』, 풀빛, 1999.

칸트, 임마누엘, 이한구 옮김,『영원한 평화를 위하여』, 서광사, 1992.

_____, 최재희 옮김,『실천이성비판』, 박영사, 1992.

피터슨, 아놀드 A.,『5·18 광주사태』, 풀빛, 1995.

학민사 편집실 엮음,『4·19의 민중사: 사월혁명자료집』, 학민사, 1983.

한국민중사연구회,『한국민중사 II』, 풀빛, 1997.

한국현대사사료연구소 엮음,『광주오월민중항쟁사료전집』, 풀빛, 1990.

한길사 엮음,『한국사 10』, 한길사, 1995.

_____,『한국사 12』, 한길사, 1995.

한용운, 한계전 편저,『한용운의 님의 침묵』, 서울대학교 출판부, 1996.

함석헌,『인간혁명의 철학』(함석헌 전집 제2권), 한길사, 1993.

_____,『두려워 말고 외치라』(함석헌 전집 제11권), 한길사, 1993.

_____,『죽을 때까지 이 걸음으로』(함석헌 선집 제5권), 한길사, 1996.

헤겔, G. W. F., 임석진 옮김,『대논리학 II: 본질론』, 지학사, 1989.

_____, 임석진 옮김,『법철학』, 지식산업사, 1990.

황석영 기록, 전남사회운동협의회 엮음,『죽음을 넘어 시대의 어둠을 넘어』, 풀빛, 1985.

황패강·정진형,『홍길동전』, 시인사, 1996.

Hegel, G. W. F., 1986, Wissenschaft der Logik Bd. 1, Suhrkamp Verlag, 1986.

Levinas, Emmanuel, *Totalité et Infini–Essais sur l'extériorité*, Martinus Nijhoff, La Haye, 1961.

Spinoza, B., *Tractatus Theologico–Politicus*, Wissenschaftliche Buchgesellschaft Darmstadt, 1979.

논문

강정구,「한국전쟁 양민학살의 양태분석」,『2000년도 한국사회학회 전기사회학대회 발표문 요약집』, 2000.

강현아,「5·18항쟁과 여성주체의 경험: 참여와 배제」, 나간채·강현아 엮음,『5·18항쟁의 이해』, 광주광역시, 2002.

김동춘,「5·18, 6월항쟁 그리고 정치적 민주화」, 광주광역시 5·18사료편찬위원회,『5·18민중항쟁사』, 도서출판 고령, 2001.

김상봉,「자기의식의 길: 발견의 길과 만남의 길」,『연세철학』, 제9호, 1999.

_____,「응답으로서의 역사」,『민주주의와 인권』, 제6권 제2호, 전남대학교 5·18연구소, 2006.

_____,「그들의 나라에서 우리 모두의 나라로: 두 개의 나라 사이에 있는 5·18」,『민주주의와 인권』, 제7권 제2호, 2007.

김석준,「부마민주항쟁의 사회문화적 배경」,『부마민주항쟁연구논총』, 2003.

김성국,「아나키스트적 시각에서 본 5·18」, 조희연·정호기 엮음,『5·18민중항쟁에 대한 새로운 성찰적 시선』, 한울, 2009.

김원,「부마항쟁과 도시하층민: 대중독재론의 쟁점을 중심으로」,『정신문화연구』, 2006년 여름호, 2006.

김진영,「부마민주항쟁과 양서협동조합」,『부마민주항쟁연구논총』, 2003.

김창진, 「광주민중항쟁의 발전구조: 무장투쟁과 민중권력」, 정해구 외, 『광주민중항쟁연구』, 사계절, 1990.

김태찬, 「자기보다는 우리라는 개념이 먼저였다」, 나간채·이명규 엮음, 『5·18항쟁 증언자료집 II: 시민군들의 구술』, 전남대학교 출판부, 2003.

김홍명, 「광주5월민중항쟁의 전개과정과 성격」, 한국현대사사료연구소 엮음, 『광주5월민중항쟁』, 풀빛, 1990.

나의갑, 「5·18의 전개과정」, 광주광역시 5·18사료편찬위원회, 『5·18민중항쟁사』, 도서출판 고령, 2001.

마스나가 세이타로, 「80년대 한국민주화는 광주항쟁 정신 때문에 성공했다」, 한국기자협회 외 엮음, 『5·18 특파원 리포트』, 풀빛, 1997.

박구용, 「이라크파병과 광주정신」, 이라크파병반대 광주전남비상국민행동 주최 토론회 발표문, 2004.

박철규, 「부마민주항쟁과 학생운동」, 『부마민주항쟁연구논총』, 2003.

백낙청, 「박정희 시대를 어떻게 생각할까」, 『창작과비평』, 2005년 여름호, 2005.

손호철, 「부마민주항쟁의 정치적 배경」, 『부마민주항쟁연구논총』, 2003.

송정민, 「5·18항쟁에 대한 언론의 왜곡보도」, 나간채·강현아 엮음, 『5·18 항쟁의 이해』, 광주광역시, 2002.

스톡스, 헨리 스콧, 「기자 사명과 외교 요청의 갈등 속에서」, 한국기자협회 외 엮음, 『5·18 특파원 리포트』, 풀빛, 1997.

심재훈, 「광주사건은 폭동이 아니라 봉기였다」, 한국기자협회 외 엮음, 『5·18 특파원 리포트』, 풀빛, 1997.

안종철, 「광주민중항쟁의 배경과 전개과정」, 나간채 엮음, 『광주민중항쟁과 5월운동 연구』, 전남대학교 5·18연구소, 1997.

앤더슨, 테리, 「날아오는 총알을 피하며」, 한국기자협회 외 엮음, 『5·18 특파원 리포트』, 풀빛, 1997.

이병천, 「개발독재의 정치경제학과 한국의 경험」, 이병천 엮음, 『개발독재와 박정희시대』, 창비, 2003.

이중표, 「5·18정신의 승화와 불교」, 무각사 토론회 발표문, 2004.

이진경·조원광, 「단절의 혁명, 무명의 혁명: 코뮌주의의 관점에서」, 조희연·정호기 엮음, 『5·18민중항쟁에 대한 새로운 성찰적 시선』, 한울, 2009.

이행봉, 「부마민주항쟁의 개관, 성격 및 역사적 의의」, 『부마민주항쟁연구논총』, 2003.

임현진, 「민주화의 전주곡으로서 부마항쟁: 유신체제의 지연된 붕괴」, 한국정치학회, 『한국의 정치변동과 민주주의: 기획학술회의 자료집』, 2000.

장하진, 「5·18과 여성」, 광주광역시 5·18사료편찬위원회, 『5·18민중항쟁사』, 도서출판 고령, 2001.

정근식, 「5·18의 경험과 코뮌적 상상력」, 김진균 편저, 『저항, 연대, 기억의 정치』, 문화과학사, 2003.

정성기, 「독재의 암흑천지, 진실의 봇물 터져」, 『경남대학보』, 1989년 10월 23일 자.

정태석, 「부마항쟁의 주체세력과 성격」, 『박정희체제와 부마항쟁의 역사적 재조명: 부마민주항쟁 30주년 기념 학술심포지엄 발표자료집』, 2009.

조대엽, 「광주항쟁과 80년대의 사회운동문화」, 『5·18민중항쟁과 정치·역사·사회 5』, 5·18기념재단, 2007.

조정관, 「유신체제, 부마항쟁, 그리고 80년대 민주화운동」, 『부마민주항쟁 29주년 기념식 및 학술토론회』, 2008.

조희연, 「5·18과 80년대 사회운동」, 광주광역시 5·18사료편찬위원회, 『5·18민중항쟁사』, 도서출판 고령, 2001.

_____, 「급진 민주주의의 관점에서 본 광주 5·18」, 조희연·정호기 엮음, 『5·18민중항쟁에 대한 새로운 성찰적 시선』, 한울, 2009.

주무현, 「부마민주항쟁과 노동운동」, 『부마민주항쟁연구논총』, 2003.

진중권, 「죽은 독재자의 사회」, 이병천 엮음, 『개발독재와 박정희시대』, 창비, 2003.

차성환, 「양서조합운동의 재조명 1: 부산양협운동의 전말」, 『기억과 전망』, 2004년 가을호, 민주화운동기념사업회, 2004.

_____, 「참여노동자를 통해서 본 부마항쟁 성격의 재조명」, 부산대학교 대학원 박사학위 논문, 2009.

최석우, 「아, 통한의 5·15회군(回軍)」, 『월간 사회평론 길』, 1996년 1월호, 사회평론, 1996.

최정기, 「광주민중항쟁의 지역적 확산과정과 주민참여기제」, 나간채 엮음, 『광주민중항쟁과 5월운동 연구』, 전남대학교 5·18연구소, 1997.

최정운, 「절대공동체의 형성과 해체」, 광주광역시 5·18사료편찬위원회, 『5·18민중항쟁사』, 도서출판 고령, 2001.

_____, 「시민공동체의 형성과 변화」, 나간채·강현아 엮음, 『5·18항쟁의 이해』, 2002.

_____, 「폭력과 사랑의 변증법」, 조정관·최영태 엮음, 『5·18민중항쟁과 정치·역사·사회』, 5·18기념재단, 2007.

카치아피카스, 조지, 「역사 속의 광주항쟁」, 『민주주의와 인권』, 제2권 제2호, 2002.

_____, 「역사 속의 광주항쟁」, 조희연·정호기 엮음, 『5·18민중항쟁에 대한 새로운 성찰적 시선』, 한울, 2009.

홍장표·정이근, 「부마민주항쟁의 경제적 배경」, 『부마민주항쟁연구논총』, 2003.

힌츠페터, 위르겐, 「카메라에 담은 5·18광주 현장」, 한국기자협회 외 엮음, 『5·18 특파원 리포트』, 풀빛, 1997.

Cummings, B., "The Kwangju Uprising and the Korean American Relationship, in The May 18 Uprising and Democracy", 『5·18민중항쟁 제27주년 기념 국제학술대회 자료집』, 2007.

자료

민주화운동기념사업회, 「민주화운동 관련 인사 구술자료 수집을 위한 구술 면담」, 2002.

강의식 녹취록.

고일수 선생 녹취록.

고호석 구술자료.

김태만 녹취록.

김희욱 구술자료.

심상집 구술 녹취록.

이진걸 구술자료.

정원섭 구술 녹취록.

지경복 구술 녹취록.

차성환 개인 녹취록.

추송례 선생 구술 녹취록.

홍세화·김훈 대담, 『한겨레』, 2007년 5월 16일 자.

「화려한 휴가」 공식 홈페이지, http://www.rememberu518.co.kr/index.asp

출전

제1장 응답으로서의 역사 _ 5·18을 생각함
■『민주주의와 인권』, 제6권 제2호, 전남대학교 5·18연구소, 2006.

제2장 그들의 나라에서 우리 모두의 나라로 _ 두 개의 나라 사이에 있는 5·18
■『민주주의와 인권』, 제7권 제2호, 전남대학교 5·18연구소, 2007.

제3장 항쟁공동체와 지양된 국가 _ 5·18공동체론을 위한 철학적 시도
■『민주주의와 인권』, 제10권 제3호, 전남대학교 5·18연구소, 2010.

제4장 계시로서의 역사 _ 5·18민중항쟁에 대한 종교적 해석의 시도
■『신학전망』, 제169호, 광주가톨릭대학교 출판부, 2010.

제6장 예술이 된 역사와 역사가 되려는 예술 사이에서 _ 광주시립교향악단의
5·18 30주년 기념공연에 부치는 말
■5·18 30주년 기념공연 팸플릿

제8장 귀향: 혁명의 시원을 찾아서 _ 부끄러움에 대하여
■김상봉 외,『부마민주항쟁의 역사적 재조명』, 도서출판 대성, 2009.

찾아보기